Direito dos Dados Pessoais

COLETÂNEA DE LEGISLAÇÃO FUNDAMENTAL | ELEMENTOS DE APOIO

Direito dos Dados Pessoais

COLETÂNEA DE LEGISLAÇÃO FUNDAMENTAL
ELEMENTOS DE APOIO

2023

Jorge Silva Martins
Advogado

João Carminho
Advogado

Inês Coré
Advogada

ALMEDINA

DIREITO DOS DADOS PESSOAIS
Coletânea de Legislação Fundamental | Elementos de Apoio

AUTORES
Jorge Silva Martins / João Carminho / Inês Coré

EDITOR
EDIÇÕES ALMEDINA, S.A.
Avenida Emídio Navarro, 81, 3D
3000-151 Coimbra
Tel.: 239 851 904 · Fax: 239 851 901
www.almedina.net · editora@almedina.net

DESIGN DE CAPA
FBA.

PRÉ-IMPRESSÃO
EDIÇÕES ALMEDINA, S.A.

IMPRESSÃO E ACABAMENTO

Junho, 2023

ISBN
978-989-40-1309-9

DEPÓSITO LEGAL
????????/23

ALMEDINA | GRUPOALMEDINA

Regulamento (UE) 2016/679 do Parlamento Europeu e do Conselho de 27 de abril de 2016

(Regulamento Geral sobre a Proteção de Dados)

Regulamento (UE) 2016/679 do Parlamento Europeu e do Conselho de 27 de abril de 2016

relativo à proteção das pessoas singulares no que diz respeito ao tratamento de dados pessoais e à livre circulação desses dados e que revoga a Diretiva 95/46/CE (Regulamento Geral sobre a Proteção de Dados)*

(Texto relevante para efeitos do EEE)

O PARLAMENTO EUROPEU E O CONSELHO DA UNIÃO EUROPEIA,

Tendo em conta o Tratado sobre o Funcionamento da União Europeia, nomeadamente o artigo 16º,

Tendo em conta a proposta da Comissão Europeia,

Após transmissão do projeto de ato legislativo aos parlamentos nacionais,

Tendo em conta o parecer do Comité Económico e Social Europeu[1],

Tendo em conta o parecer do Comité das Regiões[2],

Deliberando de acordo com o processo legislativo ordinário[3],

Considerando o seguinte:

(1) A proteção das pessoas singulares relativamente ao tratamento de dados pessoais é um direito fundamental. O artigo 8º, nº 1, da Carta dos

* Contém as alterações introduzidas pela Retificação publicada no Jornal Oficial da União Europeia em 23.05.2018 e pela Retificação publicada no Jornal Oficial da União Europeia em 04.03.2021.

1 JO C 229 de 31.7.2012, p. 90.

2 JO C 391 de 18.12.2012, p. 127.

3 Posição do Parlamento Europeu de 12 de março de 2014 (ainda não publicada no Jornal Oficial) e posição do Conselho em primeira leitura de 8 de abril de 2016 (ainda não publicada no Jornal Oficial). Posição do Parlamento Europeu de 14 de abril de 2016.

Direitos Fundamentais da União Europeia («Carta») e o artigo 16º, nº 1, do Tratado sobre o Funcionamento da União Europeia (TFUE) estabelecem que todas as pessoas têm direito à proteção dos dados de caráter pessoal que lhes digam respeito.

(2) Os princípios e as regras em matéria de proteção das pessoas singulares relativamente ao tratamento dos seus dados pessoais deverão respeitar, independentemente da nacionalidade ou do local de residência dessas pessoas, os seus direitos e liberdades fundamentais, nomeadamente o direito à proteção dos dados pessoais. O presente regulamento tem como objetivo contribuir para a realização de um espaço de liberdade, segurança e justiça e de uma união económica, para o progresso económico e social, a consolidação e a convergência das economias a nível do mercado interno e para o bem-estar das pessoas singulares.

(3) A Diretiva 95/46/CE do Parlamento Europeu e do Conselho[1] visa harmonizar a defesa dos direitos e das liberdades fundamentais das pessoas singulares em relação às atividades de tratamento de dados e assegurar a livre circulação de dados pessoais entre os Estados-Membros.

(4) O tratamento dos dados pessoais deverá ser concebido para servir as pessoas. O direito à proteção de dados pessoais não é absoluto; deve ser considerado em relação à sua função na sociedade e ser equilibrado com outros direitos fundamentais, em conformidade com o princípio da proporcionalidade. O presente regulamento respeita todos os direitos fundamentais e observa as liberdades e os princípios reconhecidos na Carta, consagrados nos Tratados, nomeadamente o respeito pela vida privada e familiar, pelo domicílio e pelas comunicações, a proteção dos dados pessoais, a liberdade de pensamento, de consciência e de religião, a liberdade de expressão e de informação, a liberdade de empresa, o direito à ação e a um tribunal imparcial, e a diversidade cultural, religiosa e linguística.

(5) A integração económica e social resultante do funcionamento do mercado interno provocou um aumento significativo dos fluxos transfronteiriços de dados pessoais. O intercâmbio de dados entre intervenientes públicos e privados, incluindo as pessoas singulares, as associações e as empresas, intensificou-se na União Europeia. As autoridades nacionais dos

[1] Diretiva 95/46/CE do Parlamento Europeu e do Conselho, de 24 de outubro de 1995, relativa à proteção das pessoas singulares no que diz respeito ao tratamento de dados pessoais e à livre circulação desses dados (JO L 281 de 23.11.1995, p. 31).

Estados-Membros são chamadas, por força do direito da União, a colaborar e a trocar dados pessoais entre si, a fim de poderem desempenhar as suas funções ou executar funções por conta de uma autoridade de outro Estado-Membro.

(6) A rápida evolução tecnológica e a globalização criaram novos desafios em matéria de proteção de dados pessoais. A recolha e a partilha de dados pessoais registaram um aumento significativo. As novas tecnologias permitem às empresas privadas e às entidades públicas a utilização de dados pessoais numa escala sem precedentes no exercício das suas atividades. As pessoas singulares disponibilizam cada vez mais as suas informações pessoais de uma forma pública e global. As novas tecnologias transformaram a economia e a vida social e deverão contribuir para facilitar a livre circulação de dados pessoais na União e a sua transferência para países terceiros e organizações internacionais, assegurando simultaneamente um elevado nível de proteção dos dados pessoais.

(7) Esta evolução exige um quadro de proteção de dados sólido e mais coerente na União, apoiado por uma aplicação rigorosa das regras, pois é importante gerar a confiança necessária ao desenvolvimento da economia digital no conjunto do mercado interno. As pessoas singulares deverão poder controlar a utilização que é feita dos seus dados pessoais. Deverá ser reforçada a segurança jurídica e a segurança prática para as pessoas singulares, os operadores económicos e as autoridades públicas.

(8) Caso o presente regulamento preveja especificações ou restrições das suas regras pelo direito de um Estado-Membro, estes podem incorporar elementos do presente regulamento no respetivo direito nacional, na medida do necessário para manter a coerência e tornar as disposições nacionais compreensíveis para as pessoas a quem se aplicam.

(9) Os objetivos e os princípios da Diretiva 95/46/CE continuam a ser válidos, mas não evitaram a fragmentação da aplicação da proteção dos dados ao nível da União, nem a insegurança jurídica ou o sentimento generalizado da opinião pública de que subsistem riscos significativos para a proteção das pessoas singulares, nomeadamente no que diz respeito às atividades por via eletrónica. As diferenças no nível de proteção dos direitos e das pessoas singulares, nomeadamente do direito à proteção dos dados pessoais no contexto do tratamento desses dados nos Estados-Membros, podem impedir a livre circulação de dados pessoais na União. Essas diferenças podem, por conseguinte, constituir um obstáculo ao exercício das

atividades económicas a nível da União, distorcer a concorrência e impedir as autoridades de cumprirem as obrigações que lhes incumbem por força do direito da União. Essas diferenças entre os níveis de proteção devem-se à existência de disparidades na execução e aplicação da Diretiva 95/46/CE.

(10) A fim de assegurar um nível de proteção coerente e elevado das pessoas singulares e eliminar os obstáculos à circulação de dados pessoais na União, o nível de proteção dos direitos e liberdades das pessoas singulares relativamente ao tratamento desses dados deverá ser equivalente em todos os Estados-Membros. É conveniente assegurar em toda a União a aplicação coerente e homogénea das regras de defesa dos direitos e das liberdades fundamentais das pessoas singulares no que diz respeito ao tratamento de dados pessoais. No que diz respeito ao tratamento de dados pessoais para cumprimento de uma obrigação jurídica, para o exercício de funções de interesse público ou o exercício da autoridade pública de que está investido o responsável pelo tratamento, os Estados-Membros deverão poder manter ou aprovar disposições nacionais para especificar a aplicação das regras do presente regulamento. Em conjugação com a legislação geral e horizontal sobre proteção de dados que dá aplicação à Diretiva 95/46/CE, os Estados-Membros dispõem de várias leis setoriais em domínios que necessitam de disposições mais específicas. O presente regulamento também dá aos Estados-Membros margem de manobra para especificarem as suas regras, inclusive em matéria de tratamento de categorias especiais de dados pessoais («dados sensíveis»). Nessa medida, o presente regulamento não exclui o direito dos Estados-Membros que define as circunstâncias de situações específicas de tratamento, incluindo a determinação mais precisa das condições em que é lícito o tratamento de dados pessoais.

(11) A proteção eficaz dos dados pessoais na União exige o reforço e a especificação dos direitos dos titulares dos dados e as obrigações dos responsáveis pelo tratamento e pela definição do tratamento dos dados pessoais, bem como poderes equivalentes para controlar e assegurar a conformidade das regras de proteção dos dados pessoais e sanções equivalentes para as infrações nos Estados-Membros.

(12) O artigo 16º, nº 2, do TFUE incumbe o Parlamento Europeu e o Conselho de estabelecerem as normas relativas à proteção das pessoas singulares no que diz respeito ao tratamento de dados pessoais, bem como as normas relativas à livre circulação desses dados.

(13) A fim de assegurar um nível coerente de proteção das pessoas singulares no conjunto da União e evitar que as divergências constituam um obstáculo à livre circulação de dados pessoais no mercado interno, é necessário um regulamento que garanta a segurança jurídica e a transparência aos operadores económicos, incluindo as micro, pequenas e médias empresas, que assegure às pessoas singulares de todos os Estados-Membros o mesmo nível de direitos suscetíveis de proteção judicial e imponha obrigações e responsabilidades iguais aos responsáveis pelo tratamento e aos seus subcontratantes, que assegure um controlo coerente do tratamento dos dados pessoais, sanções equivalentes em todos os Estados-Membros, bem como uma cooperação efetiva entre as autoridades de controlo dos diferentes Estados-Membros. O bom funcionamento do mercado interno impõe que a livre circulação de dados pessoais na União não pode ser restringida ou proibida por motivos relacionados com a proteção das pessoas singulares no que respeita ao tratamento de dados pessoais. Para ter em conta a situação particular das micro, pequenas e médias empresas, o presente regulamento prevê uma derrogação para as organizações com menos de 250 trabalhadores relativamente à conservação do registo de atividades. Além disso, as instituições e os órgãos da União, e os Estados-Membros e as suas autoridades de controlo, são incentivados a tomar em consideração as necessidades específicas das micro, pequenas e médias empresas no âmbito de aplicação do presente regulamento. A noção de micro, pequenas e médias empresaster em conta deverá inspirar-se do artigo 2º do anexo da Recomendação 2003/361/CE da Comissão[1].

(14) A proteção conferida pelo presente regulamento deverá aplicar-se às pessoas singulares, independentemente da sua nacionalidade ou do seu local de residência, relativamente ao tratamento dos seus dados pessoais. O presente regulamento não abrange o tratamento de dados pessoais relativos a pessoas coletivas, em especial a empresas estabelecidas enquanto pessoas coletivas, incluindo a denominação, a forma jurídica e os contactos da pessoa coletiva.

(15) A fim de se evitar o sério risco sério de ser contornada a proteção das pessoas singulares, esta deverá ser neutra em termos tecnológicos e deverá ser independente das técnicas utilizadas. A proteçao das pessoas

[1] Recomendação 2003/361/CE da Comissao, de 6 de maio de 2003, relativa à definição de micro, pequenas e médias empresas (JO L 124 de 20.5.2003, p. 36).

singulares deverá aplicar-se ao tratamento de dados pessoais por meios automatizados, bem como ao tratamento manual, se os dados pessoais estiverem contidos ou se forem destinados a um sistema de ficheiros. Os ficheiros ou os conjuntos de ficheiros bem como as suas capas, que não estejam estruturados de acordo com critérios específicos, não deverão ser abrangidos pelo âmbito de aplicação do presente regulamento.

(16) O presente regulamento não se aplica às questões de defesa dos direitos e das liberdades fundamentais ou da livre circulação de dados pessoais relacionados com atividades que se encontrem fora do âmbito de aplicação do direito da União, como as que se prendem com a segurança nacional. O presente regulamento não se aplica ao tratamento de dados pessoais pelos Estados-Membros no exercício de atividades relacionadas com a política externa e de segurança comum da União.

(17) O Regulamento (CE) nº 45/2001 do Parlamento Europeu e do Conselho[1] é aplicável ao tratamento de dados pessoais pelas instituições, órgãos, organismos ou agências da União. O Regulamento (CE) nº 45/2001, bem como outros atos jurídicos da União aplicáveis ao tratamento de dados pessoais, deverão ser adaptados aos princípios e regras estabelecidos pelo presente regulamento e aplicados à luz do mesmo. A fim de proporcionar um quadro de proteção de dados sólido e coerente na União, e após a adoção do presente regulamento, deverão ser realizadas as necessárias adaptações do Regulamento (CE) nº 45/2001, a fim de permitir a aplicação em simultâneo com o presente regulamento.

(18) O presente regulamento não se aplica ao tratamento de dados pessoais efetuado por pessoas singulares no exercício de atividades exclusivamente pessoais ou domésticas e, portanto, sem qualquer ligação com uma atividade profissional ou comercial. As atividades pessoais ou domésticas poderão incluir a troca de correspondência e a conservação de listas de endereços ou a atividade das redes sociais e do ambiente eletrónico no âmbito dessas atividades. Todavia, o presente regulamento é aplicável aos responsáveis pelo tratamento e aos subcontratantes que forneçam os meios para o tratamento dos dados pessoais dessas atividades pessoais ou domésticas.

[1] Regulamento (CE) nº 45/2001 do Parlamento Europeu e do Conselho, de 18 de dezembro de 2000, relativo à proteção das pessoas singulares no que diz respeito ao tratamento de dados pessoais pelas instituições e pelos órgãos comunitários e à livre circulação desses dados (JO L 8 de 12.1.2001, p. 1).

(19) A proteção das pessoas singulares em matéria de tratamento de dados pessoais pelas autoridades competentes para efeitos de prevenção, investigação, deteção e repressão de infrações penais ou da execução de sanções penais, incluindo a salvaguarda e a prevenção de ameaças à segurança pública, e de livre circulação desses dados, é objeto de um ato jurídico da União específico. O presente regulamento não deverá, por isso, ser aplicável às atividades de tratamento para esses efeitos. Todavia, os dados pessoais tratados pelas autoridades competentes ao abrigo do presente regulamento deverão ser regulados, quando forem usados para os efeitos referidos, por um ato jurídico da União mais específico, a saber, a Diretiva (UE) 2016/680 do Parlamento Europeu e do Conselho[1]. Os Estados-Membros podem confiar às autoridades competentes na aceção da Diretiva (UE) 2016/680 funções não necessariamente a executar para efeitos de prevenção, investigação, deteção e repressão de infrações penais ou da execução de sanções penais, incluindo a salvaguarda e a prevenção de ameaças à segurança pública, de modo a que o tratamento dos dados pessoais para esses outros efeitos, na medida em que se insira na esfera do direito da União, seja abrangido pelo âmbito de aplicação do presente regulamento.

No que respeita ao tratamento de dados pessoais pelas referidas autoridades competentes para efeitos que sejam abrangidos pelo presente regulamento, os Estados-Membros deverão poder manter ou aprovar disposições mais específicas para adaptar a aplicação das regras previstas no presente regulamento. Tais disposições podem estabelecer requisitos mais específicos e precisos a respeitar pelas referidas autoridades competentes no tratamento dos dados pessoais para esses outros efeitos, tendo em conta as estruturas constitucionais, organizativas e administrativas do respetivo Estado-Membro. Nos casos em que o tratamento de dados pessoais por organismos privados fica abrangido pelo presente regulamento, este deverá prever a possibilidade de os Estados-Membros restringirem legalmente, em determinadas condições, certas obrigações e direitos, quando tal restrição constitua medida necessária e proporcionada, numa sociedade demo-

[1] Diretiva (UE) 2016/680 do Parlamento Europeu e do Conselho, de 27 de abril de 2016, relativa à proteção das pessoas singulares no que diz respeito ao tratamento de dados pessoais pelas autoridades competentes para efeitos de prevenção, investigação, deteção ou repressão de infrações penais ou execução de sanções penais, e à livre circulação desses dados e que revoga a Decisão-Quadro 2008/977/JAI do Conselho (ver página 89 do presente Jornal Oficial).

crática, para salvaguardar interesses específicos importantes, incluindo a segurança pública e a prevenção, investigação, deteção ou repressão de infrações penais ou a execução de sanções penais, incluindo a salvaguarda e a prevenção de ameaças à segurança pública. Tal possibilidade é importante, por exemplo, no quadro da luta contra o branqueamento de capitais ou das atividades dos laboratórios de polícia científica.

(20) Na medida em que o presente regulamento é igualmente aplicável, entre outras, às atividades dos tribunais e de outras autoridades judiciais, poderá determinar-se no direito da União ou dos Estados-Membros quais as operações e os procedimentos a seguir pelos tribunais e outras autoridades judiciais para o tratamento de dados pessoais. A competência das autoridades de controlo não abrange o tratamento de dados pessoais efetuado pelos tribunais no exercício da sua função jurisdicional, a fim de assegurar a independência do poder judicial no exercício da sua função jurisdicional, nomeadamente a tomada de decisões. Deverá ser possível confiar o controlo de tais operações de tratamento de dados a organismos específicos no âmbito do sistema judicial do Estado-Membro, que deverão, nomeadamente, assegurar o cumprimento das regras do presente regulamento, reforçar a sensibilização os membros do poder judicial para as obrigações que lhe são impostas pelo presente regulamento e tratar reclamações relativas às operações de tratamento dos dados.

(21) O presente regulamento aplica-se sem prejuízo da aplicação da Diretiva 2000/31/CE do Parlamento Europeu e do Conselho[1], nomeadamente das normas em matéria de responsabilidade dos prestadores intermediários de serviços previstas nos seus artigos 12º a 15º. A referida diretiva tem por objetivo contribuir para o correto funcionamento do mercado interno, garantindo a livre circulação dos serviços da sociedade da informação entre Estados-Membros.

(22) Qualquer tratamento de dados pessoais efetuado no contexto das atividades de um estabelecimento de um responsável pelo tratamento ou de um subcontratante situado na União deverá ser feito em conformidade com o presente regulamento, independentemente de o tratamento em si ser realizado na União. O estabelecimento pressupõe o exercício efetivo e

[1] Diretiva 2000/31/CE do Parlamento Europeu e do Conselho, de 8 de junho de 2000, relativa a certos aspetos legais dos serviços da sociedade de informação, em especial do comércio eletrónico, no mercado interno («Diretiva sobre o comércio eletrónico») (JO L 178 de 17.7.2000, p. 1).

real de uma atividade com base numa instalação estável. A forma jurídica de tal estabelecimento, quer se trate de uma sucursal quer de uma filial com personalidade jurídica, não é fator determinante nesse contexto.

(23) A fim de evitar que as pessoas singulares sejam privadas da proteção que lhes assiste por força do presente regulamento, o tratamento dos dados pessoais de titulares que se encontrem na União por um responsável pelo tratamento ou subcontratante não estabelecido na União deverá ser abrangido pelo presente regulamento se as atividades de tratamento estiverem relacionadas com a oferta de bens ou serviços a esses titulares, independentemente de estarem associadas a um pagamento. A fim de determinar se o responsável pelo tratamento ou subcontratante oferece ou não bens ou serviços aos titulares dos dados que se encontrem na União, há que determinar em que medida é evidente a sua intenção de oferecer serviços a titulares de dados num ou mais Estados-Membros da União. O mero facto de estar disponível na União um sítio *web* do responsável pelo tratamento ou subcontratante ou de um intermediário, um endereço eletrónico ou outro tipo de contactos, ou de ser utilizada uma língua de uso corrente no país terceiro em que o referido responsável está estabelecido, não é suficiente para determinar a intenção acima referida, mas há fatores, como a utilização de uma língua ou de uma moeda de uso corrente num ou mais Estados-Membros, com a possibilidade de encomendar bens ou serviços nessa outra língua, ou a referência a clientes ou utilizadores que se encontrem na União, que podem ser reveladores de que o responsável pelo tratamento tem a intenção de oferecer bens ou serviços a titulares de dados na União.

(24) O tratamento de dados pessoais de titulares de dados que se encontrem na União por um responsável ou subcontratante que não esteja estabelecido na União deverá ser também abrangido pelo presente regulamento quando esteja relacionado com o controlo do comportamento dos referidos titulares de dados, na medida em que o seu comportamento tenha lugar na União. A fim de determinar se uma atividade de tratamento pode ser considerada «controlo do comportamento» de titulares de dados, deverá determinar-se se essas pessoas são seguidas na Internet e a potencial utilização subsequente de técnicas de tratamento de dados pessoais que consistem em definir o perfil de uma pessoa singular, especialmente para tomar decisões relativas a essa pessoa ou analisar ou prever as suas preferências, o seu comportamento e as suas atitudes.

(25) Sempre que o direito de um Estado-Membro seja aplicável por força do direito internacional público, o presente regulamento deverá ser igualmente aplicável aos responsáveis pelo tratamento não estabelecidos na União, por exemplo numa missão diplomática ou num posto consular de um Estado-Membro.

(26) Os princípios da proteção de dados deverão aplicar-se a qualquer informação relativa a uma pessoa singular identificada ou identificável. Os dados pessoais que tenham sido pseudonimizados, que possam ser atribuídos a uma pessoa singular mediante a utilização de informações suplementares, deverão ser considerados informações sobre uma pessoa singular identificável. Para determinar se uma pessoa singular é identificável, importa considerar todos os meios suscetíveis de ser razoavelmente utilizados, tais como a seleção, quer pelo responsável pelo tratamento quer por outra pessoa, para identificar direta ou indiretamente a pessoa singular. Para determinar se há uma probabilidade razoável de os meios serem utilizados para identificar a pessoa singular, importa considerar todos os fatores objetivos, como os custos e o tempo necessário para a identificação, tendo em conta a tecnologia disponível à data do tratamento dos dados e a evolução tecnológica. Os princípios da proteção de dados não deverão, pois, aplicar-se às informações anónimas, ou seja, às informações que não digam respeito a uma pessoa singular identificada ou identificável nem a dados pessoais tornados de tal modo anónimos que o seu titular não seja ou já não possa ser identificado. O presente regulamento não diz, por isso, respeito ao tratamento dessas informações anónimas, inclusive para fins estatísticos ou de investigação.

(27) O presente regulamento não se aplica aos dados pessoais de pessoas falecidas. Os Estados-Membros poderão estabelecer regras para o tratamento dos dados pessoais de pessoas falecidas.

(28) A aplicação da pseudonimização aos dados pessoais pode reduzir os riscos para os titulares de dados em questão e ajudar os responsáveis pelo tratamento e os seus subcontratantes a cumprir as suas obrigações de proteção de dados. A introdução explícita da «pseudonimização» no presente regulamento não se destina a excluir eventuais outras medidas de proteção de dados.

(29) A fim de criar incentivos para aplicar a pseudonimização durante o tratamento de dados pessoais, deverá ser possível tomar medidas de pseudonimização, permitindo-se simultaneamente uma análise geral, no

âmbito do mesmo responsável pelo tratamento quando este tiver tomado as medidas técnicas e organizativas necessárias para assegurar, relativamente ao tratamento em questão, a aplicação do presente regulamento ea conservação em separado das informações adicionais que permitem atribuir os dados pessoais a um titular de dados específico. O responsável pelo tratamento que tratar os dados pessoais deverá indicar as pessoas autorizadas no âmbito do mesmo responsável pelo tratamento.

(30) As pessoas singulares podem ser associadas a identificadores por via eletrónica, fornecidos pelos respetivos aparelhos, aplicações, ferramentas e protocolos, tais como endereços IP (protocolo internet) ou testemunhos de conexão (cookie) ou outros identificadores, como as etiquetas de identificação por radiofrequência. Estes identificadores podem deixar vestígios que, em especial quando combinados com identificadores únicos e outras informações recebidas pelos servidores, podem ser utilizados para a definição de perfis e a identificação das pessoas singulares.

(31) As autoridades públicas a quem forem divulgados dados pessoais em conformidade com obrigações jurídicas para o exercício da sua missão oficial, tais como as autoridades fiscais e aduaneiras, as unidades de investigação financeira, as autoridades administrativas independentes ou as autoridades dos mercados financeiros, responsáveis pela regulamentação e supervisão dos mercados de valores mobiliários, não deverão ser consideradas destinatárias se receberem dados pessoais que sejam necessários para efetuar um inquérito específico de interesse geral, em conformidade com o direito da União ou dos Estados-Membros. Os pedidos de divulgação enviados pelas autoridades públicas deverão ser sempre feitos por escrito, fundamentados e ocasionais e não deverão dizer respeito à totalidade de um ficheiro nem implicar a interconexão de ficheiros. O tratamento desses dados pessoais por essas autoridades públicas deverá respeitar as regras de proteção de dados aplicáveis de acordo com as finalidades do tratamento.

(32) O consentimento do titular dos dados deverá ser dado mediante um ato positivo claro que indique uma manifestação de vontade livre, específica, informada e inequívoca de que o titular de dados consente no tratamento dos dados que lhe digam respeito, como por exemplo mediante uma declaração escrita, inclusive em formato eletrónico, ou uma declaração oral. O consentimento pode ser dado validando uma opção ao visitar um sítio *web* na Internet, selecionando os parâmetros técnicos para os serviços da sociedade da informação ou mediante outra declaração ou conduta que

indique claramente nesse contexto que aceita o tratamento proposto dos seus dados pessoais. O silêncio, as opções pré-validadas ou a omissão não deverão, por conseguinte, constituir um consentimento. O consentimento deverá abranger todas as atividades de tratamento realizadas com a mesma finalidade. Nos casos em que o tratamento sirva fins múltiplos, deverá ser dado um consentimento para todos esses fins. Se o consentimento tiver de ser dado no seguimento de um pedido apresentado por via eletrónica, esse pedido tem de ser claro e conciso e não pode perturbar desnecessariamente a utilização do serviço para o qual é fornecido.

(33) Muitas vezes não é possível identificar na totalidade a finalidade do tratamento de dados pessoais para efeitos de investigação científica no momento da recolha dos dados. Por conseguinte, os titulares dos dados deverão poder dar o seu consentimento para determinadas áreas de investigação científica, desde que estejam de acordo com padrões éticos reconhecidos para a investigação científica. Os titulares dos dados deverão ter a possibilidade de dar o seu consentimento unicamente para determinados domínios de investigação ou partes de projetos de investigação, na medida permitida pela finalidade pretendida.

(34) Os dados genéticos deverão ser definidos como os dados pessoais relativos às características genéticas, hereditárias ou adquiridas, de uma pessoa singular que resultem da análise de uma amostra biológica da pessoa singular em causa, nomeadamente da análise de cromossomas, ácido desoxirribonucleico (ADN) ou ácido ribonucleico (ARN), ou da análise de um outro elemento que permita obter informações equivalentes.

(35) Deverão ser considerados dados pessoais relativos à saúde todos os dados relativos ao estado de saúde de um titular de dados que revelem informações sobre a sua saúde física ou mental no passado, no presente ou no futuro. O que precede inclui informações sobre a pessoa singular recolhidas durante a inscrição para a prestação de serviços de saúde, ou durante essa prestação, conforme referido na Diretiva 2011/24/UE do Parlamento Europeu e do Conselho[1], a essa pessoa singular; qualquer número, símbolo ou sinal particular atribuído a uma pessoa singular para a identificar de forma inequívoca para fins de cuidados de saúde; as informações obti-

[1] Diretiva 2011/24/UE do Parlamento Europeu e do Conselho, de 9 de março de 2011, relativa ao exercício dos direitos dos doentes em matéria de cuidados de saúde transfronteiriços (JO L 88 de 4.4.2011, p. 45).

das a partir de análises ou exames de uma parte do corpo ou de uma substância corporal, incluindo a partir de dados genéticos e amostras biológicas; e quaisquer informações sobre, por exemplo, uma doença, deficiência, um risco de doença, historial clínico, tratamento clínico ou estado fisiológico ou biomédico do titular de dados, independentemente da sua fonte, por exemplo, um médico ou outro profissional de saúde, um hospital, um dispositivo médico ou um teste de diagnóstico *in vitro*.

(36) O estabelecimento principal de um responsável pelo tratamento na União deverá ser o local onde se encontra a sua administração central na União, salvo se as decisões sobre as finalidades e os meios de tratamento dos dados pessoais forem tomadas noutro estabelecimento do responsável pelo tratamento na União. Nesse caso, esse outro estabelecimento deverá ser considerado o estabelecimento principal. O estabelecimento principal de um responsável pelo tratamento na União deverá ser determinado de acordo com critérios objetivos e deverá pressupor o exercício efetivo e real de atividades de gestão que determinem as decisões principais quanto às finalidades e aos meios de tratamento mediante instalações estáveis. Esse critério não deverá depender do facto de o tratamento ser realizado nesse local. A existência e utilização de meios técnicos e de tecnologias para o tratamento de dados pessoais ou as atividades de tratamento não constituem, em si mesmas, um estabelecimento principal nem são, portanto, um critério definidor de estabelecimento principal. O estabelecimento principal do subcontratante é o local da sua administração central na União, ou, caso não tenha administração central na União, o local onde são exercidas as principais atividades de tratamento de dados na União. Nos casos que impliquem tanto o responsável pelo tratamento como o subcontratante, a autoridade de controlo principal deverá continuar a ser a autoridade de controlo do Estado-Membro onde o responsável pelo tratamento tem o estabelecimento principal, mas a autoridade de controlo do subcontratante deverá ser considerada uma autoridade de controlo interessada e deverá participar no processo de cooperação previsto pelo presente regulamento. Em qualquer caso, as autoridades de controlo do Estado-Membro ou Estados-Membros em que o subcontratante tenha um ou mais estabelecimentos não deverão ser consideradas autoridades de controlo interessadas caso o projeto de decisão diga respeito apenas ao responsável pelo tratamento. Sempre que o tratamento dos dados seja efetuado por um grupo empresarial, o estabelecimento principal da empresa que exerce o controlo

deverá ser considerado o estabelecimento principal do grupo empresarial, exceto quando as finalidades e os meios do tratamento sejam determinados por uma outra empresa.

(37) Um grupo empresarial deverá abranger uma empresa que exerce o controlo e as empresas que controla, devendo a primeira ser a que pode exercer uma influência dominante sobre as outras empresas, por exemplo, em virtude da propriedade, da participação financeira ou das regras que a regem ou da faculdade de fazer aplicar as regras relativas à proteção de dados pessoais. Uma empresa que controla o tratamento dos dados pessoais nas empresas a ela associadas deverá ser considerada, juntamente com essas empresas, um «grupo empresarial».

(38) As crianças merecem proteção especial quanto aos seus dados pessoais, uma vez que podem estar menos cientes dos riscos, consequências e garantias em questão e dos seus direitos relacionados com o tratamento dos dados pessoais. Essa proteção específica deverá aplicar-se, nomeadamente, à utilização de dados pessoais de crianças para efeitos de comercialização ou de criação de perfis de personalidade ou de utilizador, bem como à recolha de dados pessoais em relação às crianças aquando da utilização de serviços disponibilizados diretamente às crianças. O consentimento do titular das responsabilidades parentais não deverá ser necessário no contexto de serviços preventivos ou de aconselhamento oferecidos diretamente a uma criança.

(39) O tratamento de dados pessoais deverá ser efetuado de forma lícita e equitativa. Deverá ser transparente para as pessoas singulares que os dados pessoais que lhes dizem respeito são recolhidos, utilizados, consultados ou sujeitos a qualquer outro tipo de tratamento e a medida em que os dados pessoais são ou virão a ser tratados. O princípio da transparência exige que as informações ou comunicações relacionadas com o tratamento desses dados pessoais sejam de fácil acesso e compreensão, e formuladas numa linguagem clara e simples. Esse princípio diz respeito, em particular, às informações fornecidas aos titulares dos dados sobre a identidade do responsável pelo tratamento dos mesmos e os fins a que o tratamento se destina, bem como às informações que se destinam a assegurar que seja efetuado com equidade e transparência para com as pessoas singulares em causa, bem como a salvaguardar o seu direito a obter a confirmação e a comunicação dos dados pessoais que lhes dizem respeito que estão a ser tratados. As pessoas singulares a quem os dados dizem respeito deverão

ser alertadas para os riscos, regras, garantias e direitos associados ao tratamento dos dados pessoais e para os meios de que dispõem para exercer os seus direitos relativamente a esse tratamento. Em especial, as finalidades específicas do tratamento dos dados pessoais deverão ser explícitas e legítimas e ser determinadas aquando da recolha dos dados pessoais. Os dados pessoais deverão ser adequados, pertinentes e limitados ao necessário para os efeitos para os quais são tratados. Para isso, é necessário assegurar que o prazo de conservação dos dados seja limitado ao mínimo. Os dados pessoais apenas deverão ser tratados se a finalidade do tratamento não puder ser atingida de forma razoável por outros meios. A fim de assegurar que os dados pessoais sejam conservados apenas durante o período considerado necessário, o responsável pelo tratamento deverá fixar os prazos para o apagamento ou a revisão periódica. Deverão ser adotadas todas as medidas razoáveis para que os dados pessoais inexatos sejam retificados ou apagados. Os dados pessoais deverão ser tratados de uma forma que garanta a devida segurança e confidencialidade, incluindo para evitar o acesso a dados pessoais e equipamento utilizado para o seu tratamento, ou a utilização dos mesmos, por pessoas não autorizadas.

(40) Para que o tratamento seja lícito, os dados pessoais deverão ser tratados com base no consentimento da titular dos dados em causa ou noutro fundamento legítimo, previsto por lei, quer no presente regulamento quer noutro ato de direito da União ou de um Estado-Membro referido no presente regulamento, incluindo a necessidade de serem cumpridas as obrigações legais a que o responsável pelo tratamento se encontre sujeito ou a necessidade de serem executados contratos em que o titular dos dados seja parte ou a fim de serem efetuadas as diligências pré-contratuais que o titular dos dados solicitar.

(41) Caso o presente regulamento se refira a um fundamento jurídico ou a uma medida legislativa, não se trata necessariamente de um ato legislativo adotado por um parlamento, sem prejuízo dos requisitos que decorram da ordem constitucional do Estado-Membro em causa. No entanto, esse fundamento jurídico ou essa medida legislativa deverão ser claros e precisos e a sua aplicação deverá ser previsível para os seus destinatários, em conformidade com a jurisprudência do Tribunal de Justiça da União Europeia («Tribunal de Justiça») e pelo Tribunal Europeu dos Direitos do Homem.

(42) Sempre que o tratamento for realizado com base no consentimento do titular dos dados, o responsável pelo tratamento deverá poder demons-

trar que o titular deu o seu consentimento à operação de tratamento dos dados. Em especial, no contexto de uma declaração escrita relativa a outra matéria, deverão existir as devidas garantias de que o titular dos dados está plenamente ciente do consentimento dado e do seu alcance. Em conformidade com a Diretiva 93/13/CEE do Conselho[1], uma declaração de consentimento, previamente formulada pelo responsável pelo tratamento, deverá ser fornecida de uma forma inteligível e de fácil acesso, numa linguagem clara e simples e sem cláusulas abusivas. Para que o consentimento seja dado com conhecimento de causa, o titular dos dados deverá conhecer, pelo menos, a identidade do responsável pelo tratamento e as finalidades a que o tratamento se destina. Não se deverá considerar que o consentimento foi dado de livre vontade se o titular dos dados não dispuser de uma escolha verdadeira ou livre ou não puder recusar nem retirar o consentimento sem ser prejudicado.

(43) A fim de assegurar que o consentimento é dado de livre vontade, este não deverá constituir fundamento jurídico válido para o tratamento de dados pessoais em casos específicos em que exista um desequilíbrio manifesto entre o titular dos dados e o responsável pelo seu tratamento, nomeadamente quando o responsável pelo tratamento é uma autoridade pública pelo que é improvável que o consentimento tenha sido dado de livre vontade em todas as circunstâncias associadas à situação específica em causa. Presume-se que o consentimento não é dado de livre vontade se não for possível dar consentimento separadamente para diferentes operações de tratamento de dados pessoais, ainda que seja adequado no caso específico, ou se a execução de um contrato, incluindo a prestação de um serviço, depender do consentimento apesar de o consentimento não ser necessário para a mesma execução.

(44) O tratamento deverá ser considerado lícito caso seja necessário no contexto de um contrato ou da intenção de celebrar um contrato.

(45) Sempre que o tratamento dos dados for realizado em conformidade com uma obrigação jurídica à qual esteja sujeito o responsável pelo tratamento, ou se o tratamento for necessário ao exercício de funções de interesse público ou ao exercício da autoridade pública, o tratamento deverá assentar no direito da União ou de um Estado-Membro. O presente regu-

[1] Diretiva 93/13/CEE do Conselho, de 5 de abril de 1993, relativa às cláusulas abusivas nos contratos celebrados com os consumidores (JO L 95 de 21.4.1993, p. 29).

lamento não exige uma lei específica para cada tratamento de dados. Poderá ser suficiente uma lei para diversas operações de tratamento baseadas numa obrigação jurídica à qual esteja sujeito o responsável pelo tratamento, ou se o tratamento for necessário ao exercício de funções de interesse público ou ao exercício da autoridade pública. Deverá também caber ao direito da União ou dos Estados-Membros determinar qual a finalidade do tratamento dos dados. Além disso, a referida lei poderá especificar as condições gerais do presente regulamento que regem a legalidade do tratamento dos dados pessoais, estabelecer regras específicas para determinar os responsáveis pelo tratamento, o tipo de dados pessoais a tratar, os titulares dos dados em questão, as entidades a que os dados pessoais podem ser comunicados, os limites a que as finalidades do tratamento devem obedecer, os prazos de conservação e outras medidas destinadas a garantir a licitude e equidade do tratamento. Deverá igualmente caber ao direito da União ou dos Estados-Membros determinar se o responsável pelo tratamento que exerce funções de interesse público ou prerrogativas de autoridade pública deverá ser uma autoridade pública ou outra pessoa singular ou coletiva de direito público, ou, caso tal seja do interesse público, incluindo por motivos de saúde, como motivos de saúde pública e proteção social e de gestão dos serviços de saúde, de direito privado, por exemplo uma associação profissional.

(46) O tratamento de dados pessoais também deverá ser considerado lícito quando for necessário à proteção de um interesse essencial à vida do titular dos dados ou de qualquer outra pessoa singular. Em princípio, o tratamento de dados pessoais com base no interesse vital de outra pessoa singular só pode ter lugar quando o tratamento não se puder basear manifestamente noutro fundamento jurídico. Alguns tipos de tratamento podem servir tanto importantes interesses públicos como interesses vitais do titular dos dados, por exemplo, se o tratamento for necessário para fins humanitários, incluindo a monitorização de epidemias e da sua propagação ou em situações de emergência humanitária, em especial em situações de catástrofes naturais e de origem humana.

(47) Os interesses legítimos dos responsáveis pelo tratamento, incluindo os dos responsáveis a quem os dados pessoais possam ser comunicados, ou de terceiros, podem constituir um fundamento jurídico para o tratamento, desde que não prevaleçam os interesses ou os direitos e liberdades fundamentais do titular, tomando em conta as expectativas razoáveis dos titu-

lares dos dados baseadas na relação com o responsável. Poderá haver um interesse legítimo, por exemplo, quando existir uma relação relevante e apropriada entre o titular dos dados e o responsável pelo tratamento, em situações como aquela em que o titular dos dados é cliente ou está ao serviço do responsável pelo tratamento. De qualquer modo, a existência de um interesse legítimo requer uma avaliação cuidada, nomeadamente da questão de saber se o titular dos dados pode razoavelmente prever, no momento e no contexto em que os dados pessoais são recolhidos, que esses poderão vir a ser tratados com essa finalidade. Os interesses e os direitos fundamentais do titular dos dados podem, em particular, sobrepor-se ao interesse do responsável pelo tratamento, quando que os dados pessoais sejam tratados em circunstâncias em que os seus titulares já não esperam um tratamento adicional. Dado que incumbe ao legislador prever por lei o fundamento jurídico para autorizar as autoridades a procederem ao tratamento de dados pessoais, esse fundamento jurídico não deverá ser aplicável aos tratamentos efetuados pelas autoridades públicas na prossecução das suas atribuições. O tratamento de dados pessoais estritamente necessário aos objetivos de prevenção e controlo da fraude constitui igualmente um interesse legítimo do responsável pelo seu tratamento. Poderá considerar-se de interesse legítimo o tratamento de dados pessoais efetuado para efeitos de comercialização direta.

(48) Os responsáveis pelo tratamento que façam parte de um grupo empresarial ou de uma instituição associada a um organismo central poderão ter um interesse legítimo em transmitir dados pessoais no âmbito do grupo de empresas para fins administrativos internos, incluindo o tratamento de dados pessoais de clientes ou funcionários. Os princípios gerais que regem a transmissão de dados pessoais, no âmbito de um grupo empresarial, para uma empresa localizada num país terceiro mantêm-se inalterados.

(49) O tratamento de dados pessoais, na medida estritamente necessária e proporcionada para assegurar a segurança da rede e das informações, ou seja, a capacidade de uma rede ou de um sistema informático de resistir, com um dado nível de confiança, a eventos acidentais ou a ações maliciosas ou ilícitas que comprometam a disponibilidade, a autenticidade, a integridade e a confidencialidade dos dados pessoais conservados ou transmitidos, bem como a segurança dos serviços conexos oferecidos ou acessíveis através destas redes e sistemas, pelas autoridades públicas, equipas de intervenção em caso de emergências informáticas (CERT), equipas de res-

posta a incidentes no domínio da segurança informática (CSIRT), fornecedores ou redes de serviços de comunicações eletrónicas e por fornecedores de tecnologias e serviços de segurança, constitui um interesse legítimo do responsável pelo tratamento. Pode ser esse o caso quando o tratamento vise, por exemplo, impedir o acesso não autorizado a redes de comunicações eletrónicas e a distribuição de códigos maliciosos e pôr termo a ataques de «negação de serviço» e a danos causados aos sistemas de comunicações informáticas e eletrónicas.

(50) O tratamento de dados pessoais para outros fins que não aqueles para os quais os dados pessoais tenham sido inicialmente recolhidos apenas deverá ser autorizado se for compatível com as finalidades para as quais os dados pessoais tenham sido inicialmente recolhidos. Nesse caso, não é necessário um fundamento jurídico distinto do que permitiu a recolha dos dados pessoais. Se o tratamento for necessário para o exercício de funções de interesse público ou o exercício da autoridade pública de que está investido o responsável pelo tratamento, o direito da União ou dos Estados-Membros pode determinar e definir as tarefas e finalidades para as quais o tratamento posterior deverá ser considerado compatível e lícito. As operações de tratamento posterior para fins de arquivo de interesse público, para fins de investigação científica ou histórica ou para fins estatísticos, deverão ser consideradas tratamento lícito compatível. O fundamento jurídico previsto no direito da União ou dos Estados-Membros para o tratamento dos dados pessoais pode igualmente servir de fundamento jurídico para o tratamento posterior. A fim de apurar se a finalidade de uma nova operação de tratamento dos dados é ou não compatível com a finalidade para que os dados pessoais foram inicialmente recolhidos, o responsável pelo seu tratamento, após ter cumprido todos os requisitos para a licitude do tratamento inicial, deverá ter em atenção, entre outros aspetos, a existência de uma ligação entre a primeira finalidade e aquela a que se destina a nova operação de tratamento que se pretende efetuar, o contexto em que os dados pessoais foram recolhidos, em especial as expectativas razoáveis do titular dos dados quanto à sua posterior utilização, baseadas na sua relação com o responsável pelo tratamento; a natureza dos dados pessoais; as consequências que o posterior tratamento dos dados pode ter para o seu titular; e a existência de garantias adequadas tanto no tratamento inicial como nas outras operações de tratamento previstas.

Caso o titular dos dados tenha dado o seu consentimento ou o tratamento se baseie em disposições do direito da União ou de um Estado-Membro que constituam uma medida necessária e proporcionada, numa sociedade democrática, para salvaguardar, em especial, os importantes objetivos de interesse público geral, o responsável pelo tratamento deverá ser autorizado a proceder ao tratamento posterior dos dados pessoais, independentemente da compatibilidade das finalidades. Em todo o caso, deverá ser garantida a aplicação dos princípios enunciados pelo presente regulamento e, em particular, a obrigação de informar o titular dos dados sobre essas outras finalidades e sobre os seus direitos, incluindo o direito de se opor. A indicação pelo responsável pelo tratamento de eventuais atos criminosos ou ameaças à segurança pública e a transmissão dos dados pessoais pertinentes, em casos individuais ou em vários casos relativos ao mesmo ato criminoso ou ameaça à segurança pública, a uma autoridade competente deverão ser consideradas como sendo do interesse legítimo do responsável pelo tratamento. Todavia, deverá ser proibido proceder à transmissão no interesse legítimo do responsável pelo tratamento ou ao tratamento posterior de dados pessoais se a operação não for compatível com alguma obrigação legal, profissional ou outra obrigação vinculativa de confidencialidade.

(51) Merecem proteção específica os dados pessoais que sejam, pela sua natureza, especialmente sensíveis do ponto de vista dos direitos e liberdades fundamentais, dado que o contexto do tratamento desses dados poderá implicar riscos significativos para os direitos e liberdades fundamentais. Deverão incluir-se neste caso os dados pessoais que revelem a origem racial ou étnica, não implicando o uso do termo «origem racial» no presente regulamento que a União aceite teorias que procuram determinar a existência de diferentes raças humanas. O tratamento de fotografias não deverá ser considerado sistematicamente um tratamento de categorias especiais de dados pessoais, uma vez que são apenas abrangidas pela definição de dados biométricos quando forem processadas por meios técnicos específicos que permitam a identificação inequívoca ou a autenticação de uma pessoa singular. Tais dados pessoais não deverão ser objeto de tratamento, salvo se essa operação for autorizada em casos específicos definidos no presente regulamento, tendo em conta que o direito dos Estados-Membros pode estabelecer disposições de proteção de dados específicas, a fim de adaptar a aplicação das regras do presente regulamento para dar cum-

primento a uma obrigação legal, para o exercício de funções de interesse público ou para o exercício da autoridade pública de que está investido o responsável pelo tratamento. Para além dos requisitos específicos para este tipo de tratamento, os princípios gerais e outras disposições do presente regulamento deverão ser aplicáveis, em especial no que se refere às condições para o tratamento lícito. Deverão ser previstas de forma explícita derrogações à proibição geral de tratamento de categorias especiais de dados pessoais, por exemplo, se o titular dos dados der o seu consentimento expresso ou para ter em conta necessidades específicas, designadamente quando o tratamento for efetuado no exercício de atividades legítimas de certas associações ou fundações que tenham por finalidade permitir o exercício das liberdades fundamentais.

(52) As derrogações à proibição de tratamento de categorias especiais de dados pessoais deverão ser igualmente permitidas quando estiverem previstas no direito da União ou dos Estados-Membros e sujeitas a salvaguardas adequadas, de forma a proteger os dados pessoais e outros direitos fundamentais, caso tal seja do interesse público, nomeadamente o tratamento de dados pessoais em matéria de direito laboral, de direito de proteção social, incluindo as pensões, e para fins de segurança, monitorização e alerta em matéria de saúde, prevenção ou controlo de doenças transmissíveis e outras ameaças graves para a saúde. Essas derrogações poderão ser previstas por motivos sanitários, incluindo de saúde pública e de gestão de serviços de saúde, designadamente para assegurar a qualidade e a eficiência em termos de custos dos procedimentos utilizados para regularizar os pedidos de prestações sociais e de serviços no quadro do regime de seguro de saúde, ou para fins de arquivo de interesse público, para fins de investigação científica ou histórica ou para fins estatísticos. Uma derrogação deverá também permitir o tratamento desses dados pessoais quando tal for necessário à declaração, ao exercício ou à defesa de um direito, independentemente de se tratar de um processo judicial ou de um processo administrativo ou extrajudicial.

(53) As categorias especiais de dados pessoais que merecem uma proteção mais elevada só deverão ser objeto de tratamento para fins relacionados com a saúde quando tal for necessário para atingir os objetivos no interesse das pessoas singulares e da sociedade no seu todo, nomeadamente no contexto da gestão dos serviços e sistemas de saúde ou de ação social, incluindo o tratamento por parte da administração e das autoridades sani-

tárias centrais nacionais desses dados para efeitos de controlo da qualidade, informação de gestão e supervisão geral a nível nacional e local do sistema de saúde ou de ação social, assegurando a continuidade dos cuidados de saúde ou de ação social e da prestação de cuidados de saúde transfronteiras, ou para fins de segurança, monitorização e alerta em matéria de saúde, ou para fins de arquivo de interesse público, para fins de investigação científica ou histórica ou para fins estatísticos baseados no direito da União ou dos Estados-Membros e que têm de cumprir um objetivo, assim como para os estudos realizados no interesse público no domínio da saúde pública. Por conseguinte, o presente regulamento deverá estabelecer condições harmonizadas para o tratamento de categorias especiais de dados pessoais relativos à saúde, tendo em conta necessidades específicas, designadamente quando o tratamento desses dados for efetuado para determinadas finalidades ligadas à saúde por pessoas sujeitas a uma obrigação legal de sigilo profissional. O direito da União ou dos Estados-Membros deverá prever medidas específicas e adequadas com vista à defesa dos direitos fundamentais e dos dados pessoais das pessoas singulares. Os Estados-Membros deverão ser autorizados a manter ou introduzir outras condições, incluindo limitações, no que diz respeito ao tratamento de dados genéticos, dados biométricos ou dados relativos à saúde. Tal não deverá, no entanto, impedir a livre circulação de dados pessoais na União, quando essas condições se aplicam ao tratamento transfronteiriço desses dados.

(54) O tratamento de categorias especiais de dados pessoais pode ser necessário por razões de interesse público nos domínios da saúde pública, sem o consentimento do titular dos dados. Esse tratamento deverá ser objeto de medidas adequadas e específicas, a fim de defender os direitos e liberdades das pessoas singulares. Neste contexto, a noção de «saúde pública» deverá ser interpretada segundo a definição constante do Regulamento (CE) nº 1338/2008 do Parlamento Europeu e do Conselho[1], ou seja, todos os elementos relacionados com a saúde, a saber, o estado de saúde, incluindo a morbilidade e a incapacidade, as determinantes desse estado de saúde, as necessidades de cuidados de saúde, os recursos atribuídos aos cuidados de saúde, a prestação de cuidados de saúde e o acesso universal

[1] Regulamento (CE) nº 1338/2008 do Parlamento Europeu e do Conselho, de 16 de dezembro de 2008, relativo às estatísticas comunitárias sobre saúde pública e saúde e segurança no trabalho (JO L 354 de 31.12.2008, p. 70).

aos mesmos, assim como as despesas e o financiamento dos cuidados de saúde, e as causas de mortalidade. Tais atividades de tratamento de dados sobre a saúde autorizadas por motivos de interesse público não deverão ter por resultado que os dados sejam tratados para outros fins por terceiros, como os empregadores ou as companhias de seguros e entidades bancárias.

(55) Além disso, o tratamento de dados pessoais pelas autoridades públicas tendo em vista realizar os objetivos, consagrados no direito constitucional ou no direito internacional público, de associações religiosas oficialmente reconhecidas, é efetuado por motivos de interesse público.

(56) Sempre que, no âmbito do exercício de atividades eleitorais, o funcionamento do sistema democrático num Estado-Membro exigir que os partidos políticos recolham dados pessoais sobre a opinião política dos cidadãos, o tratamento desses dados pode ser autorizado por motivos de interesse público, desde que sejam estabelecidas garantias adequadas.

(57) Se os dados pessoais tratados pelo responsável pelo tratamento não lhe permitirem identificar uma pessoa singular, aquele não deverá ser obrigado a obter informações suplementares para identificar o titular dos dados com o único objetivo de dar cumprimento a uma disposição do presente regulamento. Todavia, o responsável pelo tratamento não deverá recusar receber informações suplementares fornecidas pelo titular no intuito de apoiar o exercício dos seus direitos. A identificação deverá incluir a identificação digital do titular dos dados, por exemplo com recurso a um procedimento de autenticação com os mesmos dados de identificação usados pelo titular dos dados para aceder aos serviços do responsável pelo tratamento por via eletrónica.

(58) O princípio da transparência exige que qualquer informação destinada ao público ou ao titular dos dados seja concisa, de fácil acesso e compreensão, bem como formulada numa linguagem clara e simples, e que se recorra, adicionalmente, à visualização sempre que for adequado. Essas informações poderão ser fornecidas por via eletrónica, por exemplo num sítio *web*, quando se destinarem ao público. Isto é especialmente relevante em situações em que a proliferação de operadores e a complexidade tecnológica das práticas tornam difícil que o titular dos dados saiba e compreenda se, por quem e para que fins os seus dados pessoais estão a ser recolhidos, como no caso da publicidade por via eletrónica. Uma vez que as crianças merecem proteção específica, sempre que o tratamento lhes seja dirigido, qualquer informação e comunicação deverá estar redigida numa linguagem clara e simples que a criança compreenda facilmente.

(59) Deverão ser previstas regras para facilitar o exercício pelo titular dos dados dos direitos que lhe são conferidos ao abrigo do presente regulamento, incluindo procedimentos para solicitar e, sendo caso disso, obter a título gratuito, em especial, o acesso a dados pessoais, a sua retificação ou o seu apagamento e o exercício do direito de oposição. O responsável pelo tratamento deverá fornecer os meios necessários para que os pedidos possam ser apresentados por via eletrónica, em especial quando os dados sejam também tratados por essa via. O responsável pelo tratamento deverá ser obrigado a responder aos pedidos do titular dos dados sem demora injustificada e o mais tardar no prazo de um mês e expor as suas razões quando tiver intenção de recusar o pedido.

(60) Os princípios do tratamento equitativo e transparente exigem que o titular dos dados seja informado da operação de tratamento de dados e das suas finalidades. O responsável pelo tratamento deverá fornecer ao titular as informações adicionais necessárias para assegurar um tratamento equitativo e transparente tendo em conta as circunstâncias e o contexto específicos em que os dados pessoais forem tratados. O titular dos dados deverá também ser informado da definição de perfis e das consequências que daí advêm. Sempre que os dados pessoais forem recolhidos junto do titular dos dados, este deverá ser também informado da eventual obrigatoriedade de fornecer os dados pessoais e das consequências de não os facultar. Essas informações podem ser fornecidas em combinação com ícones normalizados a fim de dar, de modo facilmente visível, inteligível e claramente legível uma útil perspetiva geral do tratamento previsto. Se forem apresentados por via eletrónica, os ícones deverão ser de leitura automática.

(61) As informações sobre o tratamento de dados pessoais relativos ao titular dos dados deverão ser a este fornecidas no momento da sua recolha junto do titular dos dados ou, se os dados pessoais tiverem sido obtidos a partir de outra fonte, dentro de um prazo razoável, consoante as circunstâncias. Sempre que os dados pessoais forem suscetíveis de ser legitimamente comunicados a outro destinatário, o titular dos dados deverá ser informado aquando da primeira comunicação dos dados pessoais a esse destinatário. Sempre que o responsável pelo tratamento tiver a intenção de tratar os dados pessoais para outro fim que não aquele para o qual tenham sido recolhidos, antes desse tratamento o responsável pelo tratamento deverá fornecer ao titular dos dados informações sobre esse fim e outras informações necessárias. Quando não for possível informar o titular

dos dados da origem dos dados pessoais por se ter recorrido a várias fontes, deverão ser-lhe fornecidas informações genéricas.

(62) Todavia, não é necessário impor a obrigação de fornecer informações caso o titular dos dados já disponha da informação, caso a lei disponha expressamente o registo ou a comunicação dos dados pessoais ou caso a informação ao titular dos dados se revele impossível de concretizar ou implicar um esforço desproporcionado. Este último seria, nomeadamente, o caso de um tratamento efetuado para fins de arquivo de interesse público, para fins de investigação científica ou histórica ou para fins estatísticos. Para esse efeito, deverá ser considerado o número de titulares de dados, a antiguidade dos dados e as devidas garantias que tenham sido adotadas.

(63) Os titulares de dados deverão ter o direito de aceder aos dados pessoais recolhidos que lhes digam respeito e de exercer esse direito com facilidade e a intervalos razoáveis, a fim de conhecer e verificar a tomar conhecimento do tratamento e verificar a sua licitude. Aqui se inclui o seu direito de acederem a dados sobre a sua saúde, por exemplo os dados dos registos médicos com informações como diagnósticos, resultados de exames, avaliações dos médicos e quaisquer intervenções ou tratamentos realizados. Por conseguinte, cada titular de dados deverá ter o direito de conhecer e ser informado, nomeadamente, das finalidades para as quais os dados pessoais são tratados, quando possível do período durante o qual os dados são tratados, da identidade dos destinatários dos dados pessoais, da lógica subjacente ao eventual tratamento automático dos dados pessoais e, pelo menos quando tiver por base a definição de perfis, das suas consequências. Quando possível, o responsável pelo tratamento deverá poder facultar o acesso a um sistema seguro por via eletrónica que possibilite ao titular aceder diretamente aos seus dados pessoais. Esse direito não deverá prejudicar os direitos ou as liberdades de terceiros, incluindo o segredo comercial ou a propriedade intelectual e, particularmente, o direito de autor que protege o *software*. Todavia, essas considerações não deverão resultar na recusa de prestação de todas as informações ao titular dos dados. Quando o responsável proceder ao tratamento de grande quantidade de informação relativa ao titular dos dados, deverá poder solicitar que, antes de a informação ser fornecida, o titular especifique a que informações ou a que atividades de tratamento se refere o seu pedido.

(64) O responsável pelo tratamento deverá adotar todas as medidas razoáveis para verificar a identidade do titular dos dados que solicite o acesso,

em especial no contexto de serviços e de identificadores por via eletrónica. Os responsáveis pelo tratamento não deverão conservar dados pessoais com a finalidade exclusiva de estar em condições de reagir a eventuais pedidos.

(65) Os titulares dos dados deverão ter direito a que os dados que lhes digam respeito sejam retificados e o «direito a serem esquecidos» quando a conservação desses dados violar o presente regulamento ou o direito da União ou dos Estados-Membros aplicável ao responsável pelo tratamento. Em especial, os titulares de dados deverão ter direito a que os seus dados pessoais sejam apagados e deixem de ser objeto de tratamento se deixarem de ser necessários para a finalidade para a qual foram recolhidos ou tratados, se os titulares dos dados retirarem o seu consentimento ou se opuserem ao tratamento de dados pessoais que lhes digam respeito ou se o tratamento dos seus dados pessoais não respeitar o disposto no presente regulamento. Esse direito assume particular importância quando o titular dos dados tiver dado o seu consentimento quando era criança e não estava totalmente ciente dos riscos inerentes ao tratamento, e mais tarde deseje suprimir esses dados pessoais, especialmente na Internet. O titular dos dados deverá ter a possibilidade de exercer esse direito independentemente do facto de já ser adulto. No entanto, o prolongamento da conservação dos dados pessoais deverá ser efetuado de forma lícita quando tal se revele necessário para o exercício do direito de liberdade de expressão e informação, para o cumprimento de uma obrigação jurídica, para o exercício de funções de interesse público ou o exercício da autoridade pública de que está investido o responsável pelo tratamento, por razões de interesse público no domínio da saúde pública, para fins de arquivo de interesse público, para fins de investigação científica ou histórica ou para fins estatísticos, ou para efeitos de declaração, exercício ou defesa de um direito num processo judicial.

(66) Para reforçar o direito a ser esquecido no ambiente por via eletrónica, o âmbito do direito ao apagamento deverá ser alargado através da imposição ao responsável pelo tratamento que tenha tornado públicos os dados pessoais da adoção de medidas razoáveis, incluindo a aplicação de medidas técnicas, para informar os responsáveis que estejam a tratar esses dados pessoais de que os titulares dos dados solicitaram a supressão de quaisquer ligações para esses dados pessoais ou de cópias ou reproduções dos mesmos. Ao fazê-lo, esse responsável pelo tratamento deverá adotar as medidas que se afigurarem razoáveis, tendo em conta a tecnologia disponível e os meios ao seu

dispor, incluindo medidas técnicas, para informar do pedido do titular dos dados pessoais os responsáveis que estejam a tratar os dados.

(67) Para restringir o tratamento de dados pessoais pode recorrer-se a métodos como a transferência temporária de determinados dados para outro sistema de tratamento, a indisponibilização do acesso a determinados dados pessoais por parte dos utilizadores, ou a retirada temporária de um sítio *web* dos dados aí publicados. Nos ficheiros automatizados, as restrições ao tratamento deverão, em princípio, ser impostas por meios técnicos de modo a que os dados pessoais não sejam sujeitos a outras operações de tratamento e não possam ser alterados. Deverá indicar-se de forma bem clara no sistema que o tratamento dos dados pessoais se encontra sujeito a restrições.

(68) Para reforçar o controlo sobre os seus próprios dados, sempre que o tratamento de dados pessoais for automatizado, o titular dos dados deverá ser autorizado a receber os dados pessoais que lhe digam respeito, que tenha fornecido a um responsável pelo tratamento num formato estruturado, de uso corrente, de leitura automática e interoperável, e a transmiti--los a outro responsável. Os responsáveis pelo tratamento de dados deverão ser encorajados a desenvolver formatos interoperáveis que permitam a portabilidade dos dados. Esse direito deverá aplicar-se também se o titular dos dados tiver fornecido os dados pessoais com base no seu consentimento ou se o tratamento for necessário para o cumprimento de um contrato. Não deverá ser aplicável se o tratamento se basear num fundamento jurídico que não seja o consentimento ou um contrato. Por natureza própria, esse direito não deverá ser exercido em relação aos responsáveis pelo tratamento que tratem dados pessoais na prossecução das suas atribuições públicas. Por conseguinte, esse direito não deverá ser aplicável quando o tratamento de dados pessoais for necessário para o cumprimento de uma obrigação jurídica à qual o responsável esteja sujeito, para o exercício de atribuições de interesse público ou para o exercício da autoridade pública de que esteja investido o responsável pelo tratamento. O direito do titular dos dados a transmitir ou receber dados pessoais que lhe digam respeito não deverá implicar para os responsáveis pelo tratamento a obrigação de adotar ou manter sistemas de tratamento que sejam tecnicamente compatíveis. Quando um determinado conjunto de dados pessoais disser respeito a mais de um titular, o direito de receber os dados pessoais não deverá prejudicar os direitos e liberdades de outros titulares de dados nos termos do

presente regulamento. Além disso, esse direito também não deverá prejudicar o direito dos titulares dos dados a obter o apagamento dos dados pessoais nem as restrições a esse direito estabelecidas no presente regulamento e, nomeadamente, não deverá implicar o apagamento dos dados pessoais relativos ao titular que este tenha fornecido para execução de um contrato, na medida em que e enquanto os dados pessoais forem necessários para a execução do referido contrato. Sempre que seja tecnicamente possível, o titular dos dados deverá ter o direito a que os dados pessoais sejam transmitidos diretamente entre os responsáveis pelo tratamento.

(69) No caso de um tratamento de dados pessoais lícito realizado por ser necessário ao exercício de funções de interesse público ou ao exercício da autoridade pública de que está investido o responsável pelo tratamento ou ainda por motivos de interesse legítimo do responsável pelo tratamento ou de terceiros, o titular não deverá deixar de ter o direito de se opor ao tratamento dos dados pessoais que digam respeito à sua situação específica. Deverá caber ao responsável pelo tratamento provar que os seus interesses legítimos imperiosos prevalecem sobre os interesses ou direitos e liberdades fundamentais do titular dos dados.

(70) Sempre que os dados pessoais forem objeto de tratamento para efeitos de comercialização direta, o titular deverá ter o direito de se opor, em qualquer momento e gratuitamente, a tal tratamento, incluindo a definição de perfis na medida em que esteja relacionada com a referida comercialização, quer se trate do tratamento inicial quer do tratamento posterior. Esse direito deverá ser explicitamente levado à atenção do titular e apresentado de modo claro e distinto de quaisquer outras informações.

(71) O titular dos dados deverá ter o direito de não ficar sujeito a uma decisão, que poderá incluir uma medida, que avalie aspetos pessoais que lhe digam respeito, que se baseie exclusivamente no tratamento automatizado e que produza efeitos jurídicos que lhe digam respeito ou o afetem significativamente de modo similar, como a recusa automática de um pedido de crédito por via eletrónica ou práticas de recrutamento eletrónico sem qualquer intervenção humana. Esse tratamento inclui a definição de perfis mediante qualquer forma de tratamento automatizado de dados pessoais para avaliar aspetos pessoais relativos a uma pessoa singular, em especial a análise e previsão de aspetos relacionados com o desempenho profissional, a situação económica, saúde, preferências ou interesses pessoais, fiabilidade ou comportamento, localização ou deslocações do titular

dos dados, quando produza efeitos jurídicos que lhe digam respeito ou a afetem significativamente de forma similar. No entanto, a tomada de decisões com base nesse tratamento, incluindo a definição de perfis, deverá ser permitida se expressamente autorizada pelo direito da União ou dos Estados-Membros aplicável ao responsável pelo tratamento, incluindo para efeitos de controlo e prevenção de fraudes e da evasão fiscal, conduzida nos termos dos regulamentos, normas e recomendações das instituições da União ou das entidades nacionais de controlo, e para garantir a segurança e a fiabilidade do serviço prestado pelo responsável pelo tratamento, ou se for necessária para a celebração ou execução de um contrato entre o titular dos dados e o responsável pelo tratamento, ou mediante o consentimento explícito do titular. Em qualquer dos casos, tal tratamento deverá ser acompanhado das garantias adequadas, que deverão incluir a informação específica ao titular dos dados e o direito de obter a intervenção humana, de manifestar o seu ponto de vista, de obter uma explicação sobre a decisão tomada na sequência dessa avaliação e de contestar a decisão. Essa medida não deverá dizer respeito a uma criança.

A fim de assegurar um tratamento equitativo e transparente no que diz respeito ao titular dos dados, tendo em conta a especificidade das circunstâncias e do contexto em que os dados pessoais são tratados, o responsável pelo tratamento deverá utilizar procedimentos matemáticos e estatísticos adequados à definição de perfis, aplicar medidas técnicas e organizativas que garantam designadamente que os fatores que introduzem imprecisões nos dados pessoais são corrigidos e que o risco de erros é minimizado, e proteger os dados pessoais de modo a que sejam tidos em conta os potenciais riscos para os interesses e direitos do titular dos dados, e evitar, por exemplo, efeitos discriminatórios contra pessoas singulares em razão da sua origem racial ou étnica, opinião política, religião ou convicções, filiação sindical, estado genético ou de saúde ou orientação sexual, ou que o tratamento dos dados resulte em medidas que venham a ter tais efeitos. A decisão e definição de perfis automatizada baseada em categorias especiais de dados pessoais só deverá ser permitida em condições específicas.

(72) A definição de perfis está sujeita às regras do presente regulamento que regem o tratamento de dados pessoais, como o fundamento jurídico do tratamento ou os princípios da proteção de dados. O Comité Europeu para a Proteção de Dados criado pelo presente regulamento («Comité») deverá poder emitir orientações nesse âmbito.

(73) O direito da União ou dos Estados-Membros podem impor restrições relativas a princípios específicos e aos direitos de informação, acesso e retificação ou apagamento de dados pessoais e ao direito à portabilidade dos dados, ao direito de oposição, às decisões baseadas na definição de perfis, bem como à comunicação de uma violação de dados pessoais ao titular dos dados, e a determinadas obrigações conexas dos responsáveis pelo tratamento, na medida em que sejam necessárias e proporcionadas numa sociedade democrática para garantir a segurança pública, incluindo a proteção da vida humana, especialmente em resposta a catástrofes naturais ou provocadas pelo homem, para a prevenção, a investigação e a repressão de infrações penais ou a execução de sanções penais, incluindo a salvaguarda e a prevenção de ameaças à segurança pública ou violações da deontologia de profissões regulamentadas, para outros objetivos importantes de interesse público geral da União ou de um Estado-Membro, nomeadamente um interesse económico ou financeiro importante da União ou de um Estado-Membro, para a conservação de registos públicos por motivos de interesse público geral, para posterior tratamento de dados pessoais arquivados para a prestação de informações específicas relacionadas com o comportamento político no âmbito de antigos regimes totalitários ou para efeitos de defesa do titular dos dados ou dos direitos e liberdades de terceiros, incluindo a proteção social, a saúde pública e os fins humanitários. Essas restrições deverão respeitar as exigências estabelecidas na Carta e na Convenção Europeia para a Proteção dos Direitos do Homem e das Liberdades Fundamentais.

(74) Deverá ser consagrada a responsabilidade do responsável por qualquer tratamento de dados pessoais realizado por este ou por sua conta. Em especial, o responsável pelo tratamento deverá ficar obrigado a executar as medidas que forem adequadas e eficazes e ser capaz de comprovar que as atividades de tratamento são efetuadas em conformidade com o presente regulamento, incluindo a eficácia das medidas. Essas medidas deverão ter em conta a natureza, o âmbito, o contexto e as finalidades do tratamento dos dados, bem como o risco que possa implicar para os direitos e liberdades das pessoas singulares.

(75) O risco para os direitos e liberdades das pessoas singulares, cuja probabilidade e gravidade podem ser variáveis, poderá resultar de operações de tratamento de dados pessoais suscetíveis de causar danos físicos, materiais ou imateriais, em especial quando o tratamento possa dar origem à discriminação, à usurpação ou roubo da identidade, a perdas financeiras,

prejuízos para a reputação, perdas de confidencialidade de dados pessoais protegidos por sigilo profissional, à inversão não autorizada da pseudonimização, ou a quaisquer outros prejuízos importantes de natureza económica ou social; quando os titulares dos dados possam ficar privados dos seus direitos e liberdades ou impedidos do exercício do controlo sobre os respetivos dados pessoais; quando forem tratados dados pessoais que revelem a origem racial ou étnica, as opiniões políticas, as convicções religiosas ou filosóficas e a filiação sindical, bem como dados genéticos ou dados relativos à saúde ou à vida sexual ou a condenações penais e infrações ou medidas de segurança conexas; quando forem avaliados aspetos de natureza pessoal, em particular análises ou previsões de aspetos que digam respeito ao desempenho no trabalho, à situação económica, à saúde, às preferências ou interesses pessoais, à fiabilidade ou comportamento e à localização ou às deslocações das pessoas, a fim de definir ou fazer uso de perfis; quando forem tratados dados relativos a pessoas singulares vulneráveis, em particular crianças; ou quando o tratamento incidir sobre uma grande quantidade de dados pessoais e afetar um grande número de titulares de dados.

(76) A probabilidade e a gravidade dos riscos para os direitos e liberdades do titular dos dados deverá ser determinada por referência à natureza, âmbito, contexto e finalidades do tratamento de dados. Os riscos deverão ser aferidos com base numa avaliação objetiva, que determine se as operações de tratamento de dados implicam risco ou risco elevado.

(77) As orientações sobre a execução de medidas adequadas e sobre a comprovação de conformidade pelos responsáveis pelo tratamento ou subcontratantes, em especial no que diz respeito à identificação dos riscos relacionados com o tratamento, à sua avaliação em termos de origem, natureza, probabilidade e gravidade, bem como à identificação das melhores práticas para a atenuação dos riscos, poderão ser obtidas nomeadamente recorrendo a códigos de conduta aprovados, a certificações aprovadas, às orientações fornecidas pelo Comité ou às indicações fornecidas por um encarregado da proteção de dados. O Comité poderá emitir igualmente orientações sobre operações de tratamento de dados que não sejam suscetíveis de resultar num elevado risco para os direitos e liberdades das pessoas singulares e indicar quais as medidas adequadas em tais casos para diminuir esse risco.

(78) A defesa dos direitos e liberdades das pessoas singulares relativamente ao tratamento dos seus dados pessoais exige a adoção de medidas

técnicas e organizativas adequadas, a fim de assegurar o cumprimento dos requisitos do presente regulamento. Para poder comprovar a conformidade com o presente regulamento, o responsável pelo tratamento deverá adotar orientações internas e aplicar medidas que respeitem, em especial, os princípios da proteção de dados desde a conceção e da proteção de dados por defeito. Tais medidas podem incluir a minimização do tratamento de dados pessoais, a pseudonimização de dados pessoais o mais cedo possível, a transparência no que toca às funções e ao tratamento de dados pessoais, a possibilidade de o titular dos dados controlar o tratamento de dados e a possibilidade de o responsável pelo tratamento criar e melhorar medidas de segurança. No contexto do desenvolvimento, conceção, seleção e utilização de aplicações, serviços e produtos que se baseiam no tratamento de dados pessoais ou recorrem a este tratamento para executarem as suas funções, haverá que incentivar os fabricantes dos produtos, serviços e aplicações a ter em conta o direito à proteção de dados quando do seu desenvolvimento e conceção e, no devido respeito pelas técnicas mais avançadas, a garantir que os responsáveis pelo tratamento e os subcontratantes estejam em condições de cumprir as suas obrigações em matéria de proteção de dados. Os princípios de proteção de dados desde a conceção e, por defeito, deverão também ser tomados em consideração no contexto dos contratos públicos.

(79) A defesa dos direitos e liberdades dos titulares dos dados, bem como a responsabilidade dos responsáveis pelo seu tratamento e dos subcontratantes, incluindo no que diz respeito à supervisão e às medidas adotadas pelas autoridades de controlo, exigem uma clara repartição das responsabilidades nos termos do presente regulamento, nomeadamente quando o responsável pelo tratamento determina as finalidades e os meios do tratamento conjuntamente com outros responsáveis, ou quando uma operação de tratamento de dados é efetuada por conta de um responsável pelo tratamento.

(80) Sempre que um responsável pelo tratamento ou um subcontratante não estabelecidos na União efetuarem o tratamento de dados pessoais de titulares de dados que se encontrem na União, e as suas atividades de tratamento estiverem relacionadas com a oferta de bens ou serviços a esses titulares de dados na União, independentemente de a estes ser exigido um pagamento, ou com o controlo do seu comportamento na medida que o seu comportamento tenha lugar na União, o responsável pelo trata-

mento ou o subcontratante deverão designar um representante, a não ser que o tratamento seja ocasional, não inclua o tratamento, em larga escala, de categorias especiais de dados pessoais, nem o tratamento de dados pessoais relativos a condenações penais e infrações, e não seja suscetível de implicar riscos para os direitos e liberdades das pessoas singulares, tendo em conta a natureza, o contexto, o âmbito e as finalidades do tratamento ou se o responsável pelo tratamento for uma autoridade ou organismo público. O representante deverá agir em nome do responsável pelo tratamento ou do subcontratante e deverá poder ser contactado por qualquer autoridade de controlo. O representante deverá ser explicitamente designado por um mandato do responsável pelo tratamento ou do subcontratante, emitido por escrito, que permita ao representante agir em seu nome no que diz respeito às obrigações que lhes são impostas pelo presente regulamento. A designação de um tal representante não afeta as responsabilidades que incumbem ao responsável pelo tratamento ou ao subcontratante nos termos do presente regulamento. O representante deverá executar as suas tarefas em conformidade com o mandato que recebeu do responsável pelo tratamento ou do subcontratante, incluindo no que toca à cooperação com as autoridades de controlo competentes relativamente a qualquer ação empreendida no sentido de garantir o cumprimento do presente regulamento. O representante designado deverá estar sujeito a procedimentos de execução em caso de incumprimento pelo responsável pelo tratamento ou pelo subcontratante.

(81) Para assegurar o cumprimento do presente regulamento no que se refere ao tratamento a efetuar pelo subcontratante por conta do responsável pelo tratamento, este, quando confiar atividades de tratamento a um subcontratante, deverá recorrer exclusivamente a subcontratantes que ofereçam garantias suficientes, especialmente em termos de conhecimentos especializados, fiabilidade e recursos, quanto à execução de medidas técnicas e organizativas que cumpram os requisitos do presente regulamento, nomeadamente no que se refere à segurança do tratamento. O facto de o subcontratante cumprir um código de conduta aprovado ou um procedimento de certificação aprovado poderá ser utilizado como elemento para demonstrar o cumprimento das obrigações do responsável pelo tratamento. A realização de operações de tratamento de dados em subcontratação deverá ser regulada por um contrato ou por outro ato normativo ao abrigo do direito da União ou dos Estados-Membros, que vincule o subcon-

tratante ao responsável pelo tratamento e em que seja estabelecido o objeto e a duração do contrato, a natureza e as finalidades do tratamento, o tipo de dados pessoais e as categorias dos titulares dos dados, tendo em conta as tarefas e responsabilidades específicas do subcontratante no contexto do tratamento a realizar e o risco em relação aos direitos e liberdades do titular dos dados. O responsável pelo tratamento e o subcontratante poderão optar por utilizar um contrato individual ou cláusulas contratuais-tipo que são adotadas quer diretamente pela Comissão quer por uma autoridade de controlo em conformidade com o procedimento de controlo da coerência e adotadas posteriormente pela Comissão. Após concluído o tratamento por conta do responsável pelo tratamento, o subcontratante deverá, consoante a escolha do primeiro, devolver ou apagar os dados pessoais, a menos que seja exigida a conservação dos dados pessoais ao abrigo do direito da União ou do Estado-Membro a que o subcontratante está sujeito.

(82) A fim de comprovar a observância do presente regulamento, o responsável pelo tratamento ou o subcontratante deverá conservar registos de atividades de tratamento sob a sua responsabilidade. Os responsáveis pelo tratamento e subcontratantes deverão ser obrigados a cooperar com a autoridade de controlo e a facultar-lhe esses registos, a pedido, para fiscalização dessas operações de tratamento.

(83) A fim de preservar a segurança e evitar o tratamento em violação do presente regulamento, o responsável pelo tratamento, ou o subcontratante, deverá avaliar os riscos que o tratamento implica e aplicar medidas que os atenuem, como a cifragem. Essas medidas deverão assegurar um nível de segurança adequado, nomeadamente a confidencialidade, tendo em conta as técnicas mais avançadas e os custos da sua aplicação em função dos riscos e da natureza dos dados pessoais a proteger. Ao avaliar os riscos para a segurança dos dados, deverão ser tidos em conta os riscos apresentados pelo tratamento dos dados pessoais, tais como a destruição, perda e alteração acidentais ou ilícitas, e a divulgação ou o acesso não autorizados a dados pessoais transmitidos, conservados ou sujeitos a qualquer outro tipo de tratamento, riscos esses que podem dar azo, em particular, a danos físicos, materiais ou imateriais.

(84) A fim de promover o cumprimento do presente regulamento nos casos em que as operações de tratamento de dados sejam suscetíveis de resultar num elevado risco para os direitos e liberdades das pessoas singulares, o responsável pelo seu tratamento deverá encarregar-se da realiza-

ção de uma avaliação de impacto da proteção de dados para determinação, nomeadamente, da origem, natureza, particularidade e gravidade desse risco. Os resultados dessa avaliação deverão ser tidos em conta na determinação das medidas que deverão ser tomadas a fim de comprovar que o tratamento de dados pessoais está em conformidade com o presente regulamento. Sempre que a avaliação de impacto sobre a proteção de dados indicar que o tratamento apresenta um elevado risco que o responsável pelo tratamento não poderá atenuar através de medidas adequadas, atendendo à tecnologia disponível e aos custos de aplicação, será necessário consultar a autoridade de controlo antes de se proceder ao tratamento de dados pessoais.

(85) Se não forem adotadas medidas adequadas e oportunas, a violação de dados pessoais pode causar danos físicos, materiais ou imateriais às pessoas singulares, como a perda de controlo sobre os seus dados pessoais, a limitação dos seus direitos, a discriminação, o roubo ou usurpação da identidade, perdas financeiras, a inversão não autorizada da pseudonimização, danos para a reputação, a perda de confidencialidade de dados pessoais protegidos por sigilo profissional ou qualquer outra desvantagem económica ou social significativa das pessoas singulares. Por conseguinte, logo que o responsável pelo tratamento tenha conhecimento de uma violação de dados pessoais, deverá notificá-la à autoridade de controlo, sem demora injustificada e, sempre que possível, no prazo de 72 horas após ter tido conhecimento do ocorrido, a menos que seja capaz de demonstrar em conformidade com o princípio da responsabilidade, que essa violação não é suscetível de implicar um risco para os direitos e liberdades das pessoas singulares. Se não for possível efetuar essa notificação no prazo de 72 horas, a notificação deverá ser acompanhada dos motivos do atraso, podendo as informações ser fornecidas por fases sem demora injustificada.

(86) O responsável pelo tratamento deverá informar, sem demora injustificada, o titular dos dados da violação de dados pessoais quando for provável que desta resulte um elevado risco para os direitos e liberdades da pessoa singular, a fim de lhe permitir tomar as precauções necessárias. A comunicação deverá descrever a natureza da violação de dados pessoais e dirigir recomendações à pessoa singular em causa para atenuar potenciais efeitos adversos. Essa comunicação aos titulares dos dados deverá ser efetuada logo que seja razoavelmente possível, em estreita cooperação com a autoridade de controlo e em cumprimento das orientações fornecidas por

esta ou por outras autoridades competentes, como as autoridades de polícia. Por exemplo, a necessidade de atenuar um risco imediato de prejuízo exigirá uma pronta comunicação aos titulares dos dados, mas a necessidade de aplicar medidas adequadas contra violações de dados pessoais recorrentes ou similares poderá justificar um período mais alargado para a comunicação.

(87) Há que verificar se foram aplicadas todas as medidas tecnológicas de proteção e de organização para apurar imediatamente a ocorrência de uma violação de dados pessoais e para informar rapidamente a autoridade de controlo e o titular. Para comprovar que a notificação foi enviada sem demora injustificada importa ter em consideração, em especial, a natureza e a gravidade da violação dos dados pessoais e as respetivas consequências e efeitos adversos para o titular dos dados. Essa notificação poderá resultar numa intervenção da autoridade de controlo em conformidade com as suas funções e competências, definidas pelo presente regulamento.

(88) Ao estabelecer regras pormenorizadas relativamente ao formato e aos procedimentos aplicáveis à notificação das violações de dados pessoais, deverá ter-se devidamente em conta as circunstâncias dessa violação, nomeadamente a existência ou não de proteção dos dados pessoais através de medidas técnicas de proteção adequadas para reduzir eficazmente a probabilidade de usurpação da identidade ou outras formas de utilização abusiva. Além disso, tais regras e procedimentos deverão ter em conta os legítimos interesses das autoridades de polícia nos casos em que a divulgação precoce de informações possa dificultar desnecessariamente a investigação das circunstâncias da violação de dados pessoais.

(89) A Diretiva 95/46/CE estabelece uma obrigação geral de notificação do tratamento de dados pessoais às autoridades de controlo. Além de esta obrigação originar encargos administrativos e financeiros, nem sempre contribuiu para a melhoria da proteção dos dados pessoais. Tais obrigações gerais e indiscriminadas de notificação deverão, por isso, ser suprimidas e substituídas por regras e procedimentos eficazes mais centrados nos tipos de operações de tratamento suscetíveis de resultar num elevado risco para os direitos e liberdades das pessoas singulares, devido à sua natureza, âmbito, contexto e finalidades. Os referidos tipos de operações de tratamento poderão, nomeadamente, envolver a utilização de novas tecnologias, ou pertencer a um novo tipo e não ter sido antecedidas por uma avaliação de impacto sobre a proteção de dados por parte do responsável pelo trata-

mento, ou ser consideradas necessárias à luz do período decorrido desde o tratamento inicial responsável pelo tratamento.

(90) Nesses casos, o responsável pelo tratamento deverá proceder, antes do tratamento, a uma avaliação do impacto sobre a proteção de dados, a fim de avaliar a probabilidade ou gravidade particulares do elevado risco, tendo em conta a natureza, o âmbito, o contexto e as finalidades do tratamento e as fontes do risco. Essa avaliação do impacto deverá incluir, nomeadamente, as medidas, garantias e procedimentos previstos para atenuar esse risco, assegurar a proteção dos dados pessoais e comprovar a observância do presente regulamento.

(91) Tal deverá aplicar-se, nomeadamente, às operações de tratamento de grande escala que visem o tratamento de uma grande quantidade de dados pessoais a nível regional, nacional ou supranacional, possam afetar um número considerável de titulares de dados e sejam suscetíveis de implicar um elevado risco, por exemplo, em razão da sua sensibilidade, nas quais, em conformidade com o nível de conhecimentos tecnológicos alcançado, seja utilizada em grande escala uma nova tecnologia, bem como a outras operações de tratamento que impliquem um elevado risco para os direitos e liberdades dos titulares dos dados, em especial quando tais operações dificultem aos titulares o exercício dos seus direitos. Dever-se-á realizar também uma avaliação de impacto sobre a proteção de dados nos casos em que os dados pessoais são tratados para tomar decisões relativas a determinadas pessoas singulares na sequência de qualquer avaliação sistemática e completa dos aspetos pessoais relacionados com pessoas singulares baseada na definição dos perfis desses dados ou na sequência do tratamento de categorias especiais de dados pessoais, de dados biométricos ou de dados sobre condenações penais e infrações ou medidas de segurança conexas. É igualmente exigida uma avaliação do impacto sobre a proteção de dados para o controlo de zonas acessíveis ao público em grande escala, nomeadamente se forem utilizados mecanismos optoeletrónicos, ou para quaisquer outras operações quando a autoridade de controlo competente considere que o tratamento é suscetível de implicar um elevado risco para os direitos e liberdades dos titulares dos direitos, em especial por impedirem estes últimos de exercer um direito ou de utilizar um serviço ou um contrato, ou por serem realizadas sistematicamente em grande escala. O tratamento de dados pessoais não deverá ser considerado de grande escala se disser respeito aos dados pessoais de pacientes ou clientes de um deter-

minado médico, profissional de cuidados de saúde, hospital ou advogado. Nesses casos, a realização de uma avaliação de impacto sobre a proteção de dados não deverá ser obrigatória.

(92) Em certas circunstâncias pode ser razoável e económico alargar a avaliação de impacto sobre a proteção de dados para além de um projeto único, por exemplo se as autoridades ou organismos públicos pretenderem criar uma aplicação ou uma plataforma de tratamento comum, ou se vários responsáveis pelo tratamento planearem criar uma aplicação ou um ambiente de tratamento comum em todo um setor ou segmento profissional, ou uma atividade horizontal amplamente utilizada.

(93) No contexto da adoção da legislação dos Estados-Membros que regula a prossecução das atribuições da autoridade ou do organismo público, bem como a operação ou o conjunto de operações em questão, os Estados-Membros podem considerar necessário proceder à avaliação antes de iniciar as atividades de tratamento.

(94) Sempre que uma avaliação de impacto relativa à proteção de dados indicar que o tratamento, na falta de garantias e de medidas e procedimentos de segurança para atenuar os riscos, implica um elevado risco para os direitos e liberdades das pessoas singulares e o responsável pelo tratamento considerar que o risco não poderá ser atenuado através de medidas razoáveis, atendendo à tecnologia disponível e aos custos de aplicação, a autoridade de controlo deverá ser consultada antes de as atividades de tratamento terem início. Provavelmente, esse elevado risco decorre de determinados tipos de tratamento e da extensão e frequência do tratamento, que podem originar igualmente danos ou interferir com os direitos e liberdades da pessoa singular. A autoridade de controlo deverá responder ao pedido de consulta dentro de um determinado prazo. Contudo, a ausência de reação da autoridade de controlo no decorrer desse prazo não prejudicará qualquer intervenção que esta autoridade venha a fazer em conformidade com as suas funções e competências, definidas pelo presente regulamento, incluindo a competência para proibir certas operações de tratamento. No âmbito desse processo de consulta, o resultado de uma avaliação do impacto sobre a proteção de dados efetuada relativamente ao tratamento em questão pode ser apresentado à autoridade de controlo, em especial as medidas previstas para atenuar o risco para os direitos e liberdades das pessoas singulares.

(95) O subcontratante deverá prestar assistência ao responsável pelo tratamento, se necessário e a pedido deste, para assegurar o cumprimento das obrigações decorrentes da realização de avaliações do impacto sobre a proteção de dados e da consulta prévia à autoridade de controlo.

(96) Deverá ter também lugar uma consulta à autoridade de controlo durante os trabalhos de elaboração de uma medida legislativa ou regulamentar que preveja o tratamento de dados pessoais, de modo a assegurar a conformidade do tratamento pretendido com o presente regulamento e, em particular, a atenuar o respetivo risco para o titular dos dados.

(97) Sempre que o tratamento dos dados for efetuado por uma autoridade pública, com exceção dos tribunais ou de autoridades judiciais independentes no exercício da sua função jurisdicional, sempre que, no setor privado, for efetuado por um responsável pelo tratamento cujas atividades principais consistam em operações de tratamento que exijam o controlo regular e sistemático do titular dos dados em grande escala, ou sempre que as atividades principais do responsável pelo tratamento ou do subcontratante consistam em operações de tratamento em grande escala de categorias especiais de dados pessoais e de dados relacionados com condenações penais e infrações, o responsável pelo tratamento destes ou o subcontratante pode ser assistido por um especialista em legislação e prática de proteção dados no controlo do cumprimento do presente regulamento a nível interno. No setor privado, as atividades principais do responsável pelo tratamento dizem respeito às suas atividades primárias e não estão relacionadas com o tratamento de dados pessoais como atividade auxiliar. O nível necessário de conhecimentos especializados deverá ser determinado, em particular, em função do tratamento de dados realizado e da proteção exigida para os dados pessoais tratados pelo responsável pelo seu tratamento ou pelo subcontratante. Estes encarregados da proteção de dados, sejam ou não empregados do responsável pelo tratamento, deverão estar em condições de desempenhar as suas funções e atribuições com independência.

(98) As associações ou outras entidades que representem categorias de responsáveis pelo tratamento ou de subcontratantes deverão ser incentivadas a elaborar códigos de conduta, no respeito do presente regulamento, com vista a facilitar a sua aplicação efetiva, tendo em conta as características específicas do tratamento efetuado em determinados setores e as necessidades específicas das micro, pequenas e médias empresas. Esses códigos de conduta poderão nomeadamente regular as obrigações dos res-

ponsáveis pelo tratamento e dos subcontratantes, tendo em conta o risco que poderá resultar do tratamento dos dados no que diz respeito aos direitos e às liberdades das pessoas singulares.

(99) Durante o processo de elaboração de um código de conduta, ou na sua alteração ou aditamento, as associações e outros organismos representantes de categorias de responsáveis pelo tratamento ou de subcontratantes deverão consultar as partes interessadas, nomeadamente os titulares dos dados, se possível, e ter em conta os contributos recebidos e as opiniões expressas em resposta a essas consultas.

(100) A fim de reforçar a transparência e o cumprimento do presente regulamento, deverá ser encorajada a criação de procedimentos de certificação e selos e marcas de proteção de dados, que permitam aos titulares avaliar rapidamente o nível de proteção de dados proporcionado pelos produtos e serviços em causa.

(101) A circulação de dados pessoais, com origem e destino quer a países não pertencentes à União quer a organizações internacionais, é necessária ao desenvolvimento do comércio e da cooperação internacionais. O aumento dessa circulação criou novos desafios e novas preocupações em relação à proteção dos dados pessoais. Todavia, quando os dados pessoais são transferidos da União para responsáveis pelo tratamento, para subcontratantes ou para outros destinatários em países terceiros ou para organizações internacionais, o nível de proteção das pessoas singulares assegurado na União pelo presente regulamento deverá continuar a ser garantido, inclusive nos casos de posterior transferência de dados pessoais do país terceiro ou da organização internacional em causa para responsáveis pelo tratamento, subcontratantes desse país terceiro ou de outro, ou para uma organização internacional. Em todo o caso, as transferências para países terceiros e organizações internacionais só podem ser efetuadas no pleno respeito pelo presente regulamento. Só poderão ser realizadas transferências se, sob reserva das demais disposições do presente regulamento, as condições constantes das disposições do presente regulamento relativas a transferências de dados pessoais para países terceiros e organizações internacionais forem cumpridas pelo responsável pelo tratamento ou subcontratante.

(102) O presente regulamento não prejudica os acordos internacionais celebrados entre a União Europeia e países terceiros que regulem a transferência de dados pessoais, incluindo as garantias adequadas em benefí-

cio dos titulares dos dados. Os Estados-Membros poderão celebrar acordos internacionais que impliquem a transferência de dados pessoais para países terceiros ou organizações internacionais, desde que tais acordos não afetem o presente regulamento ou quaisquer outras disposições do direito da União e prevejam um nível adequado de proteção dos direitos fundamentais dos titulares dos dados.

(103) A Comissão pode decidir, com efeitos no conjunto da União, que um país terceiro, um território ou um setor determinado de um país terceiro, ou uma organização internacional, oferece um nível adequado de proteção de dados adequado, garantindo assim a segurança jurídica e a uniformidade ao nível da União relativamente ao país terceiro ou à organização internacional que seja considerado apto a assegurar tal nível de proteção. Nestes casos, podem realizar-se transferências de dados pessoais para esse país ou organização internacional sem que para tal seja necessária mais nenhuma autorização. A Comissão pode igualmente decidir, após enviar ao país terceiro ou organização internacional uma notificação e uma declaração completa dos motivos, revogar essa decisão.

(104) Em conformidade com os valores fundamentais em que a União assenta, particularmente a defesa dos direitos humanos, a Comissão deverá, na sua avaliação do país terceiro ou de um território ou setor específico de um país terceiro, ter em consideração em que medida esse país respeita o primado do Estado de direito, o acesso à justiça e as regras e normas internacionais no domínio dos direitos humanos e a sua legislação geral e setorial, nomeadamente a legislação relativa à segurança pública, à defesa e à segurança nacional, bem como a lei da ordem pública e a lei penal. A adoção de uma decisão de adequação relativamente a um território ou um setor específico num país terceiro deverá ter em conta critérios claros e objetivos, tais como as atividades de tratamento específicas e o âmbito das normas jurídicas aplicáveis, bem como a legislação em vigor no país terceiro. Este deverá dar garantias para assegurar um nível adequado de proteção essencialmente equivalente ao assegurado na União, nomeadamente quando os dados pessoais são tratados num ou mais setores específicos. Em especial, o país terceiro deverá garantir o controlo efetivo e independente da proteção dos dados e estabelecer regras de cooperação com as autoridades de proteção de dados dos Estados-Membros, e ainda conferir aos titulares dos dados direitos efetivos e oponíveis e vias efetivas de recurso administrativo e judicial.

(105) Além dos compromissos internacionais assumidos pelo país terceiro ou pela organização internacional, a Comissão deverá ter em conta as obrigações decorrentes da participação do país terceiro ou da organização internacional nos sistemas multilaterais ou regionais, em especial no que diz respeito à proteção dos dados pessoais, bem como o cumprimento de tais obrigações. Em especial, há que ter em conta a adesão do país terceiro em causa à Convenção do Conselho da Europa para a Proteção das Pessoas relativamente ao Tratamento Automatizado de Dados de Caráter Pessoal, de 28 de janeiro de 1981, e ao seu Protocolo Adicional. A Comissão deverá consultar o Comité quando avaliar o nível de proteção nos países terceiros ou organizações internacionais.

(106) A Comissão deverá controlar a eficácia das decisões sobre o nível de proteção assegurado num país terceiro, num território ou num setor específico de um país terceiro, ou numa organização internacional, e acompanhar a eficácia das decisões adotadas com base no artigo 25º, nº 6, ou no artigo 26º, nº 4, da Diretiva 95/46/CE. Nas suas decisões de adequação, a Comissão deverá prever um procedimento de avaliação periódica da aplicação destas. Essa revisão periódica deverá ser feita em consulta com o país terceiro ou a organização internacional em questão e ter em conta todos os desenvolvimentos pertinentes verificados no país terceiro ou organização internacional. Para efeitos de controlo e de realização das revisões periódicas, a Comissão deverá ter em consideração os pontos de vista e as conclusões a que tenham chegado o Parlamento Europeu e o Conselho, bem como outros organismos e fontes pertinentes. A Comissão deverá avaliar, num prazo razoável, a eficácia destas últimas decisões e comunicar quaisquer resultados pertinentes ao comité na aceção do Regulamento (UE) nº 182/2011 do Parlamento Europeu e do Conselho[1], tal como estabelecido no presente regulamento, ao Parlamento Europeu e ao Conselho.

(107) A Comissão pode reconhecer que um país terceiro, um território ou um setor específico de um país terceiro, ou uma organização internacional, deixou de assegurar um nível adequado de proteção de dados. Por conseguinte, deverá ser proibida a transferência de dados pessoais para esse país terceiro ou organização internacional, a menos que sejam cumpridos

[1] Regulamento (UE) nº 182/2011 do Parlamento Europeu e do Conselho, de 16 de fevereiro de 2011, que estabelece as regras e os princípios gerais relativos aos mecanismos de controlo pelos Estados-Membros do exercício das competências de execução pela Comissão (JO L 55 de 28.2.2011, p. 13).

os requisitos constantes do presente regulamento relativos a transferências sujeitas a garantias adequadas, incluindo regras vinculativas aplicáveis às empresas, e derrogações para situações específicas. Nesse caso, deverão ser tomadas medidas que visem uma consulta entre a Comissão e esse país terceiro ou organização internacional. A Comissão deverá, em tempo útil, informar o país terceiro ou a organização internacional das razões da proibição e iniciar consultas com o país ou organização em causa, a fim de corrigir a situação.

(108) Na falta de uma decisão sobre o nível de proteção adequado, o responsável pelo tratamento ou o subcontratante deverá adotar as medidas necessárias para colmatar a insuficiência da proteção de dados no país terceiro dando para tal garantias adequadas ao titular dos dados. Tais garantias adequadas podem consistir no recurso a regras vinculativas aplicáveis às empresas, cláusulas-tipo de proteção de dados adotadas pela Comissão, cláusulas-tipo de proteção de dados adotadas por uma autoridade de controlo, ou cláusulas contratuais autorizadas por esta autoridade. Essas medidas deverão assegurar o cumprimento dos requisitos relativos à proteção de dados e o respeito pelos direitos dos titulares dos dados adequados ao tratamento no território da União, incluindo a existência de direitos do titular de dados e de medidas jurídicas corretivas eficazes, nomeadamente o direito de recurso administrativo ou judicial e de exigir indemnização, quer no território da União quer num país terceiro. Deverão estar relacionadas, em especial, com o respeito pelos princípios gerais relativos ao tratamento de dados pessoais e pelos princípios de proteção de dados desde a conceção e por defeito. Também podem ser efetuadas transferências por autoridades ou organismos públicos para autoridades ou organismos públicos em países terceiros ou para organizações internacionais que tenham deveres e funções correspondentes, nomeadamente com base em disposições a inserir no regime administrativo, como seja um memorando de entendimento, que prevejam a existência de direitos efetivos e oponíveis dos titulares dos dados. Deverá ser obtida a autorização da autoridade de controlo competente quando as garantias previstas em regimes administrativos não forem juridicamente vinculativas.

(109) A possibilidade de o responsável pelo tratamento ou o subcontratante utilizarem cláusulas-tipo de proteção de dados adotadas pela Comissão ou por uma autoridade de controlo não os deverá impedir de incluírem estas cláusulas num contrato mais abrangente, como um contrato entre

o subcontratante e outro subcontratante, nem de acrescentarem outras cláusulas ou garantias adicionais desde que não entrem, direta ou indiretamente, em contradição com as cláusulas contratuais-tipo adotadas pela Comissão ou por uma autoridade de controlo, e sem prejuízo dos direitos ou liberdades fundamentais dos titulares dos dados. Os responsáveis pelo tratamento e os subcontratantes deverão ser encorajados a apresentar garantias suplementares através de compromissos contratuais que complementem as cláusulas-tipo de proteção.

(110) Os grupos empresariais ou os grupos de empresas envolvidas numa atividade económica conjunta deverão poder utilizar as regras vinculativas aplicáveis às empresas aprovadas para as suas transferências internacionais da União para entidades pertencentes ao mesmo grupo empresarial ou grupo de empresas envolvidas numa atividade económica conjunta, desde que essas regras incluam todos os princípios essenciais e direitos oponíveis que visem assegurar garantias adequadas às transferências ou categorias de transferências de dados pessoais.

(111) Deverá prever-se a possibilidade de efetuar transferências em determinadas circunstâncias em que o titular dos dados dê o seu consentimento explícito, em que a transferência seja ocasional e necessária em relação a um contrato ou a um contencioso judicial, independentemente de se tratar de um processo judicial, de um processo administrativo ou de um qualquer procedimento não judicial, incluindo procedimentos junto de organismos de regulação. Deverá também estar prevista a possibilidade de efetuar transferências no caso de motivos importantes de interesse público previstos pelo direito da União ou de um Estado-Membro o exigirem, ou se a transferência for efetuada a partir de um registo criado por lei e destinado à consulta por parte do público ou de pessoas com um interesse legítimo. Neste último caso, a transferência não deverá abranger a totalidade dos dados nem categorias completas de dados pessoais contidos nesse registo e, quando este último se destinar a ser consultado por pessoas com um interesse legítimo, a transferência apenas deverá ser efetuada a pedido dessas pessoas ou, caso sejam os seus destinatários, tendo plenamente em conta os interesses e os direitos fundamentais do titular dos dados.

(112) Essas derrogações deverão ser aplicáveis, em especial, às transferências de dados exigidas e necessárias por razões importantes de interesse público, por exemplo em caso de intercâmbio internacional de dados entre autoridades de concorrência, administrações fiscais ou aduaneiras,

entre autoridades de supervisão financeira, entre serviços competentes em matéria de segurança social ou de saúde pública, por exemplo em caso de localização de contactos no que respeita a doenças contagiosas ou para reduzir e/ou eliminar a dopagem no desporto. Deverá igualmente ser considerada legal uma transferência de dados pessoais que seja necessária para a proteção de um interesse essencial para os interesses vitais do titular dos dados ou de outra pessoa, nomeadamente a integridade física ou a vida, se o titular dos dados estiver impossibilitado de dar o seu consentimento. Na falta de uma decisão de adequação, o direito da União ou de um Estado-Membro pode, por razões importantes de interesse público, estabelecer expressamente limites à transferência de categorias específicas de dados para países terceiros ou organizações internacionais. Os Estados-Membros deverão notificar essas decisões nacionais à Comissão. As transferências, para uma organização humanitária internacional, de dados pessoais de um titular que seja física ou legalmente incapaz de dar o seu consentimento, com vista ao desempenho de missões, ao abrigo das Convenções de Genebra ou para cumprir o direito internacional humanitário aplicável aos conflitos armados, poderão ser consideradas necessárias por uma razão importante de interesse público ou por ser do interesse vital do titular dos dados.

(113) As transferências que possam ser classificadas como não repetitivas e que apenas digam respeito a um número limitado de titulares de dados podem igualmente ser admitidas para efeitos dos interesses legítimos imperiosos visados pelo responsável pelo tratamento, desde que a tais interesses não se sobreponham os interesses ou os direitos e liberdades do titular dos dados e desde que o responsável pelo tratamento destes tenha avaliado todas as circunstâncias associadas à operação de transferência. O responsável pelo tratamento deverá atender especialmente à natureza dos dados pessoais, à finalidade e à duração da operação ou operações de tratamento previstas, bem como à situação vigente no país de origem, no país terceiro e no país de destino final, e deverá apresentar as garantias adequadas para defender os direitos e liberdades fundamentais das pessoas singulares relativamente ao tratamento dos seus dados pessoais. Tais transferências só deverão ser possíveis em raros casos em que não se aplique nenhum dos outros motivos de transferência. Para fins de investigação científica ou histórica ou fins estatísticos, deverão ser tidas em consideração as expectativas legítimas da sociedade em matéria de avanço do conhe-

cimento. O responsável pelo tratamento deverá informar da transferência a autoridade de controlo e o titular dos dados.

(114) Em qualquer caso, se a Comissão não tiver tomado nenhuma decisão relativamente ao nível de proteção adequado de dados num determinado país terceiro, o responsável pelo tratamento ou o subcontratante deverá adotar soluções que confiram aos titulares dos dados direitos efetivos e oponíveis quanto ao tratamento dos seus dados na União, após a transferência dos mesmos, e lhes garantam que continuarão a beneficiar dos direitos e garantias fundamentais.

(115) Alguns países terceiros aprovam leis, regulamentos e outros atos normativos destinados a regular diretamente as atividades de tratamento pelas pessoas singulares e coletivas sob a jurisdição dos Estados-Membros. Pode ser o caso de sentenças de órgãos jurisdicionais ou de decisões de autoridades administrativas de países terceiros que exijam que o responsável pelo tratamento ou subcontratante transfira ou divulgue dados pessoais sem fundamento em nenhum acordo internacional, como seja um acordo de assistência judiciária mútua, em vigor entre o país terceiro em causa e a União ou um dos Estados-Membros. Em virtude da sua aplicabilidade extraterritorial, essas leis, regulamentos e outros atos normativos podem violar o direito internacional e obstar à realização do objetivo de proteção das pessoas singulares, assegurado na União Europeia pelo presente regulamento. As transferências só deverão ser autorizadas quando estejam preenchidas as condições estabelecidas pelo presente regulamento para as transferências para os países terceiros. Pode ser esse o caso, nomeadamente, sempre que a divulgação for necessária por um motivo importante de interesse público, reconhecido pelo direito da União ou dos Estados-Membros ao qual o responsável pelo tratamento está sujeito.

(116) Sempre que dados pessoais atravessarem fronteiras fora do território da União, aumenta o risco de que as pessoas singulares não possam exercer os seus direitos à proteção de dados, nomeadamente para se protegerem da utilização ilegal ou da divulgação dessas informações. Paralelamente, as autoridades de controlo podem ser incapazes de dar seguimento a reclamações ou conduzir investigações relacionadas com atividades exercidas fora das suas fronteiras. Os seus esforços para colaborar no contexto transfronteiras podem ser também restringidos por poderes preventivos ou medidas de reparação insuficientes, regimes jurídicos incoerentes e obstáculos práticos, tais como a limitação de recursos. Por conseguinte, revela-se

necessário promover uma cooperação mais estreita entre as autoridades de controlo da proteção de dados, a fim de que possam efetuar o intercâmbio de informações e realizar investigações com as suas homólogas internacionais. Para efeitos de criação de regras de cooperação internacional que facilitem e proporcionem assistência mútua internacional para a aplicação da legislação de proteção de dados pessoais, a Comissão e as autoridades de controlo deverão trocar informações e colaborar com as autoridades competentes de países terceiros em atividades relacionadas com o exercício dos seus poderes, com base na reciprocidade e em conformidade com o presente regulamento.

(117) A criação de autoridades de controlo nos Estados-Membros, habilitadas a desempenhar as suas funções e a exercer os seus poderes com total independência, constitui um elemento essencial da proteção das pessoas singulares no que respeita ao tratamento dos seus dados pessoais. Os Estados-Membros deverão poder criar mais do que uma autoridade de controlo, de modo a refletir a sua estrutura constitucional, organizacional e administrativa.

(118) A independência das autoridades de controlo não deverá implicar que estas autoridades não possam ser sujeitas a procedimentos de controlo ou monitorização no que diz respeito às suas despesas nem a fiscalização judicial.

(119) Os Estados-Membros que criem várias autoridades de controlo deverão prever na sua legislação procedimentos que garantam a participação efetiva dessas mesmas autoridades no procedimento de controlo da coerência. Esses Estados-Membros deverão, em particular, designar a autoridade de controlo que servirá de ponto de contacto único, para permitir a participação efetiva dessas autoridades no referido procedimento, a fim de assegurar uma cooperação rápida e fácil com outras autoridades de controlo, com o Comité e com a Comissão.

(120) Deverão ser dados às autoridades de controlo os recursos financeiros e humanos, as instalações e as infraestruturas necessárias ao desempenho eficaz das suas atribuições, incluindo as relacionadas com a assistência e a cooperação mútuas com outras autoridades de controlo da União. As autoridades de controlo deverão ter orçamentos anuais públicos separados, que poderão estar integrados no orçamento geral do Estado ou nacional.

(121) As condições gerais aplicáveis aos membros da autoridade de controlo deverão ser definidas por lei em cada Estado-Membro e deverão pre-

ver, em especial, que os referidos membros sejam nomeados, com recurso a um processo transparente, pelo Parlamento, pelo Governo ou pelo Chefe de Estado do Estado-Membro com base numa proposta do Governo, de um dos seus membros, do Parlamento ou de uma sua câmara, ou por um organismo independente incumbido da nomeação nos termos do direito do Estado-Membro. A fim de assegurar a independência da autoridade de controlo, os membros que a integram deverão exercer as suas funções com integridade, abster-se de qualquer ato incompatível com as mesmas e, durante o seu mandato, não deverão exercer nenhuma atividade, seja ou não remunerada, que com elas seja incompatível. A autoridade de controlo deverá dispor do seu próprio pessoal, selecionado por si mesma ou por um organismo independente criado nos termos do direito do Estado-Membro, que deverá estar exclusivamente sujeito à orientação do membro ou membros da autoridade de controlo.

(122) As autoridades de controlo deverão ser competentes no território do respetivo Estado-Membro para exercer os poderes e desempenhar as funções que lhes são conferidas nos termos do presente regulamento. Deverá ser abrangido, em especial, o tratamento de dados efetuado no contexto das atividades de um estabelecimento do responsável pelo tratamento ou do subcontratante no território do seu próprio Estado-Membro, o tratamento de dados pessoais efetuado por autoridades públicas ou por organismos privados que atuem no interesse público, o tratamento que afete os titulares de dados no seu território, ou o tratamento de dados efetuado por um responsável ou subcontratante não estabelecido na União quando diga respeito a titulares de dados residentes no seu território. Deverá ficar abrangido o tratamento de reclamações apresentadas por um titular de dados, a realização de investigações sobre a aplicação do presente regulamento e a promoção da sensibilização do público para os riscos, regras, garantias e direitos associados ao tratamento de dados pessoais.

(123) As autoridades de controlo deverão controlar a aplicação das disposições do presente regulamento e contribuir para a sua aplicação coerente em toda a União, a fim de proteger as pessoas singulares relativamente ao tratamento dos seus dados pessoais e facilitar a livre circulação desses dados a nível do mercado interno. Para esse efeito, as autoridades de controlo deverão cooperar entre si e com a Comissão, sem necessidade de qualquer acordo entre os Estados-Membros quer sobre a prestação de assistência mútua quer sobre tal cooperação.

(124) Quando o tratamento de dados pessoais ocorra no contexto das atividades de um estabelecimento de um responsável pelo tratamento ou de um subcontratante na União e o responsável pelo tratamento ou o subcontratante esteja estabelecido em vários Estados-Membros, ou quando o tratamento no contexto das atividades de um único estabelecimento de um responsável pelo tratamento ou de um subcontratante, na União, afete ou seja suscetível de afetar substancialmente titulares de dados em diversos Estados-Membros, a autoridade de controlo do estabelecimento principal ou do estabelecimento único do responsável pelo tratamento ou do subcontratante deverá agir na qualidade de autoridade de controlo principal. Esta autoridade deverá cooperar com as outras autoridades interessadas, porque o responsável pelo tratamento ou o subcontratante tem um estabelecimento no território do seu Estado-Membro, porque há titulares de dados residentes no seu território que são substancialmente afetados, ou porque lhe foi apresentada uma reclamação. Além do mais, quando tenha sido apresentada uma reclamação por um titular de dados que não resida nesse Estado-Membro, a autoridade de controlo à qual a reclamação tiver sido apresentada deverá ser também autoridade de controlo interessada. No âmbito das suas funções de emissão de orientações sobre qualquer assunto relativo à aplicação do presente regulamento, o Comité deverá poder emitir orientações nomeadamente sobre os critérios a ter em conta para apurar se o tratamento em causa afeta substancialmente titulares de dados em mais do que um Estado-Membro e sobre aquilo que constitui uma objeção pertinente e fundamentada.

(125) A autoridade principal deverá ser competente para adotar decisões vinculativas relativamente a medidas que deem execução às competências que lhe tenham sido atribuídas nos termos do presente regulamento. Na sua qualidade de autoridade principal, a autoridade de controlo deverá implicar no processo decisório e coordenar as autoridades de controlo interessadas. Nos casos em que a decisão consista em rejeitar no todo ou em parte a reclamação apresentada pelo titular dos dados, esta deverá ser adotada pela autoridade de controlo à qual a reclamação tenha sido apresentada.

(126) As decisões deverão ser acordadas conjuntamente pela autoridade de controlo principal e as autoridades de controlo interessadas e deverão visar o estabelecimento principal ou único do responsável pelo tratamento ou do subcontratante e ser vinculativas para ambos. O responsável pelo tra-

tamento ou o subcontratante deverá tomar as medidas necessárias para assegurar o cumprimento do disposto no presente regulamento e a execução da decisão notificada pela autoridade de controlo principal ao estabelecimento principal do responsável pelo tratamento ou do subcontratante no que diz respeito às atividades de tratamento de dados na União.

(127) As autoridades de controlo que não atuem como autoridade de controlo principal deverão ter competência para tratar casos a nível local quando o responsável pelo tratamento ou subcontratante estiver estabelecido em vários Estados-Membros, mas o assunto do tratamento específico disser respeito unicamente ao tratamento efetuado num só Estado-Membro, e envolver somente titulares de dados nesse Estado-Membro, por exemplo, no caso de o assunto dizer respeito ao tratamento de dados pessoais de trabalhadores num contexto específico de emprego num Estado-Membro. Nesses casos, a autoridade de controlo deverá informar imediatamente do assunto a autoridade de controlo principal. Após ter sido informada, a autoridade de controlo principal decidirá se trata o caso de acordo com o disposto em matéria de cooperação entre a autoridade de controlo principal e a outra autoridade de controlo interessada («mecanismo de balcão único»), ou se deverá ser a autoridade de controlo que a informou a tratar o caso a nível local. Ao decidir se trata o caso, a autoridade de controlo principal deverá ter em conta se há algum estabelecimento do responsável pelo tratamento ou subcontratante no Estado-Membro da autoridade de controlo que a informou, a fim de garantir a eficaz execução da decisão relativamente ao responsável pelo tratamento ou subcontratante. Quando a autoridade de controlo principal decide tratar o caso, a autoridade de controlo que a informou deverá ter a possibilidade de apresentar um projeto de decisão, que a autoridade de controlo principal deverá ter na melhor conta quando prepara o seu projeto de decisão no âmbito desse mecanismo de balcão único.

(128) As regras relativas à autoridade de controlo principal e ao mecanismo de balcão único não se deverão aplicar quando o tratamento dos dados for efetuado por autoridades públicas ou organismos privados que atuem no interesse público. Em tais casos, a única autoridade de controlo competente para exercer as competências que lhe são conferidas nos termos do presente regulamento deverá ser a autoridade de controlo do Estado-Membro em que estiver estabelecida tal autoridade pública ou organismo privado.

(129) A fim de assegurar o controlo e a aplicação coerentes do presente regulamento em toda a União, as autoridades de controlo deverão ter, em cada Estado-Membro, as mesmas funções e poderes efetivos, incluindo poderes de investigação, poderes de correção e de sanção, e poderes consultivos e de autorização, nomeadamente em caso de reclamação apresentada por pessoas singulares, sem prejuízo dos poderes das autoridades competentes para o exercício da ação penal ao abrigo do direito do Estado-Membro, tendo em vista levar as violações ao presente regulamento ao conhecimento das autoridades judiciais e intervir em processos judiciais. Essas competências deverão incluir o poder de impor uma limitação temporário ou definitiva ao tratamento, ou mesmo a sua proibição. Os Estados-Membros podem estabelecer outras funções relacionadas com a proteção de dados pessoais ao abrigo do presente regulamento. Os poderes das autoridades de controlo deverão ser exercidos em conformidade com as garantias processuais adequadas previstas no direito da União e do Estado-Membro, com imparcialidade, com equidade e num prazo razoável. Em particular, cada medida deverá ser adequada, necessária e proporcionada a fim de garantir a conformidade com o presente regulamento, tendo em conta as circunstâncias de cada caso concreto, respeitar o direito de todas as pessoas a serem ouvidas antes de ser tomada qualquer medida individual que as prejudique, e evitar custos supérfluos e inconvenientes excessivos para as pessoas em causa. Os poderes de investigação em matéria de acesso às instalações deverão ser exercidos em conformidade com os requisitos específicos do direito processual do Estado-Membro, como, por exemplo, a obrigação de obter autorização judicial prévia. As medidas juridicamente vinculativas da autoridade de controlo deverão ser emitidas por escrito, claras e inequívocas, indicar a autoridade de controlo que as emitiu e a data de emissão, ostentar a assinatura do diretor ou do membro da autoridade de controlo por eles autorizada, indicar os motivos que as justifica e mencionar o direito de recurso efetivo. Tal não deverá impedir que sejam estabelecidos requisitos suplementares nos termos do direito processual do Estado-Membro. A adoção de uma decisão juridicamente vinculativa pode dar origem a controlo jurisdicional nos Estados-Membros da autoridade de controlo que tenha adotado a decisão.

(130) Nos casos em que a autoridade de controlo a que a reclamação é apresentada não seja a principal, a autoridade de controlo principal deverá cooperar estreitamente com a autoridade de controlo à qual tiver sido apre-

sentada a reclamação, de acordo com as disposições em matéria de cooperação e coerência do presente regulamento. Nestes casos, a autoridade de controlo principal, ao tomar medidas destinadas a produzir efeitos jurídicos, incluindo a imposição de coimas, deverá ter na melhor conta o parecer da autoridade de controlo à qual tiver sido apresentada a reclamação, que deverá continuar a ser competente para levar a cabo qualquer investigação no território do respetivo Estado-Membro, em ligação com a autoridade de controlo principal.

(131) Nos casos em que as funções de autoridade principal de controlo devessem ser exercidas por outra autoridade de controlo relativamente às atividades de tratamento do responsável pelo tratamento ou do subcontratante, mas em que o conteúdo concreto da reclamação ou a eventual violação diga respeito apenas às atividades de tratamento do responsável ou do subcontratante realizadas no Estado-Membro onde tenha sido apresentada a reclamação ou detetada a eventual infração, e o assunto não afete nem seja suscetível de afetar substancialmente titulares de dados noutros Estados-Membros, a autoridade de controlo que recebe uma reclamação, deteta ou é de outro modo informada de situações que impliquem eventuais violações do presente regulamento deverá procurar obter um acordo amigável. Se tal não lhe for possível, deverá exercer todos os poderes de que dispõe. Deverão ficar abrangidas: as atividades de tratamento específicas realizadas no território do Estado-Membro da autoridade de controlo ou que digam respeito a titulares de dados em território desse Estado-Membro; as atividades de tratamento realizadas no contexto de uma oferta de bens ou serviços destinados especificamente a titulares de dados no território do Estado-Membro da autoridade de controlo; ou as atividades de tratamento que tenham de ser analisadas tomando em consideração as obrigações legais aplicáveis ao abrigo do direito do Estado-Membro.

(132) As atividades de sensibilização das autoridades de controlo dirigidas ao público deverão incluir medidas específicas a favor dos responsáveis pelo tratamento e subcontratantes, incluindo as micro, pequenas e médias empresas, bem como as pessoas singulares, em particular num contexto educacional.

(133) As autoridades de controlo deverão prestar-se mutuamente assistência no desempenho das suas funções, por forma a assegurar a execução e aplicação coerentes do presente regulamento no mercado interno. A autoridade de controlo que solicite assistência mútua pode adotar uma

medida provisória se não obtiver resposta relativamente a um pedido de assistência mútua no prazo de um mês a contar da receção desse pedido da outra autoridade de controlo.

(134) As autoridades de controlo deverão participar, sempre que for adequado, em operações conjuntas com outras autoridades de controlo. A autoridade de controlo requerida deverá ser obrigada a responder ao pedido num prazo determinado.

(135) A fim de assegurar a aplicação coerente do presente regulamento em toda a União, deverá ser criado um procedimento de controlo da coerência e para a cooperação entre as autoridades de controlo. Esse procedimento deverá ser aplicável, nomeadamente, quando uma autoridade de controlo tenciona adotar uma medida que vise produzir efeitos legais em relação a operações de tratamento que afetem substancialmente um número significativo de titulares de dados em vários Estados-Membros. Deverá aplicar-se igualmente sempre que uma autoridade de controlo interessada, ou a Comissão, solicitar que essa matéria seja tratada no âmbito do procedimento de controlo da coerência. Esse procedimento não deverá prejudicar medidas que a Comissão possa tomar no exercício das suas competências nos termos dos Tratados.

(136) Quando aplicar o procedimento de controlo da coerência, o Comité deverá emitir um parecer, num prazo determinado, se a maioria dos seus membros assim o decidir ou se tal lhe solicitado por qualquer autoridade de controlo interessada ou pela Comissão. O Comité deverá também ser habilitado a adotar decisões juridicamente vinculativas em caso de litígio entre as autoridades de controlo. Para esse efeito, deverá emitir, em princípio por maioria de dois terços dos seus membros, decisões vinculativas em casos claramente definidos em que as autoridades de controlo tenham posições contraditórias, em especial no âmbito da cooperação entre a autoridade de controlo principal e as autoridades de controlo interessadas, a respeito da questão de fundo, designadamente se há violação do presente regulamento.

(137) Pode ser urgente agir, a fim de defender os direitos e liberdades dos titulares de dados, em especial quando haja perigo de impedimento considerável do exercício de um direito do titular dos dados. Por essa razão, a autoridade de controlo deverá poder adotar no seu território medidas provisórias devidamente justificadas, válidas por um período determinado que não deverá exceder os três meses.

(138) A aplicação desse procedimento deverá ser condição de legalidade das medidas tomadas pelas autoridades de controlo que visem produzir efeitos legais nos casos em que a sua aplicação seja obrigatória. Noutros casos com dimensão transfronteiras, deverá ser aplicado o procedimento de cooperação entre a autoridade de controlo principal e as autoridades de controlo interessadas e a assistência mútua e as operações conjuntas poderão ser realizadas entre as autoridades de controlo interessadas, bilateral ou multilateralmente, sem desencadear o procedimento de controlo da coerência.

(139) A fim de promover a aplicação coerente do presente regulamento, o Comité deverá ser um órgão independente da União. Para atingir os seus objetivos, o Comité deverá ser dotado de personalidade jurídica. O Comité é representado pelo seu presidente. Este Comité deverá substituir o Grupo de Trabalho sobre a proteção das pessoas no que diz respeito ao tratamento de dados pessoais instituído pelo artigo 29º da Diretiva 95/46/CE. Deverá ser composto pelo diretor de uma autoridade de controlo de cada Estado-Membro e da Autoridade Europeia para a Proteção de Dados ou pelos seus representantes. A Comissão deverá participar nas atividades do Comité, mas sem direito de voto, e a Autoridade Europeia para a Proteção de Dados deverá também participar nas suas atividades com direito de voto em casos particulares. O Comité deverá contribuir para a aplicação coerente do presente regulamento em toda a União, incluindo mediante o aconselhamento da Comissão, nomeadamente no que respeita ao nível de proteção em países terceiros ou em organizações internacionais, e mediante a promoção da cooperação das autoridades de controlo em toda a União. O Comité deverá ser independente no prossecução das suas atribuições.

(140) O Comité deverá ser assistido por um secretariado disponibilizado pela Autoridade Europeia para a Proteção de Dados. O pessoal da Autoridade Europeia para a Proteção de Dados encarregado de exercer as funções conferidas ao Comité pelo presente regulamento deverá agir sob a direção exclusiva do presidente deste Comité, sendo responsável perante o mesmo.

(141) Os titulares dos dados deverão ter direito a apresentar reclamação a uma única autoridade de controlo única, particularmente no Estado-Membro da sua residência habitual, e direito a uma ação judicial efetiva, nos termos do artigo 47º da Carta, se considerarem que os direitos que lhes são conferidos pelo presente regulamento foram violados ou se a autori-

dade de controlo não responder a uma reclamação, a recusar ou rejeitar, total ou parcialmente, ou não tomar as iniciativas necessárias para proteger os seus direitos. A investigação decorrente de uma reclamação deverá ser realizada, sob reserva de controlo jurisdicional, na medida adequada ao caso específico. A autoridade de controlo deverá informar o titular dos dados do andamento e do resultado da reclamação num prazo razoável. Se o caso exigir maior investigação ou a coordenação com outra autoridade de controlo, deverão ser comunicadas informações intermédias ao titular dos dados. As autoridades de controlo deverão tomar medidas para facilitar a apresentação de reclamações, nomeadamente fornecendo formulários de reclamação que possam também ser preenchidos eletronicamente, sem excluir outros meios de comunicação.

(142) Se o titular dos dados considerar que os direitos que lhe são conferidos pelo presente regulamento foram violados, deverá ter o direito de mandatar um organismo, organização ou associação sem fins lucrativos que seja constituído ao abrigo do direito de um Estado-Membro, cujos objetivos estatutários sejam de interesse público e que exerça a sua atividade no domínio da proteção dos dados pessoais, para apresentar uma reclamação em seu nome junto de uma autoridade de controlo, ou exercer o direito de recurso judicial em nome dos titulares dos dados ou, se tal estiver previsto no direito de um Estado-Membro, exercer o direito à indemnização em nome dos titulares do dados. Os Estados-Membros podem prever que esse organismo, organização ou associação tenha o direito de apresentar no Estado-Membro em causa uma reclamação, independentemente do mandato do titular dos dados, e o direito a um recurso judicial efetivo, se tiver razões para considerar que ocorreu uma violação dos direitos do titular dos dados por o tratamento dos dados pessoais violar o presente regulamento. Esse organismo, organização ou associação pode não ser autorizado a pedir uma indemnização em nome do titular dos dados independentemente do mandato que lhe é conferido por este.

(143) Todas as pessoas singulares ou coletivas têm o direito de interpor recurso de anulação das decisões do Comité para o Tribunal de Justiça nas condições previstas no artigo 263º do TFUE. Enquanto destinatárias dessas decisões, as autoridades de controlo interessadas que as pretendam contestar têm de interpor recurso no prazo de dois meses a contar da sua notificação, em conformidade com o artigo 263º do TFUE. Se as decisões do Comité disserem direta e individualmente respeito a um respon-

sável pelo tratamento, um subcontratante ou ao autor da reclamação, este pode interpor recurso de anulação dessas decisões no prazo de dois meses a contar da sua publicação no sítio *web* do Comité, em conformidade com o artigo 263º do TFUE. Sem prejuízo do direito que lhes assiste ao abrigo do artigo 263º do TFUE, todas as pessoas, singulares ou coletivas, deverão ter direito a interpor junto dos tribunais nacionais competentes recurso efetivo das decisões das autoridades de controlo que produzam efeitos jurídicos em relação a essas pessoas. Tais decisões dizem respeito, em especial, ao exercício de poderes de investigação, correção e autorização pelas autoridades de controlo ou à recusa ou rejeição de reclamações. Porém, o direito a um recurso judicial efetivo não abrange medidas tomadas pelas autoridades de controlo que não sejam juridicamente vinculativas, como os pareceres emitidos ou o aconselhamento prestado pela autoridade de controlo. Os recursos interpostos contra as autoridades de controlo deverão ser interpostos nos tribunais do Estado-Membro em cujo território se encontrem estabelecidas e obedecer às disposições processuais desse Estado-Membro. Estes tribunais deverão ter jurisdição plena, incluindo o poder de analisar todas as questões de facto e de direito relevantes para o litígio.

Se a autoridade de controlo recusar ou rejeitar uma reclamação, o seu autor pode intentar uma ação perante os tribunais do mesmo Estado-Membro. No contexto de recursos judiciais relacionados com a aplicação do presente regulamento, os tribunais nacionais que considerem que uma decisão sobre a matéria é necessária ao julgamento, poderão, ou, no caso previsto no artigo 267º do TFUE, são mesmo obrigados a solicitar ao Tribunal de Justiça uma decisão prejudicial sobre a interpretação do direito da União, concretamente do presente regulamento. Além disso, se a decisão de uma autoridade de controlo que dá execução a uma decisão do Comité for contestada junto de um tribunal nacional e estiver em causa a validade desta última decisão, o tribunal nacional em questão não tem competência para a declarar inválida, devendo reenviar a questão da validade para o Tribunal de Justiça nos termos do artigo 267º do TFUE, na interpretação que lhe dá este tribunal, quando considera a decisão inválida. No entanto, o tribunal nacional não pode reenviar a questão da validade da decisão do Comité a pedido de uma pessoa singular ou coletiva que, tendo a possibilidade de interpor recurso de anulação da mesma, sobretudo se for a destinatária direta e individual da decisão, não o tenha feito dentro do prazo fixado no artigo 263º do TFUE.

(144) Sempre que um tribunal chamado a pronunciar-se num recurso da decisão de uma autoridade de supervisão tiver motivos para crer que foi interposto perante um tribunal competente noutro Estado-Membro um processo relativo ao mesmo tratamento, designadamente o mesmo assunto no que se refere às atividades de tratamento do mesmo responsável ou subcontratante, ou ações com o mesmo pedido e a mesma causa de pedir, deverá contactar esse outro tribunal a fim de confirmar a existência de tal processo relacionado. Se estiverem pendentes processos relacionados perante um tribunal de outro Estado-Membro, o tribunal em que a ação tiver sido intentada em segundo lugar poderá suspender o processo ou pode, a pedido de uma das partes, declarar-se incompetente a favor do tribunal em que a ação tiver sido intentada em primeiro lugar se este for competente para o processo em questão e a sua legislação permitir a apensação deste tipo de processos conexos. Consideram-se relacionados os processos ligados entre si por um nexo tão estreito que haja interesse em que sejam instruídos e julgados simultaneamente a fim de evitar soluções que poderiam ser inconciliáveis se as causas fossem julgadas separadamente.

(145) No que diz respeito a ações intentadas contra o responsável pelo tratamento ou o subcontratante, o requerente pode optar entre intentar a ação nos tribunais do Estado-Membro em que está estabelecido o responsável ou o subcontratante, ou nos tribunais do Estado-Membro de residência do titular dos dados, salvo se o responsável pelo tratamento for uma autoridade de um Estado-Membro no exercício dos seus poderes públicos.

(146) O responsável pelo tratamento ou o subcontratante deverão reparar quaisquer danos de que alguém possa ser vítima em virtude de um tratamento que viole o presente regulamento responsável pelo tratamento. O responsável pelo tratamento ou o subcontratante pode ser exonerado da responsabilidade se provar que o facto que causou o dano não lhe é de modo algum imputável. O conceito de dano deverá ser interpretado em sentido lato à luz da jurisprudência do Tribunal de Justiça, de uma forma que reflita plenamente os objetivos do presente regulamento. Tal não prejudica os pedidos de indemnização por danos provocados pela violação de outras regras do direito da União ou dos Estados-Membros. Os tratamentos que violem o presente regulamento abrangem igualmente os que violem os atos delegados e de execução adotados nos termos do presente regulamento e o direito dos Estados-Membros que dê execução a regras do presente regulamento. Os titulares dos dados deverão ser integral e

efetivamente indemnizados pelos danos que tenham sofrido. Sempre que os responsáveis pelo tratamento ou os subcontratantes estiverem envolvidos no mesmo tratamento, cada um deles deverá ser responsabilizado pela totalidade dos danos causados. Porém, se os processos forem associados a um mesmo processo judicial, em conformidade com o direito dos Estados-Membros, a indemnização poderá ser repartida em função da responsabilidade que caiba a cada responsável pelo tratamento ou subcontratante pelos danos causados em virtude do tratamento efetuado, na condição de ficar assegurada a indemnização integral e efetiva do titular dos dados pelos danos que tenha sofrido. Qualquer responsável pelo tratamento ou subcontratante que tenha pago uma indemnização integral, pode posteriormente intentar uma ação de regresso contra outros responsáveis pelo tratamento ou subcontratantes envolvidos no mesmo tratamento.

(147) Quando o presente regulamento previr regras específicas relativas à competência, nomeadamente no que respeita à interposição de recurso judicial, incluindo os pedidos de indemnização, contra um responsável pelo tratamento ou um subcontratante, a aplicação das regras específicas não deverá ser prejudicada por regras de competência gerais como as previstas no Regulamento (UE) nº 1215/2012 do Parlamento Europeu e do Conselho[1].

(148) A fim de reforçar a execução das regras do presente regulamento, deverão ser impostas sanções, incluindo coimas, por violação do presente regulamento, para além, ou em substituição, das medidas adequadas que venham a ser impostas pela autoridade de controlo nos termos do presente regulamento. Em caso de infração menor, ou se o montante da coima suscetível de ser imposta constituir um encargo desproporcionado para uma pessoa singular, pode ser feita uma repreensão em vez de ser aplicada uma coima. Importa, porém, ter em devida conta a natureza, gravidade e duração da infração, o seu caráter doloso, as medidas tomadas para atenuar os danos sofridos, o grau de responsabilidade ou eventuais infrações anteriores, a via pela qual a infração chegou ao conhecimento da autoridade de controlo, o cumprimento das medidas ordenadas contra o responsável pelo tratamento ou subcontratante, o cumprimento de um código de conduta ou quaisquer outros fatores agravantes ou atenuantes. A imposição de san-

[1] Regulamento (UE) nº 1215/2012 do Parlamento Europeu e do Conselho, de 12 de dezembro de 2012, relativo à competência judiciária, ao reconhecimento e à execução de decisões em matéria civil e comercial (JO L 351 de 20.12.2012, p. 1).

ções, incluindo coimas, deverá estar sujeita às garantias processuais adequadas em conformidade com os princípios gerais do direito da União e a Carta, incluindo a proteção jurídica eficaz e um processo equitativo.

(149) Os Estados-Membros deverão poder definir as normas relativas às sanções penais aplicáveis por violação do presente regulamento, inclusive por violação das normas nacionais adotadas em conformidade com o presente regulamento, e dentro dos seus limites. Essas sanções penais podem igualmente prever a privação dos lucros auferidos em virtude da violação do presente regulamento. Contudo, a imposição de sanções penais por infração às referidas normas nacionais, bem como de sanções administrativas, não deverá implicar a violação do princípio *ne bis in idem*, conforme é interpretado pelo Tribunal de Justiça.

(150) A fim de reforçar e harmonizar as sanções administrativas para violações sdo presente regulamento, as autoridades de controlo deverão ter competência para impor coimas. O presente regulamento deverá definir as violações e o montante máximo e o critério de fixação do valor das coimas daí decorrentes, que deverá ser determinado pela autoridade de controlo competente, em cada caso individual, tendo em conta todas as circunstâncias relevantes da situação específica, ponderando devidamente, em particular, a natureza, a gravidade e a duração da violação e das suas consequências e as medidas tomadas para garantir o cumprimento das obrigações constantes do presente regulamento e para prevenir ou atenuar as consequências da infração. Sempre que forem impostas coimas a empresas, estas deverão ser entendidas como empresas nos termos dos artigos 101º e 102º do TFUE para esse efeito. Sempre que forem impostas coimas a pessoas que não sejam empresas, a autoridade de supervisão deverá ter em conta o nível geral de rendimentos no Estado-Membro, bem como a situação económica da pessoa em questão, no momento de estabelecer o montante adequado da coima. O procedimento de controlo da coerência pode ser utilizado igualmente para a promoção de uma aplicação coerente das coimas. Deverá caber aos Estados-Membros determinar se as autoridades públicas deverão estar sujeitas a coimas, e em que medida. A imposição de uma coima ou o envio de um aviso não afetam o exercício de outros poderes das autoridades de controlo ou a aplicação de outras sanções previstas no presente regulamento.

(151) Os sistemas jurídicos da Dinamarca e da Estónia não conhecem as coimas tal como são previstas no presente regulamento. As regras rela-

tivas às coimas podem ser aplicadas de modo que a coima seja imposta, na Dinamarca, pelos tribunais nacionais competentes como sanção penal e, na Estónia, pela autoridade de controlo no âmbito de um processo por infração menor, na condição de tal aplicação das regras nestes Estados-Membros ter um efeito equivalente às coimas impostas pelas autoridades de controlo. Por esse motivo, os tribunais nacionais competentes deverão ter em conta a recomendação da autoridade de controlo que propõe a coima. Em todo o caso, as coimas impostas deverão ser efetivas, proporcionadas e dissuasivas.

(152) Sempre que o presente regulamento não harmonize sanções administrativas, ou se necessário noutros casos, por exemplo, em caso de infrações graves às disposições do presente regulamento, os Estados-Membros deverão criar um sistema que preveja sanções efetivas, proporcionadas e dissuasivas. A natureza das sanções, penal ou administrativa, deverá ser determinada pelo direito do Estado-Membro.

(153) O direito dos Estados-Membros deverá conciliar as normas que regem a liberdade de expressão e de informação, nomeadamente jornalística, académica, artística e/ou literária com o direito à proteção de dados pessoais nos termos do presente regulamento. O tratamento de dados pessoais para fins exclusivamente jornalísticos ou para fins de expressão académica, artística ou literária deverá estar sujeito à derrogação ou isenção de determinadas disposições do presente regulamento se tal for necessário para conciliar o direito à proteção dos dados pessoais com o direito à liberdade de expressão e de informação, tal como consagrado no artigo 11º da Carta. Tal deverá ser aplicável, em especial, ao tratamento de dados pessoais no domínio do audiovisual e em arquivos de notícias e hemerotecas. Por conseguinte, os Estados-Membros deverão adotar medidas legislativas que prevejam as isenções e derrogações necessárias para o equilíbrio desses direitos fundamentais. Os Estados-Membros deverão adotar essas isenções e derrogações aos princípios gerais, aos direitos do titular dos dados, ao responsável pelo tratamento destes e ao subcontratante, à transferência de dados pessoais para países terceiros ou para organizações internacionais, às autoridades de controlo independentes e à cooperação e à coerência e a situações específicas de tratamento de dados. Se estas isenções ou derrogações divergirem de um Estado-Membro para outro, deverá ser aplicável o direito do Estado-Membro a que esteja sujeito o responsável pelo tratamento. A fim de ter em conta a importância da liberdade de expres-

são em qualquer sociedade democrática, há que interpretar de forma lata as noções associadas a esta liberdade, como por exemplo o jornalismo.

(154) O presente regulamento permite tomar em consideração o princípio do direito de acesso do público aos documentos oficiais na aplicação do mesmo. O acesso do público aos documentos oficiais pode ser considerado de interesse público. Os dados pessoais que constem de documentos na posse dessas autoridades públicas ou organismos públicos deverão poder ser divulgados publicamente por tais autoridades ou organismos, se a divulgação estiver prevista no direito da União ou do Estado-Membro que lhes for aplicável. Essas legislações deverão conciliar o acesso do público aos documentos oficiais e a reutilização da informação do setor público com o direito à proteção dos dados pessoais e podem pois prever a necessária conciliação com esse mesmo direito nos termos do presente regulamento. A referência a autoridades e organismos públicos deverá incluir, nesse contexto, todas as autoridades ou outros organismos abrangidos pelo direito do Estado-Membro relativo ao acesso do público aos documentos. A Diretiva 2033/98/CE do Parlamento Europeu e do Conselho[1] não modifica nem de modo algum afeta o nível de proteção das pessoas singulares relativamente ao tratamento de dados pessoais nos termos das disposições do direito da União ou do Estado-Membro, nem altera, em particular, as obrigações e direitos estabelecidos no presente regulamento. Em particular, a referida diretiva não deverá ser aplicável a documentos não acessíveis ou de acesso restrito por força dos regimes de acesso por motivos de proteção de dados pessoais nem a partes de documentos acessíveis por força desses regimes que contenham dados pessoais cuja reutilização tenha sido prevista na lei como incompatível com o direito relativo à proteção das pessoas singulares no que diz respeito ao tratamento de dados pessoais.

(155) O direito do Estado-Membro ou as convenções coletivas (incluindo «acordos setoriais») podem prever regras específicas para o tratamento de dados pessoais dos trabalhadores no contexto laboral, nomeadamente no que respeita às condições em que os dados pessoais podem ser tratados no contexto laboral, com base no consentimento do assalariado, para efeitos de recrutamento, execução do contrato de trabalho, incluindo o cum-

[1] Diretiva 2003/98/CE do Parlamento Europeu e do Conselho, de 17 de novembro de 2003, relativa à reutilização de informações do setor público (JO L 345 de 31.12.2003, p. 90).

primento das obrigações previstas por lei ou por convenções coletivas, de gestão, planeamento e organização do trabalho, de igualdade e diversidade no trabalho, de saúde e segurança no trabalho, e para efeitos de exercício e gozo, individual ou coletivo, dos direitos e benefícios relacionados com o emprego, bem como para efeitos de cessação da relação de trabalho.

(156) O tratamento de dados pessoais para fins de arquivo de interesse público, ou para fins de investigação científica ou histórica ou para fins estatísticos, deverá ficar sujeito à garantia adequada dos direitos e liberdades do titular dos dados nos termos do presente regulamento. Essas garantias deverão assegurar a existência de medidas técnicas e organizativas que assegurem, nomeadamente, o princípio da minimização dos dados. O tratamento posterior de dados pessoais para fins de arquivo de interesse público, ou para fins de investigação científica ou histórica ou para fins estatísticos, deverá ser efetuado quando o responsável pelo tratamento tiver avaliado a possibilidade de tais fins serem alcançados por um tipo de tratamento de dados pessoais que não permita ou tenha deixado de permitir a identificação dos titulares dos dados, na condição de existirem as garantias adequadas (como a pseudonimização dos dados pessoais). Os Estados-Membros deverão prever garantias adequadas para o tratamento dos dados pessoais para fins de arquivo de interesse público, ou fins de investigação científica ou histórica ou para fins estatísticos. Os Estados-Membros deverão ser autorizados a estabelecer, sob condições específicas e mediante garantias adequadas para o titular dos dados, especificações e derrogações dos requisitos de informação e direitos à retificação, ao apagamento dos dados pessoais, a ser esquecido, à limitação do tratamento e à portabilidade dos dados e de oposição aquando do tratamento de dados pessoais para fins de arquivo de interesse público, ou para fins de investigação científica ou histórica ou para fins estatísticos. As condições e garantias em causa podem implicar procedimentos específicos para o exercício desses direitos por parte do titular de dados, se tal for adequado à luz dos fins visados pelo tratamento específico a par de medidas técnicas e organizativas destinadas a reduzir o tratamento de dados pessoais de acordo com os princípios da proporcionalidade e da necessidade. O tratamento de dados para fins científicos deverá igualmente respeitar outra legislação aplicável, tal como a relativa aos ensaios clínicos.

(157) Combinando informações provenientes dos registos, os investigadores podem obter novos conhecimentos de grande valor relativamente

a problemas médicos generalizados, como as doenças cardiovasculares, o cancro e a depressão. Com base nos registos, os resultados da investigação podem ser melhorados, já que assentam numa população mais ampla. No âmbito das ciências sociais, a investigação com base em registos permite que os investigadores adquiram conhecimentos essenciais sobre a correlação a longo prazo entre uma série de condições sociais, como o desemprego e o ensino, e outras condições de vida. Os resultados da investigação obtidos através de registos fornecem conhecimentos sólidos e de elevada qualidade, que podem servir de base para a elaboração e a execução de políticas assentes no conhecimento, para melhorar a qualidade de vida de uma quantidade de pessoas e a eficácia dos serviços sociais. A fim de facilitar a investigação científica, os dados pessoais podem ser tratados para fins de investigação científica, sob reserva do estabelecimento de condições e garantias adequadas no direito da União ou dos Estados-Membros.

(158) Quando os dados pessoais sejam tratados para fins de arquivo, o presente regulamento deverá ser também aplicável, tendo em mente que não deverá ser aplicável a pessoas falecidas. As autoridades públicas ou os organismos públicos ou privados que detenham registos de interesse público deverão ser serviços que, nos termos do direito da União ou dos Estados-Membros, tenham a obrigação legal de adquirir, conservar, avaliar, organizar, descrever, comunicar, promover, divulgar e facultar o acesso a registos de valor duradouro no interesse público geral. Os Estados-Membros deverão também ser autorizados a determinar o posterior tratamento dos dados pessoais para efeitos de arquivo, por exemplo tendo em vista a prestação de informações específicas relacionadas com o comportamento político no âmbito de antigos regimes totalitários, genocídios, crimes contra a humanidade, em especial o Holocausto, ou crimes de guerra.

(159) Quando os dados pessoais sejam tratados para fins de investigação científica, o presente regulamento deverá ser também aplicável. Para efeitos do presente regulamento, o tratamento de dados pessoais para fins de investigação científica deverá ser entendido em sentido lato, abrangendo, por exemplo, o desenvolvimento tecnológico e a demonstração, a investigação fundamental, a investigação aplicada e a investigação financiada pelo setor privado. Deverá, além disso, ter em conta o objetivo da União mencionado no artigo 179º, nº 1, do TFUE, que consiste na realização de um espaço europeu de investigação. Os fins de investigação científica deverão também incluir os estudos de interesse público realizados no domí-

nio da saúde pública. A fim de atender às especificidades do tratamento de dados pessoais para fins de investigação científica, deverão ser aplicáveis condições específicas designadamente no que se refere à publicação ou outra forma de divulgação de dados pessoais no âmbito dos fins de investigação científica. Se o resultado da investigação científica designadamente no domínio da saúde justificar a tomada de novas medidas no interesse do titular dos dados, as normas gerais do presente regulamento deverão ser aplicáveis no que respeita a essas medidas.

(160) Quando os dados pessoais sejam tratados para fins de investigação histórica, o presente regulamento deverá ser também aplicável. Deverá também incluir-se nesse âmbito a investigação histórica e a investigação para fins genealógicos, tendo em mente que o presente regulamento não deverá ser aplicável a pessoas falecidas.

(161) Para efeitos do consentimento na participação em atividades de investigação científica em ensaios clínicos deverão ser aplicáveis as disposições relevantes do Regulamento (UE) nº 536/2014 do Parlamento Europeu e do Conselho[1].

(162) Quando os dados pessoais sejam tratados para fins estatísticos, o presente regulamento deverá ser aplicável. O direito da União ou dos Estados-Membros deverá, dentro dos limites do presente regulamento, determinar o conteúdo estatístico, o controlo de acesso, as especificações para o tratamento de dados pessoais para fins estatísticos e as medidas adequadas para garantir os direitos e liberdades do titular dos dados e para assegurar o segredo estatístico. Por fins estatísticos entende-se todas as operações de recolha e de tratamento de dados pessoais necessárias à realização de estudos estatísticos ou à produção de resultados estatísticos. Esses resultados estatísticos podem ser utilizados posteriormente para fins diferentes, inclusive fins de investigação científica. No fim estatístico está implícito que os resultados do tratamento para esse fim não sejam já dados pessoais, mas dados agregados e que esses resultados ou os dados pessoais não sejam utilizados para justificar medidas ou decisões tomadas a respeito de uma pessoa singular.

[1] Regulamento (UE) nº 536/2014 do Parlamento Europeu e do Conselho, de 16 de abril de 2014, relativo aos ensaios clínicos de medicamentos para uso humano e que revoga a Diretiva 2001/20/CE (JO L 158 de 27.5.2014, p. 1).

(163) Deverão ser protegidas as informações confidenciais que a União e as autoridades nacionais de estatística recolham para a produção de estatísticas oficiais europeias e nacionais. Deverão ser desenvolvidas, elaboradas e divulgadas estatísticas europeias de acordo com os princípios estatísticos enunciados no artigo 338º, nº 2, do TFUE, devendo as estatísticas nacionais cumprir também o disposto no direito do Estado-Membro. O Regulamento (CE) nº 223/2009 do Parlamento Europeu e do Conselho[1] fornece especificações suplementares em matéria de segredo estatístico aplicável às estatísticas europeias.

(164) No que se refere aos poderes das autoridades de controlo para obter, junto do responsável pelo tratamento ou do subcontratante, o acesso aos dados pessoais e o acesso às suas instalações, os Estados-Membros podem adotar no seu ordenamento jurídico, dentro dos limites do presente regulamento, normas específicas que visem preservar o sigilo profissional ou outras obrigações equivalentes, na medida do necessário para conciliar o direito à proteção dos dados pessoais com a obrigação de sigilo profissional. Tal não prejudica as obrigações de adotar regras em matéria de sigilo profissional a que os Estados-Membros fiquem sujeitos por força do direito da União.

(165) O presente regulamento respeita e não afeta o estatuto de que beneficiam, nos termos do direito constitucional vigente, as igrejas e associações ou comunidades religiosas nos Estados-Membros, reconhecido pelo artigo 17º do TFUE.

(166) A fim de cumprir os objetivos do presente regulamento, a saber, defender os direitos e liberdades fundamentais das pessoas singulares, nomeadamente o seu direito à proteção dos dados pessoais, e assegurar a livre circulação desses dados na União, o poder de adotar atos nos termos do artigo 290º do TFUE deverá ser delegado na Comissão. Em especial, deverão ser adotados atos delegados em relação aos critérios e requisitos aplicáveis aos procedimentos de certificação, às informações a fornecer por meio

[1] Regulamento (CE) nº 223/2009 do Parlamento Europeu e do Conselho, de 11 de março de 2009, relativo às Estatísticas Europeias e que revoga o Regulamento (CE, Euratom) nº 1101/2008 relativo à transmissão de informações abrangidas pelo segredo estatístico ao Serviço de Estatística das Comunidades Europeias, o Regulamento (CE) nº 322/97 do Conselho relativo às estatísticas comunitárias e a Decisão 89/382/CEE, Euratom do Conselho que cria o Comité do Programa Estatístico das Comunidades Europeias (JO L 87 de 31.3.2009, p. 164).

de ícones normalizados e aos procedimentos aplicáveis ao fornecimentos de tais ícones. É especialmente importante que a Comissão proceda a consultas adequadas ao longo dos seus trabalhos preparatórios, incluindo a nível de peritos. A Comissão, aquando da preparação e elaboração dos atos delegados, deverá assegurar o envio simultâneo, em tempo útil e em devida forma, dos documentos relevantes ao Parlamento Europeu e ao Conselho.

(167) A fim de assegurar condições uniformes para a execução do presente regulamento, deverão ser atribuídas competências de execução à Comissão nos casos previstos no presente regulamento. Essas competências deverão ser exercidas nos termos do Regulamento (UE) nº 182/2011. Nesse contexto, a Comissão deverá ponderar medidas específicas para as micro, pequenas e médias empresas.

(168) O procedimento de exame deverá ser utilizado para a adoção de atos de execução em matéria de cláusulas contratuais-tipo entre os responsáveis pelo tratamento e os subcontratantes e entre subcontratantes; códigos de conduta; normas técnicas e procedimentos de certificação; nível de proteção adequado conferido por um país terceiro, um território ou um setor específico nesse país terceiro ou uma organização internacional; cláusulas normalizadas de proteção; formatos e procedimentos de intercâmbio de informações entre os responsáveis pelo tratamento, os subcontratantes e as autoridades de controlo no que respeita às regras vinculativas aplicáveis às empresas; assistência mútua; e regras de intercâmbio eletrónico de informações entre as autoridades de controlo e entre estas e o Comité.

(169) A Comissão deverá adotar atos de execução imediatamente aplicáveis quando haja elementos que comprovem que um país terceiro, um território ou um setor específico nesse país terceiro ou uma organização internacional não assegura um nível de proteção adequado, e imperativos urgentes assim o exigirem.

(170) Atendendo a que o objetivo do presente regulamento, a saber, assegurar um nível equivalente de proteção das pessoas singulares e a livre circulação de dados pessoais na União, não pode ser suficientemente alcançado pelos Estados-Membros e pode, devido à dimensão e aos efeitos da ação, ser mais bem alcançado ao nível da União, a União pode adotar medidas em conformidade com o princípio da subsidiariedade consagrado no artigo 5º do Tratado da União Europeia (TUE). Em conformidade com o princípio da proporcionalidade consagrado no mesmo artigo, o presente regulamento não excede o necessário para alcançar esse objetivo.

(171) A Diretiva 95/46/CE deverá ser revogada pelo presente regulamento. Os tratamentos de dados que se encontrem já em curso à data de aplicação do presente regulamento deverão passar a cumprir as suas disposições no prazo de dois anos após a data de entrada em vigor. Se o tratamento dos dados se basear no consentimento dado nos termos do disposto na Diretiva 95/46/CE, não será necessário obter uma vez mais o consentimento do titular dos dados, se a forma pela qual o consentimento foi dado cumprir as condições previstas no presente regulamento, para que o responsável pelo tratamento prossiga essa atividade após a data de aplicação do presente regulamento. As decisões da Comissão que tenham sido adotadas e as autorizações que tenham emitidas pelas autoridades de controlo com base na Diretiva 95/46/CE, permanecem em vigor até ao momento em que sejam alteradas, substituídas ou revogadas.

(172) A Autoridade Europeia para a Proteção de Dados foi consultada nos termos do artigo 28º, nº 2, do Regulamento (CE) nº 45/2001 e emitiu parecer em 7 de março de 2012[1].

(173) O presente regulamento deverá aplicar-se a todas as matérias relacionadas com a defesa dos direitos e das liberdades fundamentais em relação ao tratamento de dados pessoais, não sujeitas a obrigações específicas com o mesmo objetivo, enunciadas na Diretiva 2002/58/CE do Parlamento Europeu e do Conselho[2], incluindo as obrigações que incumbem ao responsável pelo tratamento e os direitos das pessoas singulares. A fim de clarificar a relação entre o presente regulamento e a Diretiva 2002/58/CE, esta última deverá ser alterada em conformidade. Uma vez adotado o presente regulamento, a Diretiva 2002/58/CE deverá ser revista, em especial a fim de assegurar a coerência com o presente regulamento,

ADOTARAM O PRESENTE REGULAMENTO:

[1] JO C 192 de 30.6.2012, p. 7.

[2] Diretiva 2002/58/CE do Parlamento Europeu e do Conselho, de 12 de julho de 2002, relativa ao tratamento de dados pessoais e à proteção da privacidade no setor das comunicações eletrónicas (Diretiva relativa à privacidade e às comunicações eletrónicas) (JO L 201 de 31.7.2002, p. 37).

CAPÍTULO I – Disposições gerais

Artigo 1º – Objeto e objetivos

1. O presente regulamento estabelece as regras relativas à proteção das pessoas singulares no que diz respeito ao tratamento de dados pessoais e à livre circulação desses dados.

2. O presente regulamento defende os direitos e as liberdades fundamentais das pessoas singulares, nomeadamente o seu direito à proteção dos dados pessoais.

3. A livre circulação de dados pessoais no interior da União não é restringida nem proibida por motivos relacionados com a proteção das pessoas singulares no que respeita ao tratamento de dados pessoais.

Artigo 2º – Âmbito de aplicação material

1. O presente regulamento aplica-se ao tratamento de dados pessoais por meios total ou parcialmente automatizados, bem como ao tratamento por meios não automatizados de dados pessoais contidos em ficheiros ou a eles destinados.

2. O presente regulamento não se aplica ao tratamento de dados pessoais:

a) Efetuado no exercício de atividades não sujeitas à aplicação do direito da União;

b) Efetuado pelos Estados-Membros no exercício de atividades abrangidas pelo âmbito de aplicação do título V, capítulo 2, do TUE;

c) Efetuado por uma pessoa singular no exercício de atividades exclusivamente pessoais ou domésticas;

d) Efetuado pelas autoridades competentes para efeitos de prevenção, investigação, deteção e repressão de infrações penais ou da execução de sanções penais, incluindo a salvaguarda e a prevenção de ameaças à segurança pública.

3. O Regulamento (CE) nº 45/2001 aplica-se ao tratamento de dados pessoais pelas instituições, órgãos, organismos ou agências da União. O Regulamento (CE) nº 45/2001, bem como outros atos jurídicos da União aplicáveis ao tratamento de dados pessoais, são adaptados aos princípios e regras do presente regulamento nos termos previstos no artigo 98º.

4. O presente regulamento não prejudica a aplicação da Diretiva 2000/31/CE, nomeadamente as normas em matéria de responsabilidade dos prestadores intermediários de serviços previstas nos seus artigos 12º a 15º.

Artigo 3º – Âmbito de aplicação territorial

1. O presente regulamento aplica-se ao tratamento de dados pessoais efetuado no contexto das atividades de um estabelecimento de um responsável pelo tratamento ou de um subcontratante situado no território da União, independentemente de o tratamento ocorrer dentro ou fora da União.

2. O presente regulamento aplica-se ao tratamento de dados pessoais de titulares que se encontrem no território da União, efetuado por um responsável pelo tratamento ou subcontratante não estabelecido na União, quando as atividades de tratamento estejam relacionadas com:

a) A oferta de bens ou serviços a esses titulares de dados na União, independentemente da exigência de os titulares dos dados procederem a um pagamento;

b) O controlo do seu comportamento, desde que esse comportamento tenha lugar na União.

3. O presente regulamento aplica-se ao tratamento de dados pessoais por um responsável pelo tratamento estabelecido não na União, mas num lugar em que se aplique o direito de um Estado-Membro por força do direito internacional público.

Artigo 4º – Definições

Para efeitos do presente regulamento, entende-se por:

1) «Dados pessoais», informação relativa a uma pessoa singular identificada ou identificável («titular dos dados»); é considerada identificável uma pessoa singular que possa ser identificada, direta ou indiretamente, em especial por referência a um identificador, como por exemplo um nome, um número de identificação, dados de localização, identificadores por via eletrónica ou a um ou mais elementos específicos da identidade física, fisiológica, genética, mental, económica, cultural ou social dessa pessoa singular;

2) «Tratamento», uma operação ou um conjunto de operações efetuadas sobre dados pessoais ou sobre conjuntos de dados pessoais, por meios automatizados ou não automatizados, tais como a recolha, o registo, a organização, a estruturação, a conservação, a adaptação ou alteração, a recuperação, a consulta, a utilização, a divulgação por transmissão, difusão ou qualquer outra forma de disponibilização, a comparação ou interconexão, a limitação, o apagamento ou a destruição;

3) «Limitação do tratamento», a inserção de uma marca nos dados pessoais conservados com o objetivo de limitar o seu tratamento no futuro;

4) «Definição de perfis», qualquer forma de tratamento automatizado de dados pessoais que consista em utilizar esses dados pessoais para avaliar certos aspetos pessoais de uma pessoa singular, nomeadamente para analisar ou prever aspetos relacionados com o seu desempenho profissional, a sua situação económica, saúde, preferências pessoais, interesses, fiabilidade, comportamento, localização ou deslocações;

5) «Pseudonimização», o tratamento de dados pessoais de forma que deixem de poder ser atribuídos a um titular de dados específico sem recorrer a informações suplementares, desde que essas informações suplementares sejam mantidas separadamente e sujeitas a medidas técnicas e organizativas para assegurar que os dados pessoais não possam ser atribuídos a uma pessoa singular identificada ou identificável;

6) «Ficheiro», qualquer conjunto estruturado de dados pessoais, acessível segundo critérios específicos, quer seja centralizado, descentralizado ou repartido de modo funcional ou geográfico;

7) «Responsável pelo tratamento», a pessoa singular ou coletiva, a autoridade pública, a agência ou outro organismo que, individualmente ou em conjunto com outras, determina as finalidades e os meios de tratamento de dados pessoais; sempre que as finalidades e os meios desse tratamento sejam determinados pelo direito da União ou de um Estado-Membro, o responsável pelo tratamento ou os critérios específicos aplicáveis à sua nomeação podem ser previstos pelo direito da União ou de um Estado-Membro;

8) «Subcontratante», uma pessoa singular ou coletiva, a autoridade pública, agência ou outro organismo que trate os dados pessoais por conta do responsável pelo tratamento destes;

9) «Destinatário», uma pessoa singular ou coletiva, a autoridade pública, agência ou outro organismo que recebem comunicações de dados pessoais, independentemente de se tratar ou não de um terceiro. Contudo, as autoridades públicas que possam receber dados pessoais no âmbito de inquéritos específicos nos termos do direito da União ou dos Estados-Membros não são consideradas destinatários; o tratamento desses dados por essas autoridades públicas deve cumprir as regras de proteção de dados aplicáveis em função das finalidades do tratamento;

10) «Terceiro», a pessoa singular ou coletiva, a autoridade pública, o serviço ou organismo que não seja o titular dos dados, o responsável pelo tra-

tamento, o subcontratante e as pessoas que, sob a autoridade direta do responsável pelo tratamento ou do subcontratante, estão autorizadas a tratar os dados pessoais;

11) «Consentimento» do titular dos dados, uma manifestação de vontade, livre, específica, informada e inequívoca, pela qual o titular dos dados aceita, mediante declaração ou ato positivo inequívoco, que os dados pessoais que lhe dizem respeito sejam objeto de tratamento;

12) «Violação de dados pessoais», uma violação da segurança que provoque, de modo acidental ou ilícito, a destruição, a perda, a alteração, a divulgação ou o acesso, não autorizados, a dados pessoais transmitidos, conservados ou sujeitos a qualquer outro tipo de tratamento;

13) «Dados genéticos», os dados pessoais relativos às características genéticas, hereditárias ou adquiridas, de uma pessoa singular que deem informações únicas sobre a fisiologia ou a saúde dessa pessoa singular e que resulta designadamente de uma análise de uma amostra biológica proveniente da pessoa singular em causa;

14) «Dados biométricos», dados pessoais resultantes de um tratamento técnico específico relativo às características físicas, fisiológicas ou comportamentais de uma pessoa singular que permitam ou confirmem a identificação única dessa pessoa singular, nomeadamente imagens faciais ou dados dactiloscópicos;

15) «Dados relativos à saúde», dados pessoais relacionados com a saúde física ou mental de uma pessoa singular, incluindo a prestação de serviços de saúde, que revelem informações sobre o seu estado de saúde;

16) «Estabelecimento principal»:

a) No que se refere a um responsável pelo tratamento com estabelecimentos em vários Estados-Membros, o local onde se encontra a sua administração central na União, a menos que as decisões sobre as finalidades e os meios de tratamento dos dados pessoais sejam tomadas noutro estabelecimento do responsável pelo tratamento na União e este último estabelecimento tenha competência para mandar executar tais decisões, sendo neste caso o estabelecimento que tiver tomado as referidas decisões considerado estabelecimento principal;

b) No que se refere a um subcontratante com estabelecimentos em vários Estados-Membros, o local onde se encontra a sua administração central na União ou, caso o subcontratante não tenha administração central na União, o estabelecimento do subcontratante na União onde são exercidas as principais atividades de tratamento no contexto das atividades de um estabelecimento do subcontratante, na medida em que se encontre sujeito a obrigações específicas nos termos do presente regulamento;

17) «Representante», uma pessoa singular ou coletiva estabelecida na União que, designada por escrito pelo responsável pelo tratamento ou subcontratante, nos termos do artigo 27º, representa o responsável pelo tratamento ou o subcontratante no que se refere às suas obrigações respetivas nos termos do presente regulamento;

18) «Empresa», uma pessoa singular ou coletiva que, independentemente da sua forma jurídica, exerce uma atividade económica, incluindo as sociedades ou associações que exercem regularmente uma atividade económica;

19) «Grupo empresarial», um grupo composto pela empresa que exerce o controlo e pelas empresas controladas;

20) «Regras vinculativas aplicáveis às empresas», as regras internas de proteção de dados pessoais aplicadas por um responsável pelo tratamento ou um subcontratante estabelecido no território de um Estado-Membro para as transferências ou conjuntos de transferências de dados pessoais para um responsável ou subcontratante num ou mais países terceiros, dentro de um grupo empresarial ou de um grupo de empresas envolvidas numa atividade económica conjunta;

21) «Autoridade de controlo», uma autoridade pública independente criada por um Estado-Membro nos termos do artigo 51º;

22) «Autoridade de controlo interessada», uma autoridade de controlo afetada pelo tratamento de dados pessoais pelo facto de:

a) O responsável pelo tratamento ou o subcontratante estar estabelecido no território do Estado-Membro dessa autoridade de controlo;

b) Os titulares de dados que residem no Estado-Membro dessa autoridade de controlo serem substancialmente afetados, ou suscetíveis de o ser, pelo tratamento dos dados; ou

c) Ter sido apresentada uma reclamação junto dessa autoridade de controlo;

23) «Tratamento transfronteiriço»:

a) O tratamento de dados pessoais que ocorre no contexto das atividades de estabelecimentos em mais do que um Estado-Membro de um responsável pelo tratamento ou um subcontratante na União, caso o responsável pelo tratamento ou o subcontratante esteja estabelecido em mais do que um Estado-Membro; ou

b) O tratamento de dados pessoais que ocorre no contexto das atividades de um único estabelecimento de um responsável pelo tratamento ou de um subcontratante, mas que afeta substancialmente, ou é suscetível de afetar substancialmente, titulares de dados em mais do que um Estados-Membro;

24) «Objeção pertinente e fundamentada», uma objeção a um projeto de decisão que visa determinar se há violação do presente regulamento ou se a ação prevista relativamente ao responsável pelo tratamento ou ao subcontratante está em conformidade com o presente regulamento, demonstrando claramente a gravidade dos riscos que advêm do projeto de decisão para os direitos e liberdades fundamentais dos titulares dos dados e, eventualmente, para a livre circulação de dados pessoais no território da União;

25) «Serviços da sociedade da informação», um serviço definido no artigo 1º, nº 1, alínea b), da Diretiva (UE) 2015/1535 do Parlamento Europeu e do Conselho[1];

26) «Organização internacional», uma organização e os organismos de direito internacional público por ela tutelados, ou outro organismo criado por um acordo celebrado entre dois ou mais países ou com base num acordo dessa natureza.

CAPÍTULO II - Princípios

Artigo 5º – Princípios relativos ao tratamento de dados pessoais

1. Os dados pessoais são:

a) Objeto de um tratamento lícito, leal e transparente em relação ao titular dos dados («licitude, lealdade e transparência»);

b) Recolhidos para finalidades determinadas, explícitas e legítimas e não podendo ser tratados posteriormente de uma forma incompatível com essas finalidades; o tratamento posterior para fins de arquivo de interesse público, ou para fins de investigação científica ou histórica ou para fins estatísticos, não é considerado incompatível com as finalidades iniciais, em conformidade com o artigo 89º, nº 1 («limitação das finalidades»);

[1] Diretiva (UE) 2015/1535 do Parlamento Europeu e do Conselho, de 9 de setembro de 2015, relativa a um procedimento de informação no domínio das regulamentações técnicas e das regras relativas aos serviços da sociedade da informação (JO L 241 de 17.9.2015, p. 1).

c) Adequados, pertinentes e limitados ao que é necessário relativamente às finalidades para as quais são tratados («minimização dos dados»);

d) Exatos e atualizados sempre que necessário; devem ser adotadas todas as medidas adequadas para que os dados inexatos, tendo em conta as finalidades para que são tratados, sejam apagados ou retificados sem demora («exatidão»);

e) Conservados de uma forma que permita a identificação dos titulares dos dados apenas durante o período necessário para as finalidades para as quais são tratados; os dados pessoais podem ser conservados durante períodos mais longos, desde que sejam tratados exclusivamente para fins de arquivo de interesse público, ou para fins de investigação científica ou histórica ou para fins estatísticos, em conformidade com o artigo 89º, nº 1, sujeitos à aplicação das medidas técnicas e organizativas adequadas exigidas pelo presente regulamento, a fim de salvaguardar os direitos e liberdades do titular dos dados («limitação da conservação»);

f) Tratados de uma forma que garanta a sua segurança, incluindo a proteção contra o seu tratamento não autorizado ou ilícito e contra a sua perda, destruição ou danificação acidental, adotando as medidas técnicas ou organizativas adequadas («integridade e confidencialidade»);

2. O responsável pelo tratamento é responsável pelo cumprimento do disposto no nº 1 e tem de poder comprová-lo («responsabilidade»).

Artigo 6º – Licitude do tratamento

1. O tratamento só é lícito se e na medida em que se verifique pelo menos uma das seguintes situações:

a) O titular dos dados tiver dado o seu consentimento para o tratamento dos seus dados pessoais para uma ou mais finalidades específicas;

b) O tratamento for necessário para a execução de um contrato no qual o titular dos dados é parte, ou para diligências pré-contratuais a pedido do titular dos dados;

c) O tratamento for necessário para o cumprimento de uma obrigação jurídica a que o responsável pelo tratamento esteja sujeito;

d) O tratamento for necessário para a defesa de interesses vitais do titular dos dados ou de outra pessoa singular;

e) O tratamento for necessário ao exercício de funções de interesse público ou ao exercício da autoridade pública de que está investido o responsável pelo tratamento;

f) O tratamento for necessário para efeito dos interesses legítimos prosseguidos pelo responsável pelo tratamento ou por terceiros, exceto se prevalecerem os interesses ou direitos e liberdades fundamentais do titular que exijam a proteção dos dados pessoais, em especial se o titular for uma criança.

O primeiro parágrafo, alínea f), não se aplica ao tratamento de dados efetuado por autoridades públicas na prossecução das suas atribuições por via eletrónica.

2. Os Estados-Membros podem manter ou aprovar disposições mais específicas com o objetivo de adaptar a aplicação das regras do presente regulamento no que diz respeito ao tratamento de dados para o cumprimento do nº 1, alíneas c) e e), determinando, de forma mais precisa, requisitos específicos para o tratamento e outras medidas destinadas a garantir a licitude e lealdade do tratamento, inclusive para outras situações específicas de tratamento em conformidade com o capítulo IX.

3. O fundamento jurídico para o tratamento referido no nº 1, alíneas c) e e), é definido:

a) Pelo direito da União; ou

b) Pelo direito do Estado-Membro ao qual o responsável pelo tratamento está sujeito.

A finalidade do tratamento é determinada com esse fundamento jurídico ou, no que respeita ao tratamento referido no nº 1, alínea e), deve ser necessária ao exercício de funções de interesse público ou ao exercício da autoridade pública de que está investido o responsável pelo tratamento. Esse fundamento jurídico pode prever disposições específicas para adaptar a aplicação das regras do presente regulamento, nomeadamente: as condições gerais de licitude do tratamento pelo responsável pelo seu tratamento; os tipos de dados objeto de tratamento; os titulares dos dados em questão; as entidades a que os dados pessoais poderão ser comunicados e para que efeitos; os limites a que as finalidades do tratamento devem obedecer; os prazos de conservação; e as operações e procedimentos de tratamento, incluindo as medidas destinadas a garantir a legalidade e lealdade do tratamento, como as medidas relativas a outras situações específicas de tratamento em conformidade com o capítulo IX. O direito da União ou do Estado-Membro deve responder a um objetivo de interesse público e ser proporcional ao objetivo legítimo prosseguido.

4. Quando o tratamento para fins que não sejam aqueles para os quais os dados pessoais foram recolhidos não for realizado com base no consentimento do titular dos dados ou em disposições do direito da União ou dos Estados-Membros que constituam uma medida necessária e proporcionada numa sociedade democrática para salvaguardar os objetivos referidos no artigo 23º, nº 1, o responsável pelo tratamento, a fim de verificar se o tratamento para outros fins é compatível com a finalidade para a qual os dados pessoais foram inicialmente recolhidos, tem nomeadamente em conta:

a) Qualquer ligação entre a finalidade para a qual os dados pessoais foram recolhidos e a finalidade do tratamento posterior;

b) O contexto em que os dados pessoais foram recolhidos, em particular no que respeita à relação entre os titulares dos dados e o responsável pelo seu tratamento;

c) A natureza dos dados pessoais, em especial se as categorias especiais de dados pessoais forem tratadas nos termos do artigo 9º, ou se os dados pessoais relacionados com condenações penais e infrações forem tratados nos termos do artigo 10º;

d) As eventuais consequências do tratamento posterior pretendido para os titulares dos dados;

e) A existência de salvaguardas adequadas, que podem ser a cifragem ou a pseudonimização.

Artigo 7º – Condições aplicáveis ao consentimento

1. Quando o tratamento for realizado com base no consentimento, o responsável pelo tratamento deve poder demonstrar que o titular dos dados deu o seu consentimento para o tratamento dos seus dados pessoais.

2. Se o consentimento do titular dos dados for dado no contexto de uma declaração escrita que diga também respeito a outros assuntos, o pedido de consentimento deve ser apresentado de uma forma que o distinga claramente desses outros assuntos de modo inteligível e de fácil acesso e numa linguagem clara e simples. Não é vinculativa qualquer parte dessa declaração que constitua violação do presente regulamento.

3. O titular dos dados tem o direito de retirar o seu consentimento a qualquer momento. A retirada do consentimento não compromete a licitude do tratamento efetuado com base no consentimento previamente dado. Antes de dar o seu consentimento, o titular dos dados é informado desse facto. O consentimento deve ser tão fácil de retirar quanto de dar.

4. Ao avaliar se o consentimento é dado livremente, há que verificar com a máxima atenção se, designadamente, a execução de um contrato, inclusive a prestação de um serviço, está subordinada ao consentimento para o tratamento de dados pessoais que não é necessário para a execução desse contrato.

Artigo 8º – Condições aplicáveis ao consentimento de crianças em relação aos serviços da sociedade da informação

1. Quando for aplicável o artigo 6º, nº 1, alínea a), no que respeita à oferta direta de serviços da sociedade da informação às crianças, dos dados pessoais de crianças é lícito se elas tiverem pelo menos 16 anos. Caso a criança tenha menos de 16 anos, o tratamento só é lícito se e na medida em que o consentimento seja dado ou autorizado pelos titulares das responsabilidades parentais da criança.

Os Estados-Membros podem dispor no seu direito uma idade inferior para os efeitos referidos, desde que essa idade não seja inferior a 13 anos.

2. Nesses casos, o responsável pelo tratamento envida todos os esforços adequados para verificar que o consentimento foi dado ou autorizado pelo titular das responsabilidades parentais da criança, tendo em conta a tecnologia disponível.

3. O disposto no nº 1 não afeta o direito contratual geral dos Estados-Membros, como as disposições que regulam a validade, a formação ou os efeitos de um contrato em relação a uma criança.

Artigo 9º – Tratamento de categorias especiais de dados pessoais

1. É proibido o tratamento de dados pessoais que revelem a origem racial ou étnica, as opiniões políticas, as convicções religiosas ou filosóficas, ou a filiação sindical, bem como o tratamento de dados genéticos, dados biométricos para identificar uma pessoa de forma inequívoca, dados relativos à saúde ou dados relativos à vida sexual ou orientação sexual de uma pessoa.

2. O disposto no nº 1 não se aplica se se verificar um dos seguintes casos:

a) Se o titular dos dados tiver dado o seu consentimento explícito para o tratamento desses dados pessoais para uma ou mais finalidades específicas, exceto se o direito da União ou de um Estado-Membro previr que a proibição a que se refere o nº 1 não pode ser anulada pelo titular dos dados;

b) Se o tratamento for necessário para efeitos do cumprimento de obrigações e do exercício de direitos específicos do responsável pelo tratamento ou do titular dos dados em matéria de legislação laboral, de segurança social e de proteção social, na medida em que esse tratamento seja permitido pelo direito da União ou dos Estados-Membros ou ainda por uma convenção coletiva nos termos do direito dos Estados-Membros que preveja garantias adequadas dos direitos fundamentais e dos interesses do titular dos dados;

c) Se o tratamento for necessário para proteger os interesses vitais do titular dos dados ou de outra pessoa singular, no caso de o titular dos dados estar física ou legalmente incapacitado de dar o seu consentimento;

d) Se o tratamento for efetuado, no âmbito das suas atividades legítimas e mediante garantias adequadas, por uma fundação, associação ou qualquer outro organismo sem fins lucrativos e que prossiga fins políticos, filosóficos, religiosos ou sindicais, e desde que esse tratamento se refira exclusivamente aos membros ou antigos membros desse organismo ou a pessoas que com ele tenham mantido contactos regulares relacionados com os seus objetivos, e que os dados pessoais não sejam divulgados a terceiros sem o consentimento dos seus titulares;

e) Se o tratamento se referir a dados pessoais que tenham sido manifestamente tornados públicos pelo seu titular;

f) Se o tratamento for necessário à declaração, ao exercício ou à defesa de um direito num processo judicial ou sempre que os tribunais atuem no exercício da suas função jurisdicional;

g) Se o tratamento for necessário por motivos de interesse público importante, com base no direito da União ou de um Estado-Membro, que deve ser proporcional ao objetivo visado, respeitar a essência do direito à proteção dos dados pessoais e prever medidas adequadas e específicas que salvaguardem os direitos fundamentais e os interesses do titular dos dados;

h) Se o tratamento for necessário para efeitos de medicina preventiva ou do trabalho, para a avaliação da capacidade de trabalho do empregado, o diagnóstico médico, a prestação de cuidados ou tratamentos de saúde ou de ação social ou a gestão de sistemas e serviços de saúde ou de ação social com base no direito da União ou dos Estados-Membros ou por força de um contrato com um profissional de saúde, sob reserva das condições e garantias previstas no nº 3;

i) Se o tratamento for necessário por motivos de interesse público no domínio da saúde pública, tais como a proteção contra ameaças transfronteiriças graves para a saúde ou para assegurar um elevado nível de qualidade e de segurança dos cuidados de saúde e dos medicamentos ou dispositivos médicos, com base no direito da União ou dos Estados-Membros que preveja medidas adequadas e específicas que salvaguardem os direitos e liberdades do titular dos dados, em particular o sigilo profissional;

j) Se o tratamento for necessário para fins de arquivo de interesse público, para fins de investigação científica ou histórica ou para fins estatísticos, em conformidade com o artigo 89º, nº 1, com base no direito da União ou de um Estado-Membro, que deve ser proporcional ao objetivo visado, respeitar a essência do direito à proteção dos dados pessoais e prever medidas adequadas e específicas para a defesa dos direitos fundamentais e dos interesses do titular dos dados.

3. Os dados pessoais referidos no nº 1 podem ser tratados para os fins referidos no nº 2, alínea h), se os dados forem tratados por ou sob a responsabilidade de um profissional sujeito à obrigação de sigilo profissional, nos termos do direito da União ou dos Estados-Membros ou de regulamentação estabelecida pelas autoridades nacionais competentes, ou por outra pessoa igualmente sujeita a uma obrigação de confidencialidade ao abrigo do direito da União ou dos Estados-Membros ou de regulamentação estabelecida pelas autoridades nacionais competentes.

4. Os Estados-Membros podem manter ou impor novas condições, incluindo limitações, no que respeita ao tratamento de dados genéticos, dados biométricos ou dados relativos à saúde.

Artigo 10º – Tratamento de dados pessoais relacionados com condenações penais e infrações

O tratamento de dados pessoais relacionados com condenações penais e infrações ou com medidas de segurança conexas com base no artigo 6º, nº 1, só é efetuado sob o controlo de uma autoridade pública ou se o tratamento for autorizado por disposições do direito da União ou de um Estado-Membro que prevejam garantias adequadas para os direitos e liberdades dos titulares dos dados. Os registos completos das condenações penais só são conservados sob o controlo das autoridades públicas.

Artigo 11º – Tratamento que não exige identificação

1. Se as finalidades para as quais se proceder ao tratamento de dados pessoais não exigirem ou tiverem deixado de exigir a identificação do titular dos dados por parte do responsável pelo seu tratamento, este último não é obrigado a manter, obter ou tratar informações suplementares para identificar o titular dos dados com o único objetivo de dar cumprimento ao presente regulamento.

2. Quando, nos casos referidos no nº 1 do presente artigo, o responsável pelo tratamento possa demonstrar que não está em condições de identificar o titular dos dados, informa-o, se possível, desse facto. Nesses casos, os artigos 15º a 20º não são aplicáveis, exceto se o titular dos dados, com a finalidade de exercer os seus direitos ao abrigo dos referidos artigos, fornecer informações adicionais que permitam a sua identificação.

CAPÍTULO III – Direitos do titular dos dados

SECÇÃO 1 – Transparência e regras para o exercício dos direitos dos titulares dos dados

Artigo 12º – Transparência das informações, das comunicações e das regras para exercício dos direitos dos titulares dos dados

1. O responsável pelo tratamento toma as medidas adequadas para fornecer ao titular as informações a que se referem os artigos 13º e 14º e qualquer comunicação prevista nos artigos 15º a 22º e 34º a respeito do tratamento, de forma concisa, transparente, inteligível e de fácil acesso, utilizando uma linguagem clara e simples, em especial quando as informações são dirigidas especificamente a crianças. As informações são prestadas por escrito ou por outros meios, incluindo, se for caso disso, por meios eletrónicos. Se o titular dos dados o solicitar, a informação pode ser prestada oralmente, desde que a identidade do titular seja comprovada por outros meios.

2. O responsável pelo tratamento facilita o exercício dos direitos do titular dos dados nos termos dos artigos 15º a 22º. Nos casos a que se refere o artigo 11º, nº 2, o responsável pelo tratamento não pode recusar-se a dar seguimento ao pedido do titular no sentido de exercer os seus direitos ao

abrigo dos artigos 15º a 22º, exceto se demonstrar que não está em condições de identificar o titular dos dados.

3. O responsável pelo tratamento fornece ao titular as informações sobre as medidas tomadas, mediante pedido apresentado nos termos dos artigos 15º a 20º, sem demora injustificada e no prazo de um mês a contar da data de receção do pedido. Esse prazo pode ser prorrogado até dois meses, quando for necessário, tendo em conta a complexidade do pedido e o número de pedidos. O responsável pelo tratamento informa o titular dos dados de alguma prorrogação e dos motivos da demora no prazo de um mês a contar da data de receção do pedido. Se o titular dos dados apresentar o pedido por meios eletrónicos, a informação é, sempre que possível, fornecida por meios eletrónicos, salvo pedido em contrário do titular.

4. Se o responsável pelo tratamento não der seguimento ao pedido apresentado pelo titular dos dados, informa-o sem demora e, o mais tardar, no prazo de um mês a contar da data de receção do pedido, das razões que o levaram a não tomar medidas e da possibilidade de apresentar reclamação a uma autoridade de controlo e intentar ação judicial.

5. As informações fornecidas nos termos dos artigos 13º e 14º e quaisquer comunicações e medidas tomadas nos termos dos artigos 15º a 22º e 34º são fornecidas a título gratuito. Se os pedidos apresentados por um titular de dados forem manifestamente infundados ou excessivos, nomeadamente devido ao seu caráter repetitivo, o responsável pelo tratamento pode:

a) Exigir o pagamento de uma taxa razoável tendo em conta os custos administrativos do fornecimento das informações ou da comunicação, ou de tomada das medidas solicitadas; ou

b) Recusar-se a dar seguimento ao pedido.

Cabe ao responsável pelo tratamento demonstrar o caráter manifestamente infundado ou excessivo do pedido.

6. Sem prejuízo do artigo 11º, quando o responsável pelo tratamento tiver dúvidas razoáveis quanto à identidade da pessoa singular que apresenta o pedido a que se referem os artigos 15º a 21º, pode solicitar que lhe sejam fornecidas as informações adicionais que forem necessárias para confirmar a identidade do titular dos dados.

7. As informações a fornecer pelos titulares dos dados nos termos dos artigos 13º e 14º podem ser dadas em combinação com ícones normalizados a fim de dar, de uma forma facilmente visível, inteligível e claramente

legível, uma perspetiva geral significativa do tratamento previsto. Se forem apresentados por via eletrónica, os ícones devem ser de leitura automática.

8. A Comissão fica habilitada a adotar atos delegados nos termos do artigo 92º, a fim de determinar quais as informações a fornecer por meio dos ícones e os procedimentos aplicáveis ao fornecimento de ícones normalizados.

SECÇÃO 2 – Informação e acesso aos dados pessoais

Artigo 13º – Informações a facultar quando os dados pessoais são recolhidos junto do titular

1. Quando os dados pessoais forem recolhidos junto do titular, o responsável pelo tratamento faculta-lhe, aquando da recolha desses dados pessoais, as seguintes informações:

a) A identidade e os contactos do responsável pelo tratamento e, se for caso disso, do seu representante;

b) Os contactos do encarregado da proteção de dados, se for caso disso;

c) As finalidades do tratamento a que os dados pessoais se destinam, bem como o fundamento jurídico para o tratamento;

d) Se o tratamento dos dados se basear no artigo 6º, nº 1, alínea f), os interesses legítimos do responsável pelo tratamento ou de um terceiro;

e) Os destinatários ou categorias de destinatários dos dados pessoais, se os houver;

f) Se for caso disso, o facto de o responsável pelo tratamento tencionar transferir dados pessoais para um país terceiro ou uma organização internacional, e a existência ou não de uma decisão de adequação adotada pela Comissão ou, no caso das transferências mencionadas nos artigos 46º ou 47º, ou no artigo 49º, nº 1, segundo parágrafo, a referência às garantias apropriadas ou adequadas e aos meios de obter cópia das mesmas, ou onde foram disponibilizadas.

2. Para além das informações referidas no nº 1, aquando da recolha dos dados pessoais, o responsável pelo tratamento fornece ao titular as seguintes informações adicionais, necessárias para garantir um tratamento equitativo e transparente:

a) Prazo de conservação dos dados pessoais ou, se não for possível, os critérios usados para definir esse prazo;

b) A existência do direito de solicitar ao responsável pelo tratamento acesso aos dados pessoais que lhe digam respeito, bem como a sua retificação ou o seu apagamento, e a limitação do tratamento no que disser respeito ao titular dos dados, ou do direito de se opor ao tratamento, bem como do direito à portabilidade dos dados;

c) Se o tratamento dos dados se basear no artigo 6º, nº 1, alínea a), ou no artigo 9º, nº 2, alínea a), a existência do direito de retirar consentimento em qualquer altura, sem comprometer a licitude do tratamento efetuado com base no consentimento previamente dado;

d) O direito de apresentar reclamação a uma autoridade de controlo;

e) Se a comunicação de dados pessoais constitui ou não uma obrigação legal ou contratual, ou um requisito necessário para celebrar um contrato, bem como se o titular está obrigado a fornecer os dados pessoais e as eventuais consequências de não fornecer esses dados;

f) A existência de decisões automatizadas, incluindo a definição de perfis, referida no artigo 22º, nºs 1 e 4, e, pelo menos nesses casos, informações úteis relativas à lógica subjacente, bem como a importância e as consequências previstas de tal tratamento para o titular dos dados.

3. Quando o responsável pelo tratamento pessoais tiver a intenção de proceder ao tratamento posterior dos dados pessoais para um fim que não seja aquele para o qual os dados tenham sido recolhidos, antes desse tratamento o responsável fornece ao titular dos dados informações sobre esse fim e quaisquer outras informações pertinentes, nos termos do nº 2.

4. Os nºs 1, 2 e 3 não se aplicam quando e na medida em que o titular dos dados já tiver conhecimento das informações.

Artigo 14º – Informações a facultar quando os dados pessoais não são recolhidos junto do titular

1. Quando os dados pessoais não forem recolhidos junto do titular, o responsável pelo tratamento fornece-lhe as seguintes informações:

a) A identidade e os contactos do responsável pelo tratamento e, se for caso disso, do seu representante;

b) Os contactos do encarregado da proteção de dados, se for caso disso;

c) As finalidades do tratamento a que os dados pessoais se destinam, bem como o fundamento jurídico para o tratamento;

d) As categorias dos dados pessoais em questão;

e) Os destinatários ou categorias de destinatários dos dados pessoais, se os houver;

f) Se for caso disso, o facto de o responsável pelo tratamento tencionar transferir dados pessoais para um país terceiro ou uma organização internacional, e a existência ou não de uma decisão de adequação adotada pela Comissão ou, no caso das transferências mencionadas nos artigos 46º ou 47º, ou no artigo 49º, nº 1, segundo parágrafo, a referência às garantias apropriadas ou adequadas e aos meios de obter cópia das mesmas, ou onde foram disponibilizadas;

2. Para além das informações referidas no nº 1, o responsável pelo tratamento fornece ao titular as seguintes informações, necessárias para lhe garantir um tratamento equitativo e transparente:

a) Prazo de conservação dos dados pessoais ou, se não for possível, os critérios usados para fixar esse prazo;

b) Se o tratamento dos dados se basear no artigo 6º, nº 1, alínea f), os interesses legítimos do responsável pelo tratamento ou de um terceiro;

c) A existência do direito de solicitar ao responsável pelo tratamento o acesso aos dados pessoais que lhe digam respeito, e a retificação ou o apagamento, ou a limitação do tratamento no que disser respeito ao titular dos dados, e do direito de se opor ao tratamento, bem como do direito à portabilidade dos dados;

d) Se o tratamento dos dados se basear no artigo 6º, nº 1, alínea a), ou no artigo 9º, nº 2, alínea a), a existência do direito de retirar consentimento em qualquer altura, sem comprometer a licitude do tratamento efetuado com base no consentimento previamente dado;

e) O direito de apresentar reclamação a uma autoridade de controlo;

f) A origem dos dados pessoais e, eventualmente, se provêm de fontes acessíveis ao público;

g) A existência de decisões automatizadas, incluindo a definição de perfis referida no artigo 22º, nºs 1 e 4, e, pelo menos nesses casos, informações úteis relativas à lógica subjacente, bem como a importância e as consequências previstas de tal tratamento para o titular dos dados.

3. O responsável pelo tratamento comunica as informações referidas nos nºs 1 e 2:

a) Num prazo razoável após a obtenção dos dados pessoais, mas o mais tardar no prazo de um mês, tendo em conta as circunstâncias específicas em que estes forem tratados;

b) Se os dados pessoais se destinarem a ser utilizados para fins de comunicação com o titular dos dados, o mais tardar no momento da primeira comunicação ao titular dos dados; ou

c) Se estiver prevista a divulgação dos dados pessoais a outro destinatário, o mais tardar aquando da primeira divulgação desses dados.

4. Quando o responsável pelo tratamento tiver a intenção de proceder ao tratamento posterior dos dados pessoais para um fim que não seja aquele para o qual os dados pessoais tenham sido obtidos, antes desse tratamento o responsável fornece ao titular dos dados informações sobre esse fim e quaisquer outras informações pertinentes referidas no nº 2.

5. Os nºs 1 a 4 não se aplicam quando e na medida em que:

a) O titular dos dados já tenha conhecimento das informações;

b) Se comprove a impossibilidade de disponibilizar a informação, ou que o esforço envolvido seja desproporcionado, nomeadamente para o tratamento para fins de arquivo de interesse público, para fins de investigação científica ou histórica ou para fins estatísticos, sob reserva das condições e garantias previstas no artigo 89º, nº 1, e na medida em que a obrigação referida no nº 1 do presente artigo seja suscetível de tornar impossível ou prejudicar gravemente a obtenção dos objetivos desse tratamento. Nesses casos, o responsável pelo tratamento toma as medidas adequadas para defender os direitos, liberdades e interesses legítimos do titular dos dados, inclusive através da divulgação da informação ao público;

c) A obtenção ou divulgação dos dados esteja expressamente prevista no direito da União ou do Estado-Membro ao qual o responsável pelo tratamento estiver sujeito, prevendo medidas adequadas para proteger os legítimos interesses do titular dos dados; ou

d) Os dados pessoais devam permanecer confidenciais em virtude de uma obrigação de sigilo profissional regulamentada pelo direito da União ou de um Estado-Membro, inclusive uma obrigação legal de confidencialidade.

Artigo 15º – Direito de acesso do titular dos dados

1. O titular dos dados tem o direito de obter do responsável pelo tratamento a confirmação de que os dados pessoais que lhe digam respeito são ou não objeto de tratamento e, se for esse o caso, o direito de aceder aos seus dados pessoais e às seguintes informações:

a) As finalidades do tratamento dos dados;

b) As categorias dos dados pessoais em questão;

c) Os destinatários ou categorias de destinatários a quem os dados pessoais foram ou serão divulgados, nomeadamente os destinatários estabelecidos em países terceiros ou pertencentes a organizações internacionais;

d) Se for possível, o prazo previsto de conservação dos dados pessoais, ou, se não for possível, os critérios usados para fixar esse prazo;

e) A existência do direito de solicitar ao responsável pelo tratamento a retificação, o apagamento ou a limitação do tratamento dos dados pessoais no que diz respeito ao titular dos dados, ou do direito de se opor a esse tratamento;

f) O direito de apresentar reclamação a uma autoridade de controlo;

g) Se os dados não tiverem sido recolhidos junto do titular, as informações disponíveis sobre a origem desses dados;

h) A existência de decisões automatizadas, incluindo a definição de perfis, referida no artigo 22º, nºs 1 e 4, e, pelo menos nesses casos, informações úteis relativas à lógica subjacente, bem como a importância e as consequências previstas de tal tratamento para o titular dos dados.

2. Quando os dados pessoais forem transferidos para um país terceiro ou uma organização internacional, o titular dos dados tem o direito de ser informado das garantias adequadas, nos termos do artigo 46º relativo à transferência de dados.

3. O responsável pelo tratamento fornece uma cópia dos dados pessoais em fase de tratamento. Para fornecer outras cópias solicitadas pelo titular dos dados, o responsável pelo tratamento pode exigir o pagamento de uma taxa razoável tendo em conta os custos administrativos. Se o titular dos dados apresentar o pedido por meios eletrónicos, e salvo pedido em contrário do titular dos dados, a informação é fornecida num formato eletrónico de uso corrente.

4. O direito de obter uma cópia a que se refere o nº 3 não prejudica os direitos e as liberdades de terceiros.

SECÇÃO 3 – Retificação e apagamento

Artigo 16º – Direito de retificação

O titular tem o direito de obter, sem demora injustificada, do responsável pelo tratamento a retificação dos dados pessoais inexatos que lhe digam respeito. Tendo em conta as finalidades do tratamento, o titular dos dados tem direito a que os seus dados pessoais incompletos sejam completados, incluindo por meio de uma declaração adicional.

Artigo 17º – Direito ao apagamento dos dados («direito a ser esquecido»)

1. O titular tem o direito de obter do responsável pelo tratamento o apagamento dos seus dados pessoais, sem demora injustificada, e este tem a obrigação de apagar os dados pessoais, sem demora injustificada, quando se aplique um dos seguintes motivos:

a) Os dados pessoais deixaram de ser necessários para a finalidade que motivou a sua recolha ou tratamento;

b) O titular retira o consentimento em que se baseia o tratamento dos dados nos termos do artigo 6º, nº 1, alínea a), ou do artigo 9º, nº 2, alínea a) e se não existir outro fundamento jurídico para o referido tratamento;

c) O titular opõe-se ao tratamento nos termos do artigo 21º, nº 1, e não existem interesses legítimos prevalecentes que justifiquem o tratamento, ou o titular opõe-se ao tratamento nos termos do artigo 21º, nº 2;

d) Os dados pessoais foram tratados ilicitamente;

e) Os dados pessoais têm de ser apagados para o cumprimento de uma obrigação jurídica decorrente do direito da União ou de um Estado-Membro a que o responsável pelo tratamento esteja sujeito;

f) Os dados pessoais foram recolhidos no contexto da oferta de serviços da sociedade da informação referida no artigo 8º, nº 1.

2. Quando o responsável pelo tratamento tiver tornado públicos os dados pessoais e for obrigado a apagá-los nos termos do nº 1, toma as medidas que forem razoáveis, incluindo de caráter técnico, tendo em consideração a tecnologia disponível e os custos da sua aplicação, para informar os responsáveis pelo tratamento efetivo dos dados pessoais de que o titular dos dados lhes solicitou o apagamento das ligações para esses dados pessoais, bem como das cópias ou reproduções dos mesmos.

3. Os nºs 1 e 2 não se aplicam na medida em que o tratamento se revele necessário:

a) Ao exercício da liberdade de expressão e de informação;

b) Ao cumprimento de uma obrigação legal que exija o tratamento prevista pelo direito da União ou de um Estado-Membro a que o responsável esteja sujeito, ao exercício de funções de interesse público ou ao exercício da autoridade pública de que esteja investido o responsável pelo tratamento;

c) Por motivos de interesse público no domínio da saúde pública, nos termos do artigo 9º, nº 2, alíneas h) e i), bem como do artigo 9º, nº 3;

d) Para fins de arquivo de interesse público, para fins de investigação científica ou histórica ou para fins estatísticos, nos termos do artigo 89º, nº 1, na medida em que o direito referido no nº 1 seja suscetível de tornar impossível ou prejudicar gravemente a obtenção dos objetivos desse tratamento; ou

e) Para efeitos de declaração, exercício ou defesa de um direito num processo judicial.

Artigo 18º – Direito à limitação do tratamento

1. O titular dos dados tem o direito de obter do responsável pelo tratamento a limitação do tratamento, se se aplicar uma das seguintes situações:

a) Contestar a exatidão dos dados pessoais, durante um período que permita ao responsável pelo tratamento verificar a sua exatidão;

b) O tratamento for ilícito e o titular dos dados se opuser ao apagamento dos dados pessoais e solicitar, em contrapartida, a limitação da sua utilização;

c) O responsável pelo tratamento já não precisar dos dados pessoais para fins de tratamento, mas esses dados sejam requeridos pelo titular para efeitos de declaração, exercício ou defesa de um direito num processo judicial;

d) Se tiver oposto ao tratamento nos termos do artigo 21º, nº 1, até se verificar que os motivos legítimos do responsável pelo tratamento prevalecem sobre os do titular dos dados.

2. Quando o tratamento tiver sido limitado nos termos do nº 1, os dados pessoais só podem, à exceção da conservação, ser objeto de tratamento com o consentimento do titular, ou para efeitos de declaração, exercício ou defesa de um direito num processo judicial, de defesa dos direitos de outra pessoa singular ou coletiva, ou por motivos ponderosos de interesse público da União ou de um Estado-Membro.

3. O titular que tiver obtido a limitação do tratamento nos termos do nº 1 é informado pelo responsável pelo tratamento antes de ser anulada a limitação ao referido tratamento.

Artigo 19º – Obrigação de notificação da retificação ou apagamento dos dados pessoais ou limitação do tratamento

O responsável pelo tratamento comunica a cada destinatário a quem os dados pessoais tenham sido transmitidos qualquer retificação ou apagamento dos dados pessoais ou limitação do tratamento a que se tenha procedido em conformidade com o artigo 16º, o artigo 17º, nº 1, e o artigo 18º, salvo se tal comunicação se revelar impossível ou implicar um esforço desproporcionado. Se o titular dos dados o solicitar, o responsável pelo tratamento fornece-lhe informações sobre os referidos destinatários.

Artigo 20º – Direito de portabilidade dos dados

1. O titular dos dados tem o direito de receber os dados pessoais que lhe digam respeito e que tenha fornecido a um responsável pelo tratamento, num formato estruturado, de uso corrente e de leitura automática, e o direito de transmitir esses dados a outro responsável pelo tratamento sem que o responsável a quem os dados pessoais foram fornecidos o possa impedir, se:

a) O tratamento se basear no consentimento dado nos termos do artigo 6º, nº 1, alínea a), ou do artigo 9º, nº 2, alínea a), ou num contrato referido no artigo 6º, nº 1, alínea b); e

b) O tratamento for realizado por meios automatizados.

2 Ao exercer o seu direito de portabilidade dos dados nos termos do nº 1, o titular dos dados tem o direito a que os dados pessoais sejam transmitidos diretamente entre os responsáveis pelo tratamento, sempre que tal seja tecnicamente possível.

3. O exercício do direito a que se refere o nº 1 do presente artigo aplica-se sem prejuízo do artigo 17º. Esse direito não se aplica ao tratamento necessário para o exercício de funções de interesse público ou ao exercício da autoridade pública de que está investido o responsável pelo tratamento.

4. O direito a que se refere o nº 1 não prejudica os direitos e as liberdades de terceiros.

SECÇÃO 4 – Direito de oposição e decisões individuais automatizadas

Artigo 21º – Direito de oposição

1. O titular dos dados tem o direito de se opor a qualquer momento, por motivos relacionados com a sua situação particular, ao tratamento dos dados pessoais que lhe digam respeito com base no artigo 6º, nº 1, alínea e) ou f), ou no artigo 6º, nº 4, incluindo a definição de perfis com base nessas disposições. O responsável pelo tratamento cessa o tratamento dos dados pessoais, a não ser que apresente razões imperiosas e legítimas para esse tratamento que prevaleçam sobre os interesses, direitos e liberdades do titular dos dados, ou para efeitos de declaração, exercício ou defesa de um direito num processo judicial.

2. Quando os dados pessoais forem tratados para efeitos de comercialização direta, o titular dos dados tem o direito de se opor a qualquer momento ao tratamento dos dados pessoais que lhe digam respeito para os efeitos da referida comercialização, o que abrange a definição de perfis na medida em que esteja relacionada com a comercialização direta.

3. Caso o titular dos dados se oponha ao tratamento para efeitos de comercialização direta, os dados pessoais deixam de ser tratados para esse fim.

4. O mais tardar no momento da primeira comunicação ao titular dos dados, o direito a que se referem os nºs 1 e 2 é explicitamente levado à atenção do titular dos dados e é apresentado de modo claro e distinto de quaisquer outras informações.

5. No contexto da utilização dos serviços da sociedade da informação, e sem prejuízo da Diretiva 2002/58/CE, o titular dos dados pode exercer o seu direito de oposição por meios automatizados, utilizando especificações técnicas.

6. Quando os dados pessoais forem tratados para fins de investigação científica ou histórica ou para fins estatísticos, nos termos do artigo 89º, nº 1, o titular dos dados tem o direito de se opor, por motivos relacionados com a sua situação particular, ao tratamento dos dados pessoais que lhe digam respeito, salvo se o tratamento for necessário para a prossecução de atribuições de interesse público.

Artigo 22º – Decisões individuais automatizadas, incluindo definição de perfis

1. O titular dos dados tem o direito de não ficar sujeito a nenhuma decisão tomada exclusivamente com base no tratamento automatizado,

incluindo a definição de perfis, que produza efeitos na sua esfera jurídica ou que o afete significativamente de forma similar.

2. O nº 1 não se aplica se a decisão:

a) For necessária para a celebração ou a execução de um contrato entre o titular dos dados e um responsável pelo tratamento;

b) For autorizada pelo direito da União ou do Estado-Membro a que o responsável pelo tratamento estiver sujeito, e na qual estejam igualmente previstas medidas adequadas para salvaguardar os direitos e liberdades e os legítimos interesses do titular dos dados; ou

c) For baseada no consentimento explícito do titular dos dados.

3. Nos casos a que se referem o nº 2, alíneas a) e c), o responsável pelo tratamento aplica medidas adequadas para salvaguardar os direitos e liberdades e legítimos interesses do titular dos dados, designadamente o direito de, pelo menos, obter intervenção humana por parte do responsável, manifestar o seu ponto de vista e contestar a decisão.

4. As decisões a que se refere o nº 2 não se baseiam nas categorias especiais de dados pessoais a que se refere o artigo 9º, nº 1, a não ser que o nº 2, alínea a) ou g), do mesmo artigo sejam aplicáveis e sejam aplicadas medidas adequadas para salvaguardar os direitos e liberdades e os legítimos interesses do titular.

SECÇÃO 5 - Limitações

Artigo 23º – Limitações

1. O direito da União ou dos Estados-Membros a que estejam sujeitos o responsável pelo tratamento ou o seu subcontratante pode limitar por medida legislativa o alcance das obrigações e dos direitos previstos nos artigos 12º a 22º e no artigo 34º, bem como no artigo 5º, na medida em que tais disposições correspondam aos direitos e obrigações previstos nos artigos 12º a 22º, desde que tal limitação respeite a essência dos direitos e liberdades fundamentais e constitua uma medida necessária e proporcionada numa sociedade democrática para assegurar, designadamente:

a) A segurança do Estado;

b) A defesa;

c) A segurança pública;

d) A prevenção, investigação, deteção ou repressão de infrações penais, ou a execução de sanções penais, incluindo a salvaguarda e a prevenção de ameaças à segurança pública;

e) Outros objetivos importantes do interesse público geral da União ou de um Estado-Membro, nomeadamente um interesse económico ou financeiro importante da União ou de um Estado-Membro, incluindo nos domínios monetário, orçamental ou fiscal, da saúde pública e da segurança social;

f) A defesa da independência judiciária e dos processos judiciais;

g) A prevenção, investigação, deteção e repressão de violações da deontologia de profissões regulamentadas;

h) Uma missão de controlo, de inspeção ou de regulamentação associada, ainda que ocasionalmente, ao exercício da autoridade pública, nos casos referidos nas alíneas a) a e) e g);

i) A defesa do titular dos dados ou dos direitos e liberdades de outrem;

j) A execução de ações cíveis.

2. Em especial, as medidas legislativas referidas no nº 1 incluem, quando for relevante, disposições explícitas relativas, pelo menos:

a) Às finalidades do tratamento ou às diferentes categorias de tratamento;

b) Às categorias de dados pessoais;

c) Ao alcance das limitações impostas;

d) Às garantias para evitar o abuso ou o acesso ou transferência ilícitos;

e) À especificação do responsável pelo tratamento ou às categorias de responsáveis pelo tratamento;

f) Aos prazos de conservação e às garantias aplicáveis, tendo em conta a natureza, o âmbito e os objetivos do tratamento ou das categorias de tratamento;

g) Aos riscos específicos para os direitos e liberdades dos titulares dos dados; e

h) Ao direito dos titulares dos dados a serem informados da limitação, a menos que tal possa prejudicar o objetivo da limitação.

CAPÍTULO IV – Responsável pelo tratamento e subcontratante

SECÇÃO 1 – Obrigações gerais

Artigo 24º – Responsabilidade do responsável pelo tratamento

1. Tendo em conta a natureza, o âmbito, o contexto e as finalidades do tratamento dos dados, bem como os riscos para os direitos e liberdades das pessoas singulares, cuja probabilidade e gravidade podem ser variáveis, o responsável pelo tratamento aplica as medidas técnicas e organizativas que forem adequadas para assegurar e poder comprovar que o tratamento é realizado em conformidade com o presente regulamento. Essas medidas são revistas e atualizadas consoante as necessidades.

2 Caso sejam proporcionadas em relação às atividades de tratamento, as medidas a que se refere o nº 1 incluem a aplicação de políticas adequadas em matéria de proteção de dados pelo responsável pelo tratamento.

3. O cumprimento de códigos de conduta aprovados conforme referido no artigo 40º ou de procedimentos de certificação aprovados conforme referido no artigo 42º pode ser utilizada como elemento para demonstrar o cumprimento das obrigações do responsável pelo tratamento.

Artigo 25º – Proteção de dados desde a conceção e por defeito

1. Tendo em conta as técnicas mais avançadas, os custos da sua aplicação, e a natureza, o âmbito, o contexto e as finalidades do tratamento dos dados, bem como os riscos decorrentes do tratamento para os direitos e liberdades das pessoas singulares, cuja probabilidade e gravidade podem ser variáveis, o responsável pelo tratamento aplica, tanto no momento de definição dos meios de tratamento como no momento do próprio tratamento, as medidas técnicas e organizativas adequadas, como a pseudonimização, destinadas a aplicar com eficácia os princípios da proteção de dados, tais como a minimização, e a incluir as garantias necessárias no tratamento, de uma forma que este cumpra os requisitos do presente regulamento e proteja os direitos dos titulares dos dados.

2. O responsável pelo tratamento aplica medidas técnicas e organizativas para assegurar que, por defeito, só sejam tratados os dados pessoais que forem necessários para cada finalidade específica do tratamento. Essa obrigação aplica-se à quantidade de dados pessoais recolhidos, à extensão do seu tratamento, ao seu prazo de conservação e à sua acessibilidade. Em

especial, essas medidas asseguram que, por defeito, os dados pessoais não sejam disponibilizados sem intervenção humana a um número indeterminado de pessoas singulares.

3. Pode ser utilizado como elemento para demonstrar o cumprimento das obrigações estabelecidas nos nºs 1 e 2 do presente artigo, um procedimento de certificação aprovado nos termos do artigo 42º.

Artigo 26º – Responsáveis conjuntos pelo tratamento

1. Quando dois ou mais responsáveis pelo tratamento determinem conjuntamente as finalidades e os meios desse tratamento, ambos são responsáveis conjuntos pelo tratamento. Estes determinam, por acordo entre si e de modo transparente as respetivas responsabilidades pelo cumprimento do presente regulamento, nomeadamente no que diz respeito ao exercício dos direitos do titular dos dados e aos respetivos deveres de fornecer as informações referidas nos artigos 13º e 14º, a menos e na medida em que as suas responsabilidades respetivas sejam determinadas pelo direito da União ou do Estado-Membro a que se estejam sujeitos. O acordo pode designar um ponto de contacto para os titulares dos dados.

2. O acordo a que se refere o nº 1 reflete devidamente as funções e relações respetivas dos responsáveis conjuntos pelo tratamento em relação aos titulares dos dados. A essência do acordo é disponibilizada ao titular dos dados.

3. Independentemente dos termos do acordo a que se refere o nº 1, o titular dos dados pode exercer os direitos que lhe confere o presente regulamento em relação e cada um dos responsáveis pelo tratamento.

Artigo 27º – Representantes dos responsáveis pelo tratamento ou dos subcontratantes não estabelecidos na União

1. Se for aplicável o artigo 3º, nº 2, o responsável pelo tratamento ou o subcontratante designa por escrito um representante seu na União.

2. A obrigação a que se refere o nº 1 do presente artigo não se aplica:

a) Às operações de tratamento que sejam ocasionais, não abranjam o tratamento, em grande escala, de categorias especiais de dados a que se refere o artigo 9º, nº 1, ou o tratamento de dados pessoais relativos a condenações penais e infrações referido no artigo 10º, e não seja suscetível de implicar riscos para os direitos e liberdades das pessoas singulares, tendo em conta a natureza, o contexto, o âmbito e as finalidades do tratamento; ou

b) Às autoridades ou organismos públicos.

3. O representante deve estar estabelecido num dos Estados-Membros onde se encontram os titulares dos dados cujos dados pessoais são objeto do tratamento no contexto da oferta que lhes é feita de bens ou serviços ou cujo comportamento é controlado.

4. Para efeitos do cumprimento do presente regulamento, o representante é mandatado pelo responsável pelo tratamento ou pelo subcontratante para ser contactado em complemento ou em substituição do responsável pelo tratamento ou do subcontratante, em especial por autoridades de controlo e por titulares, relativamente a todas as questões relacionadas com o tratamento.

5. A designação de um representante pelo responsável pelo tratamento ou pelo subcontratante não prejudica as ações judiciais que possam vir a ser intentadas contra o próprio responsável pelo tratamento ou o próprio subcontratante.

Artigo 28º – Subcontratante

1. Quando o tratamento dos dados for efetuado por sua conta, o responsável pelo tratamento recorre apenas a subcontratantes que apresentem garantias suficientes de execução de medidas técnicas e organizativas adequadas de uma forma que o tratamento satisfaça os requisitos do presente regulamento e assegure a defesa dos direitos do titular dos dados.

2. O subcontratante não contrata outro subcontratante sem que o responsável pelo tratamento tenha dado, previamente e por escrito, autorização específica ou geral. Em caso de autorização geral por escrito, o subcontratante informa o responsável pelo tratamento de quaisquer alterações pretendidas quanto ao aumento do número ou à substituição de outros subcontratantes, dando assim ao responsável pelo tratamento a oportunidade de se opor a tais alterações.

3. O tratamento em subcontratação é regulado por contrato ou outro ato normativo ao abrigo do direito da União ou dos Estados-Membros, que vincule o subcontratante ao responsável pelo tratamento, estabeleça o objeto e a duração do tratamento, a natureza e finalidade do tratamento, o tipo de dados pessoais e as categorias dos titulares dos dados, e as obriga-

ções e direitos do responsável pelo tratamento. Esse contrato ou outro ato normativo estipulam, designadamente, que o subcontratante:

a) Trata os dados pessoais apenas mediante instruções documentadas do responsável pelo tratamento, incluindo no que respeita às transferências de dados para países terceiros ou organizações internacionais, a menos que seja obrigado a fazê-lo pelo direito da União ou do Estado-Membro a que está sujeito, informando nesse caso o responsável pelo tratamento desse requisito jurídico antes do tratamento, salvo se a lei proibir tal informação por motivos importantes de interesse público;

b) Assegura que as pessoas autorizadas a tratar os dados pessoais assumiram um compromisso de confidencialidade ou estão sujeitas a adequadas obrigações legais de confidencialidade;

c) Adota todas as medidas exigidas nos termos do artigo 32º;

d) Respeita as condições a que se referem os nºs 2 e 4 para contratar outro subcontratante;

e) Toma em conta a natureza do tratamento, e na medida do possível, presta assistência ao responsável pelo tratamento através de medidas técnicas e organizativas adequadas, para permitir que este cumpra a sua obrigação de dar resposta aos pedidos dos titulares dos dados tendo em vista o exercício dos seus direitos previstos no capítulo III;

f) Presta assistência ao responsável pelo tratamento no sentido de assegurar o cumprimento das obrigações previstas nos artigos 32º a 36º, tendo em conta a natureza do tratamento e a informação ao dispor do subcontratante;

g) Consoante a escolha do responsável pelo tratamento, apaga ou devolve-lhe todos os dados pessoais depois de concluída a prestação de serviços relacionados com o tratamento, apagando as cópias existentes, a menos que a conservação dos dados seja exigida ao abrigo do direito da União ou dos Estados-Membros; e

h) Disponibiliza ao responsável pelo tratamento todas as informações necessárias para demonstrar o cumprimento das obrigações previstas no presente artigo e facilita e contribui para as auditorias, inclusive as inspeções, conduzidas pelo responsável pelo tratamento ou por outro auditor por este mandatado.

No que diz respeito ao primeiro parágrafo, alínea h), o subcontratante informa imediatamente o responsável pelo tratamento se, no seu entender, alguma instrução violar o presente regulamento ou outras disposições do direito da União ou dos Estados-Membros em matéria de proteção de dados.

4. Se o subcontratante contratar outro subcontratante para a realização de operações específicas de tratamento de dados por conta do responsável pelo tratamento, são impostas a esse outro subcontratante, por contrato ou outro ato normativo ao abrigo do direito da União ou dos Estados-Membros, as mesmas obrigações em matéria de proteção de dados que as estabelecidas no contrato ou outro ato normativo entre o responsável pelo tratamento e o subcontratante, referidas no nº 3, em particular a obrigação de apresentar garantias suficientes de execução de medidas técnicas e organizativas adequadas de uma forma que o tratamento seja conforme com os requisitos do presente regulamento. Se esse outro subcontratante não cumprir as suas obrigações em matéria de proteção de dados, o subcontratante inicial continua a ser plenamente responsável, perante o responsável pelo tratamento, pelo cumprimento das obrigações desse outro subcontratante.

5. O facto de o subcontratante cumprir um código de conduta aprovado conforme referido no artigo 40º ou um procedimento de certificação aprovado conforme referido no artigo 42º pode ser utilizado como elemento para demonstrar as garantias suficientes a que se referem os nºs 1 e 4 do presente artigo.

6. Sem prejuízo de um eventual contrato individual entre o responsável pelo tratamento e o subcontratante, o contrato ou outro ato normativo referidos nos nºs 3 e 4 do presente artigo podem ser baseados, totalmente ou em parte, nas cláusulas contratuais-tipo referidas nos nºs 7 e 8 do presente artigo, inclusivamente quando fazem parte de uma certificação concedida ao responsável pelo tratamento ou ao subcontratante por força dos artigos 42º e 43º.

7. A Comissão pode estabelecer cláusulas contratuais-tipo para as matérias referidas nos nºs 3 e 4 do presente artigo pelo procedimento de exame a que se refere o artigo 93º, nº 2.

8. A autoridade de controlo pode estabelecer cláusulas contratuais-tipo para as matérias referidas nos nºs 3 e 4 do presente artigo e de acordo com o procedimento de controlo da coerência referido no artigo 63º.

9. O contrato ou outro ato normativo a que se referem os nºs 3 e 4 devem ser feitos por escrito, incluindo em formato eletrónico.

10. Sem prejuízo do disposto nos artigos 82º, 83º e 84º, o subcontratante que, em violação do presente regulamento, determinar as finalidades e os

meios de tratamento, é considerado responsável pelo tratamento no que respeita ao tratamento em questão.

Artigo 29º – Tratamento sob a autoridade do responsável pelo tratamento ou do subcontratante

O subcontratante ou qualquer pessoa que, agindo sob a autoridade do responsável pelo tratamento ou do subcontratante, tenha acesso a dados pessoais, não procede ao tratamento desses dados exceto por instrução do responsável pelo tratamento, salvo se a tal for obrigado por força do direito da União ou dos Estados-Membros.

Artigo 30º – Registos das atividades de tratamento

1. Cada responsável pelo tratamento e, sendo caso disso, o seu representante conserva um registo de todas as atividades de tratamento sob a sua responsabilidade. Desse registo constam todas seguintes informações:

a) O nome e os contactos do responsável pelo tratamento e, sendo caso disso, de qualquer responsável conjunto pelo tratamento, do representante do responsável pelo tratamento e do encarregado da proteção de dados;

b) As finalidades do tratamento dos dados;

c) A descrição das categorias de titulares de dados e das categorias de dados pessoais;

d) As categorias de destinatários a quem os dados pessoais foram ou serão divulgados, incluindo os destinatários estabelecidos em países terceiros ou organizações internacionais;

e) Se for aplicável, as transferências de dados pessoais para países terceiros ou organizações internacionais, incluindo a identificação desses países terceiros ou organizações internacionais e, no caso das transferências referidas no artigo 49º, nº 1, segundo parágrafo, a documentação que comprove a existência das garantias adequadas;

f) Se possível, os prazos previstos para o apagamento das diferentes categorias de dados;

g) Se possível, uma descrição geral das medidas técnicas e organizativas no domínio da segurança referidas no artigo 32º, nº 1.

2. Cada subcontratante e, sendo caso disso, o representante deste, conserva um registo de todas as categorias de atividades de tratamento realizadas em nome de um responsável pelo tratamento, do qual constará:

a) O nome e contactos do subcontratante ou subcontratantes e de cada responsável pelo tratamento em nome do qual o subcontratante atua, bem como, sendo caso disso do representante do responsável pelo tratamento ou do subcontratante e do encarregado da proteção de dados;

b) As categorias de tratamentos de dados pessoais efetuados em nome de cada responsável pelo tratamento;

c) Se for aplicável, as transferências de dados pessoais para países terceiros ou organizações internacionais, incluindo a identificação desses países terceiros ou organizações internacionais e, no caso das transferências referidas no artigo 49º, nº 1, segundo parágrafo, a documentação que comprove a existência das garantias adequadas;

d) Se possível, uma descrição geral das medidas técnicas e organizativas no domínio da segurança referidas no artigo 32º, nº 1.

3. Os registos a que se referem os nºs 1 e 2 são efetuados por escrito, incluindo em formato eletrónico.

4. O responsável pelo tratamento e, sendo caso disso, o subcontratante, o representante do responsável pelo tratamento ou do subcontratante, disponibilizam, a pedido, o registo à autoridade de controlo.

5. As obrigações a que se referem os nºs 1 e 2 não se aplicam às empresas ou organizações com menos de 250 trabalhadores, a menos que o tratamento efetuado seja suscetível de implicar um risco para os direitos e liberdades do titular dos dados, não seja ocasional ou abranja as categorias especiais de dados a que se refere o artigo 9º, nº 1, ou dados pessoais relativos a condenações penais e infrações referido no artigo 10º.

Artigo 31º – Cooperação com a autoridade de controlo

O responsável pelo tratamento e o subcontratante e, sendo caso disso, os seus representantes cooperam com a autoridade de controlo, a pedido desta, na prossecução das suas atribuições.

SECÇÃO 2 – Segurança dos dados pessoais

Artigo 32º – Segurança do tratamento

1. Tendo em conta as técnicas mais avançadas, os custos de aplicação e a natureza, o âmbito, o contexto e as finalidades do tratamento, bem como os riscos, de probabilidade e gravidade variável, para os direitos e liberdades

das pessoas singulares, o responsável pelo tratamento e o subcontratante aplicam as medidas técnicas e organizativas adequadas para assegurar um nível de segurança adequado ao risco, incluindo, consoante o que for adequado:

a) A pseudonimização e a cifragem dos dados pessoais;

b) A capacidade de assegurar a confidencialidade, integridade, disponibilidade e resiliência permanentes dos sistemas e dos serviços de tratamento;

c) A capacidade de restabelecer a disponibilidade e o acesso aos dados pessoais de forma atempada no caso de um incidente físico ou técnico;

d) Um processo para testar, apreciar e avaliar regularmente a eficácia das medidas técnicas e organizativas para garantir a segurança do tratamento.

2. Ao avaliar o nível de segurança adequado, devem ser tidos em conta, designadamente, os riscos apresentados pelo tratamento, em particular devido à destruição, perda e alteração acidentais ou ilícitas, e à divulgação ou ao acesso não autorizados, de dados pessoais transmitidos, conservados ou sujeitos a qualquer outro tipo de tratamento.

3. O cumprimento de um código de conduta aprovado conforme referido no artigo 40º ou de um procedimento de certificação aprovado conforme referido no artigo 42º pode ser utilizado como elemento para demonstrar o cumprimento das obrigações estabelecidas no nº 1 do presente artigo.

4. O responsável pelo tratamento e o subcontratante tomam medidas para assegurar que qualquer pessoa singular que, agindo sob a autoridade do responsável pelo tratamento ou do subcontratante, tenha acesso a dados pessoais, só procede ao seu tratamento mediante instruções do responsável pelo tratamento, exceto se tal lhe for exigido pelo direito da União ou de um Estado-Membro.

Artigo 33º – Notificação de uma violação de dados pessoais à autoridade de controlo

1. Em caso de violação de dados pessoais, o responsável pelo tratamento notifica desse facto a autoridade de controlo competente nos termos do artigo 55º, sem demora injustificada e, sempre que possível, até 72 horas após ter tido conhecimento da mesma, a menos que a violação dos dados pessoais não seja suscetível de resultar num risco para os direitos e liberda-

des das pessoas singulares. Se a notificação à autoridade de controlo não for transmitida no prazo de 72 horas, é acompanhada dos motivos do atraso.

2. O subcontratante notifica o responsável pelo tratamento sem demora injustificada após ter conhecimento de uma violação de dados pessoais.

3. A notificação referida no nº 1 deve, pelo menos:

a) Descrever a natureza da violação dos dados pessoais incluindo, se possível, as categorias e o número aproximado de titulares de dados afetados, bem como as categorias e o número aproximado de registos de dados pessoais em causa;

b) Comunicar o nome e os contactos do encarregado da proteção de dados ou de outro ponto de contacto onde possam ser obtidas mais informações;

c) Descrever as consequências prováveis da violação de dados pessoais;

d) Descrever as medidas adotadas ou propostas pelo responsável pelo tratamento para reparar a violação de dados pessoais, inclusive, se for caso disso, medidas para atenuar os seus eventuais efeitos negativos.

4. Caso, e na medida em que não seja possível fornecer todas as informações ao mesmo tempo, estas podem ser fornecidas por fases, sem demora injustificada.

5. O responsável pelo tratamento documenta quaisquer violações de dados pessoais, compreendendo os factos relacionados com as mesmas, os respetivos efeitos e a medida de reparação adotada. Essa documentação deve permitir à autoridade de controlo verificar o cumprimento do disposto no presente artigo.

Artigo 34º – Comunicação de uma violação de dados pessoais ao titular dos dados

1. Quando a violação dos dados pessoais for suscetível de implicar um elevado risco para os direitos e liberdades das pessoas singulares, o responsável pelo tratamento comunica a violação de dados pessoais ao titular dos dados sem demora injustificada.

2. A comunicação ao titular dos dados a que se refere o nº 1 do presente artigo descreve em linguagem clara e simples a natureza da violação dos dados pessoais e fornece, pelo menos, as informações e medidas previstas no artigo 33º, nº 3, alíneas b), c) e d).

3. A comunicação ao titular dos dados a que se refere o nº 1 não é exigida se for preenchida uma das seguintes condições:

a) O responsável pelo tratamento tiver aplicado medidas de proteção adequadas, tanto técnicas como organizativas, e essas medidas tiverem sido aplicadas aos dados pessoais afetados pela violação de dados pessoais, especialmente medidas que tornem os dados pessoais incompreensíveis para qualquer pessoa não autorizada a aceder a esses dados, tais como a cifragem;

b) O responsável pelo tratamento tiver tomado medidas subsequentes que assegurem que o elevado risco para os direitos e liberdades dos titulares dos dados a que se refere o nº 1 já não é suscetível de se concretizar; ou

c) Implicar um esforço desproporcionado. Nesse caso, é feita uma comunicação pública ou tomada uma medida semelhante através da qual os titulares dos dados são informados de forma igualmente eficaz.

4. Se o responsável pelo tratamento não tiver já comunicado a violação de dados pessoais ao titular dos dados, a autoridade de controlo, tendo considerado a probabilidade de a violação de dados pessoais resultar num elevado risco, pode exigir-lhe que proceda a essa notificação ou pode constatar que se encontram preenchidas as condições referidas no nº 3.

SECÇÃO 3 – Avaliação de impacto sobre a proteção de dados e consulta prévia

Artigo 35º – Avaliação de impacto sobre a proteção de dados

1. Quando um certo tipo de tratamento, em particular que utilize novas tecnologias e tendo em conta a sua natureza, âmbito, contexto e finalidades, for suscetível de implicar um elevado risco para os direitos e liberdades das pessoas singulares, o responsável pelo tratamento procede, antes de iniciar o tratamento, a uma avaliação de impacto das operações de tratamento previstas sobre a proteção de dados pessoais. Se um conjunto de operações de tratamento que apresentar riscos elevados semelhantes, pode ser analisado numa única avaliação.

2. Ao efetuar uma avaliação de impacto sobre a proteção de dados, o responsável pelo tratamento solicita o parecer do encarregado da proteção de dados, nos casos em que este tenha sido designado.

3. A realização de uma avaliação de impacto sobre a proteção de dados a que se refere o nº 1 é obrigatória nomeadamente em caso de:

a) Avaliação sistemática e completa dos aspetos pessoais relacionados com pessoas singulares, baseada no tratamento automatizado, incluindo a definição de perfis, sendo com base nela adotadas decisões que produzem efeitos jurídicos relativamente à pessoa singular ou que a afetem significativamente de forma similar;

b) Operações de tratamento em grande escala de categorias especiais de dados a que se refere o artigo 9º, nº 1, ou de dados pessoais relacionados com condenações penais e infrações a que se refere o artigo 10º; ou

c) Controlo sistemático de zonas acessíveis ao público em grande escala.

4. A autoridade de controlo elabora e torna pública uma lista dos tipos de operações de tratamento sujeitos ao requisito de avaliação de impacto sobre a proteção de dados por força do nº 1[1]. A autoridade de controlo comunica essas listas ao Comité referido no artigo 68º.

5. A autoridade de controlo pode também elaborar e tornar pública uma lista dos tipos de operações de tratamento em relação aos quais não é obrigatória uma análise de impacto sobre a proteção de dados. A autoridade de controlo comunica essas listas ao Comité.

6. Antes de adotar as listas a que se referem os nºs 4 e 5, a autoridade de controlo competente aplica o procedimento de controlo da coerência referido no artigo 63º sempre que essas listas enunciem atividades de tratamento relacionadas com a oferta de bens ou serviços a titulares de dados ou com o controlo do seu comportamento em diversos Estados-Membros, ou possam afetar substancialmente a livre circulação de dados pessoais na União.

7. A avaliação inclui, pelo menos:

a) Uma descrição sistemática das operações de tratamento previstas e a finalidade do tratamento, inclusive, se for caso disso, os interesses legítimos do responsável pelo tratamento;

b) Uma avaliação da necessidade e proporcionalidade das operações de tratamento em relação aos objetivos;

c) Uma avaliação dos riscos para os direitos e liberdades dos titulares dos direitos a que se refere o nº 1; e

d) As medidas previstas para fazer face aos riscos, incluindo as garantias, medidas de segurança e procedimentos destinados a assegurar a proteção dos dados pessoais e a demonstrar a conformidade com o presente regu-

[1] Em Portugal, esta lista foi aprovada pela Comissão Nacional de Proteção de Dados, através do Regulamento nº 798/2018, de 14 de novembro, publicado em Diário da República, 2ª série, nº 231, em 30 de novembro de 2018.

lamento, tendo em conta os direitos e os legítimos interesses dos titulares dos dados e de outras pessoas em causa.

8. Ao avaliar o impacto das operações de tratamento efetuadas pelos responsáveis pelo tratamento ou pelos subcontratantes, em especial para efeitos de uma avaliação de impacto sobre a proteção de dados, é tido na devida conta o cumprimento dos códigos de conduta aprovados a que se refere o artigo 40º por parte desses responsáveis ou subcontratantes.

9. Se for adequado, o responsável pelo tratamento solicita a opinião dos titulares de dados ou dos seus representantes sobre o tratamento previsto, sem prejuízo da defesa dos interesses comerciais ou públicos ou da segurança das operações de tratamento.

10. Se o tratamento efetuado por força do artigo 6º, nº 1, alínea c) ou e), tiver por fundamento jurídico o direito da União ou do Estado-Membro a que o responsável pelo tratamento está sujeito, e esse direito regular a operação ou as operações de tratamento específicas em questão, e se já tiver sido realizada uma avaliação de impacto sobre a proteção de dados no âmbito de uma avaliação de impacto geral no contexto da adoção desse fundamento jurídico, não são aplicáveis os nºs 1 a 7, salvo se os Estados-Membros considerarem necessário proceder a essa avaliação antes das atividades de tratamento.

11. Se necessário, o responsável pelo tratamento procede a um controlo para avaliar se o tratamento é realizado em conformidade com a avaliação de impacto sobre a proteção de dados, pelo menos quando haja uma alteração dos riscos que as operações de tratamento representam.

Artigo 36º – Consulta prévia

1. O responsável pelo tratamento consulta a autoridade de controlo antes de proceder ao tratamento quando a avaliação de impacto sobre a proteção de dados nos termos do artigo 35º indicar que o tratamento resultaria num elevado risco na ausência das medidas tomadas pelo responsável pelo tratamento para atenuar o risco.

2. Sempre que considerar que o tratamento previsto referido no nº 1 violaria o disposto no presente regulamento, nomeadamente se o responsável pelo tratamento não tiver identificado ou atenuado suficientemente os riscos, a autoridade de controlo, no prazo máximo de oito semanas a contar da receção do pedido de consulta, dá orientações, por escrito, ao responsável pelo tratamento e, se o houver, ao subcontratante e pode recorrer a todos os seus poderes referidos no artigo 58º. Esse prazo pode ser prorro-

gado até seis semanas, tendo em conta a complexidade do tratamento previsto. A autoridade de controlo informa da prorrogação o responsável pelo tratamento ou, se o houver, o subcontratante no prazo de um mês a contar da data de receção do pedido de consulta, juntamente com os motivos do atraso. Esses prazos podem ser suspensos até que a autoridade de controlo tenha obtido as informações que tenha solicitado para efeitos da consulta.

3. Quando consultar a autoridade de controlo nos termos do nº 1, o responsável pelo tratamento comunica-lhe os seguintes elementos:

a) Se for aplicável, a repartição de responsabilidades entre o responsável pelo tratamento, os responsáveis conjuntos pelo tratamento e os subcontratantes envolvidos no tratamento, nomeadamente no caso de um tratamento dentro de um grupo empresarial;

b) As finalidades e os meios do tratamento previsto;

c) As medidas e garantias previstas para defesa dos direitos e liberdades dos titulares dos dados nos termos do presente regulamento;

d) Se for aplicável, os contactos do encarregado da proteção de dados;

e) A avaliação de impacto sobre a proteção de dados prevista no artigo 35º; e

f) Quaisquer outras informações solicitadas pela autoridade de controlo.

4. Os Estados-Membros consultam a autoridade de controlo durante a preparação de uma proposta de medida legislativa a adotar por um parlamento nacional ou de uma medida regulamentar baseada nessa medida legislativa, que esteja relacionada com o tratamento de dados.

5. Não obstante o nº 1, o direito dos Estados-Membros pode exigir que os responsáveis pelo tratamento consultem a autoridade de controlo e dela obtenham uma autorização prévia em relação ao tratamento por um responsável no exercício de uma missão de interesse público, incluindo o tratamento por motivos de proteção social e de saúde pública.

SECÇÃO 4 – Encarregado da proteção de dados

Artigo 37º – Designação do encarregado da proteção de dados

1. O responsável pelo tratamento e o subcontratante designam um encarregado da proteção de dados sempre que:

a) O tratamento for efetuado por uma autoridade ou um organismo público, excetuando os tribunais no exercício da sua função jurisdicional;

b) As atividades principais do responsável pelo tratamento ou do subcontratante consistam em operações de tratamento que, devido à sua natureza, âmbito e/ou finalidade, exijam um controlo regular e sistemático dos titulares dos dados em grande escala; ou

c) As atividades principais do responsável pelo tratamento ou do subcontratante consistam em operações de tratamento em grande escala de categorias especiais de dados nos termos do artigo 9º ou de dados pessoais relacionados com condenações penais e infrações a que se refere o artigo 10º.

2. Um grupo empresarial pode também designar um único encarregado da proteção de dados desde que haja um encarregado da proteção de dados que seja facilmente acessível a partir de cada estabelecimento.

3. Quando o responsável pelo tratamento ou o subcontratante for uma autoridade ou um organismo público, pode ser designado um único encarregado da proteção de dados para várias dessas autoridades ou organismos, tendo em conta a respetiva estrutura organizacional e dimensão.

4. Em casos diferentes dos visados no nº 1, o responsável pelo tratamento ou o subcontratante ou as associações e outros organismos que representem categorias de responsáveis pelo tratamento ou de subcontratantes podem, ou, se tal lhes for exigido pelo direito da União ou dos Estados-Membros, designar um encarregado da proteção de dados. O encarregado da proteção de dados pode agir em nome das associações e de outros organismos que representem os responsáveis pelo tratamento ou os subcontratantes.

5. O encarregado da proteção de dados é designado com base nas suas qualidades profissionais e, em especial, nos seus conhecimentos especializados no domínio do direito e das práticas de proteção de dados, bem como na sua capacidade para desempenhar as funções referidas no artigo 39º.

6. O encarregado da proteção de dados pode ser um elemento do pessoal da entidade responsável pelo tratamento ou do subcontratante, ou exercer as suas funções com base num contrato de prestação de serviços.

7. O responsável pelo tratamento ou o subcontratante publica os contactos do encarregado da proteção de dados e comunica-os à autoridade de controlo.

Artigo 38º – Posição do encarregado da proteção de dados

1. O responsável pelo tratamento e o subcontratante asseguram que o encarregado da proteção de dados seja envolvido, de forma adequada e em

tempo útil, a todas as questões relacionadas com a proteção de dados pessoais.

2. O responsável pelo tratamento e o subcontratante apoia o encarregado da proteção de dados no exercício das funções a que se refere o artigo 39º, fornecendo-lhe os recursos necessários ao desempenho dessas funções e à manutenção dos seus conhecimentos, bem como dando-lhe acesso aos dados pessoais e às operações de tratamento.

3. O responsável pelo tratamento e o subcontratante asseguram que da proteção de dados não recebe instruções relativamente ao exercício das suas funções. O encarregado não pode ser destituído nem penalizado pelo responsável pelo tratamento ou pelo subcontratante pelo facto de exercer as suas funções. O encarregado da proteção de dados informa diretamente a direção ao mais alto nível do responsável pelo tratamento ou do subcontratante.

4. Os titulares dos dados podem contactar o encarregado da proteção de dados sobre todas questões relacionadas com o tratamento dos seus dados pessoais e com o exercício dos direitos que lhe são conferidos pelo presente regulamento.

5. O encarregado da proteção de dados está vinculado à obrigação de sigilo ou de confidencialidade no exercício das suas funções, em conformidade com o direito da União ou dos Estados-Membros.

6. O encarregado da proteção de dados pode exercer outras funções e atribuições. O responsável pelo tratamento ou o subcontratante assegura que essas funções e atribuições não resultam num conflito de interesses.

Artigo 39º – Funções do encarregado da proteção de dados

1. O encarregado da proteção de dados tem, pelo menos, as seguintes funções:

a) Informa e aconselha o responsável pelo tratamento ou o subcontratante, bem como os trabalhadores que tratem os dados, a respeito das suas obrigações nos termos do presente regulamento e de outras disposições de proteção de dados da União ou dos Estados-Membros;

b) Controla a conformidade com o presente regulamento, com outras disposições de proteção de dados da União ou dos Estados-Membros e com as políticas do responsável pelo tratamento ou do subcontratante relativas à proteção de dados pessoais, incluindo a repartição de responsabilidades, a sensibilização e formação do pessoal implicado nas operações de tratamento de dados, e as auditorias correspondentes;

c) Presta aconselhamento, quando tal lhe for solicitado, no que respeita à avaliação de impacto sobre a proteção de dados e controla a sua realização nos termos do artigo 35º;

d) Coopera com a autoridade de controlo;

e) Ponto de contacto para a autoridade de controlo sobre questões relacionadas com o tratamento, incluindo a consulta prévia a que se refere o artigo 36º, e consulta, sendo caso disso, esta autoridade sobre qualquer outro assunto.

2. No desempenho das suas funções, o encarregado da proteção de dados tem em devida consideração os riscos associados às operações de tratamento, tendo em conta a natureza, o âmbito, o contexto e as finalidades do tratamento.

SECÇÃO 5 – Códigos de conduta e certificação

Artigo 40º – Códigos de conduta

1. Os Estados-Membros, as autoridades de controlo, o Comité e a Comissão promovem a elaboração de códigos de conduta destinados a contribuir para a correta aplicação do presente regulamento, tendo em conta as características dos diferentes setores de tratamento e as necessidades específicas das micro, pequenas e médias empresas.

2. As associações e outros organismos representantes de categorias de responsáveis pelo tratamento ou de subcontratantes podem elaborar códigos de conduta, alterar ou aditar a esses códigos, a fim de especificar a aplicação do presente regulamento, como por exemplo:

a) O tratamento equitativo e transparente;

b) Os legítimos interesses dos responsáveis pelo tratamento em contextos específicos;

c) A recolha de dados pessoais;

d) A pseudonimização dos dados pessoais;

e) A informação prestada ao público e aos titulares dos dados;

f) O exercício dos direitos dos titulares dos dados;

g) As informações prestadas às crianças e a sua proteção, e o modo pelo qual o consentimento do titular das responsabilidades parentais da criança deve ser obtido;

h) As medidas e procedimentos a que se referem os artigos 24º e 25º e as medidas destinadas a garantir a segurança do tratamento referidas no artigo 30º;

i) A notificação de violações de dados pessoais às autoridades de controlo e a comunicação dessas violações de dados pessoais aos titulares dos dados;

j) A transferência de dados pessoais para países terceiros ou organizações internacionais; ou

k) As ações extrajudiciais e outros procedimentos de resolução de litígios entre os responsáveis pelo tratamento e os titulares dos dados em relação ao tratamento, sem prejuízo dos direitos dos titulares dos dados nos termos dos artigos 77º e 79º.

3. Além dos responsáveis pelo tratamento ou dos subcontratantes sujeitos ao presente regulamento, também os responsáveis pelo tratamento ou subcontratantes que não estão sujeitos ao presente regulamento por força do artigo 3º podem cumprir códigos de conduta aprovados em conformidade com o nº 5 do presente artigo e de aplicabilidade geral por força do nº 9 do presente artigo, de modo a fornecer garantias apropriadas no quadro das transferências dos dados pessoais para países terceiros ou organizações internacionais nos termos referidos no artigo 46º, nº 2, alínea e). Os responsáveis pelo tratamento ou os subcontratantes assumem compromissos vinculativos e com força executiva, por meio de instrumentos contratuais ou de outros instrumentos juridicamente vinculativos, no sentido de aplicar as garantias apropriadas, inclusivamente em relação aos direitos dos titulares dos dados.

4. Os códigos de conduta referidos no nº 2 do presente artigo devem prever procedimentos que permitam ao organismo referido no artigo 41º, nº 1, efetuar a supervisão obrigatória do cumprimento das suas disposições por parte dos responsáveis pelo tratamento ou subcontratantes que se comprometam a aplicá-lo, sem prejuízo das funções e competências das autoridades de controlo competentes por força do artigo 55º ou 56º.

5. As associações e outros organismos a que se refere o nº 2 do presente artigo que tencionem elaborar um código de conduta, ou alterar ou aditar a um código existente, apresentam o projeto de código, a alteração ou o aditamento à autoridade de controlo que é competente por força do artigo 55º. A autoridade de controlo emite um parecer sobre a conformidade do projeto de código de conduta ou da alteração ou do aditamento com o pre-

sente regulamento e aprova este projeto, esta alteração ou este aditamento se determinar que são previstas garantias apropriadas suficientes.

6. Se o código de conduta, ou a alteração ou o aditamento for aprovado nos termos do nº 5, e se o código de conduta em causa não estiver relacionado com atividades de tratamento realizadas em vários Estados-Membros, a autoridade de controlo regista e publica o código.

7. Se o projeto do código de conduta estiver relacionado com atividades de tratamento realizadas em vários Estados-Membros, a autoridade de controlo competente nos termos do artigo 55º, antes da aprovação, apresenta o projeto do código, a alteração ou o aditamento, pelo procedimento referido no artigo 63º, ao Comité, que emite um parecer sobre a conformidade do projeto de código de conduta, ou da alteração ou do aditamento, com o presente regulamento, ou, na situação referida no nº 3 do presente artigo, sobre a previsão de garantias adequadas.

8. Se o parecer a que se refere o nº 7 confirmar que o projeto do código de conduta, ou a alteração ou o aditamento, está conforme com o presente regulamento ou, na situação referida no nº 3, prevê garantias adequadas, o Comité apresenta o seu parecer à Comissão.

9. A Comissão pode, através de atos de execução, decidir que os códigos de conduta aprovados, bem como as alterações ou os aditamentos, que lhe sejam apresentados nos termos do nº 8 do presente artigo, são de aplicabilidade geral na União. Os referidos atos de execução são adotados pelo procedimento de exame a que se refere o artigo 93º, nº 2.

10. A Comissão assegura a publicidade adequada dos códigos aprovados que declarou, mediante decisão, serem de aplicabilidade geral em conformidade com o nº 9.

11. O Comité recolhe todos os códigos de conduta aprovados, respetivas alterações e respetivos aditamentos num registo e disponibiliza-os ao público pelos meios adequados.

Artigo 41º – Supervisão dos códigos de conduta aprovados

1. Sem prejuízo das funções e competências da autoridade de controlo competente ao abrigo dos artigos 57º e 58º, a supervisão de conformidade com um código de conduta nos termos do artigo 40º pode ser efetuada por um organismo que tenha um nível adequado de competência relativamente ao objeto do código e esteja acreditado para o efeito pela autoridade de controlo competente.

2. O organismo a que se refere o nº 1 pode ser acreditado para supervisão de conformidade com um código de conduta, se:

a) Tiver demonstrado que goza de independência e dispõe dos conhecimentos necessários em relação ao objeto do código, de forma satisfatória para a autoridade de controlo competente;

b) Tiver estabelecido procedimentos que lhe permitam avaliar a elegibilidade dos responsáveis pelo tratamento e dos subcontratantes em questão para aplicar o código, verificar se estes respeitam as disposições do mesmo e rever periodicamente o seu funcionamento;

c) Tiver estabelecido procedimentos e estruturas para tratar reclamações relativas a violações do código ou à forma como o código tenha sido ou esteja a ser aplicado pelo responsável pelo tratamento ou subcontratante, e para tornar estes procedimentos e estruturas transparentes para os titulares dos dados e o público; e

d) Demonstrar, de forma satisfatória para a autoridade de controlo competente, que as suas funções e atribuições não implicam um conflito de interesses.

3. A autoridade de controlo competente apresenta os projetos de requisitos para a acreditação do organismo referido no nº 1 do presente artigo ao Comité, de acordo com o procedimento de controlo da coerência referido no artigo 63º.

4. Sem prejuízo das funções e competências da autoridade de controlo competente e do disposto no capítulo VIII, o organismo a que se refere o nº 1 do presente artigo toma, sob reserva das garantias adequadas, as medidas que forem adequadas em caso de violações do código por um responsável pelo tratamento ou por um subcontratante, incluindo a suspensão ou exclusão desse responsável ou subcontratante do código. O referido organismo informa a autoridade de controlo competente dessas medidas e dos motivos que levaram à sua tomada.

5. A autoridade de controlo competente revoga a acreditação do organismo a que se refere o nº 1 se os requisitos para a acreditação não estiverem ou tiverem deixado de estar reunidas, ou se as medidas tomadas pelo organismo violarem o presente regulamento.

6. O presente artigo não se aplica ao tratamento realizado por autoridades e organismos públicos.

Artigo 42º – Certificação

1. Os Estados-Membros, as autoridades de controlo, o Comité e a Comissão promovem, em especial ao nível da União, a criação de procedimentos de certificação em matéria de proteção de dados, bem como selos e marcas de proteção de dados, para efeitos de comprovação da conformidade das operações de tratamento de responsáveis pelo tratamento e subcontratantes com o presente regulamento. Serão tidas em conta as necessidades específicas das micro, pequenas e médias empresas.

2. Além do cumprimento pelos responsáveis pelo tratamento ou pelos subcontratantes sujeitos ao presente regulamento, os procedimentos de certificação em matéria de proteção de dados, bem como selos ou marcas aprovados de acordo com o nº 5 do presente artigo também podem ser estabelecidos para efeitos de comprovação da existência de garantias adequadas fornecidas por responsáveis pelo tratamento ou por subcontratantes que não estão sujeitos ao presente regulamento por força do artigo 3º no quadro das transferências de dados pessoais para países terceiros ou organizações internacionais nos termos referidos no artigo 46º, nº 2, alínea f). Os responsáveis pelo tratamento ou os subcontratantes assumem compromissos vinculativos e com força executiva, por meio de instrumentos contratuais ou de outros instrumentos juridicamente vinculativos, no sentido de aplicar as garantias adequadas, inclusivamente em relação aos direitos dos titulares dos dados.

3. A certificação é voluntária e está disponível através de um processo transparente.

4. A certificação prevista no presente artigo não diminui a responsabilidade dos responsáveis pelo tratamento e subcontratantes pelo cumprimento do presente regulamento nem prejudica as funções e competências das autoridades de controlo competentes por força do artigo 55º ou 56º.

5. A certificação prevista no presente artigo é emitida pelos organismos de certificação referidos no artigo 43º ou pela autoridade de controlo competente, com base nos critérios por esta aprovados por força do artigo 58º, nº 3, ou pelo Comité por força do artigo 63º. Caso os critérios sejam aprovados pelo Comité, podem ter como resultado uma certificação comum, o Selo Europeu de Proteção de Dados.

6. Os responsáveis pelo tratamento ou subcontratantes que submetem o seu tratamento ao procedimento de certificação fornecem ao organismo de certificação a que se refere o artigo 43º, ou, consoante o caso, à autoridade

de controlo competente, todo o acesso às suas atividades de tratamento e toda a informação de que haja necessidade para efetuar o procedimento de certificação.

7. A certificação é emitida aos responsáveis pelo tratamento e subcontratantes por um período máximo de três anos e pode ser renovada nas mesmas condições, desde que os critérios aplicáveis continuem a estar reunidos. A certificação é retirada, consoante o caso, pelos organismos de certificação referidos no artigo 43º ou pela autoridade de controlo competente, se os critérios para a certificação não estiverem ou tiverem deixado de estar reunidos.

8. O Comité recolhe todos os procedimentos de certificação e todos os selos e marcas de proteção de dados aprovados num registo e disponibiliza-os ao público por todos os meios adequados.

Artigo 43º – Organismos de certificação

1. Sem prejuízo das atribuições e poderes da autoridade de controlo competente nos termos dos artigos 57º e 58º, um organismo de certificação que tenha um nível adequado de competência em matéria de proteção de dados emite e renova a certificação, após informar a autoridade de controlo para que esta possa exercer as suas competências nos termos do artigo 58º, nº 2, alínea h), sempre que necessário. Os Estados-Membros asseguram que estes organismos de certificação são acreditados:

a) Pela autoridade de controlo que é competente nos termos do artigo 55º ou 56º;

b) Pelo organismo nacional de acreditação, designado nos termos do Regulamento (CE) nº 765/2008 do Parlamento Europeu e do Conselho[1], em conformidade com a norma EN-ISO/IEC 17065/2012 e com os requisitos adicionais estabelecidos pela autoridade de controlo que é competente nos termos do artigo 55º ou 56º.

2. Os organismos de certificação referidos no nº 1 são acreditados em conformidade com o mesmo, apenas se:

[1] Regulamento (CE) nº 765/2008 do Parlamento Europeu e do Conselho, de 9 de julho de 2008, que estabelece os requisitos de acreditação e fiscalização do mercado relativos à comercialização de produtos, e que revoga o Regulamento (CEE) nº 339/93 (JO L 218 de 13.8.2008, p. 30).

a) Tiverem demonstrado que gozam de independência e dispõem dos conhecimentos necessários em relação ao objeto da certificação, de forma satisfatória para a autoridade de controlo competente;

b) Se tiverem comprometido a respeitar os critérios referidos no artigo 42º, nº 5, e aprovados pela autoridade de controlo que é competente por força do artigo 55º ou 56º ou pelo Comité por força do artigo 63º;

c) Tiverem estabelecido procedimentos para a emissão, revisão periódica e retirada de procedimentos de certificação, selos e marcas de proteção de dados;

d) Tiverem estabelecido procedimentos e estruturas para tratar reclamações relativas a violações da certificação ou à forma como a certificação tenha sido ou esteja a ser implementada pelo responsável pelo tratamento ou subcontratante, e para tornar estes procedimentos e estruturas transparentes para os titulares dos dados e o público; e

e) Demonstrarem, de forma satisfatória para a autoridade de controlo competente, que as suas funções e atribuições não implicam um conflito de interesses.

3. A acreditação dos organismos de certificação referida nos nºs 1 e 2 do presente artigo é efetuada com base nos requisitos aprovados pela autoridade de controlo que é competente por força do artigo 55º ou do artigo 56º ou pelo Comité por força do artigo 63º. No caso de acreditações nos termos do nº 1, alínea b), do presente artigo, esses requisitos complementam os requisitos previstos no Regulamento (CE) nº 765/2008 e as regras técnicas que descrevem os métodos e procedimentos dos organismos de certificação.

4. Os organismos de certificação a que se refere o nº 1 são responsáveis pela correta avaliação necessária à certificação, ou pela revogação dessa certificação, sem prejuízo da responsabilidade que cabe ao responsável pelo tratamento ou ao subcontratante pelo cumprimento do presente regulamento. A acreditação é emitida por um período máximo de cinco anos e pode ser renovada nas mesmas condições, desde que o organismo de certificação reúna os requisitos estabelecidos no presente artigo.

5. Os organismos de certificação a que se refere o nº 1 fornecem às autoridades de controlo competentes os motivos que levaram à concessão ou revogação da certificação solicitada.

6. Os requisitos referidos no nº 3 do presente artigo, e os critérios referidos no artigo 42.o, nº 5, são publicados pela autoridade de controlo sob

uma forma facilmente acessível. As autoridades de controlo também comunicam estes requisitos e estas informações ao Comité.

7. Sem prejuízo do capítulo VIII, a autoridade de controlo competente ou o organismo nacional de acreditação revoga uma acreditação do organismo de certificação nos termos do nº 1 do presente artigo, se as condições para a acreditação não estiverem ou tiverem deixado de estar reunidas, ou se as medidas tomadas pelo organismo de certificação violarem o presente regulamento.

8. A Comissão fica habilitada a adotar atos delegados nos termos do artigo 92º, a fim de especificar os requisitos a ter em conta relativamente aos procedimentos de certificação em matéria de proteção de dados referidos no artigo 42º, nº 1.

9. A Comissão pode adotar atos de execução estabelecendo normas técnicas para os procedimentos de certificação e os selos e marcas em matéria de proteção de dados, e regras para promover e reconhecer esses procedimentos de certificação, selos e marcas. Os referidos atos de execução são adotados pelo procedimento de exame a que se refere o artigo 93º, nº 2.

CAPÍTULO V – Transferências de dados pessoais para países terceiros ou organizações internacionais

Artigo 44º – Princípio geral das transferências

Qualquer transferência de dados pessoais que sejam ou venham a ser objeto de tratamento após transferência para um país terceiro ou uma organização internacional só é realizada se, sem prejuízo das outras disposições do presente regulamento, as condições estabelecidas no presente capítulo forem respeitadas pelo responsável pelo tratamento e pelo subcontratante, inclusivamente no que diz respeito às transferências ulteriores de dados pessoais do país terceiro ou da organização internacional para outro país terceiro ou outra organização internacional. Todas as disposições do presente capítulo são aplicadas de forma a assegurar que não é comprometido o nível de proteção das pessoas singulares garantido pelo presente regulamento.

Artigo 45º – Transferências com base numa decisão de adequação

1. Pode ser realizada uma transferência de dados pessoais para um país terceiro ou uma organização internacional se a Comissão tiver decidido

que o país terceiro, um território ou um ou mais setores específicos desse país terceiro, ou a organização internacional em causa, assegura um nível de proteção adequado. Esta transferência não exige autorização específica.

2. Ao avaliar a adequação do nível de proteção, a Comissão tem nomeadamente em conta os seguintes elementos:

a) O primado do Estado de direito, o respeito pelos direitos humanos e liberdades fundamentais, a legislação pertinente em vigor, tanto a geral como a setorial, nomeadamente em matéria de segurança pública, defesa, segurança nacional e direito penal, e respeitante ao acesso das autoridades públicas a dados pessoais, bem como a aplicação dessa legislação e das regras de proteção de dados, das regras profissionais e das medidas de segurança, incluindo as regras para a transferência ulterior de dados pessoais para outro país terceiro ou organização internacional, que são cumpridas nesse país ou por essa organização internacional, e a jurisprudência, bem como os direitos dos titulares dos dados efetivos e oponíveis, e vias de recurso administrativo e judicial para os titulares de dados cujos dados pessoais sejam objeto de transferência;

b) A existência e o efetivo funcionamento de uma ou mais autoridades de controlo independentes no país terceiro ou às quais esteja sujeita uma organização internacional, responsáveis por assegurar e impor o cumprimento das regras de proteção de dados, e dotadas de poderes coercitivos adequados para assistir e aconselhar os titulares dos dados no exercício dos seus direitos, e cooperar com as autoridades de controlo dos Estados-Membros; e

c) Os compromissos internacionais assumidos pelo país terceiro ou pela organização internacional em causa, ou outras obrigações decorrentes de convenções ou instrumentos juridicamente vinculativos, bem como da sua participação em sistemas multilaterais ou regionais, em especial em relação à proteção de dados pessoais.

3. Após avaliar a adequação do nível de proteção, a Comissão pode decidir, através de um ato de execução, que um país terceiro, um território ou um ou mais setores específicos de um país terceiro, ou uma organização internacional, garante um nível de proteção adequado na aceção do nº 2 do presente artigo. O ato de execução prevê um procedimento de avaliação periódica, no mínimo de quatro em quatro anos, que deverá ter em conta todos os desenvolvimentos pertinentes no país terceiro ou na organização internacional. O ato de execução especifica o âmbito de aplicação terri-

torial e setorial e, se for caso disso, identifica a autoridade ou autoridades de controlo a que se refere o nº 2, alínea b), do presente artigo. O referido ato de execução é adotado pelo procedimento de exame a que se refere o artigo 93º, nº 2.

4. A Comissão controla, de forma continuada, os desenvolvimentos nos países terceiros e nas organizações internacionais que possam afetar o funcionamento das decisões adotadas nos termos do nº 3 do presente artigo e das decisões adotadas com base no artigo 25º, nº 6, da Diretiva 95/46/CE.

5. A Comissão, sempre que a informação disponível revelar, nomeadamente na sequência da revisão a que se refere o nº 3 do presente artigo, que um país terceiro, um território ou um ou mais setores específicos de um país terceiro, ou uma organização internacional, deixou de assegurar um nível de proteção adequado na aceção do nº 2 do presente artigo, na medida do necessário, revoga, altera ou suspende a decisão referida no nº 3 do presente artigo, através de atos de execução, sem efeitos retroativos. Os referidos atos de execução são adotados pelo procedimento de exame a que se refere o artigo 93º, nº 2.

Por imperativos de urgência devidamente justificados, a Comissão adota atos de execução imediatamente aplicáveis pelo procedimento a que se refere o artigo 93º, nº 3.

6. A Comissão inicia consultas com o país terceiro ou a organização internacional com vista a corrigir a situação que tiver dado origem à decisão tomada nos termos do nº 5.

7. As decisões tomadas ao abrigo do nº 5 do presente artigo não prejudicam as transferências de dados pessoais para o país terceiro, um território ou um ou mais setores específicos desse país terceiro, ou para a organização internacional em causa, nos termos dos artigos 46º a 49º.

8. A Comissão publica no *Jornal Oficial da União Europeia* e no seu sítio *web* uma lista dos países terceiros, territórios e setores específicos de um país terceiro e de organizações internacionais relativamente aos quais tenha declarado, mediante decisão, se asseguram ou não um nível de proteçao adequado.

9. As decisões adotadas pela Comissão com base no artigo 25º, nº 6, da Diretiva 95/46/CE permanecem em vigor até que sejam alteradas, substituídas ou revogadas por uma decisão da Comissão adotada em conformidade com o nº 3 ou o nº 5 do presente artigo.

Artigo 46º – Transferências sujeitas a garantias adequadas

1. Não tendo sido tomada qualquer decisão nos termos do artigo 45º, nº 3, os responsáveis pelo tratamento ou subcontratantes só podem transferir dados pessoais para um país terceiro ou uma organização internacional se tiverem apresentado garantias adequadas, e na condição de os titulares dos dados gozarem de direitos oponíveis e de medidas jurídicas corretivas eficazes.

2. Podem ser previstas as garantias adequadas referidas no nº 1, sem requerer nenhuma autorização específica de uma autoridade de controlo, por meio de:

a) Um instrumento juridicamente vinculativo e com força executiva entre autoridades ou organismos públicos;

b) Regras vinculativas aplicáveis às empresas em conformidade com o artigo 47º;

c) Cláusulas-tipo de proteção de dados adotadas pela Comissão pelo procedimento de exame referido no artigo 93º, nº 2;

d) Cláusulas-tipo de proteção de dados adotadas por uma autoridade de controlo e aprovadas pela Comissão pelo procedimento de exame referido no artigo 93º, nº 2;

e) Um código de conduta, aprovado nos termos do artigo 40º, acompanhado de compromissos vinculativos e com força executiva assumidos pelos responsáveis pelo tratamento ou pelos subcontratantes no país terceiro no sentido de aplicarem as garantias adequadas, nomeadamente no que respeita aos direitos dos titulares dos dados; ou

f) Um procedimento de certificação, aprovado nos termos do artigo 42º, acompanhado de compromissos vinculativos e com força executiva assumidos pelos responsáveis pelo tratamento ou pelos subcontratantes no país terceiro no sentido de aplicarem as garantias adequadas, nomeadamente no que respeita aos direitos dos titulares dos dados.

3. Sob reserva de autorização da autoridade de controlo competente, podem também ser previstas as garantias adequadas referidas no nº 1, nomeadamente por meio de:

a) Cláusulas contratuais entre os responsáveis pelo tratamento ou subcontratantes e os responsáveis pelo tratamento, subcontratantes ou destinatários dos dados pessoais no país terceiro ou organização internacional; ou

b) Disposições a inserir nos acordos administrativos entre as autoridades ou organismos públicos que contemplem os direitos efetivos e oponíveis dos titulares dos dados.

4. A autoridade de controlo aplica o procedimento de controlo da coerência a que se refere o artigo 63º nos casos enunciados no nº 3 do presente artigo.

5. As autorizações concedidas por um Estado-Membro ou uma autoridade de controlo com base no artigo 26º, nº 2, da Diretiva 95/46/CE continuam válidas até que a mesma autoridade de controlo as altere, substitua ou revogue, caso seja necessário. As decisões adotadas pela Comissão com base no artigo 26º, nº 4, da Diretiva 95/46/CE permanecem em vigor até que sejam alteradas, substituídas ou revogadas, caso seja necessário, por uma decisão da Comissão adotada em conformidade com o nº 2 do presente artigo.

Artigo 47º – Regras vinculativas aplicáveis às empresas

1. Pelo procedimento de controlo da coerência previsto no artigo 63º, a autoridade de controlo competente aprova regras vinculativas aplicáveis às empresas, que devem:

a) Ser juridicamente vinculativas e aplicáveis a todas as entidades em causa do grupo empresarial ou do grupo de empresas envolvidas numa atividade económica conjunta, incluindo os seus funcionários, as quais deverão assegurar o seu cumprimento;

b) Conferir expressamente aos titulares dos dados direitos oponíveis relativamente ao tratamento dos seus dados pessoais; e

c) Preencher os requisitos estabelecidos no nº 2.

2. As regras vinculativas aplicáveis às empresas a que se refere o nº 1 especificam, pelo menos:

a) A estrutura e os contactos do grupo empresarial ou do grupo de empresas envolvidas numa atividade económica conjunta e de cada uma das entidades que o compõe;

b) As transferências ou conjunto de transferências de dados, incluindo as categorias de dados pessoais, o tipo de tratamento e suas finalidades, o tipo de titulares de dados afetados e a identificação do país ou países terceiros em questão;

c) O seu caráter juridicamente vinculativo, a nível interno e externo;

d) A aplicação dos princípios gerais de proteção de dados, nomeadamente a limitação das finalidades, a minimização dos dados, a limitação dos prazos de conservação, a qualidade dos dados, a proteção dos dados desde a conceção e por defeito, o fundamento jurídico para o tratamento, o tratamento de categorias especiais de dados pessoais, as medidas de garantia da segurança dos dados e os requisitos aplicáveis a transferências posteriores para organismos não abrangidos pelas regras vinculativas aplicáveis às empresas;

e) Os direitos dos titulares dos dados relativamente ao tratamento e regras de exercício desses direitos, incluindo o direito de não ser objeto de decisões baseadas unicamente no tratamento automatizado, nomeadamente a definição de perfis a que se refere o artigo 22º, o direito de apresentar uma reclamação à autoridade de controlo competente e aos tribunais competentes dos Estados-Membros nos termos do artigo 79º, bem como o de obter reparação e, se for caso disso, indemnização pela violação das regras vinculativas aplicáveis às empresas;

f) A aceitação, por parte do responsável pelo tratamento ou subcontratante estabelecido no território de um Estado-Membro, da responsabilidade por toda e qualquer violação das regras vinculativas aplicáveis às empresas cometida por uma entidade envolvida que não se encontre estabelecida na União; o responsável pelo tratamento ou o subcontratante só pode ser exonerado dessa responsabilidade, no todo ou em parte, mediante prova de que o facto que causou o dano não é imputável à referida entidade;

g) A forma como as informações sobre as regras vinculativas aplicáveis às empresas, nomeadamente, sobre as disposições referidas nas alíneas d), e) e f) do presente número, são comunicadas aos titulares dos dados para além das informações referidas nos artigos 13º e 14º;

h) As funções de qualquer encarregado da proteção de dados, designado nos termos do artigo 37º ou de qualquer outra pessoa ou entidade responsável pelo controlo do cumprimento das regras vinculativas aplicáveis às empresas, a nível do grupo empresarial ou do grupo de empresas envolvidas numa atividade económica conjunta, e pela supervisão das ações de formação e do tratamento de reclamações;

i) Os procedimentos de reclamação;

j) Os procedimentos existentes no grupo empresarial ou no grupo de empresas envolvidas numa atividade económica conjunta para assegurar a verificação do cumprimento das regras vinculativas aplicáveis às empresas. Esses procedimentos incluem a realização de auditorias sobre a proteção de dados e o recurso a métodos que garantam a adoção de medidas corretivas capazes de preservar os direitos dos respetivos titulares. Os resultados dessa verificação devem ser comunicados à pessoa ou entidade referida na alínea h) e ao Conselho de Administração da empresa ou grupo empresarial que exerce o controlo ou do grupo de empresas envolvidas numa atividade económica conjunta, devendo também ser facultados à autoridade de controlo competente, a pedido desta;

k) Os procedimentos de elaboração de relatórios e de registo de alterações às regras, bem como de comunicação dessas alterações à autoridade de controlo;

l) O procedimento de cooperação com a autoridade de controlo para assegurar o cumprimento, por qualquer entidade do grupo empresarial ou do grupo de empresas envolvidas numa atividade económica conjunta, em especial facultando à autoridade de controlo os resultados de verificações das medidas referidas na alínea j);

m) Os procedimentos de comunicação, à autoridade de controlo competente, de todos os requisitos legais a que uma entidade do grupo empresarial ou do grupo de empresas envolvidas numa atividade económica conjunta esteja sujeita num país terceiro que sejam passíveis de ter forte impacto negativo nas garantias dadas pelas regras vinculativas aplicáveis às empresas; e

n) Ações de formação especificamente dirigidas a pessoas que tenham, em permanência ou regularmente, acesso a dados de natureza pessoal.

3. A Comissão pode especificar o formato e os procedimentos de intercâmbio de informações entre os responsáveis pelo tratamento, os subcontratantes e as autoridades de controlo no que respeita às regras vinculativas aplicáveis às empresas na aceção do presente artigo. Os referidos atos de execução são adotados pelo procedimento de exame a que se refere o artigo 93º, nº 2.

Artigo 48º – Transferências ou divulgações não autorizadas pelo direito da União

As decisões judiciais e as decisões de autoridades administrativas de um país terceiro que exijam que o responsável pelo tratamento ou o subcontratante transfiram ou divulguem dados pessoais só são reconhecidas ou executadas se tiverem como base um acordo internacional, como um acordo de assistência judiciária mútua, em vigor entre o país terceiro em causa e a União ou um dos Estados-Membros, sem prejuízo de outros motivos de transferência nos termos do presente capítulo.

Artigo 49º – Derrogações para situações específicas

1. Na falta de uma decisão de adequação nos termos do artigo 45º, nº 3, ou de garantias adequadas nos termos do artigo 46º, designadamente de regras vinculativas aplicáveis às empresas, as transferências ou conjunto de transferências de dados pessoais para países terceiros ou organizações internacionais só são efetuadas caso se verifique uma das seguintes condições:

a) O titular dos dados tiver explicitamente dado o seu consentimento à transferência prevista, após ter sido informado dos possíveis riscos de tais transferências para si próprio devido à falta de uma decisão de adequação e das garantias adequadas;

b) A transferência for necessária para a execução de um contrato entre o titular dos dados e o responsável pelo tratamento ou de diligências prévias à formação do contrato decididas a pedido do titular dos dados;

c) A transferência for necessária para a celebração ou execução de um contrato, celebrado no interesse do titular dos dados, entre o responsável pelo seu tratamento e outra pessoa singular ou coletiva;

d) A transferência for necessária por importantes razões de interesse público;

e) A transferência for necessária à declaração, ao exercício ou à defesa de um direito num processo judicial;

f) A transferência for necessária para proteger interesses vitais do titular dos dados ou de outras pessoas, se esse titular estiver física ou legalmente incapaz de dar o seu consentimento;

g) A transferência for realizada a partir de um registo que, nos termos do direito da União ou do Estado-Membro, se destine a informar o público e se encontre aberto à consulta do público em geral ou de qualquer pessoa que possa provar nela ter um interesse legítimo, mas apenas na medida em que as condições de consulta estabelecidas no direito da União ou de um Estado-Membro se encontrem preenchidas nesse caso concreto.

Quando uma transferência não puder basear-se no disposto no artigo 45º ou 46º, incluindo nas regras vinculativas aplicáveis às empresas, e não for aplicável nenhuma das derrogações previstas para as situações específicas a que se refere o primeiro parágrafo do presente número, a transferência para um país terceiro ou uma organização internacional só pode ser efetuada se não for repetitiva, apenas disser respeito a um número limitado de titulares dos dados, for necessária para efeitos dos interesses legítimos visados pelo responsável pelo seu tratamento, desde que a tais interesses não se sobreponham os interesses ou os direitos e liberdades do titular dos dados, e o responsável pelo tratamento tiver ponderado todas as circunstâncias relativas à transferência de dados e, com base nessa avaliação, tiver apresentado garantias adequadas no que respeita à proteção de dados pessoais. O responsável pelo tratamento informa da transferência a autoridade de controlo. Para além de fornecer a informação referida nos artigos 13º e 14º, o responsável pelo tratamento presta informações ao titular dos dados sobre a transferência e os interesses legítimos visados.

2. As transferências efetuadas nos termos do nº 1, primeiro parágrafo, alínea g), não envolvem a totalidade dos dados pessoais nem categorias completas de dados pessoais constantes do registo. Quando o registo se destinar a ser consultado por pessoas com um interesse legítimo, as transferências só podem ser efetuadas a pedido dessas pessoas ou se forem elas os seus destinatários.

3. O nº 1, primeiro parágrafo, alíneas a), b) e c), e segundo parágrafo, não é aplicável a atividades levadas a cabo por autoridades públicas no exercício dos seus poderes.

4. O interesse público referido no nº 1, primeiro parágrafo, alínea d), é reconhecido pelo direito da União ou pelo direito do Estado-Membro a que o responsável pelo tratamento se encontre sujeito.

5 Na falta de uma decisão de adequação, o direito da União ou de um Estado-Membro podem, por razões importantes de interesse público, estabelecer expressamente limites à transferência de categorias específicas de dados para países terceiros ou organizações internacionais. Os Estados-Membros notificam a Comissão dessas disposições.

6. O responsável pelo tratamento ou o subcontratante documenta a avaliação, bem como as garantias adequadas referidas no nº 1, segundo parágrafo, do presente artigo, nos registos a que se refere o artigo 30º.

Artigo 50º – Cooperação internacional no domínio da proteção de dados pessoais

Em relação a países terceiros e a organizações internacionais, a Comissão e as autoridades de controlo tomam as medidas necessárias para:

a) Estabelecer regras internacionais de cooperação destinadas a facilitar a aplicação efetiva da legislação em matéria de proteção de dados pessoais;

b) Prestar assistência mútua a nível internacional no domínio da aplicação da legislação relativa à proteção de dados pessoais, nomeadamente através da notificação, comunicação de reclamações, e assistência na investigação e intercâmbio de informações, sob reserva das garantias adequadas de proteção dos dados pessoais e de outros direitos e liberdades fundamentais;

c) Associar as partes interessadas aos debates e atividades que visem intensificar a cooperação internacional no âmbito da aplicação da legislação relativa à proteção de dados pessoais;

d) Promover o intercâmbio e a documentação da legislação e das práticas em matéria de proteção de dados pessoais, nomeadamente no que diz respeito a conflitos jurisdicionais com países terceiros.

CAPÍTULO VI – Autoridades de controlo independentes

SECÇÃO 1 – Estatuto independente

Artigo 51º – Autoridade de controlo

1. Os Estados-Membros estabelecem que cabe a uma ou mais autoridades públicas independentes a responsabilidade pela fiscalização da aplicação do presente regulamento, a fim de defender os direitos e liberdades fundamentais das pessoas singulares relativamente ao tratamento e facilitar a livre circulação desses dados na União («autoridade de controlo»).

2. As autoridades de controlo contribuem para a aplicação coerente do presente regulamento em toda a União. Para esse efeito, as autoridades de controlo cooperam entre si e com a Comissão, nos termos do capítulo VII.

3. Quando estiverem estabelecidas mais do que uma autoridade de controlo num Estado-Membro, este determina qual a autoridade de controlo que deve representar essas autoridades no Comité e estabelece disposições para assegurar que as regras relativas ao procedimento de controlo da coerência referido no artigo 63º, sejam cumpridas pelas autoridades.

4. Os Estados-Membros notificam a Comissão das disposições do direito nacional que adotarem nos termos do presente capítulo, até 25 de maio de 2018 e, sem demora, de qualquer alteração posterior a essas mesmas disposições.

Artigo 52º – Independência

1. As autoridades de controlo agem com total independência no na prossecução das suas atribuições e no exercício dos poderes que lhe são atribuídos nos termos do presente regulamento.

2. Os membros das autoridades de controlo não estão sujeitos a influências externas, diretas ou indiretas no desempenho das suas funções e no exercício dos seus poderes nos termos do presente regulamento, e não solicitam nem recebem instruções de outrem.

3. Os membros da autoridade de controlo abstêm-se de qualquer ato incompatível com as suas funções e, durante o seu mandato, não podem desempenhar nenhuma atividade, remunerada ou não, que com elas seja incompatível.

4. Os Estados-Membros asseguram que cada autoridade de controlo disponha dos recursos humanos, técnicos e financeiros, instalações e infraestruturas necessários à prossecução eficaz das suas atribuições e ao exercício dos seus poderes, incluindo as executadas no contexto da assistência mútua, da cooperação e da participação no Comité.

5. Os Estados-Membros asseguram que cada autoridade de controlo selecione e disponha do seu próprio pessoal, que ficará sob a direção exclusiva dos membros da autoridade de controlo interessada.

6. Os Estados-Membros asseguram que cada autoridade de controlo fique sujeita a um controlo financeiro que não afeta a sua independência e que disponha de orçamentos anuais separados e públicos, que poderão estar integrados no orçamento geral do Estado ou nacional.

Artigo 53º – Condições gerais aplicáveis aos membros da autoridade de controlo

1. Os Estados-Membros estabelecem que cada membro das respetivas autoridades de controlo seja nomeado por procedimento transparente:

- pelo Parlamento,
- pelo Governo,
- pelo Chefe de Estado, ou
- por um organismo independente incumbido da nomeação nos termos do direito do Estado-Membro.

2. Cada membro possui as habilitações, a experiência e os conhecimentos técnicos necessários, nomeadamente no domínio da proteção de dados pessoais, ao desempenho das suas funções e ao exercício dos seus poderes.

3. As funções dos membros da autoridade de controlo cessam findo o seu mandato, com a sua exoneração ou aposentação compulsiva, nos termos do direito do Estado-Membro em causa.

4. Os membros da autoridade de controlo só são exonerados se tiverem cometido uma falta grave ou se tiverem deixado de cumprir as condições exigidas para o exercício das suas funções.

Artigo 54º – Regras aplicáveis à constituição da autoridade de controlo

1. Os Estados-Membros estabelecem, por via legislativa:

a) A constituição de cada autoridade de controlo;

b) As qualificações e as condições de elegibilidade necessárias para a nomeação dos membros de cada autoridade de controlo;

c) As regras e os procedimentos de nomeação dos membros de cada autoridade de controlo;

d) A duração do mandato dos membros de cada autoridade de controlo, que não será inferior a quatro anos, salvo no caso do primeiro mandato após 24 de maio de 2016, e ser mais curta quando for necessário proteger a independência da autoridade de controlo através de um procedimento de nomeações escalonadas;

e) Se, e em caso afirmativo, por quantos mandatos os membros de cada autoridade de controlo podem ser renomeados;

f) As condições que regem as obrigações dos membros e do pessoal de cada autoridade de controlo, a proibição das ações, funções e benefícios que com elas são incompatíveis durante o mandato e após o seu termo e as regras que regem a cessação da relação de trabalho.

2. Os membros e o pessoal de cada autoridade de controlo ficam sujeitos, nos termos do direito da União ou dos Estados-Membros, à obrigação de sigilo profissional, tanto durante o mandato como após o seu termo, quanto a quaisquer informações confidenciais a que tenham tido acesso no desempenho das suas funções ou exercício dos seus poderes. Durante o seu mandato, essa obrigação de sigilo profissional aplica-se, em especial, à comunicação por pessoas singulares de violações do presente regulamento.

SECÇÃO 2 – Competência, atribuições e poderes

Artigo 55º – Competência

1. As autoridades de controlo são competentes para prosseguir as atribuições e exercer os poderes que lhes são conferidos pelo presente regulamento no território do seu próprio Estado-Membro.

2. Quando o tratamento for efetuado por autoridades públicas ou por organismos privados que atuem ao abrigo do artigo 6º, nº 1, alínea c) ou e), é competente a autoridade de controlo do Estado-Membro em causa. Nesses casos, não é aplicável o artigo 56º.

3. As autoridades de controlo não têm competência para controlar operações de tratamento efetuadas por tribunais que atuem no exercício da sua função jurisdicional.

Artigo 56º – Competência da autoridade de controlo principal

1. Sem prejuízo do disposto no artigo 55º, a autoridade de controlo do estabelecimento principal ou do estabelecimento único do responsável pelo tratamento ou do subcontratante é competente para agir como autoridade de controlo principal para o tratamento transfronteiriço efetuado pelo referido responsável pelo tratamento ou subcontratante nos termos do artigo 60º.

2. Em derrogação do nº 1, cada autoridade de controlo é competente para tratar reclamações que lhe sejam apresentadas ou a eventuais violações do presente regulamento se a matéria em apreço estiver relacionada apenas com um estabelecimento no seu Estado-Membro ou se afetar substancialmente titulares de dados apenas no seu Estado-Membro.

3. Nos casos previstos no nº 2 do presente artigo, a autoridade de controlo informa sem demora do assunto a autoridade de controlo principal. No prazo de três semanas a contar do momento em que tiver sido informada, a autoridade de controlo principal decide se trata o caso, nos termos do artigo 60º, tendo em conta se há ou não algum estabelecimento do responsável pelo tratamento ou subcontratante no Estado-Membro sobre o qual a autoridade de controlo a tenha informado.

4. Quando a autoridade de controlo principal decide tratar o caso, aplica-se o procedimento previsto no artigo 60º. A autoridade de controlo que tiver informado a autoridade de controlo principal pode apresentar a esta última um projeto de decisão. A autoridade de controlo principal tem

esse projeto na melhor conta quando prepara o projeto de decisão referido no artigo 60º, nº 3.

5. Caso a autoridade de controlo principal decida não tratar o caso, é a autoridade de controlo que a informou que o trata, nos termos dos artigos 61º e 62º.

6. A autoridade de controlo principal é o único interlocutor do responsável pelo tratamento ou do subcontratante no tratamento transfronteiriço efetuado pelo referido responsável pelo tratamento ou subcontratante.

Artigo 57º – Atribuições

1. Sem prejuízo de outras atribuições previstas nos termos do presente regulamento, cada autoridade de controlo, no território respetivo:

a) Controla e executa a aplicação do presente regulamento;

b) Promove a sensibilização e a compreensão do público relativamente aos riscos, às regras, às garantias e aos direitos associados ao tratamento. As atividades especificamente dirigidas às crianças devem ser alvo de uma atenção especial;

c) Aconselha, em conformidade com o direito do Estado-Membro, o Parlamento nacional, o Governo e outras instituições e organismos a respeito das medidas legislativas e administrativas relacionadas com a defesa dos direitos e liberdades das pessoas singulares no que diz respeito ao tratamento;

d) Promove a sensibilização dos responsáveis pelo tratamento e dos subcontratantes para as suas obrigações nos termos do presente regulamento;

e) Se lhe for solicitado, presta informações a qualquer titular de dados sobre o exercício dos seus direitos nos termos do presente regulamento e, se necessário, coopera com as autoridades de controlo de outros Estados-Membros para esse efeito;

f) Trata as reclamações apresentadas por qualquer titular de dados, ou organismo, organização ou associação nos termos do artigo 80º, e investigar, na medida do necessário, o conteúdo da reclamação e informar o autor da reclamação do andamento e do resultado da investigação num prazo razoável, em especial se forem necessárias operações de investigação ou de coordenação complementares com outra autoridade de controlo;

g) Coopera, incluindo partilhando informações e prestando assistência mútua a outras autoridades de controlo, tendo em vista assegurar a coerência da aplicação e da execução do presente regulamento;

h) Conduz investigações sobre a aplicação do presente regulamento, incluindo com base em informações recebidas de outra autoridade de controlo ou outra autoridade pública;

i) Acompanha factos novos relevantes, na medida em que tenham incidência na proteção de dados pessoais, nomeadamente a evolução a nível das tecnologias da informação e das comunicações e das práticas comerciais;

j) Adota as cláusulas contratuais-tipo previstas no artigo 28º, nº 8, e no artigo 46º, nº 2, alínea d);

k) Elabora e conserva uma lista associada à exigência de realizar uma avaliação do impacto sobre a proteção de dados, nos termos do artigo 35º, nº 4;

l) Dá orientações sobre as operações de tratamento previstas no artigo 36º, nº 2;

m) Incentiva a elaboração de códigos de conduta nos termos do artigo 40º, nº 1, dá parecer sobre eles e aprova os que preveem garantias suficientes, nos termos do artigo 40º, nº 5;

n) Incentiva o estabelecimento de procedimentos de certificação de proteção de dados, e de selos e marcas de proteção de dados, nos termos do artigo 42º, nº 1, e aprova os critérios de certificação nos termos do artigo 42º, nº 5;

o) Se necessário, procede a uma revisão periódica das certificações emitidas, nos termos do artigo 42º, nº 7;

p) Redige e publica os requisitos de acreditação de um organismo para monitorizar códigos de conduta nos termos do artigo 41º e de um organismo de certificação nos termos do artigo 43º;

q) Conduz o processo de acreditação de um organismo para monitorizar códigos de conduta nos termos do artigo 41º e de um organismo de certificação nos termos do artigo 43º;

r) Autoriza as cláusulas contratuais e disposições previstas no artigo 46º, nº 3;

s) Aprova as regras vinculativas aplicáveis às empresas nos termos do artigo 47º;

t) Contribui para as atividades do Comité;

u) Conserva registos internos de violações do presente regulamento e das medidas tomadas nos termos do artigo 58º, nº 2; e

v) Desempenha quaisquer outras tarefas relacionadas com a proteção de dados pessoais.

2. As autoridades de controlo facilitam a apresentação das reclamações previstas no nº 1, alínea f), tomando medidas como disponibilizar formulários de reclamação que possam também ser preenchidos eletronicamente, sem excluir outros meios de comunicação.

3. A prossecução das atribuições de cada autoridade de controlo é gratuita para o titular dos dados e, sendo caso disso, para o encarregado da proteção de dados.

4. Quando os pedidos forem manifestamente infundados ou excessivos, particularmente devido ao seu caráter recorrente, a autoridade de controlo pode exigir o pagamento de uma taxa razoável tendo em conta os custos administrativos ou pode indeferi-los. Cabe à autoridade de controlo demonstrar o caráter manifestamente infundado ou excessivo dos pedidos.

Artigo 58º – Poderes

1. Cada autoridade de controlo dispõe dos seguintes poderes de investigação:

a) Ordenar que o responsável pelo tratamento e o subcontratante e, se existir, o seu representante, lhe forneçam as informações de que necessite para o desempenho das suas funções;

b) Realizar investigações sob a forma de auditorias sobre a proteção de dados;

c) Rever as certificações emitidas nos termos do artigo 42º, nº 7;

d) Notificar o responsável pelo tratamento ou o subcontratante de alegadas violações do presente regulamento;

e) Obter, da parte do responsável pelo tratamento e do subcontratante, acesso a todos os dados pessoais e a todas as informações necessárias ao exercício das suas funções;

f) Obter acesso a todas as instalações do responsável pelo tratamento e do subcontratante, incluindo os equipamentos e meios de tratamento de dados, em conformidade com o direito processual da União ou dos Estados-Membros.

2. Cada autoridade de controlo dispõe dos seguintes poderes de correção:

a) Fazer advertências ao responsável pelo tratamento ou ao subcontratante no sentido de que as operações de tratamento previstas são suscetíveis de violar as disposições do presente regulamento;

b) Fazer repreensões ao responsável pelo tratamento ou ao subcontratante sempre que as operações de tratamento tiverem violado as disposições do presente regulamento;

c) Ordenar ao responsável pelo tratamento ou ao subcontratante que satisfaça os pedidos de exercício de direitos apresentados pelo titular dos dados nos termos do presente regulamento;

d) Ordenar ao responsável pelo tratamento ou ao subcontratante que tome medidas para que as operações de tratamento cumpram as disposições do presente regulamento e, se necessário, de uma forma específica e dentro de um prazo determinado;

e) Ordenar ao responsável pelo tratamento que comunique ao titular dos dados uma violação de dados pessoais;

f) Impor uma limitação temporária ou definitiva ao tratamento de dados, ou mesmo a sua proibição;

g) Ordenar a retificação ou o apagamento de dados pessoais ou a limitação do tratamento nos termos dos artigos 16º, 17º e 18º, bem como a notificação dessas medidas aos destinatários a quem tenham sido divulgados os dados pessoais nos termos do artigo 17º, nº 2, e do artigo 19º;

h) Retirar a certificação ou ordenar ao organismo de certificação que retire uma certificação emitida nos termos dos artigos 42º e 43º, ou ordenar ao organismo de certificação que não emita uma certificação se os requisitos de certificação não estiverem ou deixarem de estar cumpridos;

i) Impor uma coima nos termos do artigo 83º, para além ou em vez das medidas referidas no presente número, consoante as circunstâncias de cada caso;

j) Ordenar a suspensão do envio de dados para destinatários em países terceiros ou para organizações internacionais.

3. Cada autoridade de controlo dispõe dos seguintes poderes consultivos e de autorização:

a) Aconselhar o responsável pelo tratamento, pelo procedimento de consulta prévia referido no artigo 36º;

b) Emitir, por iniciativa própria ou se lhe for solicitado, pareceres dirigidos ao Parlamento nacional, ao Governo do Estado-Membro ou, nos termos do direito do Estado-Membro, a outras instituições e organismos, bem como ao público, sobre qualquer assunto relacionado com a proteção de dados pessoais;

c) Autorizar o tratamento previsto no artigo 36º, nº 5, se a lei do Estado-Membro exigir tal autorização prévia;

d) Emitir pareceres e aprovar projetos de códigos de conduta nos termos do artigo 40º, nº 5;

e) Acreditar organismos de certificação nos termos do artigo 43º;

f) Emitir certificações e aprovar os critérios de certificação nos termos do artigo 42º, nº 5;

g) Adotar as cláusulas-tipo de proteção de dados previstas no artigo 28º, nº 8, e no artigo 46º, nº 2, alínea d);

h) Autorizar as cláusulas contratuais previstas no artigo 46º, nº 3, alínea a);

i) Autorizar os acordos administrativos previstos no artigo 46º, nº 3, alínea b);

j) Aprovar as regras vinculativas aplicáveis às empresas nos termos do artigo 47º.

4. O exercício dos poderes conferidos à autoridade de controlo nos termos do presente artigo está sujeito a garantias adequadas, que incluem o direito à ação judicial efetiva e a um processo equitativo, previstas no direito da União e dos Estados-Membros, em conformidade com a Carta.

5. Os Estados-Membros estabelecem por lei que as suas autoridades de controlo estão habilitadas a levar as violações do presente regulamento ao conhecimento das autoridades judiciais e, se necessário, a intentar ou de outro modo intervir em processos judiciais, a fim de fazer aplicar as disposições do presente regulamento.

6. Os Estados-Membros podem estabelecer por lei que as suas autoridades de controlo terão outros poderes para além dos previstos nos nºs 1, 2 e 3. O exercício desses poderes não deve prejudicar o efetivo funcionamento do capítulo VII.

Artigo 59º – Relatórios de atividades

As autoridades de controlo elaboram um relatório anual de atividades, que pode incluir uma lista dos tipos de violação notificadas e dos tipos de medidas tomadas nos termos do artigo 58º, nº 2. Os relatórios são apresentados ao Parlamento nacional, ao Governo e às outras autoridades designadas no direito do Estado-Membro. Os relatórios são disponibilizados ao público, à Comissão e ao Comité.

CAPÍTULO VII – Cooperação e coerência

SECÇÃO 1 – Cooperação

Artigo 60º – Cooperação entre a autoridade de controlo principal e as outras autoridades de controlo interessadas

1. A autoridade de controlo principal coopera com as outras autoridades de controlo interessadas nos termos do presente artigo para procurar alcançar um consenso. A autoridade de controlo principal e as autoridades de controlo interessadas trocam entre si todas as informações pertinentes.

2. A autoridade de controlo principal pode a qualquer momento solicitar que as outras autoridades de controlo interessadas prestem assistência mútua nos termos do artigo 61º e pode realizar operações conjuntas nos termos do artigo 62º, nomeadamente para proceder a investigações ou monitorizar a execução de medidas relativas a responsáveis pelo tratamento ou subcontratantes estabelecidos noutros Estados-Membros.

3. A autoridade de controlo principal comunica sem demora as informações pertinentes sobre o assunto às outras autoridades de controlo interessadas. Envia sem demora um projeto de decisão às outras autoridades de controlo interessadas para que emitam parecer e toma as suas posições em devida consideração.

4. Quando uma das outras autoridades de controlo interessadas expressa uma objeção pertinente e fundamentada ao projeto de decisão no prazo de quatro semanas após ter sido consultada nos termos do nº 3 do presente artigo, a autoridade de controlo principal, caso não dê seguimento à objeção ou caso entenda que esta não é pertinente ou fundamentada, remete o assunto para o procedimento de controlo da coerência referido no artigo 63º.

5. Se a autoridade de controlo principal pretender dar seguimento à objeção pertinente e fundamentada apresentada, envia às outras autoridades de controlo interessadas um projeto de decisão revisto para que emitam parecer. Esse projeto de decisão revisto é sujeito ao procedimento mencionado no nº 4 no prazo de duas semanas.

6. Se nenhuma das outras autoridades de controlo interessadas se tiver oposto ao projeto de decisão apresentado pela autoridade de controlo principal no prazo referido nos nºs 4 e 5, considera-se que a autoridade de con-

trolo principal e as autoridades de controlo interessadas estão de acordo com esse projeto de decisão e ficam por ela vinculadas.

7. A autoridade de controlo principal adota a decisão e dela notifica o estabelecimento principal ou o estabelecimento único do responsável pelo tratamento ou do subcontratante, consoante o caso, e informa as outras autoridades de controlo interessadas e o Comité da decisão em causa, incluindo um sumário dos factos e motivos pertinentes. A autoridade de controlo à qual tenha sido apresentada uma reclamação, informa da decisão o autor da reclamação.

8. Em derrogação do nº 7, se for recusada ou rejeitada uma reclamação, a autoridade de controlo à qual a reclamação tiver sido apresentada adota a decisão, notifica o autor da reclamação e informa desse facto o responsável pelo tratamento.

9. Se a autoridade de controlo principal e as autoridades de controlo interessadas estiverem de acordo em recusar ou rejeitar determinadas partes de uma reclamação e tomar medidas relativamente a outras partes da mesma reclamação, é adotada uma decisão separada para cada uma dessas partes da matéria. A autoridade de controlo principal adota a decisão na parte respeitante às medidas relativas ao responsável pelo tratamento e informa desse facto o estabelecimento principal ou o estabelecimento único do responsável pelo tratamento ou do subcontratante no território do seu Estado-Membro, informando desse facto o autor da reclamação, enquanto a autoridade de controlo do autor da reclamação adota a decisão na parte relativa à recusa ou à rejeição da referida reclamação e notifica o autor da reclamação, informando desse facto o responsável pelo tratamento ou o subcontratante.

10. Após ter sido notificado da decisão da autoridade de controlo principal nos termos dos nºs 7 e 9, o responsável pelo tratamento ou o subcontratante tomam as medidas necessárias para garantir o cumprimento da decisão no que se refere às atividades de tratamento no contexto de todos os seus estabelecimentos na União. O responsável pelo tratamento ou o subcontratante comunica as medidas tomadas para fazer cumprir a decisão à autoridade de controlo principal, que informa as outras autoridades de controlo interessadas.

11. Se, em circunstâncias excecionais, alguma autoridade de controlo interessada tiver razões para considerar que existe uma necessidade urgente de agir para defender os interesses dos titulares dos dados, aplica-se o procedimento de urgência referido no artigo 66º.

12. A autoridade de controlo principal e as outras autoridades de controlo interessadas trocam entre si as informações necessárias nos termos do presente artigo por meios eletrónicos, utilizando um formato normalizado.

Artigo 61º – Assistência mútua

1. As autoridades de controlo prestam entre si informações úteis e assistência mútua a fim de executar e aplicar o presente regulamento de forma coerente, e tomam as medidas para cooperar eficazmente entre si. A assistência mútua abrange, em especial, os pedidos de informação e as medidas de controlo, tais como os pedidos de autorização prévia e de consulta prévia, bem como de inspeção e de investigação.

2. As autoridades de controlo tomam todas as medidas adequadas que forem necessárias para responder a um pedido de outra autoridade de controlo sem demora injustificada e, o mais tardar, um mês após a receção do pedido. Essas medidas podem incluir, particularmente, a transmissão de informações úteis sobre a condução de uma investigação.

3. Os pedidos de assistência incluem todas as informações necessárias, nomeadamente a finalidade e os motivos do pedido. As informações trocadas só podem ser utilizadas para a finalidade para que tiverem sido solicitadas.

4. A autoridade de controlo requerida não pode indeferir o pedido, a não ser que:

a) Não seja competente relativamente ao assunto do pedido ou às medidas cuja execução lhe é pedida; ou

b) Dar seguimento ao pedido viole o presente regulamento ou o direito da União ou do Estado-Membro ao qual a autoridade de controlo que recebe o pedido está sujeita.

5. A autoridade de controlo requerida informa a autoridade de controlo requerente dos resultados obtidos ou, consoante o caso, do andamento do pedido ou das medidas tomadas para lhe dar resposta pedido. A autoridade de controlo requerida indica os motivos de indeferimento de um pedido por força do nº 4.

6. As autoridades de controlo requeridas fornecem, em regra, as informações solicitadas por outras autoridades de controlo por meios eletrónicos, utilizando um formato normalizado.

7. As autoridades de controlo requeridas não cobram taxas pelas medidas por elas tomadas por força de pedidos de assistência mútua. As autori-

dades de controlo podem acordar regras para a indemnização recíproca de despesas específicas decorrentes da prestação de assistência mútua em circunstâncias excecionais.

8. Quando uma autoridade de controlo não prestar as informações referidas no nº 5 do presente artigo no prazo de um mês a contar da receção do pedido apresentado por outra autoridade de controlo, a autoridade de controlo requerente pode adotar uma medida provisória no território do respetivo Estado-Membro nos termos do artigo 55º, nº 1. Nesse caso, presume-se que é urgente intervir, nos termos do artigo 66º, nº 1, e solicitar uma decisão vinculativa urgente ao Comité, nos termos do artigo 66º, nº 2.

9. A Comissão pode especificar, por meio de atos de execução, o formato e os procedimentos para a assistência mútua referidos no presente artigo, bem como as regras de intercâmbio por meios eletrónicos de informações entre as autoridades de controlo e entre estas e o Comité, nomeadamente o formato normalizado referido no nº 6 do presente artigo. Os referidos atos de execução são adotados pelo procedimento de exame a que se refere o artigo 93º, nº 2.

Artigo 62º – Operações conjuntas das autoridades de controlo

1. As autoridades de controlo conduzem, sempre que conveniente, operações conjuntas, incluindo investigações e medidas de execução conjuntas nas quais participem membros ou pessoal das autoridades de controlo de outros Estados-Membros.

2. Nos casos em que o responsável pelo tratamento ou o subcontratante tenha estabelecimentos em vários Estados-Membros ou nos casos em que haja um número significativo de titulares de dados em mais do que um Estado-Membro que sejam suscetíveis de ser substancialmente afetados pelas operações de tratamento, uma autoridade de controlo de cada um desses Estados-Membros tem direito a participar nas operações conjuntas. A autoridade de controlo competente nos termos do artigo 56º, nº 1 ou nº 4, convida a autoridade de controlo de cada um desses Estados-Membros a participar nas operações conjuntas e responde sem demora ao pedido de um autoridade de controlo para participar.

3. As autoridades de controlo podem, nos termos do direito do seu Estado-Membro, e com a autorização da autoridade de controlo de origem, conferir poderes, nomeadamente poderes de investigação, aos membros

ou ao pessoal da autoridade de controlo de origem implicados nas operações conjuntas ou, na medida em que o direito do Estado-Membro da autoridade de controlo de acolhimento o permita, autorizar os membros ou o pessoal da autoridade de controlo de origem a exercer os seus poderes de investigação nos termos do direito do Estado-Membro da autoridade de controlo de origem. Esses poderes de investigação podem ser exercidos apenas sob a orientação e na presença de membros ou pessoal da autoridade de controlo de acolhimento. Os membros ou pessoal da autoridade de controlo de origem estão sujeitos ao direito do Estado-Membro da autoridade de controlo de acolhimento.

4. Se, nos termos do nº 1, o pessoal da autoridade de controlo de origem exercer atividades noutro Estado-Membro, o Estado-Membro da autoridade de controlo de acolhimento assume a responsabilidade pelos seus atos, incluindo a responsabilidade por quaisquer danos por ele causados no decurso de tais atividades, de acordo com o direito do Estado-Membro em cujo território atuam.

5. O Estado-Membro em cujo território forem causados os danos indemniza-os nas condições aplicáveis aos danos causados pelo seu próprio pessoal. O Estado-Membro da autoridade de controlo de origem cujo pessoal tenha causado danos a qualquer pessoa no território de outro Estado-Membro reembolsa integralmente esse outro Estado-Membro das somas que tenha pago aos seus representantes legais.

6. Sem prejuízo do exercício dos seus direitos perante terceiros e com exceção do disposto no nº 5, cada Estado-Membro renuncia, no caso previsto no nº 1, a solicitar a outro Estado-Membro o reembolso do montante dos danos referido no nº 4.

7. Sempre que se tencione efetuar uma operação conjunta e uma autoridade de controlo não cumprir, no prazo de um mês, a obrigação estabelecida nº 2, segunda frase, do presente artigo, as outras autoridades de controlo podem adotar uma medida provisória no território do respetivo Estado-Membro em conformidade com o artigo 55º. Nesse caso, presume-se que é urgente intervir, nos termos do artigo 66º, nº 1, e solicitar um parecer ou uma decisão vinculativa urgente ao Comité, nos termos do artigo 66º, nº 2.

SECÇÃO 2 - Coerência

Artigo 63º – Procedimento de controlo da coerência

A fim de contribuir para a aplicação coerente do presente regulamento em toda a União, as autoridades de controlo cooperam entre si e, quando for relevante, com a Comissão, através do procedimento de controlo da coerência previsto na presente secção.

Artigo 64º – Parecer do Comité

1. O Comité emite parecer sempre que uma autoridade de controlo competente tenha a intenção de adotar uma das medidas a seguir enunciadas. Para esse efeito, a autoridade de controlo competente envia o projeto de decisão ao Comité, quando esta:

a) Vise a adoção de uma lista das operações de tratamento sujeitas à exigência de proceder a uma avaliação do impacto sobre a proteção dos dados, nos termos do artigo 35º, nº 4;

b) Incida sobre uma questão, prevista no artigo 40º, nº 7, de saber se um projeto de código de conduta ou uma alteração ou aditamento a um código de conduta está em conformidade com o presente regulamento;

c) Vise aprovar os requisitos de acreditação de um organismo nos termos do artigo 41º, nº 3, de um organismo de certificação nos termos do artigo 43º, nº 3, ou os critérios de certificação previstos no artigo 42º, nº 5;

d) Vise determinar as cláusulas-tipo de proteção de dados referidas no artigo 46º, nº 2, alínea d), e no artigo 28º, nº 8;

e) Vise autorizar as cláusulas contratuais previstas no artigo 46º, nº 3, alínea a); ou

f) Vise aprovar regras vinculativas aplicáveis às empresas na aceção do artigo 47º.

2. As autoridades de controlo, o presidente do Comité ou a Comissão podem solicitar que o Comité analise qualquer assunto de aplicação geral ou que produza efeitos em mais do que um Estado-Membro, com vista a obter um parecer, nomeadamente se a autoridade de controlo competente não cumprir as obrigações em matéria de assistência mútua previstas no artigo 61º ou de operações conjuntas previstas no artigo 62º.

3. Nos casos referidos nos nºs 1 e 2, o Comité emite parecer sobre o assunto que lhe é apresentado, a não ser que tenha já antes emitido parecer sobre o mesmo assunto. Esse parecer é adotado no prazo de oito sema-

nas por maioria simples dos membros que compõem o Comité. Esse prazo pode ser prorrogado por mais seis semanas, em virtude da complexidade do assunto em apreço. Para efeitos do projeto de decisão referido no nº 1 e enviado aos membros do Comité nos termos do nº 5, considera-se que os membros que não tenham levantado objeções dentro de um prazo razoável fixado pelo presidente estão de acordo com o projeto de decisão.

4. As autoridades de controlo e a Comissão comunicam sem demora injustificada, por via eletrónica, ao Comité, utilizando um formato normalizado, as informações que forem pertinentes, incluindo, consoante o caso, um resumo dos factos, o projeto de decisão, os motivos que tornam necessário adotar tal medida, bem como as posições das outras autoridades de controlo interessadas.

5. O presidente do Comité informa sem demora injustificada, por via eletrónica:

a) Os membros do Comité e a Comissão de quaisquer informações pertinentes que lhe tenham sido comunicadas, utilizando um formato normalizado. Se necessário, o Secretariado do Comité fornece traduções das informações pertinentes; e

b) A autoridade de controlo referida, consoante o caso, nos nºs 1 e 2 e a Comissão do parecer e torna-o público.

6. As autoridades de controlo competentes referidas no nº 1 não adotam os projetos de decisão no decurso do prazo referido no nº 3.

7. As autoridades de controlo competentes referidas no nº 1 têm na melhor conta o parecer do Comité e, no prazo de duas semanas a contar da receção do parecer, comunica por via eletrónica ao presidente do Comité se tenciona manter ou alterar o projeto de decisão e, se existir, o projeto de decisão alterado, utilizando um formato normalizado.

8. Quando as autoridades de controlo competentes referidas no nº 1 informarem o presidente do Comité, no prazo referido no nº 7 do presente artigo, de que não têm intenção de seguir o parecer do Comité, no todo ou em parte, apresentando os motivos pertinentes de tal decisão, aplica-se o artigo 65º, nº 1.

Artigo 65º – Resolução de litígios pelo Comité

1. A fim de assegurar a aplicação correta e coerente do presente regulamento em cada caso, o Comité adota uma decisão vinculativa nos seguintes casos:

a) Quando, num dos casos referidos no artigo 60º, nº 4, a autoridade de controlo interessada tiver suscitado uma objeção pertinente e fundamentada a um projeto de decisão da autoridade de controlo principal e esta não tiver seguido a objeção ou tiver rejeitado essa objeção por carecer de pertinência ou de fundamento. A decisão vinculativa diz respeito a todos os assuntos sobre que incida a referida objeção pertinente e fundamentada, sobretudo à questão de saber se há violação do presente regulamento;

b) Quando haja posições divergentes sobre a questão de saber qual das autoridades de controlo interessadas é competente para o estabelecimento principal;

c) Quando a autoridade de controlo competente não solicitar o parecer do Comité nos casos referidos no artigo 64º, nº 1, ou não seguir o parecer do Comité emitido nos termos do artigo 64º. Nesse caso, qualquer autoridade de controlo interessada, ou a Comissão, pode remeter o assunto para o Comité.

2. A decisão a que se refere o nº 1 é adotada por maioria de dois terços dos membros do Comité, no prazo de um mês a contar da data em que o assunto lhe é remetido. Este prazo pode ser prorrogado por mais um mês em virtude da complexidade do assunto em apreço. A decisão referida no nº 1 é fundamentada e dirigida à autoridade de controlo principal, bem como a todas as autoridades de controlo interessadas, e é vinculativa para as partes.

3. Se não o puder fazer nos prazos referidos no nº 2, o Comité adota a decisão no prazo de duas semanas a contar do termo do segundo mês a que se refere o nº 2, por maioria simples dos membros que o compõem. Se houver empate na votação, a decisão é adotada pelo voto qualificado do presidente.

4. As autoridades de controlo interessadas não adotam decisão sobre a matéria submetida à apreciação do Comité nos termos do nº 1 enquanto estiver a decorrer o prazo referido nos nºs 2 e 3.

5. O presidente do Comité informa, sem demora injustificada, as autoridades de controlo interessadas da decisão a que se refere o nº 1. Do facto informa a Comissão. A decisão é imediatamente publicada no sítio *web* do Comité, depois de a autoridade de controlo ter notificado a decisão final a que se refere o nº 6.

6. Sem demora injustificada e o mais tardar um mês depois de o Comité ter notificado a sua decisão, a autoridade de controlo principal ou, conso-

ante o caso, a autoridade de controlo à qual tiver sido apresentada a reclamação adota a decisão final com base na decisão a que se refere o nº 1 do presente artigo. A autoridade de controlo principal ou, consoante o caso, a autoridade de controlo à qual tiver sido apresentada a reclamação, informa o Comité da data em que a decisão final é notificada, respetivamente, ao responsável pelo tratamento ou ao subcontratante e ao titular. A decisão final das autoridades de controlo interessadas é adotada nos termos do artigo 60º, nºs 7, 8 e 9. A decisão final remete para a decisão a que se refere o nº 1 do presente artigo e especifica que a decisão referida no nº 1 é publicada no sítio *web* do Comité nos termos do nº 5 do presente artigo. A decisão final é acompanhada da decisão a que se refere o nº 1 do presente artigo.

Artigo 66º – Procedimento de urgência

1. Em circunstâncias excecionais, quando a autoridade de controlo interessada considerar que é urgente intervir a fim de defender os direitos e liberdades dos titulares dos dados, pode, em derrogação do procedimento de controlo da coerência referido nos artigos 63º, 64º e 65º ou do procedimento a que se refere o artigo 60º, adotar imediatamente medidas provisórias destinadas a produzir efeitos legais no seu próprio território, válidas por um período determinado que não seja superior a três meses. A autoridade de controlo dá sem demora conhecimento dessas medidas e dos motivos que a levaram a adotá-la às outras autoridades de controlo interessadas, ao Comité e à Comissão.

2. Quando a autoridade de controlo tiver tomado uma medida nos termos do nº 1 e considerar necessário adotar urgentemente medidas definitivas, pode solicitar um parecer urgente ou uma decisão vinculativa urgente ao Comité, fundamentando o seu pedido de parecer ou decisão.

3. As autoridades de controlo podem solicitar um parecer urgente ou uma decisão vinculativa urgente, conforme o caso, ao Comité, quando a autoridade de controlo competente não tiver tomado nenhuma medida adequada numa situação que exija uma iniciativa urgente para defender os direitos e liberdades dos titulares dos dados, apresentando os motivos por que pede parecer ou decisão, e por que há necessidade urgente de agir.

4. Em derrogação do artigo 64º, nº 3, e do artigo 65º, nº 2, os pareceres urgentes ou decisões vinculativas urgentes a que se referem os nºs 2 e 3 do

presente artigo são adotados no prazo de duas semanas por maioria simples dos membros do Comité.

Artigo 67º – Troca de informações

Comissão pode adotar atos de execução de aplicação geral a fim de especificar as regras de intercâmbio eletrónico de informações entre as autoridades de controlo e entre estas e o Comité, nomeadamente o formato normalizado referido no artigo 64º.

Os referidos atos de execução são adotados pelo procedimento de exame a que se refere o artigo 93º, nº 2.

SECÇÃO 3 – Comité europeu para a proteção de dados

Artigo 68º – Comité Europeu para a Proteção de Dados

1. O Comité Europeu para a Proteção de Dados («Comité») é criado enquanto organismo da União e está dotado de personalidade jurídica.
2. O Comité é representado pelo seu presidente.
3. O Comité é composto pelo diretor de uma autoridade de controlo de cada Estado-Membro e da Autoridade Europeia para a Proteção de Dados, ou pelos respetivos representantes.
4. Quando, num determinado Estado-Membro, haja mais do que uma autoridade de controlo com responsabilidade pelo controlo da aplicação do presente regulamento, é nomeado um representante comum nos termos do direito desse Estado-Membro.
5. A Comissão tem o direito de participar nas atividades e reuniões do Comité, sem direito de voto. A Comissão designa um representante. O presidente do Comité informa a Comissão das atividades do Comité.
6. Nos casos referidos no artigo 65º, a Autoridade Europeia para a Proteção de Dados apenas tem direito de voto nas decisões que digam respeito a princípios e normas aplicáveis às instituições, órgãos, organismos e agências da União que correspondam, em substância, às do presente regulamento.

Artigo 69º – Independência

1. O Comité é independente na prossecução das suas atribuições ou no exercício dos seus poderes, nos termos dos artigos 70º e 71º.

2. Sem prejuízo dos pedidos da Comissão referidos no artigo 70º, nºs 1 e 2, o Comité não solicita nem recebe instruções de outrem na prossecução das suas atribuições ou no exercício dos seus poderes.

Artigo 70º – Atribuições do Comité

1. O Comité assegura a aplicação coerente do presente regulamento. Para o efeito, o Comité exerce, por iniciativa própria ou, nos casos pertinentes, a pedido da Comissão, as seguintes atividades:

a) Controla e assegura a correta aplicação do presente regulamento nos casos previstos nos artigos 64º e 65º, sem prejuízo das funções das autoridades nacionais de controlo;

b) Aconselha a Comissão em todas as questões relacionadas com a proteção de dados pessoais na União, nomeadamente em qualquer projeto de alteração ao presente regulamento;

c) Aconselha a Comissão sobre o formato e os procedimentos de intercâmbio de informações entre os responsáveis pelo tratamento, os subcontratantes e as autoridades de controlo no que respeita às regras vinculativas aplicáveis às empresas;

d) Emite diretrizes, recomendações e melhores práticas para os procedimentos de apagamento de ligações para os dados pessoais, de cópias ou reproduções desses dados existentes em serviços de comunicação acessíveis ao público, tal como previsto no artigo 17º, nº 2;

e) Analisa, por iniciativa própria, a pedido de um dos seus membros da Comissão, qualquer questão relativa à aplicação do presente regulamento e emite diretrizes, recomendações e melhores práticas, a fim de incentivar a aplicação coerente do presente regulamento;

f) Emite diretrizes, recomendações e melhores práticas nos termos da alínea e) do presente número, para definir mais concretamente os critérios e condições aplicáveis às decisões baseadas na definição de perfis, nos termos do artigo 22º, nº 2;

g) Emite diretrizes, recomendações e melhores práticas nos termos da alínea e) do presente número, para definir violações de dados pessoais e determinar a demora injustificada a que se refere o artigo 33º, nºs 1 e 2, bem como as circunstâncias particulares em que o responsável pelo tratamento ou o subcontratante é obrigado a notificar a violação de dados pessoais;

h) Emite diretrizes, recomendações e melhores práticas nos termos da alínea e) do presente número, a respeito das circunstâncias em que as violações de dados pessoais são suscetíveis de resultar num risco elevado para os direitos e liberdades das pessoas singulares a que se refere o artigo 34º, nº 1;

i) Emite diretrizes, recomendações e melhores práticas nos termos da alínea e) do presente número, para definir mais concretamente os critérios e requisitos aplicáveis às transferências de dados baseadas em regras vinculativas aplicáveis às empresas aceites pelos responsáveis pelo tratamento e em regras vinculativas aplicáveis às empresas aceites pelos subcontratantes, e outros requisitos necessários para assegurar a proteção dos dados pessoais dos titulares dos dados em causa a que se refere o artigo 47º;

j) Emite diretrizes, recomendações e melhores práticas nos termos da alínea e) do presente número para definir mais concretamente os critérios e requisitos aplicáveis à transferência de dados efetuadas com base no artigo 49º, nº 1;

k) Elabora diretrizes dirigidas às autoridades de controlo em matéria de aplicação das medidas a que se refere o artigo 58º, nºs 1, 2 e 3, e de fixação de coimas nos termos do artigo 83º;

l) Examina a aplicação prática das diretrizes, recomendações e melhores práticas;

m) Emite diretrizes, recomendações e melhores práticas nos termos da alínea e) do presente número para definir procedimentos comuns para a comunicação por pessoas singulares de violações do presente regulamento, nos termos do artigo 54º, nº 2;

n) Incentiva a elaboração de códigos de conduta e a criação de procedimentos de certificação, bem como de selos e marcas de proteção dos dados nos termos dos artigos 40º e 42º;

o) Aprova os critérios de certificação nos termos do artigo 42º, nº 5, e conserva um registo público de procedimentos de certificação e de selos e marcas de proteção de dados nos termos do artigo 42º, nº 8, e dos responsáveis pelo tratamento ou subcontratantes certificados, estabelecidos em países terceiros, nos termos do artigo 42º, nº 7;

p) Aprova os requisitos referidos no artigo 43º, nº 3, para acreditação dos organismos de certificação referidos no artigo 43º;

q) Dá parecer à Comissão a respeito dos requisitos de certificação a que se refere o artigo 43º, nº 8;

r) Dá parecer à Comissão sobre os símbolos a que se refere o artigo 12º, nº 7;

s) Dá parecer à Comissão para a avaliação da adequação do nível de proteção num país terceiro ou organização internacional, e também para avaliar se um país terceiro, um território ou um ou mais setores específicos desse país terceiro, ou uma organização internacional, deixou de garantir um nível adequado de proteção. Para esse efeito, a Comissão fornece ao Comité toda a documentação necessária, inclusive a correspondência com o Governo do país terceiro, relativamente a esse país terceiro, território ou setor específico, ou com a organização internacional;

t) Emite pareceres relativos aos projetos de decisão das autoridades de controlo nos termos do procedimento de controlo da coerência referido no artigo 64º, nº 1, sobre os assuntos apresentados nos termos do artigo 64º, nº 2, e emite decisões vinculativas nos termos do artigo 65º, incluindo nos casos referidos no artigo 66º;

u) Promover a cooperação e o intercâmbio bilateral e plurilateral efetivo de informações e as melhores práticas entre as autoridades de controlo;

v) Promover programas de formação comuns e facilitar o intercâmbio de pessoal entre as autoridades de controlo, e, se necessário, com as autoridades de controlo de países terceiros ou com organizações internacionais;

w) Promover o intercâmbio de conhecimentos e de documentação sobre as práticas e a legislação no domínio da proteção de dados com autoridades de controlo de todo o mundo;

x) Emitir pareceres sobre os códigos de conduta elaborados a nível da União nos termos do artigo 40º, nº 9; e

y) Conservar um registo eletrónico, acessível ao público, das decisões tomadas pelas autoridades de controlo e pelos tribunais sobre questões tratadas no âmbito do procedimento de controlo da coerência.

2. Quando a Comissão consultar o Comité, pode indicar um prazo para a formulação do parecer, tendo em conta a urgência do assunto.

3. O Comité dirige os seus pareceres, diretrizes e melhores práticas à Comissão e ao comité referido no artigo 93º, e procede à sua publicação.

4. Quando for caso disso, o Comité consulta as partes interessadas e dá-lhes a oportunidade de formular observações, num prazo razoável. Sem prejuízo do artigo 76º, o Comité torna públicos os resultados do processo de consulta.

Artigo 71º – Relatórios

1. O Comité elabora um relatório anual sobre a proteção das pessoas singulares no que diz respeito ao tratamento na União e, quando for relevante,

em países terceiros e organizações internacionais. O relatório é tornado público e enviado ao Parlamento Europeu, ao Conselho e à Comissão.

2. O relatório anual inclui uma análise da aplicação prática das diretrizes, recomendações e melhores práticas a que se refere o artigo 70º, nº 1, alínea l), bem como das decisões vinculativas a que se refere o artigo 65º.

Artigo 72º – Procedimento

1. Salvo disposição em contrário do presente regulamento, o Comité decide por maioria simples dos seus membros.

2. O Comité adota o seu regulamento interno por maioria de dois terços dos membros que o compõem e determina as suas regras de funcionamento.

Artigo 73º – Presidente

1. O Comité elege de entre os seus membros, por maioria simples, um presidente e dois vice-presidentes.

2. O mandato do presidente e dos vice-presidentes tem a duração de cinco anos e é renovável uma vez.

Artigo 74º – Funções do presidente

1. O presidente tem as seguintes funções:

a) Convoca as reuniões do Comité e prepara a respetiva ordem de trabalhos;

b) Comunica as decisões adotadas pelo Comité nos termos do artigo 65º à autoridade de controlo principal e às autoridades de controlo interessadas;

c) Assegura o exercício das atribuições do Comité dentro dos prazos previstos, nomeadamente no que respeita ao procedimento de controlo da coerência referido no artigo 63º.

2. O Comité estabelece a repartição de funções entre o presidente e os vice-presidentes no seu regulamento interno.

Artigo 75º – Secretariado

1. O Comité dispõe de um secretariado disponibilizado pela Autoridade Europeia para a Proteção de Dados.

2. O secretariado desempenha as suas funções sob a direção exclusiva do presidente do Comité.

3. O pessoal da Autoridade Europeia para a Proteção de Dados envolvido na prossecução das atribuições conferidas ao Comité pelo presente regulamento está sujeito a uma hierarquia distinta do pessoal envolvido na prossecução das atribuições conferidas à Autoridade Europeia para a Proteção de Dados.

4. Quando for caso disso, o Comité e a Autoridade Europeia para a Proteção de Dados elaboram e publicam um memorando de entendimento que dê execução ao presente artigo e defina os termos da sua cooperação, aplicável ao pessoal da Autoridade Europeia para a Proteção de Dados envolvido na prossecução das atribuições conferidas ao Comité pelo presente regulamento.

5. O secretariado fornece ao Comité apoio de caráter analítico, administrativo e logístico.

6. O secretariado é responsável, em especial:

a) Pela gestão corrente do Comité;

b) Pela comunicação entre os membros do Comité, o seu presidente e a Comissão;

c) Pela comunicação com outras instituições e o público;

d) Pelo recurso a meios eletrónicos para a comunicação interna e externa;

e) Pela tradução de informações pertinentes;

f) Pela preparação e acompanhamento das reuniões do Comité;

g) Pela preparação, redação e publicação dos pareceres, das decisões em matéria de resolução de litígios entre autoridades de controlo e de outros textos adotados pelo Comité.

Artigo 76º – Confidencialidade

1. Os debates do Comité são confidenciais quando o Comité o considerar necessário, nos termos do seu regulamento interno.

2. O acesso aos documentos apresentados aos membros do Comité, aos peritos e aos representantes de países terceiros é regido pelo Regulamento (CE) nº 1049/2001 do Parlamento Europeu e do Conselho[1].

[1] Regulamento (CE) nº 1049/2001 do Parlamento Europeu e do Conselho, de 30 de maio de 2001, relativo ao acesso do público aos documentos do Parlamento Europeu, do Conselho e da Comissão (JO L 145 de 31.5.2001, p. 43).

CAPÍTULO VIII – Vias de recurso, responsabilidade e sanções

Artigo 77º – Direito de apresentar reclamação a uma autoridade de controlo

1. Sem prejuízo de qualquer outra via de recurso administrativo ou judicial, todos os titulares de dados têm direito a apresentar reclamação a uma autoridade de controlo, em especial no Estado-Membro da sua residência habitual, do seu local de trabalho ou do local onde foi alegadamente praticada a infração, se o titular dos dados considerar que o tratamento dos dados pessoais que lhe diga respeito viola o presente regulamento.

2. A autoridade de controlo à qual tiver sido apresentada a reclamação informa o autor da reclamação sobre o andamento e o resultado da reclamação, inclusive sobre a possibilidade de intentar ação judicial nos termos do artigo 78º.

Artigo 78º – Direito à ação judicial contra uma autoridade de controlo

1. Sem prejuízo de qualquer outra via de recurso administrativo ou extrajudicial, todas as pessoas singulares ou coletivas têm direito à ação judicial contra as decisões juridicamente vinculativas das autoridades de controlo que lhes digam respeito.

2. Sem prejuízo de qualquer outra via de recurso administrativo ou extrajudicial, os titulares dos dados têm direito à ação judicial se a autoridade de controlo competente nos termos dos artigos 55º e 56º não tratar a reclamação ou não informar o titular dos dados, no prazo de três meses, sobre o andamento ou o resultado da reclamação que tenha apresentado nos termos do artigo 77º.

3. Os recursos contra as autoridades de controlo são interpostos nos tribunais do Estado-Membro em cujo território se encontrem estabelecidas.

4. Quando for interposto recurso de uma decisão de uma autoridade de controlo que tenha sido precedida de um parecer ou uma decisão do Comité no âmbito do procedimento de controlo da coerência, a autoridade de controlo transmite esse parecer ou decisão ao tribunal.

Artigo 79º – Direito à ação judicial contra um responsável pelo tratamento ou um subcontratante

1. Sem prejuízo de qualquer outra via de recurso administrativo ou extrajudicial, nomeadamente o direito de apresentar reclamação a uma

autoridade de controlo, nos termos do artigo 77º, todos os titulares de dados têm direito à ação judicial se considerarem ter havido violação dos direitos que lhes assistem nos termos do presente regulamento, na sequência do tratamento dos seus dados pessoais efetuado em violação do referido regulamento.

2. Os recursos contra os responsáveis pelo tratamento ou os subcontratantes são propostos nos tribunais do Estado-Membro em que tenham estabelecimento. Em alternativa, os recursos podem ser interpostos nos tribunais do Estado-Membro em que o titular dos dados tenha a sua residência habitual, salvo se o responsável pelo tratamento ou o subcontratante for uma autoridade de um Estado-Membro no exercício dos seus poderes públicos.

Artigo 80º – Representação dos titulares dos dados

1. O titular dos dados tem o direito de mandatar um organismo, organização ou associação sem fins lucrativos, que esteja devidamente constituído ao abrigo do direito de um Estado-Membro, cujos objctivos estatutários sejam do interesse público e cuja atividade abranja a defesa dos direitos e liberdades do titular dos dados no que respeita à proteção dos seus dados pessoais, para, em seu nome, apresentar reclamação, exercer os direitos previstos nos artigos 77º, 78º e 79º, e exercer o direito de receber uma indemnização referido no artigo 82º, se tal estiver previsto no direito do Estado-Membro.

2. Os Estados-Membros podem prever que o organismo, a organização ou a associação referidos no nº 1 do presente artigo, independentemente de um mandato conferido pelo titular dos dados, tenham nesse Estado-Membro direito a apresentar uma reclamação à autoridade de controlo competente nos termos do artigo 77º e a exercer os direitos a que se referem os artigos 78º e 79º, caso considerem que os direitos do titular dos dados, nos termos do presente regulamento, foram violados em virtude do tratamento.

Artigo 81º – Suspensão do processo

1. Caso um tribunal de um Estado-Membro tenha informações sobre um processo pendente num tribunal de outro Estado-Membro, relativo ao mesmo assunto no que se refere às atividades de tratamento do mesmo responsável pelo tratamento ou subcontratante, deve contactar o referido tribunal desse outro Estado-Membro a fim de confirmar a existência de tal processo.

2. Caso esteja pendente num tribunal de outro Estado-Membro um processo relativo ao mesmo assunto no que se refere às atividades de tratamento do mesmo responsável pelo tratamento ou subcontratante, o tribunal onde a ação foi intentada em segundo lugar pode suspender o seu processo.

3. Caso o referido processo esteja pendente em primeira instância, o tribunal onde a ação foi intentada em segundo lugar pode igualmente declinar a sua competência, a pedido de uma das partes, se o órgão jurisdicional onde a ação foi intentada em primeiro lugar for competente para conhecer dos pedidos em questão e a sua lei permitir a respetiva apensação.

Artigo 82º – Direito de indemnização e responsabilidade

1. Qualquer pessoa que tenha sofrido danos materiais ou imateriais devido a uma violação do presente regulamento tem direito a receber uma indemnização do responsável pelo tratamento ou do subcontratante pelos danos sofridos.

2. Qualquer responsável pelo tratamento que esteja envolvido no tratamento é responsável pelos danos causados por um tratamento que viole o presente regulamento. O subcontratante é responsável pelos danos causados pelo tratamento apenas se não tiver cumprido as obrigações decorrentes do presente regulamento dirigidas especificamente aos subcontratantes ou se não tiver seguido as instruções lícitas do responsável pelo tratamento.

3. O responsável pelo tratamento ou o subcontratante fica isento de responsabilidade nos termos do nº 2, se provar que não é de modo algum responsável pelo evento que deu origem aos danos.

4. Quando mais do que um responsável pelo tratamento ou subcontratante, ou um responsável pelo tratamento e um subcontratante, estejam envolvidos no mesmo tratamento e sejam, nos termos dos nºs 2 e 3, responsáveis por eventuais danos causados pelo tratamento, cada responsável pelo tratamento ou subcontratante é responsável pela totalidade dos danos, a fim de assegurar a efetiva indemnização do titular dos dados.

5. Quando tenha pago, em conformidade com o nº 4, uma indemnização integral pelos danos sofridos, um responsável pelo tratamento ou um subcontratante tem o direito de reclamar a outros responsáveis pelo tratamento ou subcontratantes envolvidos no mesmo tratamento a parte da indemnização correspondente à respetiva parte de responsabilidade pelo dano em conformidade com as condições previstas no nº 2.

6. Os processos judiciais para exercer o direito de receber uma indemnização são apresentados perante os tribunais competentes nos termos do direito do Estado-Membro a que se refere o artigo 79º, nº 2.

Artigo 83º – Condições gerais para a aplicação de coimas

1. Cada autoridade de controlo assegura que a aplicação de coimas nos termos do presente artigo relativamente a violações do presente regulamento a que se referem os nºs 4, 5 e 6 é, em cada caso individual, efetiva, proporcionada e dissuasiva.

2. Consoante as circunstâncias de cada caso, as coimas são aplicadas para além ou em vez das medidas referidas no artigo 58º, nº 2, alíneas a) a h) e j). Ao decidir sobre a aplicação de uma coima e sobre o montante da coima em cada caso individual, é tido em devida consideração o seguinte:

a) A natureza, a gravidade e a duração da infração tendo em conta a natureza, o âmbito ou o objetivo do tratamento de dados em causa, bem como o número de titulares de dados afetados e o nível de danos por eles sofridos;

b) O caráter intencional ou negligente da infração;

c) A iniciativa tomada pelo responsável pelo tratamento ou pelo subcontratante para atenuar os danos sofridos pelos titulares;

d) O grau de responsabilidade do responsável pelo tratamento ou do subcontratante tendo em conta as medidas técnicas ou organizativas por eles implementadas nos termos dos artigos 25º e 32º;

e) Quaisquer infrações pertinentes anteriormente cometidas pelo responsável pelo tratamento ou pelo subcontratante;

f) O grau de cooperação com a autoridade de controlo, a fim de sanar a infração e atenuar os seus eventuais efeitos negativos;

g) As categorias específicas de dados pessoais afetadas pela infração;

h) A forma como a autoridade de controlo tomou conhecimento da infração, em especial se o responsável pelo tratamento ou o subcontratante a notificaram, e em caso afirmativo, em que medida o fizeram;

i) O cumprimento das medidas a que se refere o artigo 58º, nº 2, caso as mesmas tenham sido previamente impostas ao responsável pelo tratamento ou ao subcontratante em causa relativamente à mesma matéria;

j) O cumprimento de códigos de conduta aprovados nos termos do artigo 40º ou de procedimento de certificação aprovados nos termos do artigo 42º; e

k) Qualquer outro fator agravante ou atenuante aplicável às circunstâncias do caso, como os benefícios financeiros obtidos ou as perdas evitadas, direta ou indiretamente, por intermédio da infração.

3. Se o responsável pelo tratamento ou o subcontratante violar, intencionalmente ou por negligência, no âmbito das mesmas operações de tratamento ou de operações ligadas entre si, várias disposições do presente regulamento, o montante total da coima não pode exceder o montante especificado para a violação mais grave.

4. A violação das disposições a seguir enumeradas está sujeita, em conformidade com o nº 2, a coimas até 10 000 000 EUR ou, no caso de uma empresa, até 2% do seu volume de negócios anual a nível mundial correspondente ao exercício financeiro anterior, consoante o montante que for mais elevado:

a) As obrigações do responsável pelo tratamento e do subcontratante nos termos dos artigos 8º, 11º, 25º a 39º e 42º e 43º;

b) As obrigações do organismo de certificação nos termos dos artigos 42º e 43º;

c) As obrigações do organismo de supervisão nos termos do artigo 41º, nº 4.

5. A violação das disposições a seguir enumeradas está sujeita, em conformidade com o nº 2, a coimas até 20 000 000 EUR ou, no caso de uma empresa, até 4% do seu volume de negócios anual a nível mundial correspondente ao exercício financeiro anterior, consoante o montante que for mais elevado:

a) Os princípios básicos do tratamento, incluindo as condições de consentimento, nos termos dos artigos 5º, 6º, 7º e 9º;

b) Os direitos dos titulares dos dados nos termos dos artigos 12º a 22º;

c) As transferências de dados pessoais para um destinatário num país terceiro ou uma organização internacional nos termos dos artigos 44º a 49º;

d) As obrigações nos termos do direito do Estado-Membro adotado ao abrigo do capítulo IX;

e) O incumprimento de uma ordem de limitação, temporária ou definitiva, relativa ao tratamento ou à suspensão de fluxos de dados, emitida pela autoridade de controlo nos termos do artigo 58º, nº 2, ou o facto de não facultar acesso, em violação do artigo 58º, nº 1.

6. O incumprimento de uma ordem emitida pela autoridade de controlo a que se refere o artigo 58º, nº 2, está sujeito, em conformidade com

o nº 2 do presente artigo, a coimas até 20 000 000 EUR ou, no caso de uma empresa, até 4% do seu volume de negócios anual a nível mundial correspondente ao exercício financeiro anterior, consoante o montante mais elevado.

7. Sem prejuízo dos poderes de correção das autoridades de controlo nos termos do artigo 58º, nº 2, os Estados-Membros podem prever normas que permitam determinar se e em que medida as coimas podem ser aplicadas às autoridades e organismos públicos estabelecidos no seu território.

8. O exercício das competências que lhe são atribuídas pelo presente artigo por parte da autoridade de controlo fica sujeito às garantias processuais adequadas nos termos do direito da União e dos Estados-Membros, incluindo o direito à ação judicial e a um processo equitativo.

9. Quando o sistema jurídico dos Estados-Membros não preveja coimas, pode aplicar-se o presente artigo de modo a que a coima seja proposta pela autoridade de controlo competente e imposta pelos tribunais nacionais competentes, garantindo ao mesmo tempo que estas medidas jurídicas corretivas são eficazes e têm um efeito equivalente às coimas impostas pelas autoridades de controlo. Em todo o caso, as coimas impostas devem ser efetivas, proporcionadas e dissuasivas. Os referidos Estados-Membros notificam a Comissão das disposições de direito interno que adotarem nos termos do presente número até 25 de maio de 2018 e, sem demora, de qualquer alteração subsequente das mesmas.

Artigo 84º – Sanções

1. Os Estados-Membros estabelecem as regras relativas às outras sanções aplicáveis em caso de violação do disposto no presente regulamento, nomeadamente às violações que não são sujeitas a coimas nos termos do artigo 7983º, e tomam todas as medidas necessárias para garantir a sua aplicação. As sanções previstas devem ser efetivas, proporcionadas e dissuasivas.

2. Os Estados-Membros notificam a Comissão das disposições do direito interno que adotarem nos termos do nº 1, até 25 de maio de 2018 e, sem demora, de qualquer alteração subsequente das mesmas.

CAPÍTULO IX – Disposições relativas a situações específicas de tratamento

Artigo 85º – Tratamento e liberdade de expressão e de informação

1. Os Estados-Membros conciliam por lei o direito à proteção de dados pessoais nos termos do presente regulamento com o direito à liberdade de expressão e de informação, incluindo o tratamento para fins jornalísticos e para fins de expressão académica, artística ou literária.

2. Para o tratamento efetuado para fins jornalísticos ou para fins de expressão académica, artística ou literária, os Estados-Membros estabelecem isenções ou derrogações do capítulo II (princípios), do capítulo III (direitos do titular dos dados), do capítulo IV (responsável pelo tratamento e subcontratante), do capítulo V (transferência de dados pessoais para países terceiros e organizações internacionais), do capítulo VI (autoridades de controlo independentes), do capítulo VII (cooperação e coerência) e do capítulo IX (situações específicas de tratamento de dados) se tais isenções ou derrogações forem necessárias para conciliar o direito à proteção de dados pessoais com a liberdade de expressão e de informação.

3. Os Estados-Membros notificam a Comissão das disposições de direito interno que adotarem nos termos do nº 2 e, sem demora, de qualquer alteração subsequente das mesmas.

Artigo 86º – Tratamento e acesso do público aos documentos oficiais

Os dados pessoais que constem de documentos oficiais na posse de uma autoridade pública ou de um organismo público ou privado para a prossecução de atribuições de interesse público podem ser divulgados pela autoridade ou organismo nos termos do direito da União ou do Estado-Membro que for aplicável à autoridade ou organismo público, a fim de conciliar o acesso do público a documentos oficiais com o direito à proteção dos dados pessoais nos termos do presente regulamento.

Artigo 87º – Tratamento do número de identificação nacional

Os Estados-Membros podem determinar em pormenor as condições específicas aplicáveis ao tratamento de um número de identificação nacional ou de qualquer outro elemento de identificação de aplicação geral. Nesse caso, o número de identificação nacional ou qualquer outro elemento de identificação de aplicação geral é exclusivamente utilizado mediante garantias adequadas dos direitos e liberdades do titular dos dados nos termos do presente regulamento.

Artigo 88º – Tratamento no contexto laboral

1. Os Estados-Membros podem estabelecer, no seu ordenamento jurídico ou em convenções coletivas, normas mais específicas para garantir a defesa dos direitos e liberdades no que respeita ao tratamento de dados pessoais dos trabalhadores no contexto laboral, nomeadamente para efeitos de recrutamento, execução do contrato de trabalho, incluindo o cumprimento das obrigações previstas no ordenamento jurídico ou em convenções coletivas, de gestão, planeamento e organização do trabalho, de igualdade e diversidade no local de trabalho, de saúde e segurança no trabalho, de proteção dos bens do empregador ou do cliente e para efeitos do exercício e gozo, individual ou coletivo, dos direitos e benefícios relacionados com o emprego, bem como para efeitos de cessação da relação de trabalho.

2. As normas referidas incluem medidas adequadas e específicas para salvaguardar a dignidade, os interesses legítimos e os direitos fundamentais do titular dos dados, com especial relevo para a transparência do tratamento de dados, a transferência de dados pessoais num grupo empresarial ou num grupo de empresas envolvidas numa atividade económica conjunta e os sistemas de controlo no local de trabalho.

3. Os Estados-Membros notificam a Comissão das disposições de direito interno que adotarem nos termos do nº 1, até 25 de maio de 2018 e, sem demora, de qualquer alteração subsequente das mesmas.

Artigo 89º – Garantias e derrogações relativas ao tratamento para fins de arquivo de interesse público ou para fins de investigação científica ou histórica ou para fins estatísticos

1. O tratamento para fins de arquivo de interesse público, ou para fins de investigação científica ou histórica ou para fins estatísticos, está sujeito a garantias adequadas, nos termos do presente regulamento, para os direitos e liberdades do titular dos dados. Essas garantias asseguram a adoção de medidas técnicas e organizativas a fim de assegurar, nomeadamente, o respeito do princípio da minimização dos dados. Essas medidas podem incluir a pseudonimização, desde que os fins visados possam ser atingidos desse modo. Sempre que esses fins possam ser atingidos por novos tratamentos

que não permitam, ou já não permitam, a identificação dos titulares dos dados, os referidos fins são atingidos desse modo.

2. Quando os dados pessoais sejam tratados para fins de investigação científica ou histórica ou para fins estatísticos, o direito da União ou dos Estados-Membros pode prever derrogações aos direitos a que se referem os artigos 15º, 16º, 18º e 21º, sob reserva das condições e garantias previstas no nº 1 do presente artigo, na medida em que esses direitos sejam suscetíveis de tornar impossível ou prejudicar gravemente a realização dos fins específicos e que tais derrogações sejam necessárias para a prossecução desses fins.

3. Quando os dados pessoais sejam tratados para fins de arquivo de interesse público, o direito da União ou dos Estados-Membros pode prever derrogações aos direitos a que se referem os artigos 15º, 16º, 18º, 19º, 20º e 21º, sob reserva das condições e garantias previstas no nº 1 do presente artigo, na medida em que esses direitos sejam suscetíveis de tornar impossível ou prejudicar gravemente a realização dos fins específicos e que tais derrogações sejam necessárias para a prossecução desses fins.

4. Quando o tratamento de dados previsto no nºs 2 e 3 também se destine, simultaneamente, a outros fins, as derrogações aplicam-se apenas ao tratamento de dados para os fins previstos nesses números.

Artigo 90º – Obrigações de sigilo

1. Os Estados-Membros podem adotar normas específicas para estabelecer os poderes das autoridades de controlo previstos no artigo 58º, nº 1, alíneas e) e f), relativamente a responsáveis pelo tratamento ou a subcontratantes sujeitos, nos termos do direito da União ou do Estado-Membro ou de normas instituídas pelos organismos nacionais competentes, a uma obrigação de sigilo profissional ou a outras obrigações de sigilo equivalentes, caso tal seja necessário e proporcionado para conciliar o direito à proteção de dados pessoais com a obrigação de sigilo. Essas normas são aplicáveis apenas no que diz respeito aos dados pessoais que o responsável pelo seu tratamento ou o subcontratante tenha recebido, ou que tenha recolhido no âmbito de uma atividade abrangida por essa obrigação de sigilo ou em resultado da mesma.

2. Os Estados-Membros notificam a Comissão das normas que adotarem nos termos do nº 1, até 25 de maio de 2018 e, sem demora, de qualquer alteração subsequente das mesmas.

Artigo 91º – Normas vigentes em matéria de proteção dos dados das igrejas e associações religiosas

1. Quando, num Estado-Membro, as igrejas e associações ou comunidades religiosas apliquem, à data da entrada em vigor do presente regulamento, um conjunto completo de normas relativas à proteção das pessoas singulares relativamente ao tratamento, tais normas podem continuar a ser aplicadas, desde que cumpram o presente regulamento.

2. As igrejas e associações religiosas que apliquem um conjunto completo de normas nos termos do nº 1 do presente artigo ficam sujeitas à supervisão de uma autoridade de controlo independente que pode ser específico, desde que cumpra as condições estabelecidas no capítulo VI do presente regulamento.

CAPÍTULO X – Atos delegados e atos de execução

Artigo 92º – Exercício da delegação

1. O poder de adotar atos delegados é conferido à Comissão nas condições estabelecidas no presente artigo.

2. O poder de adotar atos delegados referido no artigo 12º, nº 8, e no artigo 43º, nº 8, é conferido à Comissão por tempo indeterminado a contar de 24 de maio de 2016.

3. A delegação de poderes referida no artigo 12º, nº 8, e no artigo 43º, nº 8, pode ser revogada em qualquer momento pelo Parlamento Europeu ou pelo Conselho. A decisão de revogação põe termo à delegação dos poderes nela especificados. A decisão de revogação produz efeitos a partir do dia seguinte ao da sua publicação no *Jornal Oficial da União Europeia* ou de uma data posterior nela especificada. A decisão de revogação não afeta os atos delegados já em vigor.

4. Assim que adotar um ato delegado, a Comissão notifica-o simultaneamente ao Parlamento Europeu e ao Conselho.

5. Os atos delegados adotados nos termos do artigo 12º, nº 8, e do artigo 43º, nº 8, só entram em vigor se não tiverem sido formuladas objeções pelo Parlamento Europeu ou pelo Conselho no prazo de três meses a contar da notificação do ato ao Parlamento Europeu e ao Conselho, ou se, antes do termo desse prazo, o Parlamento Europeu e o Conselho tiverem informado

a Comissão de que não têm objeções a formular. O referido prazo é prorrogável por três meses por iniciativa do Parlamento Europeu ou do Conselho.

Artigo 93º – Procedimento de comité

1. A Comissão é assistida por um comité. Esse comité é um comité na aceção do Regulamento (UE) nº 182/2011.

2. Caso se remeta para o presente número, aplica-se o artigo 5º do Regulamento (UE) nº 182/2011.

3. Caso se remeta para o presente número, aplica-se o artigo 8º do Regulamento (UE) nº 182/2011, em conjugação com o seu artigo 5º.

CAPÍTULO XI – Disposições finais

Artigo 94º – Revogação da Diretiva 95/46/CE

1. A Diretiva 95/46/CE é revogada com efeitos a partir de 25 de maio de 2018.

2. As remissões para a diretiva revogada são consideradas remissões para presente regulamento. As referências ao Grupo de proteção das pessoas no que diz respeito ao tratamento de dados pessoais, criado pelo artigo 29º da Diretiva 95/46/CE, são consideradas referências ao Comité Europeu para a Proteção de Dados criado pelo presente regulamento.

Artigo 95º – Relação com a Diretiva 2002/58/CE

O presente regulamento não impõe obrigações suplementares a pessoas singulares ou coletivas no que respeita ao tratamento no contexto da prestação de serviços de comunicações eletrónicas disponíveis nas redes públicas de comunicações na União em matérias que estejam sujeitas a obrigações específicas com o mesmo objetivo estabelecidas na Diretiva 2002/58/CE.

Artigo 96º – Relação com acordos celebrados anteriormente

Os acordos internacionais celebrados pelos Estados-Membros antes de 24 de maio de 2016, que impliquem a transferência de dados pessoais para países terceiros ou organizações internacionais e que sejam conformes com o direito da União aplicável antes dessa data, permanecem em vigor até serem alterados, substituídos ou revogados.

Artigo 97º – Relatórios da Comissão

1. Até 25 de maio de 2020 e subsequentemente de quatro anos em quatro anos, a Comissão apresenta ao Parlamento Europeu e ao Conselho um relatório sobre a avaliação e revisão do presente regulamento. Os relatórios são tornados públicos.

2. No contexto das avaliações e revisões referidas no nº 1, a Comissão examina, nomeadamente, a aplicação e o funcionamento do:

a) Capítulo V sobre a transferência de dados pessoas para países terceiros ou organizações internacionais, com especial destaque para as decisões adotadas nos termos do artigo 45º, nº 3, do presente regulamento, e as decisões adotadas com base no artigo 25º, nº 6, da Diretiva 95/46/CE;

b) Capítulo VII sobre cooperação e coerência.

3. Para o efeito do nº 1, a Comissão pode solicitar informações aos Estados-Membros e às autoridades de controlo.

4. Ao efetuar as avaliações e as revisões a que se referem os nºs 1 e 2, a Comissão tem em consideração as posições e as conclusões a que tenham chegado o Parlamento Europeu, o Conselho e outros organismos ou fontes pertinentes.

5. Se necessário, a Comissão apresenta propostas adequadas com vista à alteração do presente regulamento atendendo, em especial, à evolução das tecnologias da informação e aos progressos da Sociedade da Informação.

Artigo 98º – Revisão de outros atos jurídicos da União em matéria de proteção de dados

Se necessário, a Comissão apresenta propostas legislativas com vista à alteração de outros atos jurídicos da União sobre a proteção dos dados pessoais, a fim de assegurar uma proteção uniforme e coerente das pessoas singulares no que diz respeito ao tratamento. Tal incide nomeadamente sobre as normas relativas à proteção das pessoas singulares no que diz respeito ao tratamento pelas instituições, órgãos, organismos e agências da União e a livre circulação desses dados.

Artigo 99º – Entrada em vigor e aplicação

1. O presente regulamento entra em vigor no vigésimo dia seguinte ao da sua publicação no *Jornal Oficial da União Europeia*.

2. O presente regulamento é aplicável a partir de 25 de maio de 2018.

O presente regulamento é obrigatório em todos os seus elementos e diretamente aplicável em todos os Estados-Membros.

Feito em Bruxelas, em 27 de abril de 2016.

Pelo Parlamento Europeu	*Pelo Conselho*
O Presidente	*A Presidente*
M. SCHULZ	J.A. HENNIS-PLASSCHAERT

Lei nº 58/2019, de 8 de agosto, que assegura a execução, na ordem jurídica nacional, do RGPD

Lei nº 58/2019, de 8 de agosto[*]

Sumário: Assegura a execução, na ordem jurídica nacional, do Regulamento (UE) 2016/679 do Parlamento e do Conselho, de 27 de abril de 2016, relativo à proteção das pessoas singulares no que diz respeito ao tratamento de dados pessoais e à livre circulação desses dados

CAPÍTULO I – Disposições gerais

Artigo 1º – Objeto

A presente lei assegura a execução, na ordem jurídica interna, do Regulamento (UE) 2016/679 do Parlamento Europeu e do Conselho, de 27 de abril de 2016, relativo à proteção das pessoas singulares no que diz respeito ao tratamento de dados pessoais e à livre circulação desses dados, doravante designado abreviadamente por Regulamento Geral de Proteção de Dados (RGPD).

Artigo 2º – Âmbito de aplicação[1]

1 – A presente lei aplica-se aos tratamentos de dados pessoais realizados no território nacional, independentemente da natureza pública ou privada

[*] Por entender que determinadas normas desta lei são incompatíveis com o direito da União Europeia e, em especial, com o RGPD, a Comissão Nacional de Proteção de Dados (CNPD), por intermédio da sua Deliberação 2019/494, de 3 de setembro, deliberou desaplicar as mesmas nos casos futuros que venha a apreciar. Identificaremos, ao longo do texto, as normas objeto da referida deliberação.

[1] As normas constantes dos nºs 1 e 2 do presente artigo foram objeto de decisão de desaplicação, por via da Deliberação da CNPD 2019/494.

do responsável pelo tratamento ou do subcontratante, mesmo que o tratamento de dados pessoais seja efetuado em cumprimento de obrigações legais ou no âmbito da prossecução de missões de interesse público, aplicando-se todas as exclusões previstas no artigo 2º do RGPD.

2 – A presente lei aplica-se ainda aos tratamentos de dados pessoais realizados fora do território nacional quando:

a) Sejam efetuados no âmbito da atividade de um estabelecimento situado no território nacional; ou

b) Afetem titulares de dados que se encontrem no território nacional, quando as atividades de tratamento estejam subordinadas ao disposto no nº 2 do artigo 3º do RGPD; ou

c) Afetem dados que estejam inscritos nos postos consulares de que sejam titulares portugueses residentes no estrangeiro.

3 – A presente lei não se aplica aos ficheiros de dados pessoais constituídos e mantidos sob a responsabilidade do Sistema de Informações da República Portuguesa, que se rege por disposições específicas, nos termos da lei.

CAPÍTULO II – Comissão Nacional de Proteção de Dados

Artigo 3º – Autoridade de controlo nacional

A Comissão Nacional de Proteção de Dados (CNPD) é a autoridade de controlo nacional para efeitos do RGPD e da presente lei.

Artigo 4º – Natureza e independência

1 – A CNPD é uma entidade administrativa independente, com personalidade jurídica de direito público e poderes de autoridade, dotada de autonomia administrativa e financeira, que funciona junto da Assembleia da República.

2 – A CNPD controla e fiscaliza o cumprimento do RGPD e da presente lei, bem como das demais disposições legais e regulamentares em matéria de proteção de dados pessoais, a fim de defender os direitos, liberdades e garantias das pessoas singulares no âmbito dos tratamentos de dados pessoais.

3 – A CNPD age com independência na prossecução das suas atribuições e no exercício dos poderes que lhe são atribuídos pela presente lei.

4 – Os membros da CNPD ficam sujeitos ao regime de incompatibilidades estabelecido para os titulares de altos cargos públicos, não podendo,

durante o seu mandato, desempenhar outra atividade, remunerada ou não, com exceção da atividade de docência no ensino superior e de investigação.

Artigo 5º – Composição e funcionamento

A composição, o modo de designação e o estatuto remuneratório dos membros da CNPD, bem como a respetiva orgânica e quadro de pessoal, são aprovados por lei da Assembleia da República.

Artigo 6º – Atribuições e competências

1 – Para além do disposto no artigo 57º do RGPD, a CNPD prossegue as seguintes atribuições:

a) Pronunciar-se, a título não vinculativo, sobre as medidas legislativas e regulamentares relativas à proteção de dados pessoais, bem como sobre instrumentos jurídicos em preparação, em instituições europeias ou internacionais, relativos à mesma matéria;

b) Fiscalizar o cumprimento das disposições do RGPD e das demais disposições legais e regulamentares relativas à proteção de dados pessoais e dos direitos, liberdades e garantias dos titulares dos dados, e corrigir e sancionar o seu incumprimento;

c) Disponibilizar uma lista de tratamentos sujeitos à avaliação do impacto sobre a proteção de dados, nos termos do nº 4 do artigo 35º do RGPD, definindo igualmente critérios que permitam densificar a noção de elevado risco prevista nesse artigo;

d) Elaborar e apresentar ao Comité Europeu para a Proteção de Dados, previsto no RGPD, os projetos de critérios para a acreditação dos organismos de monitorização de códigos de conduta e dos organismos de certificação, nos termos dos artigos 41º e 43º do RGPD, e assegurar a posterior publicação dos critérios, caso sejam aprovados;

e) Cooperar com o Instituto Português de Acreditação, I. P. (IPAC, I. P.), relativamente à aplicação do disposto no artigo 14º da presente lei, bem como na definição de requisitos adicionais de acreditação, tendo em vista a salvaguarda da coerência de aplicação do RGPD;

2 – A CNPD exerce as competências previstas no artigo 58º do RGPD.

Artigo 7º – Avaliações prévias de impacto

1 – Nos termos do nº 5 do artigo 35º do RGPD, a CNPD difunde uma lista de tipos de tratamentos de dados cuja avaliação prévia de impacto não é obrigatória.

2 – O disposto no número anterior não impede os responsáveis pelo tratamento de efetuar uma avaliação prévia de impacto por iniciativa própria.

3 – As listas referidas nos nºs 4 e 5 do artigo 35º do RGPD são publicitadas no sítio da CNPD na Internet.

Artigo 8º – Dever de colaboração

1 – As entidades públicas e privadas devem prestar a sua colaboração à CNPD, facultando-lhe todas as informações que por esta lhes sejam solicitadas, no exercício das suas atribuições e competências.

2 – O dever de colaboração é assegurado, designadamente, quando a CNPD tiver necessidade, para o cabal exercício das suas funções, de examinar o sistema informático e os ficheiros de dados pessoais, bem como toda a documentação relativa ao tratamento e transmissão de dados pessoais.

3 – Os membros da CNPD, bem como os seus trabalhadores, prestadores de serviços ou pessoas por si mandatadas, estão obrigados ao dever de sigilo profissional, nomeadamente quanto aos dados pessoais, segredo profissional, segredo industrial ou comercial ou informações confidenciais a que tenham acesso no exercício das suas funções.

4 – O dever de sigilo mantém-se após o termo das respetivas funções.

5 – O dever de colaboração previsto nos números anteriores, bem como os poderes de fiscalização da CNPD, não prejudicam o dever de segredo a que o responsável pelo tratamento esteja obrigado nos termos da lei ou de normas internacionais.

CAPÍTULO III – Encarregado de proteção de dados

Artigo 9º – Disposição geral

1 – O encarregado de proteção de dados é designado com base nos requisitos previstos no nº 5 do artigo 37º do RGPD, não carecendo de certificação profissional para o efeito.

2 – Independentemente da natureza da sua relação jurídica, o encarregado de proteção de dados exerce a sua função com autonomia técnica perante a entidade responsável pelo tratamento ou subcontratante.

Artigo 10º – Dever de sigilo e confidencialidade

1 – De acordo com o disposto no nº 5 do artigo 38º do RGPD, o encarregado de proteção de dados está obrigado a um dever de sigilo profissional

em tudo o que diga respeito ao exercício dessas funções, que se mantém após o termo das funções que lhes deram origem.

2 – O encarregado de proteção de dados, bem como os responsáveis pelo tratamento de dados, incluindo os subcontratantes, e todas as pessoas que intervenham em qualquer operação de tratamento de dados, estão obrigados a um dever de confidencialidade que acresce aos deveres de sigilo profissional previsto na lei.

Artigo 11º – Funções do encarregado de proteção de dados

Para além do disposto nos artigos 37º a 39º do RGPD, são funções do encarregado de proteção de dados:

a) Assegurar a realização de auditorias, quer periódicas, quer não programadas;

b) Sensibilizar os utilizadores para a importância da deteção atempada de incidentes de segurança e para a necessidade de informar imediatamente o responsável pela segurança;

c) Assegurar as relações com os titulares dos dados nas matérias abrangidas pelo RGPD e pela legislação nacional em matéria de proteção de dados.

Artigo 12º – Encarregados de proteção de dados em entidades públicas

1 – Nos termos da alínea a) do nº 1 do artigo 37º do RGPD, é obrigatória a designação de encarregados de proteção de dados nas entidades públicas, de acordo com o disposto nos números seguintes.

2 – Para efeitos do número anterior, entende-se por entidades públicas:

a) O Estado;

b) As regiões autónomas;

c) As autarquias locais e as entidades supranacionais previstas na lei;

d) As entidades administrativas independentes e o Banco de Portugal;

e) Os institutos públicos;

f) As instituições de ensino superior públicas, independentemente da sua natureza;

g) As empresas do setor empresarial do Estado e dos setores empresariais regionais e locais;

h) As associações públicas.

3 – Independentemente de quem seja responsável pelo tratamento, existe pelo menos um encarregado de proteção de dados:

a) Por cada ministério ou área governativa, no caso do Estado, sendo designado pelo respetivo ministro, com faculdade de delegação em qualquer secretário de Estado que o coadjuvar;

b) Por cada secretaria regional, no caso das regiões autónomas, sendo designado pelo respetivo secretário regional, com faculdade de delegação em dirigente superior de 1º grau;

c) Por cada município, sendo designado pela câmara municipal, com faculdade de delegação no presidente e subdelegação em qualquer vereador;

d) Nas freguesias em que tal se justifique, nomeadamente naquelas com mais de 750 habitantes, sendo designado pela junta de freguesia, com faculdade de delegação no presidente;

e) Por cada entidade, no caso das demais entidades referidas no número anterior, sendo designada pelo respetivo órgão executivo, de administração ou gestão, com faculdade de delegação no respetivo presidente.

4 – Nos termos do nº 3 do artigo 37º do RGPD, pode ser designado o mesmo encarregado de proteção de dados para vários ministérios ou áreas governativas, secretarias regionais, autarquias locais ou outras pessoas coletivas públicas.

5 – Cabe a cada entidade a designação do encarregado de proteção de dados, não sendo obrigatório o exercício de funções em regime de exclusividade.

6 – O encarregado de proteção de dados de uma entidade pública que tenha atribuições de regulação ou controlo não pode exercer essas funções simultaneamente em entidade sujeita ao controlo, ou inserida no perímetro regulatório daquela entidade.

Artigo 13º – Encarregados de proteção de dados em entidades privadas

O responsável pelo tratamento e o subcontratante designam um encarregado de proteção de dados sempre que a atividade privada desenvolvida, a título principal, implique:

a) Operações de tratamento que, devido à sua natureza, âmbito e ou finalidade, exijam um controlo regular e sistemático dos titulares dos dados em grande escala; ou

b) Operações de tratamento em grande escala das categorias especiais de dados nos termos do artigo 9º do RGPD, ou de dados pessoais relacionados com condenações penais e contraordenacionais nos termos do artigo 10º do RGPD.

CAPÍTULO IV – Acreditação, certificação e códigos de conduta

Artigo 14º – Acreditação e certificação

1 – Nos termos da alínea b) do nº 1 do artigo 43º do RGPD, a autoridade competente para a acreditação dos organismos de certificação em matéria de proteção de dados é o IPAC, I. P.

2 – O ato de acreditação emitido pelo IPAC, I. P., deve tomar em consideração os requisitos previstos no RGPD, bem como os requisitos adicionais estabelecidos pela CNPD.

3 – A certificação, bem como a emissão de selos e marcas de proteção de dados, é efetuada por organismos de certificação acreditados nos termos do nº 1, destinando-se a atestar que os procedimentos implementados cumprem o disposto no RGPD e na presente lei.

Artigo 15º – Códigos de conduta

1 – Compete à CNPD fomentar a elaboração de códigos de conduta que regulem atividades determinadas, os quais devem tomar em atenção as necessidades específicas das micro, pequenas e médias empresas.

2 – O tratamento de dados pessoais pela administração direta e indireta do Estado é objeto de códigos de conduta próprios.

CAPÍTULO V – Disposições especiais

Artigo 16º – Consentimento de menores

1 – Nos termos do artigo 8º do RGPD, os dados pessoais de crianças só podem ser objeto de tratamento com base no consentimento previsto na alínea a) do nº 1 do artigo 6º do RGPD e relativo à oferta direta de serviços da sociedade de informação quando as mesmas já tenham completado 13 anos de idade.

2 – Caso a criança tenha idade inferior a 13 anos, o tratamento só é lícito se o consentimento for dado pelos representantes legais desta, de preferência com recurso a meios de autenticação segura.

Artigo 17º – Proteção de dados pessoais de pessoas falecidas

1 – Os dados pessoais de pessoas falecidas são protegidos nos termos do RGPD e da presente lei quando se integrem nas categorias especiais de

dados pessoais a que se refere o nº 1 do artigo 9º do RGPD, ou quando se reportem à intimidade da vida privada, à imagem ou aos dados relativos às comunicações, ressalvados os casos previstos no nº 2 do mesmo artigo.

2 – Os direitos previstos no RGPD relativos a dados pessoais de pessoas falecidas, abrangidos pelo número anterior, nomeadamente os direitos de acesso, retificação e apagamento, são exercidos por quem a pessoa falecida haja designado para o efeito ou, na sua falta, pelos respetivos herdeiros.

3 – Os titulares dos dados podem igualmente, nos termos legais aplicáveis, deixar determinada a impossibilidade de exercício dos direitos referidos no número anterior após a sua morte.

Artigo 18º – Portabilidade e interoperabilidade dos dados

1 – O direito de portabilidade dos dados, previsto no artigo 20º do RGPD, abrange apenas os dados fornecidos pelos respetivos titulares.

2 – A portabilidade dos dados deve, sempre que possível, ter lugar em formato aberto.

3 – No âmbito da Administração Pública, sempre que a interoperabilidade dos dados não seja tecnicamente possível, o titular dos dados tem o direito de exigir que os mesmos lhe sejam entregues num formato digital aberto, de acordo com o Regulamento Nacional de Interoperabilidade Digital em vigor.

Artigo 19º – Videovigilância

1 – Sem prejuízo das disposições legais específicas que imponham a sua utilização, nomeadamente por razões de segurança pública, os sistemas de videovigilância cuja finalidade seja a proteção de pessoas e bens asseguram os requisitos previstos no artigo 31º da Lei nº 34/2013, de 16 de maio, com os limites definidos no número seguinte.

2 – As câmaras não podem incidir sobre:

a) Vias públicas, propriedades limítrofes ou outros locais que não sejam do domínio exclusivo do responsável, exceto no que seja estritamente necessário para cobrir os acessos ao imóvel;

b) A zona de digitação de códigos de caixas multibanco ou outros terminais de pagamento ATM;

c) O interior de áreas reservadas a clientes ou utentes onde deva ser respeitada a privacidade, designadamente instalações sanitárias, zonas de espera e provadores de vestuário;

d) O interior de áreas reservadas aos trabalhadores, designadamente zonas de refeição, vestiários, ginásios, instalações sanitárias e zonas exclusivamente afetas ao seu descanso.

3 – Nos estabelecimentos de ensino, as câmaras de videovigilância só podem incidir sobre os perímetros externos e locais de acesso, e ainda sobre espaços cujos bens e equipamentos requeiram especial proteção, como laboratórios ou salas de informática.

4 – Nos casos em que é admitida a videovigilância, é proibida a captação de som, exceto no período em que as instalações vigiadas estejam encerradas ou mediante autorização prévia da CNPD.

Artigo 20º – Dever de segredo[2]

1 – Os direitos de informação e de acesso a dados pessoais previstos nos artigos 13º a 15º do RGPD não podem ser exercidos quando a lei imponha ao responsável pelo tratamento ou ao subcontratante um dever de segredo que seja oponível ao próprio titular dos dados.

2 – O titular dos dados pode solicitar à CNPD a emissão de parecer quanto à oponibilidade do dever de segredo, sem prejuízo do disposto no Capítulo VII.

Artigo 21º – Prazo de conservação de dados pessoais

1 – O prazo de conservação de dados pessoais é o que estiver fixado por norma legal ou regulamentar ou, na falta desta, o que se revele necessário para a prossecução da finalidade.

2 – Quando, pela natureza e finalidade do tratamento, designadamente para fins de arquivo de interesse público, fins de investigação científica ou histórica ou fins estatísticos, não seja possível determinar antecipadamente o momento em que o mesmo deixa de ser necessário, é lícita a conservação dos dados pessoais, desde que sejam adotadas medidas técnicas e organizativas adequadas a garantir os direitos do titular dos dados, designadamente a informação da sua conservação.

3 – Quando os dados pessoais sejam necessários para o responsável pelo tratamento, ou o subcontratante, comprovar o cumprimento de obriga-

[2] A norma constante do nº 1 do presente artigo foi objeto de decisão de desaplicação, por via da Deliberação da CNPD 2019/494.

ções contratuais ou de outra natureza, os mesmos podem ser conservados enquanto não decorrer o prazo de prescrição dos direitos correspetivos.

4 – Quando cesse a finalidade que motivou o tratamento, inicial ou posterior, de dados pessoais, o responsável pelo tratamento deve proceder à sua destruição ou anonimização.

5 – Nos casos em que existe um prazo de conservação de dados imposto por lei, só pode ser exercido o direito ao apagamento previsto no artigo 17º do RGPD findo esse prazo.

6 – Os dados relativos a declarações contributivas para efeitos de aposentação ou reforma podem ser conservados sem limite de prazo, a fim de auxiliar o titular na reconstituição das carreiras contributivas, desde que sejam adotadas medidas técnicas e organizativas adequadas a garantir os direitos do titular dos dados.

Artigo 22º – Transferências de dados

As transferências de dados para países terceiros à União Europeia ou organizações internacionais, efetuadas no cumprimento de obrigações legais, por entidades públicas no exercício de poderes de autoridade, são consideradas de interesse público para efeitos do disposto no nº 4 do artigo 49º do RGPD.

Artigo 23º – Tratamento de dados pessoais por entidades públicas para finalidades diferentes[3]

1 – O tratamento de dados pessoais por entidades públicas para finalidades diferentes das determinadas pela recolha tem natureza excecional e deve ser devidamente fundamentado com vista a assegurar a prossecução do interesse público que de outra forma não possa ser acautelado, nos termos da alínea e) do nº 1, do nº 4 do artigo 6º e da alínea g) do nº 2 do artigo 9º do RGPD.

2 – A transmissão de dados pessoais entre entidades públicas para finalidades diferentes das determinadas pela recolha tem natureza excecional, deve ser devidamente fundamentada nos termos referidos no número anterior e deve ser objeto de protocolo que estabeleça as responsabilidades de

[3] As normas constantes dos nºs 1 e 2 do presente artigo foram objeto de decisão de desaplicação, por via da Deliberação da CNPD 2019/494.

cada entidade interveniente, quer no ato de transmissão, quer em outros tratamentos a efetuar.

CAPÍTULO VI – Situações específicas de tratamento de dados pessoais

Artigo 24º – Liberdade de expressão e informação

1 – A proteção de dados pessoais, nos termos do RGPD e da presente lei, não prejudica o exercício da liberdade de expressão, informação e imprensa, incluindo o tratamento de dados para fins jornalísticos e para fins de expressão académica, artística ou literária.

2 – O exercício da liberdade de informação, especialmente quando revele dados pessoais previstos no nº 1 do artigo 9º do RGPD e no artigo 17º da presente lei, deve respeitar o princípio da dignidade da pessoa humana previsto na Constituição da República Portuguesa, bem como os direitos de personalidade nela e na legislação nacional consagrados.

3 – O tratamento para fins jornalísticos deve respeitar a legislação nacional sobre acesso e exercício da profissão.

4 – O exercício da liberdade de expressão não legitima a divulgação de dados pessoais como moradas e contactos, à exceção daqueles que sejam de conhecimento generalizado.

Artigo 25º – Publicação em jornal oficial

1 – A publicação de dados pessoais em jornais oficiais deve obedecer ao artigo 5º do RGPD, nomeadamente aos princípios da finalidade e da minimização.

2 – Sempre que o dado pessoal «nome» seja suficiente para garantir a identificação do titular e a eficácia do tratamento, não devem ser publicados outros dados pessoais.

3 – Os dados pessoais publicados em jornal oficial não podem, em circunstância alguma, ser alterados, rasurados ou ocultados.

4 – O direito ao apagamento de dados pessoais publicados em jornal oficial tem natureza excecional e só se pode concretizar nas condições previstas no artigo 17º do RGPD, nos casos em que essa seja a única forma de acautelar o direito ao esquecimento e ponderados os demais interesses em presença.

5 – O disposto no número anterior realiza-se através da desindexação dos dados pessoais em motores de busca, sempre sem eliminação da publicação que faz fé pública.

6 – Em caso de publicação de dados pessoais em jornais oficiais, considera-se responsável pelo tratamento a entidade que manda proceder à publicação, ou, no caso dos gabinetes dos membros do Governo, as respetivas secretarias-gerais.

Artigo 26º – Acesso a documentos administrativos

O acesso a documentos administrativos que contenham dados pessoais rege-se pelo disposto na Lei nº 26/2016, de 22 de agosto.

Artigo 27º – Publicação de dados no âmbito da contratação pública

No âmbito da contratação pública, e caso seja necessária a publicação de dados pessoais, não devem ser publicados outros dados pessoais para além do nome, sempre que este seja suficiente para garantir a identificação do contraente público e do cocontratante.

Artigo 28º – Relações laborais[4]

1 – O empregador pode tratar os dados pessoais dos seus trabalhadores para as finalidades e com os limites definidos no Código do Trabalho e respetiva legislação complementar ou noutros regimes setoriais, com as especificidades estabelecidas no presente artigo.

2 – O número anterior abrange igualmente o tratamento efetuado por subcontratante ou contabilista certificado em nome do empregador, para fins de gestão das relações laborais, desde que realizado ao abrigo de um contrato de prestação de serviços e sujeito a iguais garantias de sigilo.

3 – Salvo norma legal em contrário, o consentimento do trabalhador não constitui requisito de legitimidade do tratamento dos seus dados pessoais:

a) Se do tratamento resultar uma vantagem jurídica ou económica para o trabalhador; ou

b) Se esse tratamento estiver abrangido pelo disposto na alínea b) do nº 1 do artigo 6º do RGPD.

[4] A norma constante da alínea a) do nº 3 do presente artigo foi objeto de decisão de desaplicação, por via da Deliberação da CNPD 2019/494.

4 – As imagens gravadas e outros dados pessoais registados através da utilização de sistemas de vídeo ou outros meios tecnológicos de vigilância à distância, nos termos previstos no artigo 20º do Código do Trabalho, só podem ser utilizados no âmbito do processo penal.

5 – Nos casos previstos no número anterior, as imagens gravadas e outros dados pessoais podem também ser utilizados para efeitos de apuramento de responsabilidade disciplinar, na medida em que o sejam no âmbito do processo penal.

6 – O tratamento de dados biométricos dos trabalhadores só é considerado legítimo para controlo de assiduidade e para controlo de acessos às instalações do empregador, devendo assegurar-se que apenas se utilizem representações dos dados biométricos e que o respetivo processo de recolha não permita a reversibilidade dos referidos dados.

Artigo 29º – Tratamento de dados de saúde e dados genéticos

1 – Nos tratamentos de dados de saúde e de dados genéticos, o acesso a dados pessoais rege-se pelo princípio da necessidade de conhecer a informação.

2 – Nos casos previstos nas alíneas h) e i) do nº 2 do artigo 9º do RGPD, o tratamento dos dados previstos no nº 1 do mesmo artigo deve ser efetuado por um profissional obrigado a sigilo ou por outra pessoa sujeita a dever de confidencialidade, devendo ser garantidas medidas adequadas de segurança da informação.

3 – O acesso aos dados a que alude o número anterior é feito exclusivamente de forma eletrónica, salvo impossibilidade técnica ou expressa indicação em contrário do titular dos dados, sendo vedada a sua divulgação ou transmissão posterior.

4 – Os titulares de órgãos, trabalhadores e prestadores de serviços do responsável pelo tratamento de dados de saúde e de dados genéticos, o encarregado de proteção de dados, os estudantes e investigadores na área da saúde e da genética e todos os profissionais de saúde que tenham acesso a dados relativos à saúde estão obrigados a um dever de sigilo.

5 – O dever de sigilo referido no número anterior é também aplicável a todos os titulares de órgãos e trabalhadores que, no contexto do acompanhamento, financiamento ou fiscalização da atividade de prestação de cuidados de saúde, tenham acesso a dados relativos à saúde.

6 – O titular dos dados deve ser notificado de qualquer acesso realizado aos seus dados pessoais, cabendo ao responsável pelo tratamento assegurar a disponibilização desse mecanismo de rastreabilidade e notificação.

7 – As medidas e os requisitos técnicos mínimos de segurança inerentes ao tratamento de dados a que alude o nº 1 são aprovados por portaria dos membros do Governo responsáveis pelas áreas da saúde e da justiça, que deve regulamentar, nomeadamente, as seguintes matérias:

a) Estabelecimento de permissões de acesso aos dados pessoais diferenciados, em razão da necessidade de conhecer e da segregação de funções;

b) Requisitos de autenticação prévia de quem acede;

c) Registo eletrónico dos acessos e dos dados acedidos.

Artigo 30º – Bases de dados ou registos centralizados de saúde

1 – Os dados relativos à saúde podem ser organizados em bases de dados ou registos centralizados assentes em plataformas únicas, quando tratados para efeitos das finalidades legalmente previstas no RGPD e na legislação nacional.

2 – As bases de dados de saúde ou registos centralizados assentes nas plataformas únicas referidas no número anterior devem preencher os requisitos de segurança e de inviolabilidade previstos no RGPD.

Artigo 31º – Tratamentos para fins de arquivo de interesse público, fins de investigação científica ou histórica ou fins estatísticos

1 – O tratamento para fins de arquivo de interesse público, fins de investigação científica ou histórica ou fins estatísticos deve respeitar o princípio da minimização dos dados e incluir a anonimização ou a pseudonimização dos mesmos sempre que os fins visados possam ser atingidos por uma destas vias.

2 – Quando os dados pessoais sejam tratados para fins de arquivo de interesse público, fins de investigação científica ou histórica ou fins estatísticos, ficam prejudicados os direitos de acesso, retificação, limitação do tratamento e de oposição previstos nos artigos 15º, 16º, 18º e 21º do RGPD, na medida do necessário, se esses direitos forem suscetíveis de tornar impossível ou prejudicar gravemente a realização desses fins.

3 – Ao tratamento de dados pessoais para fins de arquivo de interesse público é aplicável o Decreto-Lei nº 16/93, de 23 de janeiro, na sua redação atual.

4 – O consentimento relativo ao tratamento de dados para fins de investigação científica pode abranger diversas áreas de investigação ou ser dado unicamente para determinados domínios ou projetos de investigação específicos, devendo em qualquer caso ser respeitados os padrões éticos reconhecidos pela comunidade científica.

5 – Sem prejuízo do disposto na Lei do Sistema Estatístico Nacional, os dados pessoais tratados para fins estatísticos devem ser anonimizados ou pseudonimizados, de modo a acautelar a tutela dos titulares dos dados, nomeadamente no que respeita à impossibilidade de reidentificação logo que concluída a operação estatística.

CAPÍTULO VII – Tutela administrativa e jurisdicional

SECÇÃO I – Disposições gerais

Artigo 32º – Tutela administrativa

Sem prejuízo do direito de apresentação de queixa à CNPD, qualquer pessoa pode recorrer a meios de tutela administrativa, designadamente de cariz petitório ou impugnatório, para garantir o cumprimento das disposições legais em matéria de proteção de dados pessoais, nos termos previstos no Código do Procedimento Administrativo.

Artigo 33º – Responsabilidade civil

1 – Qualquer pessoa que tenha sofrido um dano devido ao tratamento ilícito de dados ou a qualquer outro ato que viole disposições do RGPD ou da lei nacional em matéria de proteção de dados pessoais, tem o direito de obter do responsável ou subcontratante a reparação pelo dano sofrido.

2 – O responsável pelo tratamento e o subcontratante não incorrem em responsabilidade civil se provarem que o facto que causou o dano não lhes é imputável.

3 – À responsabilidade do Estado e demais pessoas coletivas públicas é aplicável o regime previsto na Lei nº 67/2007, de 31 de dezembro, alterado pela Lei nº 31/2008, de 17 de julho.

Artigo 34º – Tutela jurisdicional

1 – Qualquer pessoa, de acordo com as regras gerais de legitimidade processual, pode propor ações contra as decisões, nomeadamente de natureza contraordenacional, e omissões da CNPD, bem como ações de responsabilidade civil pelos danos que tais atos ou omissões possam ter causado.

2 – As ações propostas contra a CNPD são da competência dos tribunais administrativos.

3 – O titular dos dados pode propor ações contra o responsável pelo tratamento ou o subcontratante, incluindo ações de responsabilidade civil.

4 – As ações intentadas contra o responsável pelo tratamento ou um subcontratante são propostas nos tribunais nacionais se o responsável ou subcontratante tiver estabelecimento em território nacional ou se o titular dos dados aqui residir habitualmente.

Artigo 35º – Representação dos titulares dos dados

Sem prejuízo da observância das regras relativas ao patrocínio judiciário, o titular dos dados tem o direito de mandatar um organismo, uma organização ou uma associação sem fins lucrativos constituída em conformidade com o direito nacional, cujos fins estatutários sejam de interesse público e cuja atividade abranja a defesa dos direitos, liberdades e garantias do titular dos dados quanto à proteção de dados pessoais para, em seu nome, exercer os direitos previstos nos artigos 77º, 78º, 79º e 82º do RGPD.

Artigo 36º – Legitimidade da CNPD

A CNPD tem legitimidade para intervir em processos judiciais no caso de violação das disposições do RGPD e da presente lei, e deve denunciar ao Ministério Público as infrações penais de que tiver conhecimento, no exercício das suas funções e por causa delas, bem como praticar os atos cautelares necessários e urgentes para assegurar os meios de prova.

SECÇÃO II – Contraordenações

Artigo 37º – Contraordenações muito graves[5]

1 – Constituem contraordenações muito graves:

[5] As normas constantes das alíneas a), h) e k) do nº 1 e do nº 2 do presente artigo foram objeto de decisão de desaplicação, por via da Deliberação da CNPD 2019/494.

a) Os tratamentos de dados pessoais com inobservância dolosa dos princípios consagrados no artigo 5º do RGDP;

b) Os tratamentos de dados pessoais que não tenham por base o consentimento ou outra condição de legitimidade, nos termos do artigo 6º do RGPD ou de norma nacional;

c) O incumprimento das regras relativas à prestação do consentimento previstas no artigo 7º do RGPD;

d) Os tratamentos de dados pessoais previstos no nº 1 do artigo 9º do RGPD sem que se verifique uma das circunstâncias previstas no nº 2 do mesmo artigo;

e) Os tratamentos de dados pessoais previstos no artigo 10º do RGPD que contrariem as regras aí previstas;

f) A exigência do pagamento de uma quantia em dinheiro fora dos casos previstos no nº 5 do artigo 12º do RGPD;

g) A exigência do pagamento de uma quantia em dinheiro, nos casos previstos no nº 5 do artigo 12º do RGPD, que exceda os custos necessários para satisfazer o direito do titular dos dados;

h) A não prestação de informação relevante nos termos dos artigos 13º e 14º do RGPD, o que ocorre nas seguintes circunstâncias:

i) Omissão de informação das finalidades a que se destina o tratamento;

ii) Omissão de informação acerca dos destinatários ou categorias de destinatários dos dados pessoais;

iii) Omissão de informação acerca do direito de retirar o consentimento nos casos previstos na alínea a) do nº 1 do artigo 6º e na alínea a) do nº 2 do artigo 9º do RGPD;

i) Não permitir, não assegurar ou dificultar o exercício dos direitos previstos nos artigos 15º a 22º do RGPD;

j) A transferência internacional de dados pessoais em violação do disposto nos artigos 44º a 49º do RGPD;

k) O incumprimento das decisões da autoridade de controlo previstas no nº 2 do artigo 58º do RGPD, ou recusa da colaboração que lhe seja exigida pela CNPD, no exercício dos seus poderes;

l) A violação das regras previstas no capítulo VI da presente lei.

2 – As contraordenações referidas no número anterior são punidas com coima:

a) De 5000€ a 20 000 000€ ou 4/prct. do volume de negócios anual, a nível mundial, conforme o que for mais elevado, tratando-se de grande empresa;

b) De 2000€ a 2 000 000€ ou 4/prct. do volume de negócios anual, a nível mundial, conforme o que for mais elevado, tratando-se de PME;

c) De 1000€ a 500 000€, no caso de pessoas singulares.

Artigo 38º – Contraordenações graves[6]

1 – Constituem contraordenações graves:

a) A violação do disposto no artigo 8º do RGPD;

b) A não prestação da restante informação prevista nos artigos 13º e 14º do RGPD;

c) A violação do disposto nos artigos 24º e 25º do RGPD;

d) A violação das obrigações previstas no artigo 26º do RGPD;

e) A violação do disposto no artigo 27º do RGPD;

f) A violação das obrigações previstas no artigo 28º do RGPD;

g) A violação do disposto no artigo 29º do RGPD;

h) A ausência de registo dos tratamentos de dados pessoais em violação do disposto no artigo 30º do RGPD;

i) A violação das regras de segurança previstas no artigo 32º do RGPD;

j) O incumprimento dos deveres previstos no artigo 33º do RGPD;

k) O incumprimento do dever de informar o titular dos dados pessoais nas situações previstas no artigo 34º do RGPD;

l) O incumprimento da obrigação de realizar avaliações de impacto nos casos previstos no artigo 35º do RGPD;

m) O incumprimento da obrigação de consultar a autoridade de controlo previamente à realização de operações de tratamento de dados nos casos previstos no artigo 36º do RGPD;

n) O incumprimento dos deveres previstos no artigo 37º do RGPD;

o) A violação do disposto no artigo 38º do RGPD, nomeadamente no que respeita às garantias de independência do encarregado de proteção de dados;

p) O incumprimento dos deveres previstos no artigo 39º do RGPD;

[6] As normas constantes da alínea b) do nº 1 e do nº 2 do presente artigo foram objeto de decisão de desaplicação, por via da Deliberação da CNPD 2019/494.

q) A prática de atos de supervisão de códigos de conduta por organismos não acreditados pela autoridade de controlo nos termos do artigo 41º do RGPD;

r) O incumprimento, por parte dos organismos de supervisão de códigos de conduta, do previsto no nº 4 do artigo 41º do RGPD;

s) A utilização de selos ou marcas de proteção de dados que não tinham sido emitidos por organismos de certificação devidamente acreditados nos termos dos artigos 42º e 43º do RGPD;

t) O incumprimento, por parte dos organismos de certificação, dos deveres previstos no artigo 43º do RGPD;

u) A violação do disposto no artigo 19º da presente lei.

2 – As contraordenações referidas no número anterior são punidas com coima de:

a) De 2500€ a 10 000 000€ ou 2/prct. do volume de negócios anual, a nível mundial, conforme o que for mais elevado, tratando-se de grande empresa;

b) De 1000€ a 1 000 000€ ou 2/prct. do volume de negócios anual, a nível mundial, conforme o que for mais elevado, tratando-se de PME;

c) De 500€ a 250 000€, no caso de pessoas singulares.

Artigo 39º – Determinação da medida da coima[7]

1 – Na determinação da medida da coima, a CNPD tem em conta, para além dos critérios estabelecidos no nº 2 do artigo 83º do RGPD:

a) A situação económica do agente, no caso de pessoa singular, ou o volume de negócios e o balanço anual, no caso de pessoa coletiva;

b) O caráter continuado da infração;

c) A dimensão da entidade, tendo em conta o número de trabalhadores e a natureza dos serviços prestados.

2 – Para efeitos da aplicação do disposto nos artigos anteriores, os conceitos de pequenas e médias empresas (PME) e grande empresa são os definidos na Recomendação nº 2003/361/CE, da Comissão Europeia, de 6 de maio de 2003.

3 – Exceto em caso de dolo, a instauração de processo de contraordenação depende de prévia advertência do agente, por parte da CNPD, para

[7] As normas constantes dos nºs 1 e 3 do presente artigo foram objeto de decisão de desaplicação, por via da Deliberação da CNPD 2019/494.

cumprimento da obrigação omitida ou reintegração da proibição violada em prazo razoável.

Artigo 40º – Prescrição do procedimento por contraordenação

O procedimento por contraordenação extingue-se por efeito da prescrição logo que sobre a prática da contraordenação hajam decorrido os seguintes prazos:

a) Três anos, quando se trate de contraordenação muito grave;

b) Dois anos, quando se trate de contraordenação grave.

Artigo 41º – Prazo de prescrição das coimas

As coimas previstas na presente lei prescrevem nos seguintes prazos:

a) Três anos, no caso de coimas de montante superior a 100 000€;

b) Dois anos, no caso de coimas de montante igual ou inferior a 100 000€.

Artigo 42º – Destino das coimas

O montante das coimas cobradas reverte em 60/prct. para o Estado e em 40/prct. para a CNPD.

Artigo 43º – Cumprimento do dever omitido

Sempre que a contraordenação resulte da omissão de um dever, a aplicação da sanção e o pagamento da coima não dispensam o infrator do seu cumprimento se este ainda for possível.

Artigo 44º – Âmbito de aplicação das contraordenações

1 – As coimas previstas no RGPD e na presente lei aplicam-se de igual modo às entidades públicas e privadas.

2 – Nos termos do disposto no nº 7 do artigo 83º do RGPD, as entidades públicas, mediante pedido devidamente fundamentado, podem solicitar à CNPD a dispensa da aplicação de coimas durante o prazo de três anos a contar da entrada em vigor da presente lei.

3 – As entidades públicas estão sujeitas aos poderes de correção da CNPD, tal como previstos no RGPD e na presente lei, com exceção da aplicação de coimas nos termos definidos no número anterior.

Artigo 45º – Regime subsidiário

Em tudo o que não esteja previsto na presente lei em matéria contraordenacional, aplica-se o disposto no regime geral do ilícito de mera ordenação social.

SECÇÃO III – Crimes

Artigo 46º – Utilização de dados de forma incompatível com a finalidade da recolha

1 – Quem utilizar dados pessoais de forma incompatível com a finalidade determinante da recolha é punido com pena de prisão até um ano ou com pena de multa até 120 dias.

2 – A pena é agravada para o dobro nos seus limites quando se tratar dos dados pessoais a que se referem os artigos 9º e 10º do RGPD.

Artigo 47º – Acesso indevido

1 – Quem, sem a devida autorização ou justificação, aceder, por qualquer modo, a dados pessoais é punido com pena de prisão até 1 ano ou com pena de multa até 120 dias.

2 – A pena é agravada para o dobro nos seus limites quando se tratar dos dados pessoais a que se referem os artigos 9º e 10º do RGPD.

3 – A pena é também agravada para o dobro nos seus limites quando o acesso:

a) For conseguido através de violação de regras técnicas de segurança; ou

b) Tiver proporcionado ao agente ou a terceiros benefício ou vantagem patrimonial.

Artigo 48º – Desvio de dados

1 – Quem copiar, subtrair, ceder ou transferir, a título oneroso ou gratuito, dados pessoais sem previsão legal ou consentimento, independentemente da finalidade prosseguida, é punido com pena de prisão até 1 ano ou com pena de multa até 120 dias.

2 – A pena é agravada para o dobro nos seus limites quando se tratar dos dados pessoais a que se referem os artigos 9º e 10º do RGPD.

3 – A pena é também agravada para o dobro nos seus limites quando o acesso:

a) For conseguido através de violação de regras técnicas de segurança; ou

b) Tiver proporcionado ao agente ou a terceiros benefício ou vantagem patrimonial.

Artigo 49º – Viciação ou destruição de dados

1 – Quem, sem a devida autorização ou justificação, apagar, destruir, danificar, ocultar, suprimir ou modificar dados pessoais, tornando-os inutilizáveis ou afetando o seu potencial de utilização, é punido com pena de prisão até 2 anos ou com pena de multa até 240 dias.

2 – A pena é agravada para o dobro nos seus limites se o dano produzido for particularmente grave.

3 – Nas situações previstas nos números anteriores, se o agente atuar com negligência é punido com pena de prisão:

a) Até 1 ano ou multa até 120 dias, no caso previsto no nº 1;

b) Até 2 anos ou multa até 240 dias, no caso previsto no nº 2.

Artigo 50º – Inserção de dados falsos

1 – Quem inserir ou facilitar a inserção de dados pessoais falsos, com a intenção de obter vantagem indevida para si ou para terceiro, ou para causar prejuízo, é punido com pena de prisão até 2 anos ou com pena de multa até 240 dias.

2 – A pena é agravada para o dobro nos seus limites se da inserção referida no número anterior resultar um prejuízo efetivo.

Artigo 51º – Violação do dever de sigilo

1 – Quem, obrigado a sigilo profissional nos termos da lei, sem justa causa e sem o devido consentimento, revelar ou divulgar no todo ou em parte dados pessoais é punido com pena de prisão até 1 ano ou com pena de multa até 120 dias.

2 – A pena é agravada para o dobro nos seus limites se o agente:

a) For trabalhador em funções públicas ou equiparado, nos termos da lei penal;

b) For encarregado de proteção de dados;

c) For determinado pela intenção de obter qualquer vantagem patrimonial ou outro benefício ilegítimo;

d) Puser em perigo a reputação, a honra ou a intimidade da vida privada de terceiros.

3 – A negligência é punível com pena de prisão até 6 meses ou com pena de multa até 60 dias.

Artigo 52º – Desobediência

1 – Quem não cumprir as obrigações previstas no RGPD e na presente lei, depois de ultrapassado o prazo que tiver sido fixado pela CNPD para o respetivo cumprimento, é punido com pena de prisão até 1 ano ou com pena de multa até 120 dias.

2 – A pena é agravada para o dobro nos seus limites se, depois de notificado para o efeito, o agente:

a) Não interromper, cessar ou bloquear o tratamento ilícito de dados;

b) Não proceder ao apagamento ou destruição dos dados quando legalmente exigível, ou findo o prazo de conservação fixado nos termos da presente lei; ou

c) Recusar, sem justa causa, a colaboração que lhe for exigida nos termos do artigo 8º da presente lei.

Artigo 53º – Punibilidade da tentativa

Nos crimes previstos na presente secção, a tentativa é sempre punível.

Artigo 54º – Responsabilidade das pessoas coletivas

As pessoas coletivas e entidades equiparadas, com exceção do Estado, de pessoas coletivas no exercício de prerrogativas de poder público e de organizações de direito internacional público, são responsáveis pelos crimes previstos na presente secção, nos termos do artigo 11º do Código Penal.

SECÇÃO IV – Disposições comuns

Artigo 55º – Concurso de infrações

1 – Se o mesmo facto constituir simultaneamente crime e contraordenação, o agente é sempre punido a título de crime.

2 – Quando se verifique concurso de crime e contraordenação, ou quando, pelo mesmo facto, uma pessoa deva responder a título de crime e outra a título de contraordenação, o processamento da contraordenação cabe às autoridades competentes para o processo criminal, nos termos do regime geral do ilícito de mera ordenação social.

Artigo 56º – Sanções acessórias

1 – Conjuntamente com as sanções aplicadas pode ser ordenada, acessoriamente, a proibição temporária ou definitiva do tratamento, o bloqueio, o apagamento ou a destruição total ou parcial dos dados.

2 – Tratando-se de crimes, ou de coimas de montante superior a 100 000€, pode acessoriamente ser determinada a publicidade da condenação, por meio de extrato contendo a identificação do agente, os elementos da infração e as sanções aplicadas, no Portal do Cidadão, por período não inferior a 90 dias.

CAPÍTULO VIII – Disposições finais e transitórias

Artigo 57º – Comissão Nacional de Proteção de Dados

Os membros da CNPD em exercício à data da entrada em vigor da presente lei mantêm-se em funções até ao fim dos respetivos mandatos.

Artigo 58º – Orientações técnicas

As orientações técnicas para a aplicação do RGPD pela administração direta e indireta do Estado são aprovadas por resolução do Conselho de Ministros, a qual pode recomendar a sua aplicação também ao setor empresarial do Estado.

Artigo 59º – Aplicabilidade das coimas às entidades públicas

A possibilidade de não aplicabilidade de coimas às entidades públicas, nos termos previstos no nº 2 do artigo 44º da presente lei, deve ser objeto de reavaliação três anos após a entrada em vigor da presente lei.

Artigo 60º – Situações de tratamentos de dados pessoais pré-existentes

1 – Os tratamentos de dados pessoais objeto de registo público, nos termos do artigo 31º da Lei nº 67/98, de 26 de outubro, permanecem conservados sob a responsabilidade da CNPD e disponíveis para consulta gratuita por qualquer pessoa.

2 – As notificações e pedidos de autorização já decididos pela CNPD no momento da entrada em vigor da presente lei, mas ainda não publicados, devem sê-lo nos termos da legislação prevista no número anterior.

3 – Os pedidos de registo e de autorização pendentes na CNPD na data da entrada em vigor da presente lei caducam com a sua entrada em vigor.

4 – Os responsáveis pelos tratamentos de dados pessoais realizados com base em autorizações emitidas nos termos da Lei nº 67/98, de 26 de outubro, bem como os subcontratantes, estão vinculados a cumprir as obrigações impostas pelo RGPD, com exceção da avaliação de impacto sobre a proteção de dados a que se refere o artigo 35º desse regulamento.

Artigo 61º – Renovação do consentimento[8]

1 – Quando o tratamento dos dados pessoais em curso à data da entrada em vigor da presente lei se basear no consentimento do respetivo titular, não é necessário obter novo consentimento se o anterior tiver observado as exigências constantes do RGPD.

2 – Caso a caducidade do consentimento seja motivo de cessação de contrato em que o titular de dados seja parte, o tratamento de dados é lícito até que esta ocorra.

Artigo 62º – Regimes de proteção de dados pessoais[9]

1 – As normas relativas à proteção de dados pessoais previstas em legislação especial mantêm-se em vigor, em tudo o que não contrarie o disposto no RGPD e na presente lei, sem prejuízo do disposto no número seguinte.

2 – Todas as normas que prevejam autorizações ou notificações de tratamento de dados pessoais à CNPD, fora dos casos previstos no RGPD e na presente lei, deixam de vigorar à data de entrada em vigor do RGPD.

CAPÍTULO IX – Alterações legislativas

Artigo 63º – Alteração à Lei nº 43/2004, de 18 de agosto

1 – Os artigos 2º, 3º, 8º, 16º a 22º e 24º a 31º da Lei de Organização e Funcionamento da Comissão Nacional de Proteção de Dados, aprovada pela Lei nº 43/2004, de 18 de agosto, alterada pela Lei nº 55-A/2010, de 31 de dezembro, passam a ter a seguinte redação:

[8] A norma constante do nº 2 do presente artigo foi objeto de decisão de desaplicação, por via da Deliberação da CNPD 2019/494.

[9] A norma constante do nº 2 do presente artigo foi objeto de decisão de desaplicação, por via da Deliberação da CNPD 2019/494.

«Artigo 2º – [...]

1 – A CNPD é uma entidade administrativa independente, com personalidade jurídica de direito público e poderes de autoridade, dotada de autonomia administrativa e financeira, que funciona junto da Assembleia da República.

2 – A CNPD é a autoridade de controlo nacional para efeitos do Regulamento Geral de Proteção de Dados (RGPD), aprovado pelo Regulamento (UE) 2016/679 do Parlamento Europeu e do Conselho, de 27 de abril de 2016, e da lei que assegura a sua execução na ordem jurídica interna.

3 – A CNPD controla e fiscaliza o cumprimento do RGPD e da presente lei, bem como das demais disposições legais e regulamentares em matéria de proteção de dados pessoais, a fim de defender os direitos, liberdades e garantias das pessoas singulares no âmbito dos tratamentos de dados pessoais.

4 – A CNPD age com independência na prossecução das suas atribuições e no exercício dos poderes que lhe são atribuídos pela presente lei.

Artigo 3º – Composição, designação e mandato dos membros

1 – A CNPD é composta por sete membros de integridade e mérito reconhecidos:

a) Um presidente, eleito pela Assembleia da República;

b) Duas personalidades eleitas pela Assembleia da República segundo o método da média mais alta de Hondt;

c) Dois magistrados, sendo um magistrado judicial, designado pelo Conselho Superior da Magistratura, e um magistrado do Ministério Público, designado pelo Conselho Superior do Ministério Público;

d) Duas personalidades designadas pelo Governo.

2 – O mandato dos membros da CNPD é de cinco anos, renovável duas vezes, e cessa com a posse dos novos membros.

3 – A designação dos membros da CNPD consta de lista publicada na 1.ª série do Diário da República.

4 – Os membros da CNPD tomam posse perante o Presidente da Assembleia da República nos 10 dias seguintes à publicação da lista referida no número anterior.

Artigo 8º – [...]

Constituem deveres dos membros da CNPD:

a) ...

b) ...

c) Guardar sigilo sobre as questões ou processos que estejam a ser objeto de apreciação, nos termos previstos no Regulamento (UE) 2016/679 do Parlamento

Europeu e do Conselho, de 27 de abril de 2016, e na Diretiva (UE) 2016/680 do Parlamento Europeu e do Conselho, de 27 de abril de 2016.

Artigo 16º – Publicidade

1 – São publicadas no sítio da Internet da CNPD as deliberações relativas a:

a) Acreditação e certificação;

b) Revogação e anulação de acreditação e de certificação;

c) Códigos de conduta;

d) Autorizações;

e) Regras vinculativas.

2 – São ainda publicados naquele sítio os regulamentos e os pareceres sobre disposições legais e regulamentares e instrumentos jurídicos em preparação em instituições da União Europeia e internacionais, bem como as orientações e recomendações genéricas.

3 – São publicados na 2.ª série do Diário da República os regulamentos administrativos, incluindo os relativos à fixação de taxas e os emitidos ao abrigo do disposto no nº 3 do artigo 22º

Artigo 17º – Denúncias e participações

1 – As denúncias e participações são apresentadas por escrito, em local específico para o efeito no sítio da CNPD, sem prejuízo de, excecionalmente, desde que devidamente fundamentado, se admitir a sua apresentação por correio eletrónico ou correio postal, podendo ser exigida a confirmação da identidade dos seus autores.

2 – (Revogado.)

3 – ...

4 – ...

Artigo 18º – [...]

1 – ...

2 – A CNPD pode aprovar modelos ou formulários, em suporte eletrónico, com vista a permitir melhor instrução dos processos.

3 – (Revogado.)

4 – Os pedidos de parecer sobre disposições legais e regulamentares em preparação devem ser remetidos à CNPD pelo titular do órgão com poder legiferante ou regulamentar, instruídos com o respetivo estudo de impacto sobre a proteção de dados pessoais.

5 – Os pedidos de parecer sobre quaisquer outros instrumentos jurídicos da União Europeia ou internacionais em preparação, relativos ao tratamento de dados pessoais, devem ser remetidos à CNPD pela entidade que representa o Estado português no processo de elaboração da iniciativa, devidamente instruídos.

Artigo 19º – [...]

1 – ...:

a) ...

b) ...

c) ...

d) Ouvida a Comissão, nomear o pessoal do mapa e autorizar transferências, requisições e destacamentos;

e) ...

f) ...

g) ...

h) ...

i) ...

j) ...

l) ...

2 – ...

Artigo 20º – [...]

1 – As receitas e despesas da CNPD, que goza de autonomia administrativa e financeira, constam de orçamento anual.

2 – Além das dotações que lhe sejam atribuídas no orçamento da Assembleia da República, nos termos da Lei nº 59/90, de 21 de novembro, constituem receitas da CNPD:

a) ...

b) O produto da venda de publicações;

c) ...

d) O montante das coimas cobradas que, nos termos da lei, revertam a seu favor;

e) ...

f) Os subsídios, subvenções, comparticipações, doações e legados, concedidos por entidades, públicas e privadas, nacionais, estrangeiras, da União Europeia ou internacionais;

3 – ...

4 – ...

5 – ...

6 – A gestão do orçamento da CNPD, incluindo as dotações não integradas no orçamento da Assembleia da República, fica sujeita ao regime deste último, sendo igualmente aplicável o regime previsto no nº 10 do artigo 60º da Lei nº 71/2018, de 31 de dezembro.

Artigo 21º – […]
1 – …
a) Pela acreditação e certificação;
b) Pela consulta prévia;
c) Pela emissão de autorizações;
d) Pela apreciação de códigos de conduta;
e) Nos demais casos previstos por lei.
2 – O montante das taxas, que deve ser proporcional à complexidade do pedido e ao serviço prestado, é fixado em regulamento pela CNPD.
3 – …

Artigo 22º – […]
1 – A CNPD dispõe de serviços de apoio próprios que compreendem unidades e núcleos.
2 – Os serviços de apoio são constituídos pelas seguintes unidades:
a) Unidade de Direitos e Sanções;
b) Unidade de Inspeção;
c) Unidade de Relações Públicas e Internacionais;
d) Unidade de Informática;
e) Unidade de Apoio Administrativo e Financeiro.
3 – Compete à CNPD aprovar o regulamento de organização e funcionamento dos serviços de apoio, bem como o regulamento de avaliação dos trabalhadores.
4 – (Anterior nº 3.)
5 – O secretário é nomeado por despacho do presidente, obtido parecer favorável da Comissão, com observância dos requisitos legais adequados ao desempenho das respetivas funções, escolhido preferencialmente de entre funcionários já pertencentes ao mapa da CNPD, habilitados com licenciatura e de reconhecida competência para o desempenho do lugar.
6 – (Anterior nº 5.)

Artigo 24º – Unidade de Direitos e Sanções
Compete à Unidade de Direitos e Sanções assegurar o apoio técnico-jurídico, designadamente:
a) Instruir os processos de contraordenação, bem como outros processos abertos com base em participações ou denúncias;

b) Preparar as peças processuais e representar a CNPD em processos judiciais, quando mandatados para o efeito;

c) Preparar pareceres sobre projetos legislativos e regulamentares e sobre instrumentos jurídicos em preparação em instituições da União Europeia e internacionais;

d) Analisar e preparar orientações sobre estudos de avaliação do impacto sobre a proteção de dados;

e) Instruir e propor decisões sobre processos de autorização prévia nos casos previstos em lei;

f) Instruir e propor decisões sobre processos de acreditação e de revisão de acreditação e certificações;

g) Analisar e preparar decisões em processos de notificação de violações de dados pessoais;

h) Analisar e preparar decisões sobre códigos de conduta;

i) Interagir com encarregados de proteção de dados;

j) Colaborar na organização de colóquios, seminários e outras iniciativas de difusão de matérias de proteção de dados pessoais;

k) Instruir e propor decisões relativas ao exercício de direitos pelos titulares dos dados pessoais;

l) Desempenhar quaisquer outras tarefas de âmbito técnico-jurídico.

Artigo 25º – Unidade de Relações Públicas e Internacionais

Compete à Unidade de Relações Públicas e Internacionais assegurar o apoio em matéria de informação, documentação e relações públicas e na interação com autoridades europeias e internacionais, designadamente:

a) Gerir os conteúdos do sítio da Internet e da intranet da CNPD;

b) Organizar e manter atualizado um centro de documentação com a função de recolher bibliografia, documentação, textos, diplomas legais, atos normativos e administrativos e demais elementos de informação científica e técnica relacionada com a proteção de dados pessoais;

c) Promover a divulgação e o esclarecimento de direitos e obrigações relativos à proteção de dados pessoais;

d) Assegurar os contactos com os órgãos de comunicação social;

e) Organizar, assessorar e dinamizar a realização de colóquios, seminários e outros eventos;

f) Colaborar na conceção e edição de publicações, bem como no relatório anual de atividades;

g) Desempenhar quaisquer outras tarefas, no âmbito da informação e comunicação;

h) Gerir as relações institucionais com organizações da União Europeia ou internacionais em matéria de proteção de dados pessoais;

i) Assegurar as relações com as autoridades de controlo congéneres, em especial no âmbito das competências do Comité Europeu para a Proteção de Dados;

j) Instruir e preparar decisões nos procedimentos de cooperação e coerência;

k) Instruir e preparar decisões quanto a transferências internacionais de dados pessoais.

Artigo 26º – Unidade de Informática

1 – Compete à Unidade de Informática garantir o normal funcionamento das infraestruturas de informação e comunicação da CNPD e o apoio técnico necessário na área das tecnologias de informação, nomeadamente:

a) Assegurar a gestão integrada e a manutenção do parque informático da CNPD e do respetivo sistema de comunicações;

b) Assegurar o correto funcionamento da rede informática e dos sistemas de informação da CNPD;

c) Proceder aos estudos técnicos necessários à aquisição de material informático e de comunicação;

d) Assegurar o apoio aos utilizadores dos sistemas de informação e comunicação, bem como fomentar junto dos mesmos boas práticas para uma utilização segura e adequada desses sistemas;

e) Assegurar a aplicação de normas de segurança que garantam a fiabilidade, confidencialidade e durabilidade dos sistemas de informação;

f) Conceber a arquitetura global do sistema de informação da CNPD;

g) Desenhar, desenvolver e operacionalizar as aplicações e as interfaces necessárias ao exercício da atividade da CNPD;

h) Desenhar, desenvolver e operacionalizar o sítio da Internet da CNPD;

i) Efetuar estudos sobre novas tecnologias com impacto no tratamento de dados pessoais.

Artigo 27º – Unidade de Apoio Administrativo e Financeiro

Compete à Unidade de Apoio Administrativo e Financeiro apoiar a CNPD na gestão dos processos e dos recursos humanos, financeiros e materiais, designadamente:

a) [Anterior alínea c).]

b) [Anterior alínea d).]

c) [Anterior alínea e).]

d) Promover as aquisições de bens e serviços;

e) Administrar os bens de consumo, bem como gerir as instalações, viaturas e demais equipamentos ao serviço da CNPD;

f) Elaborar e manter atualizado o inventário geral;

g) Promover o recrutamento, promoção e a contratação de trabalhadores, bem como a aplicação dos instrumentos de mobilidade;

h) Processar os vencimentos dos trabalhadores, dos membros da CNPD e do fiscal único;

i) Organizar e manter atualizada a informação relativa aos trabalhadores, aos membros da CNPD e ao fiscal único;

j) Promover a formação dos trabalhadores;

k) Promover a execução da avaliação dos trabalhadores;

l) Instruir e propor decisão em processos disciplinares;

m) Secretariar o presidente e o secretário;

n) Assegurar o registo e encaminhamento da correspondência, bem como a organização e arquivo de documentos;

o) Assegurar o atendimento externo e o apoio a reuniões;

p) Assegurar a condução de viaturas e a sua manutenção e receber e entregar expediente e encomendas;

q) Desempenhar quaisquer outras tarefas que, no contexto da sua área funcional, sejam determinadas pelo presidente ou pelo secretário.

Artigo 28º – [...]

1 – Aos trabalhadores da CNPD aplica-se o regime geral do trabalho em funções públicas.

2 – ...

Artigo 29º – [...]

Os trabalhadores da CNPD possuem cartão de identificação, dele constando o cargo desempenhado e os poderes inerentes à sua função.

Artigo 30º – [...]

1 – ...

2 – ...

3 – ...

4 – O prazo previsto no nº 1 do artigo 97º da Lei Geral do Trabalho em Funções Públicas, aprovada em anexo à Lei nº 35/2014, de 20 de junho, não é aplicável ao regime de mobilidade para os serviços de apoio à CNPD, podendo, porém, a mobilidade ser dada por finda por decisão do presidente, ouvida a Comissão, ou a pedido do interessado.

5 – ...

6 – Para o desempenho de funções nos serviços de apoio da CNPD no âmbito dos mecanismos de mobilidade, e sempre que se opere por iniciativa do trabalhador, é dispensado o acordo do serviço de origem.

Artigo 31º – Trabalhadores em funções públicas

A nomeação em comissão de serviço de trabalhadores em funções públicas para o cargo de consultor não determina a abertura de vaga no mapa de origem, ficando salvaguardados todos os direitos inerentes aos seus anteriores cargos ou funções, designadamente para efeitos de promoção ou progressão.»

Artigo 64º – Aditamento à Lei nº 43/2004, de 18 de agosto

São aditados os artigos 19º-A e 24º-A à Lei nº 43/2004, de 18 de agosto, com a seguinte redação:

«Artigo 19º-A – Fiscal único

1 – O fiscal único é o órgão responsável pelo controlo da legalidade, da regularidade e da boa gestão financeira e patrimonial da CNPD, e de consulta por esta nesse domínio.

2 – O fiscal único é um revisor oficial de contas, designado pela Assembleia da República, por resolução, e que toma posse perante o Presidente da Assembleia da República.

3 – O mandato do fiscal único tem a duração de cinco anos, não renovável, permanecendo em exercício de funções até à efetiva substituição.

4 – O fiscal único é remunerado por valor correspondente a 25/prct. da remuneração base auferida pelos membros da CNPD.

5 – Compete, designadamente, ao fiscal único:

a) Acompanhar e controlar a gestão financeira e patrimonial da CNPD;

b) Examinar periodicamente a situação financeira e económica da CNPD e verificar o cumprimento das normas reguladoras da sua atividade;

c) Emitir parecer prévio, no prazo máximo de 10 dias, sobre a aquisição, oneração, arrendamento e alienação de bens móveis;

d) Emitir parecer sobre qualquer assunto que lhe seja submetido pela CNPD;

e) Participar às entidades competentes as irregularidades que detete.

Artigo 24º-A – Unidade de Inspeção

Compete à Unidade de Inspeção realizar inspeções e auditorias no âmbito dos processos em curso, com mandato da CNPD, em especial:

a) Fiscalizar a conformidade do tratamento de dados pessoais, podendo para tal aceder às instalações do responsável e do subcontratante, aos equipamentos, aos meios de tratamento de dados, bem como a toda a documentação que se revele necessária;

b) Investigar, no âmbito da assistência mútua e das operações conjuntas previstas nos artigos 61º e 62º do Regulamento (UE) 2016/679 do Parlamento e do Conselho, de 27 de abril de 2016, os tratamentos de dados pessoais, nas condições previstas na alínea anterior;

c) Realizar as auditorias da parte nacional dos sistemas de informação europeus, nos termos da legislação da União Europeia.»

Artigo 65º – Alteração à Lei nº 26/2016, de 22 de agosto

O artigo 6º do regime de acesso à informação administrativa e ambiental e de reutilização dos documentos administrativos aprovado pela Lei nº 26/2016, de 22 de agosto, passa a ter a seguinte redação:

«Artigo 6º – [...]

1 – ...

2 – ...

3 – ...

4 – ...

5 – ...

6 – ...

7 – ...

8 – ...

9 – Sem prejuízo das ponderações previstas nos números anteriores, nos pedidos de acesso a documentos nominativos que não contenham dados pessoais que revelem a origem étnica, as opiniões políticas, as convicções religiosas ou filosóficas, a filiação sindical, dados genéticos, biométricos ou relativos à saúde, ou dados relativos à intimidade da vida privada, à vida sexual ou à orientação sexual de uma pessoa, presume-se, na falta de outro indicado pelo requerente, que o pedido se fundamenta no direito de acesso a documentos administrativos.»

Artigo 66º – Norma revogatória

1 – É revogada a Lei nº 67/98, de 26 de outubro, que transpõe para a ordem jurídica portuguesa a Diretiva 95/45/CE, do Parlamento Europeu e do Conselho, de 24 de outubro de 1995, relativa à proteção de pessoas sin-

gulares no que diz respeito ao tratamento dos dados pessoais e à livre circulação desses dados.

2 – São revogados o nº 3 do artigo 15º e o nº 2 do artigo 17º da Lei nº 43/2004, de 18 de agosto, alterada pela Lei nº 55-A/2010, de 31 de dezembro.

Artigo 67º – Republicação

É republicada em anexo à presente lei, da qual faz parte integrante, a Lei nº 43/2004, de 18 de agosto, com a redação atual e com as necessárias correções formais[10].

Artigo 68º – Entrada em vigor e produção de efeitos

1 – A presente lei entra em vigor no dia seguinte ao da sua publicação.

2 – O fiscal único a eleger nos termos do disposto no artigo 19º-A da Lei nº 43/2004, de 18 de agosto, só pode iniciar o seu mandato a partir de 1 de janeiro de 2020.

Aprovada em 14 de junho de 2019.

O Presidente da Assembleia da República, *Eduardo Ferro Rodrigues.*

Promulgada em 26 de julho de 2019.

Publique-se.

O Presidente da República, MARCELO REBELO DE SOUSA.

Referendada em 30 de julho de 2019.

Pelo Primeiro-Ministro, *Augusto Ernesto Santos Silva,* Ministro dos Negócios Estrangeiros.

[10] Este diploma consta da presente coletânea.

Lei nº 59/2019, de 8 de agosto, que aprova as regras relativas ao tratamento de dados pessoais para efeitos de prevenção, deteção, investigação ou repressão de infrações penais ou de execução de sanções penais

Lei nº 59/2019, de 8 de agosto

Sumário: Aprova as regras relativas ao tratamento de dados pessoais para efeitos de prevenção, deteção, investigação ou repressão de infrações penais ou de execução de sanções penais, transpondo a Diretiva (UE) 2016/680 do Parlamento Europeu e do Conselho, de 27 de abril de 2016.

CAPÍTULO I – Disposições gerais

Artigo 1º – Objeto

A presente lei estabelece as regras relativas à proteção das pessoas singulares no que diz respeito ao tratamento de dados pessoais pelas autoridades competentes para efeitos de prevenção, deteção, investigação ou repressão de infrações penais ou de execução de sanções penais, incluindo a salvaguarda e a prevenção de ameaças à segurança pública, transpondo para a ordem jurídica interna a Diretiva (UE) 2016/680 do Parlamento Europeu e do Conselho, de 27 de abril de 2016.

Artigo 2º – Âmbito de aplicação

1 – A presente lei é aplicável ao tratamento de dados pessoais para os efeitos previstos no artigo anterior, nos termos da lei processual penal e demais legislação aplicável.

2 – A presente lei aplica-se ao tratamento de dados pessoais por meios total ou parcialmente automatizados, bem como ao tratamento de dados

pessoais contidos num ficheiro ou a ele destinados por meios não automatizados.

3 – A presente lei não se aplica ao tratamento de dados pessoais relacionados com a segurança nacional.

4 – O intercâmbio de dados pessoais entre autoridades competentes na União Europeia, quando legalmente exigido, não é limitado nem proibido por razões relacionadas com a proteção das pessoas singulares no que diz respeito ao tratamento de dados pessoais.

Artigo 3º – Definições

1 – Para os efeitos do disposto na presente lei, entende-se por:

a) «Estado-Membro», Estado-Membro da União Europeia;

b) «País terceiro», Estado que não integra a União Europeia;

c) «Dados pessoais», informações relativas a uma pessoa singular identificada ou identificável («titular dos dados»);

d) «Tratamento», uma operação ou um conjunto de operações efetuadas sobre dados pessoais ou sobre conjuntos de dados pessoais, por meios automatizados ou não automatizados, tais como a recolha, o registo, a organização, a estruturação, a conservação, a adaptação ou alteração, a recuperação, a consulta, a utilização, a divulgação por transmissão, por difusão ou por qualquer outra forma de disponibilização, a comparação ou interconexão, a limitação, o apagamento ou a destruição;

e) «Limitação do tratamento», a inserção de uma marca nos dados pessoais conservados com o objetivo de limitar o seu tratamento no futuro;

f) «Definição de perfis», qualquer forma de tratamento automatizado de dados pessoais que consista em utilizar esses dados para avaliar certos aspetos pessoais de uma pessoa singular, nomeadamente para analisar ou prever aspetos relacionados com o seu desempenho profissional, a sua situação económica, a sua saúde, as suas preferências pessoais, os seus interesses, a sua fiabilidade, o seu comportamento, a sua localização ou as suas deslocações;

g) «Pseudonimização», o tratamento de dados pessoais para que deixem de poder ser atribuídos a um titular de dados específico sem recurso a informações suplementares, desde que estas sejam mantidas separadamente e sujeitas a medidas técnicas e organizativas para assegurar que os dados pessoais não possam ser atribuídos a uma pessoa singular identificada ou identificável;

h) «Ficheiro», um conjunto estruturado de dados pessoais acessíveis segundo critérios específicos, centralizado, descentralizado ou repartido de modo funcional ou geográfico;

i) «Autoridade competente», uma autoridade pública responsável pela prevenção, investigação, deteção ou repressão de infrações penais ou de execução de sanções penais, incluindo a salvaguarda e a prevenção de ameaças à segurança pública, ou qualquer outro organismo ou entidade que exerça, nos termos da lei, a autoridade pública e os poderes públicos para os referidos efeitos;

j) «Responsável pelo tratamento», a entidade competente que, individualmente ou em conjunto com outras, determina as finalidades e os meios de tratamento dos dados pessoais, ou, no caso em que estes são determinados por lei, a autoridade nela indicada;

k) «Subcontratante», a pessoa singular ou coletiva, a autoridade pública, o serviço ou outro organismo que trata dados pessoais por conta do responsável pelo tratamento;

l) «Destinatário», a pessoa singular ou coletiva, a autoridade pública, o serviço ou outro organismo que recebe comunicações de dados pessoais, independentemente de ser ou não um terceiro, com exceção das autoridades públicas que recebem dados pessoais no âmbito de inquéritos específicos nos termos da lei, as quais, não sendo destinatários, observam as regras de proteção de dados pessoais, em função das finalidades do tratamento;

m) «Violação de dados pessoais», uma violação da segurança que provoque, de modo acidental ou ilícito, a destruição, a perda, a alteração, a divulgação não autorizada de dados pessoais transmitidos, conservados ou tratados de outro modo, ou o acesso não autorizado a esses dados;

n) «Dados genéticos», dados pessoais relativos às características genéticas, hereditárias ou adquiridas, de uma pessoa singular, que forneçam informações únicas sobre a sua fisiologia ou sobre a sua saúde que resultem, designadamente, da análise de uma amostra biológica da pessoa singular em causa;

o) «Dados biométricos», dados pessoais resultantes de um tratamento técnico específico, relativos às características físicas, fisiológicas ou comportamentais de uma pessoa singular, que permitam ou confirmem a sua identificação única, tais como imagens faciais ou dados dactiloscópicos;

p) «Dados relativos à saúde», dados pessoais relativos à saúde física ou mental de uma pessoa singular, incluindo a prestação de serviços de saúde, que revelem informações sobre o seu estado de saúde;

q) «Autoridade de controlo», a Comissão Nacional de Proteção de Dados (CNPD), nos termos do disposto no artigo 43º;

r) «Organização internacional», uma organização internacional e os organismos de direito internacional público por ela tutelados, ou outro organismo criado por um acordo celebrado entre dois ou mais países ou com base num acordo dessa natureza.

2 – Para os efeitos do disposto na alínea c) do número anterior, considera-se identificável uma pessoa singular que possa ser identificada, direta ou indiretamente, em especial por referência a um identificador como o nome, o número de identificação, dados de localização, identificadores em linha ou um ou mais elementos específicos da identidade física, fisiológica, genética, mental, económica, cultural ou social dessa pessoa.

3 – Para os efeitos do disposto na alínea i) do nº 1, são autoridades competentes as forças e os serviços de segurança, os órgãos de polícia criminal, as autoridades judiciárias e os serviços prisionais e de reinserção social, no âmbito das suas atribuições de prevenção, deteção, investigação ou repressão de infrações penais ou de execução de sanções penais, nos termos previstos nos respetivos estatutos e nas leis de segurança interna, de organização da investigação criminal e do processo penal.

CAPÍTULO II – Princípios relativos ao tratamento de dados pessoais

Artigo 4º – Princípios gerais de proteção de dados

1 – O tratamento de dados pessoais deve processar-se no estrito respeito pelos direitos, liberdades e garantias das pessoas singulares, em especial pelo direito à proteção dos dados pessoais.

2 – Os dados pessoais são:

a) Objeto de um tratamento lícito e leal;

b) Recolhidos para finalidades determinadas, explícitas e legítimas, não podendo ser tratados de forma incompatível com essas finalidades;

c) Adequados, pertinentes e limitados ao mínimo necessário à prossecução das finalidades para as quais são tratados;

d) Exatos e atualizados sempre que necessário, devendo ser tomadas todas as medidas razoáveis para que os dados inexatos sejam apagados ou retificados sem demora;

e) Conservados de forma a permitir a identificação dos titulares dos dados apenas durante o período necessário para as finalidades para as quais são tratados;

f) Tratados de uma forma que garanta a sua segurança, incluindo a proteção contra o seu tratamento não autorizado ou ilícito e contra a sua perda, destruição ou danificação acidentais, recorrendo a medidas técnicas ou organizativas adequadas.

3 – O responsável pelo tratamento deve adotar as medidas que lhe permitam comprovar que o tratamento de dados pessoais é realizado em conformidade com os princípios enunciados no número anterior.

Artigo 5º – Licitude do tratamento

1 – O tratamento de dados pessoais só é lícito se estiver previsto na lei e na medida em que for necessário para o exercício de uma atribuição da autoridade competente para os efeitos previstos no artigo 1º, sem prejuízo do disposto no nº 3.

2 – A lei indica, pelo menos, os objetivos do tratamento, os dados pessoais a tratar e as finalidades do tratamento.

3 – Caso não esteja autorizado por lei, o tratamento dos dados pessoais apenas pode ser realizado se for necessário para a proteção dos interesses vitais do titular dos dados ou de outra pessoa singular.

Artigo 6º – Tratamento de categorias especiais de dados pessoais

1 – O tratamento dos dados pessoais que revelem a origem racial ou étnica, as opiniões políticas, as convicções religiosas ou filosóficas ou a filiação sindical, bem como dos dados genéticos, dos dados biométricos destinados a identificar uma pessoa singular de forma inequívoca, dos dados relativos à saúde ou dos dados relativos à vida sexual ou à orientação sexual, só pode ser efetuado se for estritamente necessário, se estiver sujeito a garantias adequadas de proteção dos direitos e liberdades do titular dos dados, e se:

a) For autorizado por lei;

b) Se destinar a proteger os interesses vitais do titular dos dados ou de outra pessoa singular; ou

c) Estiver relacionado com dados manifestamente tornados públicos pelo titular dos dados.

2 – São proibidas as definições de perfis que conduzam à discriminação de pessoas singulares com base nas categorias especiais de dados pessoais previstos no número anterior.

Artigo 7º – Finalidades do tratamento

1 – É permitido o tratamento dos dados pessoais, pelo mesmo ou por outro responsável pelo tratamento, para finalidades diferentes daquelas para as quais os dados pessoais foram recolhidos, desde que essas outras finalidades se enquadrem nos fins previstos no artigo 1º e que:

a) O responsável pelo tratamento esteja autorizado por lei a tratar os dados pessoais para essa finalidade; e

b) O tratamento seja necessário e proporcional a essa outra finalidade, nos termos da lei.

2 – O tratamento pelo mesmo ou por outro responsável inclui o arquivo de interesse público e a utilização científica, estatística ou histórica dos dados para os efeitos previstos no artigo 1º, sob reserva de garantias adequadas dos direitos, liberdades e garantias do titular dos dados.

Artigo 8º – Condições específicas de tratamento

1 – Os dados pessoais recolhidos pelas autoridades competentes para os fins previstos no artigo 1º não podem ser tratados para fins diferentes, salvo se esse tratamento for autorizado por lei, sendo neste caso aplicável ao tratamento de dados para esses e outros fins o disposto no Regulamento (UE) 2016/679 do Parlamento Europeu e do Conselho, de 27 de abril de 2016, e na Lei nº 58/2019, de 8 de agosto.

2 – Nos casos em que as autoridades competentes exerçam atribuições para efeitos diversos dos previstos no artigo 1º, é aplicável ao tratamento de dados para esses outros fins, incluindo os de arquivo de interesse público, de investigação científica ou histórica ou fins estatísticos, o disposto no Regulamento (UE) 2016/679 do Parlamento Europeu e do Conselho, de 27 de abril de 2016, e na Lei nº 58/2019, de 8 de agosto.

3 – Se a autoridade competente proceder a uma transmissão de dados cujo tratamento esteja sujeito a condições específicas, a autoridade transmissora informa o destinatário dos dados pessoais dessas condições e da obrigação de as cumprir.

4 – Na transmissão de dados à Eurojust, à Europol e a outros organismos de cooperação judiciária e policial em matéria penal criados no âmbito

da União Europeia, bem como às autoridades competentes de outros Estados-Membros, não podem ser aplicadas condições específicas diferentes das previstas para as transmissões de dados similares entre autoridades nacionais.

Artigo 9º – Distinção entre diferentes categorias de titulares de dados

O responsável pelo tratamento deve estabelecer, se aplicável e sempre que possível, uma distinção clara entre os dados pessoais de diferentes categorias de titulares de dados, tais como:

a) Pessoas relativamente às quais existem motivos fundados para crer que cometeram ou estão prestes a cometer uma infração penal;

b) Pessoas condenadas pela prática de uma infração penal;

c) Vítimas de uma infração penal ou pessoas relativamente às quais certos factos levam a crer que possam vir a ser vítimas de uma infração penal; e

d) Terceiros envolvidos numa infração penal, tais como pessoas que possam ser chamadas a testemunhar em processo penal, pessoas que possam fornecer informações sobre infrações penais, ou contactos ou associados de uma das pessoas a que se referem as alíneas a) e b).

Artigo 10º – Distinção entre dados pessoais e verificação da qualidade dos dados pessoais

1 – Sempre que possível, os dados pessoais baseados em factos devem ser distinguidos dos dados pessoais baseados em apreciações pessoais.

2 – Não podem ser transmitidos nem disponibilizados dados pessoais inexatos, incompletos, desatualizados ou não confiáveis.

3 – Para os efeitos previstos no número anterior, as autoridades competentes verificam, sempre que possível, a qualidade dos dados pessoais antes de estes serem transmitidos ou disponibilizados.

4 – Nos casos de transmissão de dados pessoais, as autoridades competentes que os transferem devem fornecer, sempre que possível, as informações necessárias para que as autoridades competentes que os recebem possam apreciar se os dados são exatos, completos, atuais e fiáveis.

5 – Se se verificar que foram transmitidos dados inexatos ou que foram transmitidos dados pessoais de forma ilícita, o destinatário deve ser informado sem demora, devendo proceder-se à retificação ou ao apagamento dos dados em causa ou à limitação do seu tratamento, nos termos do artigo 17º

Artigo 11º – Decisões individuais automatizadas

1 – São proibidas as decisões tomadas exclusivamente com base no tratamento automatizado, incluindo a definição de perfis, que produzam efeitos adversos na esfera jurídica do titular dos dados ou que o afetem de forma significativa, exceto quando autorizadas por lei, desde que seja previsto o direito de o titular dos dados obter a intervenção humana do responsável pelo tratamento.

2 – As decisões a que se refere o número anterior não podem basear-se nas categorias especiais de dados pessoais previstos no artigo 6º

Artigo 12º – Prazos para conservação e avaliação

1 – Os dados pessoais só podem ser tratados durante o período necessário para a prossecução das finalidades da recolha, ou do tratamento posterior autorizado nos termos do artigo 7º, findo o qual devem ser apagados, sem prejuízo da sua pseudonimização logo que as finalidades do tratamento o permitam.

2 – O responsável pelo tratamento avalia periodicamente a necessidade de conservar os dados pessoais tratados, de acordo com procedimentos internos adotados para esse efeito, nos quais se deve fixar, nomeadamente, a periodicidade da avaliação.

3 – A periodicidade de avaliação da necessidade de conservar os dados pessoais deve ser determinada em função das diferentes categorias de titulares de dados previstos no artigo 9º, bem como da necessidade de conservação dos dados em causa para as finalidades do tratamento.

4 – A decisão de conservar os dados pessoais por períodos adicionais ao prazo de conservação original deve ser documentada, justificada e notificada aos titulares dos dados, sem prejuízo do disposto no artigo 16º

5 – As autoridades competentes devem utilizar sistemas informáticos que facilitem a avaliação periódica da necessidade de conservar os dados e o seu apagamento ou pseudonimização, nomeadamente através de alertas e de medidas de proteção automáticas, tais como a limitação de acesso ou a ocultação dos dados.

CAPÍTULO III – Direitos do titular dos dados

Artigo 13º – Comunicações e exercício dos direitos do titular dos dados

1 – O responsável pelo tratamento facilita o exercício dos direitos do titular dos dados nos termos dos artigos 11º e 15º a 19º

2 – O responsável pelo tratamento fornece ao titular dos dados as informações a que se refere o artigo 14º e efetua as comunicações relativas aos artigos 11º, 15º a 19º e 33º de uma forma concisa, inteligível e de fácil acesso, utilizando uma linguagem clara e simples, e pelos meios adequados, incluindo meios eletrónicos, e, sempre que possível, com recurso ao meio utilizado no pedido.

3 – O responsável pelo tratamento informa o titular dos dados do seguimento dado ao seu pedido, por escrito, e sem demora injustificada, num prazo não superior a 30 dias, que pode ser renovado por mais 30 dias, em caso de motivo justificado.

4 – A prestação de informações e o exercício dos direitos são gratuitos, sem prejuízo do disposto no número seguinte.

5 – Nos casos em que o pedido do titular dos dados seja manifestamente infundado ou excessivo, designadamente devido ao seu caráter repetitivo, o responsável pelo tratamento, mediante decisão fundamentada, pode:

a) Exigir o pagamento de uma taxa de montante a fixar por portaria do membro do Governo responsável pela área da justiça, tendo em conta os custos administrativos associados; ou

b) Recusar dar seguimento ao pedido.

6 – Se tiver dúvidas razoáveis quanto à identidade da pessoa que apresenta o pedido ao abrigo dos artigos 15º e 17º, o responsável pelo tratamento pode solicitar ao requerente que lhe sejam fornecidas as informações adicionais necessárias para confirmar a sua identidade.

Artigo 14º – Informações a disponibilizar ou a fornecer pelo responsável pelo tratamento

1 – O responsável pelo tratamento disponibiliza publicamente e de forma permanentemente acessível as informações sobre:

a) A identidade e os contactos do responsável pelo tratamento;

b) Os contactos do encarregado da proteção de dados;

c) As finalidades do tratamento a que os dados pessoais se destinam;

d) O direito de apresentar queixa à autoridade de controlo e os contactos dessa autoridade;

e) O direito de solicitar ao responsável pelo tratamento acesso aos dados pessoais que lhe dizem respeito, bem como a sua retificação ou o seu apagamento e a limitação do tratamento.

2 – Para além das informações a que se refere o número anterior, e sem prejuízo do disposto no número seguinte, o responsável pelo tratamento fornece ao titular dos dados as seguintes informações adicionais a fim de lhe permitir exercer os seus direitos:

a) O fundamento jurídico do tratamento;

b) O prazo de conservação dos dados pessoais, os critérios utilizados para o definir ou os procedimentos previstos para revisão periódica da necessidade de conservação;

c) As categorias de destinatários dos dados pessoais, se for o caso, inclusivamente nos países terceiros ou nas organizações internacionais;

d) Se necessário, outras informações adicionais, especialmente se os dados pessoais tiverem sido recolhidos sem o conhecimento do seu titular.

3 – A prestação de informações a que se refere o número anterior pode ser adiada, limitada ou recusada se e enquanto tal for necessário e proporcional para:

a) Evitar prejuízo para investigações, inquéritos ou processos judiciais;

b) Evitar prejuízo para a prevenção, deteção, investigação ou repressão de infrações penais ou para a execução de sanções penais;

c) Proteger a segurança pública;

d) Proteger a segurança nacional; ou

e) Proteger os direitos, liberdades e garantias de terceiros.

Artigo 15º – Direito de acesso do titular dos dados aos seus dados pessoais

1 – Sem prejuízo do disposto no artigo seguinte, o titular dos dados tem direito a obter do responsável pelo tratamento, com periodicidade razoável, informação sobre se os dados pessoais que lhe dizem respeito estão ou não a ser objeto de tratamento.

2 – Em caso afirmativo, o titular dos dados tem o direito de aceder aos seus dados pessoais e às informações sobre:

a) As finalidades e o fundamento jurídico do tratamento;

b) As categorias dos dados pessoais em causa;

c) Os destinatários ou as categorias de destinatários aos quais os dados pessoais foram transmitidos, especialmente se se tratar de destinatários de países terceiros ou de organizações internacionais;

d) Sempre que possível, o prazo previsto de conservação dos dados pessoais ou, se não for possível, os critérios utilizados para fixar esse prazo;

e) O direito de solicitar ao responsável pelo tratamento a retificação ou o apagamento dos dados pessoais ou a limitação do tratamento dos dados pessoais que lhe dizem respeito;

f) O direito de apresentar queixa à autoridade de controlo e de obter os contactos dessa autoridade;

g) A comunicação dos dados pessoais sujeitos a tratamento, bem como as informações disponíveis sobre a origem dos mesmos.

Artigo 16º – Limitações do direito de acesso

1 – O responsável pelo tratamento pode recusar ou restringir o direito de acesso do titular dos dados enquanto tal limitação constituir uma medida necessária e proporcional para:

a) Evitar prejuízo para investigações, inquéritos ou processos judiciais;

b) Evitar prejuízo para a prevenção, deteção, investigação ou repressão de infrações penais ou para a execução de sanções penais;

c) Proteger a segurança pública;

d) Proteger a segurança nacional; ou

e) Proteger os direitos, liberdades e garantias de terceiros.

2 – Nos casos previstos no número anterior, o responsável pelo tratamento informa o titular dos dados, por escrito e sem demora injustificada, dos motivos da recusa ou da limitação do acesso.

3 – A informação a que se refere o número anterior pode ser omitida apenas na medida em que a sua prestação possa prejudicar uma das finalidades enunciadas no nº 1.

4 – Nos casos previstos no número anterior, o responsável pelo tratamento informa o titular dos dados do direito que lhe assiste de apresentar um pedido de verificação à autoridade de controlo nos termos do artigo 18º, ou de intentar a competente ação judicial.

5 – O responsável pelo tratamento disponibiliza à autoridade de controlo informação sobre os motivos de facto e de direito que fundamentam a decisão de recusa ou de limitação do direito de acesso, bem como da omissão de informação ao titular dos dados.

Artigo 17º – Direito de retificação ou apagamento dos dados pessoais e de limitação do tratamento

1 – O titular dos dados tem o direito de obter do responsável pelo tratamento, sem demora injustificada, a retificação dos dados pessoais inexa-

tos que lhe digam respeito, bem como o direito a que os seus dados pessoais incompletos sejam completados, nomeadamente por meio de declaração adicional.

2 – O titular dos dados tem o direito de obter do responsável pelo tratamento, sem demora injustificada, o apagamento dos dados pessoais que lhe digam respeito nos casos em que o tratamento não respeite o disposto nos artigos 4º a 7º ou nos casos em que o apagamento seja exigido para dar cumprimento a uma obrigação legal a que o responsável pelo tratamento esteja sujeito.

3 – Em vez de proceder ao apagamento, o responsável pelo tratamento limita o tratamento, no caso de:

a) O titular dos dados contestar a exatidão dos dados pessoais e a sua exatidão ou inexatidão não puder ser apurada;

b) Os dados pessoais deverem ser conservados para efeitos de prova.

4 – Nos casos previstos na alínea a) do número anterior, o responsável pelo tratamento informa o titular dos dados antes de pôr termo à limitação do tratamento.

5 – A limitação do tratamento implica que os dados só possam ser tratados para as finalidades que impediram o seu apagamento, devendo o responsável pelo tratamento adotar as medidas técnicas e organizativas adequadas para assegurar que a limitação é respeitada.

6 – O titular dos dados é informado, por escrito, da decisão de recusa do pedido de retificação ou de apagamento ou da limitação do tratamento e dos respetivos fundamentos.

7 – A informação a que se refere o número anterior pode ser omitida ou limitada pelo responsável pelo tratamento na medida em que tal omissão ou limitação constitua uma medida necessária e proporcional para:

a) Evitar prejuízo para investigações, inquéritos, ou processos judiciais;

b) Evitar prejuízo para a prevenção, deteção, investigação ou repressão de infrações penais ou a execução de sanções penais;

c) Proteger a segurança pública;

d) Proteger a segurança nacional; ou

e) Proteger os direitos e as liberdades de terceiros.

8 – Nos casos previstos no número anterior, o responsável pelo tratamento informa o titular dos dados do direito de apresentar um pedido de verificação à autoridade de controlo nos termos do artigo 18º, ou de intentar a competente ação judicial.

9 – A retificação dos dados pessoais é comunicada à autoridade competente de origem dos dados inexatos.

10 – Em caso de transmissão de dados, o responsável pelo tratamento informa os destinatários da retificação ou do apagamento ou da limitação do tratamento, devendo estes retificar ou apagar os dados ou limitar o tratamento em conformidade com essa informação.

Artigo 18º – Exercício dos direitos do titular dos dados e verificação pela autoridade de controlo

1 – Em caso de recusa de informação, acesso, retificação, apagamento ou limitação de tratamento com fundamento no disposto no nº 3 do artigo 14º, no nº 1 do artigo 16º ou no nº 7 do artigo anterior, o titular dos dados pode solicitar à autoridade de controlo que verifique a licitude do tratamento.

2 – O responsável pelo tratamento informa o titular dos dados do direito que lhe assiste nos termos do número anterior.

3 – Nos casos referidos no nº 1, a autoridade de controlo informa o titular dos dados de que procedeu a todas as verificações necessárias ou a um reexame do tratamento e do direito que lhe assiste de intentar a competente ação judicial.

Artigo 19º – Direitos do titular dos dados em casos especiais

Os direitos de informação, de acesso, de retificação, de apagamento e de limitação do tratamento de dados pessoais constantes de um processo penal, de uma decisão judicial ou do registo criminal são exercidos nos termos da lei processual penal e da demais legislação aplicável.

CAPÍTULO IV – Responsável pelo tratamento e subcontratante

Artigo 20º – Obrigações do responsável pelo tratamento

1 – O responsável pelo tratamento, tendo em conta a natureza, o âmbito, o contexto e as finalidades do tratamento dos dados, bem como os riscos para os direitos, liberdades e garantias das pessoas, adota as medidas técnicas e organizativas adequadas para assegurar e poder comprovar que o tratamento é realizado em conformidade com a presente lei.

2 – As medidas adotadas nos termos do número anterior são regularmente avaliadas e atualizadas.

Artigo 21º – Requisitos mínimos da proteção de dados

1 – O responsável pelo tratamento adota as medidas técnicas e organizativas que assegurem de forma eficaz o respeito pelos princípios da proteção de dados, bem como as garantias necessárias para satisfazer os requisitos estabelecidos na presente lei e para proteger os direitos dos titulares dos dados.

2 – O responsável pelo tratamento aplica as medidas técnicas e organizativas adequadas que assegurem que apenas são tratados os dados pessoais necessários para cada finalidade específica do tratamento.

3 – Para os efeitos do número anterior, o responsável pelo tratamento avalia o volume de dados pessoais recolhidos, a extensão do tratamento, o prazo de conservação e a acessibilidade, devendo assegurar que, por defeito, os dados pessoais não são disponibilizados a um número indeterminado de pessoas sem o consentimento do respetivo titular dos dados.

4 – As medidas referidas no nº 1 são asseguradas tanto nos momentos da conceção, do desenvolvimento e da aplicação dos meios de tratamento como no momento do próprio tratamento, de modo a permitir, designadamente, a pseudonimização e a minimização dos dados.

Artigo 22º – Responsáveis conjuntos pelo tratamento

1 – Para os efeitos da presente lei, quando dois ou mais responsáveis pelo tratamento de dados determinam conjuntamente as finalidades e os meios do tratamento, ambos são responsáveis conjuntos pelo tratamento.

2 – Os responsáveis conjuntos determinam as respetivas responsabilidades por mútuo acordo, de forma transparente e devidamente documentada a fim de garantir o cumprimento da presente lei, nomeadamente no que diz respeito ao exercício dos direitos do titular dos dados e aos deveres de facultar a informação a que se refere o artigo 14º, salvo nos casos em que a responsabilidade seja determinada por lei.

3 – O acordo previsto no número anterior identifica qual dos responsáveis é o ponto de contacto dos titulares dos dados para o exercício dos seus direitos, sem prejuízo de a pretensão poder ser dirigida a qualquer deles.

Artigo 23º – Tratamento dos dados por subcontratante

1 – O responsável pelo tratamento pode recorrer a subcontratantes que apresentem garantias suficientes de adoção de medidas técnicas e organizativas adequadas de modo a que o tratamento satisfaça os requisitos esta-

belecidos na presente lei e assegure a proteção dos direitos do titular dos dados.

2 – O subcontratante não pode recorrer a outro subcontratante sem a autorização prévia específica ou geral, por escrito, do responsável pelo tratamento, com exceção dos casos em que a subcontratação esteja prevista na lei.

3 – Em caso de autorização geral, o subcontratante informa o responsável pelo tratamento de todas as alterações pretendidas quanto à contratação de outros subcontratantes, podendo o responsável pelo tratamento opor-se a essas alterações.

4 – O tratamento de dados em subcontratação é regulado por contrato escrito ou por lei que estabeleça o objeto, a duração, a natureza e a finalidade do tratamento, o tipo de dados pessoais e as categorias de titulares de dados a tratar, bem como as obrigações e os direitos do responsável pelo tratamento.

5 – O contrato ou a lei referidos no número anterior preveem, designadamente, que o subcontratante:

a) Só aja de acordo com as instruções do responsável pelo tratamento;

b) Assegure que as pessoas autorizadas a tratar os dados pessoais assumem um compromisso de confidencialidade ou se encontram sujeitas a obrigações legais de confidencialidade;

c) Preste assistência ao responsável pelo tratamento por todos os meios adequados de modo a assegurar o cumprimento das disposições relativas aos direitos do titular dos dados;

d) Após concluir os serviços de tratamento, apague de forma definitiva ou devolva os dados ao responsável pelo tratamento, consoante a escolha deste, e apague as cópias existentes, a menos que a sua conservação seja exigida por lei;

e) Disponibilize ao responsável pelo tratamento as informações necessárias para demonstrar o cumprimento do disposto no presente artigo;

f) Respeite as condições referidas nos nºs 2 e 3 no que respeita à contratação de outro subcontratante;

g) Adote as medidas técnicas e organizativas adequadas que assegurem a proteção dos dados pessoais, em conformidade com o exigido na presente lei, devendo considerar o princípio da proteção de dados desde a conceção e por defeito.

Artigo 24º – Tratamento sob a autoridade do responsável pelo tratamento ou do subcontratante

O subcontratante, bem como qualquer pessoa que, agindo sob a autoridade deste ou do responsável pelo tratamento, tenha acesso a dados pessoais, não pode efetuar o respetivo tratamento sem instruções do responsável pelo tratamento.

Artigo 25º – Dever de sigilo

Os responsáveis pelo tratamento, os subcontratantes, bem como qualquer outra pessoa que, no exercício das suas funções, tenha acesso aos dados pessoais, ficam obrigados a sigilo profissional, mesmo após o termo das suas funções.

Artigo 26º – Registos das atividades de tratamento

1 – O responsável pelo tratamento conserva um registo de todas as categorias de atividades de tratamento sob a sua responsabilidade.

2 – O registo deve conter:

a) O nome e os contactos do responsável pelo tratamento e, se for o caso, dos responsáveis conjuntos pelo tratamento e do encarregado da proteção de dados;

b) As finalidades do tratamento;

c) As categorias de destinatários aos quais os dados pessoais são divulgados ou facultados, incluindo os destinatários estabelecidos em países terceiros ou organizações internacionais;

d) A descrição das categorias de titulares de dados e das categorias de dados pessoais;

e) A utilização da definição de perfis, se for caso disso;

f) As categorias de transferências de dados pessoais para um país terceiro ou para uma organização internacional, se for caso disso;

g) A indicação do fundamento jurídico do tratamento, incluindo das transferências, a que os dados pessoais se destinam;

h) Se possível, os prazos de conservação das diferentes categorias de dados pessoais ou os procedimentos previstos para revisão periódica da necessidade de conservação;

i) Uma descrição geral das medidas técnicas e organizativas em matéria de segurança referidas no artigo 31º;

j) Os pedidos apresentados pelos titulares dos dados e a respetiva tramitação, bem como as decisões do responsável pelo tratamento com a correspondente fundamentação.

3 – O subcontratante conserva um registo de todas as categorias de atividades de tratamento realizadas em nome do responsável pelo tratamento, do qual constam:

a) O nome e os contactos do subcontratante ou subcontratantes, de cada responsável pelo tratamento em nome do qual atua o subcontratante e do encarregado da proteção de dados, se for caso disso;

b) As categorias de tratamentos de dados efetuados em nome de cada responsável pelo tratamento;

c) Se for caso disso, as transferências de dados pessoais para um país terceiro ou para uma organização internacional e as instruções do responsável pelo tratamento para as transferências, incluindo a identificação desse país terceiro ou dessa organização internacional;

d) Uma descrição geral das medidas técnicas e organizativas em matéria de segurança referidas no artigo 31º

4 – Os registos a que se referem os números anteriores são conservados por escrito e em suporte duradouro, designadamente em formato eletrónico.

5 – O responsável pelo tratamento e o subcontratante facultam os registos previstos nos números anteriores à autoridade de controlo, a pedido desta.

Artigo 27º – Registo cronológico

1 – O responsável pelo tratamento e o subcontratante conservam em sistemas de tratamento automatizado registos cronológicos das seguintes operações de tratamento:

a) Recolha;

b) Alteração;

c) Consulta;

d) Divulgação, incluindo transferências;

e) Interconexão;

f) Apagamento; e

g) Limitação do tratamento, incluindo as datas de início e de cessação da limitação.

2 – Os registos cronológicos das operações de consulta e de divulgação devem permitir determinar o motivo, a data e a hora dessas operações,

a identificação da pessoa que consultou ou divulgou dados pessoais e, sempre que possível, a identidade dos destinatários desses dados pessoais.

3 – Os registos cronológicos são utilizados exclusivamente para efeitos de verificação da licitude do tratamento, autocontrolo, exercício do poder disciplinar e garantia da integridade e segurança dos dados pessoais, bem como no âmbito e para efeitos de processo penal.

4 – O responsável pelo tratamento e o subcontratante disponibilizam os registos cronológicos à autoridade de controlo, a pedido desta.

5 – As leis específicas reguladoras das operações de tratamento dos dados para as finalidades previstas no artigo 1º definem os períodos de conservação aplicáveis aos registos cronológicos.

6 – O responsável pelo tratamento e o subcontratante adotam medidas técnicas que garantam a integridade dos registos cronológicos.

Artigo 28º – Dever de colaboração

O responsável pelo tratamento e o subcontratante colaboram plenamente com a autoridade de controlo no exercício das suas atribuições.

Artigo 29º – Avaliação de impacto

1 – No caso de um certo tipo de tratamento ser suscetível de representar um elevado risco para os direitos, liberdades e garantias das pessoas, o responsável pelo mesmo deve efetuar uma avaliação do impacto das operações que o compõem antes de lhe dar início.

2 – Tendo em conta os direitos, liberdades e garantias das pessoas, a avaliação do impacto inclui:

a) Uma descrição geral das operações de tratamento previstas;

b) Uma avaliação dos riscos para os direitos, liberdades e garantias dos titulares dos dados;

c) As medidas previstas para fazer face aos riscos mencionados na alínea anterior;

d) As garantias, as medidas de segurança e os mecanismos para assegurar a proteção dos dados pessoais e demonstrar a conformidade do tratamento com a presente lei.

Artigo 30º – Consulta prévia da autoridade de controlo

1 – O responsável pelo tratamento ou o subcontratante consultam a autoridade de controlo antes de proceder ao tratamento de dados pessoais a integrar em ficheiro a criar nos casos em que:

a) A avaliação de impacto prevista no artigo anterior indique que o tratamento resultaria num elevado risco, na ausência de medidas adequadas para atenuar esse risco; ou

b) O tipo de tratamento envolva um elevado risco para os direitos, liberdades e garantias dos titulares dos dados, designadamente se utilizar novas tecnologias.

2 – A autoridade de controlo é consultada durante a elaboração de instrumentos jurídicos em preparação na União Europeia ou em instituições internacionais e durante a elaboração de acordos bilaterais ou multilaterais a celebrar entre o Estado Português e outros Estados, bem como de propostas legislativas e regulamentares referentes ao tratamento de dados pessoais, podendo, igualmente, emitir pareceres, por iniciativa própria, sobre qualquer questão relacionada com a proteção de dados pessoais.

3 – A autoridade de controlo pode elaborar e publicitar uma lista das operações de tratamento sujeitas a consulta prévia nos termos do nº 1.

4 – O responsável pelo tratamento fornece à autoridade de controlo a avaliação de impacto prevista no artigo anterior e, quando solicitado, qualquer outra informação que lhe permita avaliar a conformidade do tratamento com a presente lei, os riscos para a proteção dos dados pessoais e as respetivas garantias.

5 – Caso considere que o tratamento previsto no nº 1 viola o disposto na presente lei, especialmente se o responsável pelo tratamento não tiver identificado ou atenuado de forma suficiente os riscos, a autoridade de controlo dá orientações por escrito ao responsável pelo tratamento ou ao subcontratante no prazo de seis semanas a contar da receção do pedido de consulta, sem prejuízo de poder adotar outras medidas da sua competência.

6 – O prazo previsto no número anterior pode ser prorrogado por um mês, tendo em conta a complexidade do tratamento em causa, devendo a autoridade de controlo informar o responsável pelo tratamento ou o subcontratante dessa prorrogação e dos respetivos fundamentos.

Artigo 31º – Segurança do tratamento

1 – O responsável pelo tratamento e o subcontratante adotam as medidas técnicas e organizativas apropriadas a fim de assegurarem um nível de segurança adequado ao risco, em particular no que diz respeito ao tratamento das categorias especiais de dados pessoais referidos no artigo 6º

2 – No que respeita ao tratamento automatizado de dados, o responsável pelo tratamento ou o subcontratante, tendo em conta a avaliação dos riscos, devem aplicar medidas que:

a) Impeçam o acesso de pessoas não autorizadas ao equipamento utilizado para o tratamento (controlo de acesso ao equipamento);

b) Impeçam que os suportes de dados sejam lidos, copiados, alterados ou retirados sem autorização (controlo dos suportes de dados);

c) Impeçam a introdução não autorizada de dados pessoais, bem como qualquer operação não autorizada relativamente a dados pessoais conservados (controlo da conservação);

d) Impeçam que os sistemas de tratamento automatizado sejam utilizados por pessoas não autorizadas por meio de equipamento de comunicação de dados (controlo dos utilizadores);

e) Assegurem que as pessoas autorizadas a utilizar um sistema de tratamento automatizado só tenham acesso aos dados pessoais abrangidos pela sua autorização de acesso (controlo do acesso aos dados);

f) Assegurem que possa ser verificado e determinado a que organismos os dados pessoais foram ou podem ser transmitidos ou facultados utilizando equipamento de comunicação de dados (controlo da comunicação);

g) Assegurem que possa ser verificado e determinado a posteriori quais os dados pessoais introduzidos nos sistemas de tratamento automatizado, quando e por quem foram introduzidos (controlo da introdução);

h) Impeçam que, durante as transferências de dados pessoais ou o transporte de suportes de dados, os dados pessoais possam ser lidos, copiados, alterados ou suprimidos sem autorização (controlo do transporte);

i) Assegurem que os sistemas utilizados possam ser restaurados em caso de interrupção (recuperação);

j) Assegurem que as funções do sistema funcionam, que os erros de funcionamento sejam assinalados (fiabilidade) e que os dados pessoais conservados não possam ser falseados por funcionamento defeituoso do sistema (integridade).

3 – O disposto no número anterior é aplicável, com as devidas adaptações, ao tratamento manual de dados contidos ou destinados a um ficheiro estruturado.

Artigo 32º – Notificação de uma violação de dados pessoais à autoridade de controlo

1 – Caso se verifique uma violação de dados pessoais, o responsável pelo tratamento notifica a autoridade de controlo no prazo de 72 horas após ter conhecimento da situação, a menos que a violação não seja suscetível de resultar num risco para os direitos, liberdades e garantias das pessoas singulares.

2 – Nos casos em que não seja possível efetuar a notificação no prazo de 72 horas, o responsável pelo tratamento deve indicar os motivos do atraso.

3 – A notificação a que se refere o nº 1 é confidencial e deve, no mínimo:

a) Descrever a natureza da violação de dados pessoais, incluindo, se possível e adequado, as categorias e o número aproximado de titulares dos dados afetados e as categorias e o número aproximado de registos de dados pessoais em causa;

b) Comunicar o nome e os contactos do encarregado da proteção de dados ou de outro ponto de contacto, para efeitos de prestação de informações adicionais;

c) Descrever as consequências prováveis da violação de dados pessoais;

d) Descrever as medidas adotadas ou propostas pelo responsável pelo tratamento para reparar a violação de dados pessoais, nomeadamente, se for caso disso, para atenuar os seus eventuais efeitos negativos.

4 – Nos casos em que não seja possível serem prestadas em simultâneo, as informações referidas no número anterior podem ser fornecidas posteriormente à notificação, sem demora injustificada.

5 – O responsável pelo tratamento documenta qualquer violação de dados pessoais, incluindo os factos com ela relacionados, os seus efeitos e as medidas de reparação adotadas, de modo a permitir à autoridade de controlo verificar o cumprimento do disposto no presente artigo.

6 – Caso a violação de dados envolva dados pessoais que tenham sido transmitidos pelo ou ao responsável pelo tratamento de outro Estado-Membro, as informações referidas no nº 3 são-lhe comunicadas, sem demora injustificada.

7 – Nos casos de subcontratação, o subcontratante notifica o responsável pelo tratamento de qualquer violação de dados pessoais de que tenha conhecimento, sem demora injustificada.

8 – A notificação prevista nos números anteriores não prejudica a comunicação de incidentes às autoridades competentes.

Artigo 33º – Comunicação de uma violação de dados pessoais ao titular dos dados

1 – Caso se verifique uma violação de dados pessoais suscetível de resultar num elevado risco para os direitos, liberdades e garantias do titular dos dados, o responsável pelo tratamento comunica-lhe a violação, sem demora injustificada.

2 – A comunicação ao titular dos dados descreve, numa linguagem clara e simples, a natureza da violação dos dados pessoais e inclui as informações e as medidas referidas nas alíneas b), c) e d) do nº 3 do artigo anterior.

3 – A comunicação é dispensada nos casos em que:

a) O responsável pelo tratamento tiver adotado medidas de proteção adequadas, tanto tecnológicas como organizativas, e estas tiverem sido aplicadas aos dados afetados pela violação de dados pessoais, designadamente a cifragem;

b) O responsável pelo tratamento tiver tomado medidas subsequentes que assegurem que a concretização do elevado risco referido no nº 1 deixou de ser provável; ou

c) Implicar um esforço desproporcionado, devendo, neste caso, o responsável pelo tratamento informar os titulares dos dados de outra forma igualmente eficaz, nomeadamente através de comunicação pública.

4 – Se o responsável pelo tratamento não tiver comunicado a violação de dados pessoais ao titular dos dados, a autoridade de controlo, caso considere que da violação de dados pessoais resulta um elevado risco para os seus direitos, liberdades e garantias, pode exigir ao responsável que proceda a essa comunicação ou dispensá-la pelos motivos indicados no número anterior.

5 – A comunicação prevista no nº 1 pode ser adiada, limitada ou omitida sob reserva das condições e pelos motivos enunciados no nº 5 do artigo 13º

Artigo 34º – Designação do encarregado da proteção de dados

1 – O responsável pelo tratamento designa um encarregado de proteção de dados para o assistir no controlo do cumprimento das obrigações decorrentes da presente lei, incluindo no tratamento dos dados efetuado por sua conta pelo subcontratante.

2 – A obrigação prevista no número anterior não se aplica aos tribunais nem ao Ministério Público, no exercício das suas competências processuais.

3 – O encarregado da proteção de dados é designado com base nas suas qualidades profissionais, em especial nos seus conhecimentos especializados no domínio da legislação e das práticas de proteção de dados e na sua capacidade para desempenhar as funções referidas no artigo seguinte.

4 – Pode ser designado um único encarregado da proteção de dados para várias autoridades competentes, tendo em conta a sua dimensão e estrutura organizativa.

5 – Sem prejuízo do disposto na alínea b) do nº 1 do artigo 14º, o responsável pelo tratamento comunica à autoridade de controlo os contactos do encarregado da proteção de dados.

Artigo 35º – Funções do encarregado da proteção de dados

Ao encarregado da proteção de dados compete, designadamente:

a) Informar e aconselhar o responsável pelo tratamento e os trabalhadores que efetuam o tratamento quanto às obrigações que lhes incumbem por força da presente lei e de outras disposições legais relativas à proteção de dados pessoais;

b) Fiscalizar o cumprimento da presente lei e de outras disposições legais sobre proteção de dados pessoais, bem como das orientações do responsável pelo tratamento em matéria de proteção de dados pessoais, incluindo a repartição de responsabilidades, a sensibilização e a formação do pessoal envolvido nas operações de tratamento e as auditorias correspondentes;

c) Prestar aconselhamento, quando solicitado, no que respeita à avaliação de impacto e controlar a sua realização, nos termos do artigo 29º;

d) Cooperar com a autoridade de controlo;

e) Ser ponto de contacto e apoiar a autoridade de controlo nos assuntos relacionados com o tratamento de dados, incluindo a consulta prévia a que se refere o artigo 29º

Artigo 36º – Exercício de funções pelo encarregado da proteção de dados

1 – O responsável pelo tratamento assegura que o encarregado da proteção de dados é envolvido, de forma adequada e em tempo útil, em todas as questões relacionadas com a proteção de dados pessoais.

2 – O responsável pelo tratamento apoia o encarregado da proteção de dados no desempenho das suas funções, concedendo-lhe acesso aos dados

pessoais e às operações de tratamento, e fornecendo-lhe os recursos necessários para esse efeito e para a atualização dos seus conhecimentos.

3 – O responsável pelo tratamento e o subcontratante asseguram que o encarregado da proteção de dados não recebe instruções relativamente ao exercício das suas funções e que não pode ser destituído nem penalizado pelo facto de as exercer.

4 – O encarregado da proteção de dados não está impedido de exercer outras funções, desde que o responsável pelo tratamento ou o subcontratante assegurem que do seu exercício não resulta um conflito de interesses.

CAPÍTULO V – Transferências de dados pessoais para países terceiros ou para organizações internacionais

Artigo 37º – Princípios gerais aplicáveis às transferências de dados pessoais

1 – Sem prejuízo de outras condições exigidas na lei, as autoridades competentes só podem transferir dados pessoais para um país terceiro ou para uma organização internacional, inclusivamente dados que se destinem a transferências ulteriores para outro país terceiro ou para outra organização internacional, se:

a) A transferência for necessária para a prossecução das finalidades previstas no artigo 1º;

b) Os dados pessoais forem transferidos para um responsável pelo tratamento no país terceiro ou na organização internacional com competência para os efeitos previstos no artigo 1º, sem prejuízo do disposto no artigo 41º;

c) No caso de os dados pessoais terem sido transmitidos ou disponibilizados por outro Estado-Membro, esse Estado tiver dado o seu consentimento prévio à transferência, sem prejuízo do disposto no número seguinte;

d) Tiver sido adotada uma decisão de adequação, nos termos do disposto no artigo 38º, ou tiverem sido apresentadas garantias adequadas, nos termos do artigo 39º, ou forem aplicáveis as derrogações previstas no artigo 40º;

e) No caso de uma transferência ulterior para um país terceiro ou para uma organização internacional, a autoridade competente que realizou a transferência inicial ou outra autoridade competente do mesmo Estado-

-Membro autorizar a transferência ulterior, após ter em conta todos os fatores pertinentes, nomeadamente a gravidade da infração penal, a finalidade para que os dados pessoais foram inicialmente transferidos e o nível de proteção no país terceiro ou na organização internacional para os quais os dados pessoais forem ulteriormente transferidos; e

f) A transferência não comprometer o nível de proteção das pessoas assegurado pela presente lei.

2 – As transferências sem o consentimento prévio a que alude a alínea c) do número anterior apenas são permitidas se forem necessárias para prevenir uma ameaça imediata e grave à segurança pública de um Estado-Membro ou de um país terceiro, ou aos interesses essenciais de um Estado-Membro, e o consentimento prévio não puder ser obtido em tempo útil.

3 – No caso previsto no número anterior, a autoridade responsável por dar o consentimento é informada sem demora.

Artigo 38º – Transferências com base numa decisão de adequação

1 – A transferência de dados pessoais para um país terceiro ou para uma organização internacional pode ser efetuada com base numa decisão de adequação da Comissão Europeia que determine que o país terceiro, território ou um ou mais setores específicos desse país terceiro, ou a organização internacional em causa, asseguram um nível de proteção adequado.

2 – A transferência de dados pessoais com base numa decisão de adequação dispensa uma autorização específica.

3 – Os atos da Comissão Europeia que revoguem, alterem ou suspendam a decisão de adequação não prejudicam as transferências de dados pessoais para o país terceiro, território ou setor específico do país terceiro, ou para a organização internacional em causa, efetuadas nos termos dos artigos 39º e 40º

Artigo 39º – Transferências sujeitas a garantias adequadas

1 – Na falta de decisão de adequação, ou nos casos de revogação ou suspensão de decisões de adequação, os dados pessoais podem ser transferidos para um país terceiro ou para uma organização internacional se:

a) Tiverem sido apresentadas garantias adequadas no que diz respeito à proteção de dados pessoais mediante um instrumento juridicamente vinculativo; ou

b) O responsável pelo tratamento tiver avaliado todas as circunstâncias inerentes à transferência de dados pessoais e concluído que existem garantias adequadas no que diz respeito à proteção desses dados.

2 – O responsável pelo tratamento informa a autoridade de controlo sobre as categorias de transferências abrangidas pela alínea b) do número anterior.

3 – As transferências baseadas na alínea b) do nº 1 são documentadas, devendo o responsável pelo tratamento disponibilizar à autoridade de controlo, a pedido desta, toda a documentação pertinente, incluindo informações sobre a data e a hora da transferência, a autoridade competente que as recebe, a justificação da transferência e os dados pessoais transferidos.

Artigo 40º – Derrogações aplicáveis em situações específicas

1 – Na falta, revogação ou suspensão de uma decisão de adequação ou de garantias adequadas nos termos dos artigos anteriores, a transferência ou as categorias de transferências de dados pessoais para um país terceiro ou para uma organização internacional só podem ser efetuadas se forem necessárias:

a) Para proteger os interesses vitais do titular dos dados ou de outra pessoa;

b) Para salvaguardar os legítimos interesses do titular dos dados;

c) Para prevenir uma ameaça imediata e grave contra a segurança pública de um Estado-Membro ou de um país terceiro;

d) Em casos específicos, para a prossecução das finalidades estabelecidas no artigo 1º; ou

e) Em casos específicos, para declarar, exercer ou defender, no âmbito de um processo judicial, um direito relacionado com as finalidades estabelecidas no artigo 1º

2 – Ainda que se verifiquem os fundamentos previstos na alínea d) ou na alínea e) do número anterior, os dados pessoais não são transferidos se a autoridade competente para proceder à transferência considerar que os direitos, liberdades e garantias fundamentais do titular dos dados em causa prevalecem sobre as finalidades que motivariam a transferência por interesse público.

3 – As transferências de dados efetuadas nos termos do nº 1 são limitadas aos dados estritamente necessários para a finalidade prosseguida.

4 – O responsável pelo tratamento documenta a informação pertinente referente às transferências realizadas ao abrigo do nº 1, devendo disponibi-

lizar a documentação à autoridade de controlo, a pedido desta, incluindo informações sobre a data e a hora da transferência, a autoridade competente que as recebe, a justificação da transferência e os dados pessoais transferidos.

Artigo 41º – Transferências de dados pessoais para destinatários estabelecidos em países terceiros

1 – Em derrogação do disposto na alínea b) do nº 1 do artigo 37º e sem prejuízo de um acordo internacional tal como definido no número seguinte, uma autoridade pública com poderes de prevenção, investigação, deteção ou repressão de infrações penais ou de execução de sanções penais, incluindo a salvaguarda e a prevenção de ameaças à segurança pública, pode, em casos específicos, transferir dados pessoais diretamente para destinatários estabelecidos em países terceiros, desde que, respeitadas as disposições da presente lei, estejam preenchidas as seguintes condições cumulativas:

a) A transferência ser estritamente necessária a uma função desempenhada pela autoridade competente que efetua a transferência e prevista por lei, tendo em vista as finalidades indicadas no artigo 1º;

b) A autoridade competente que efetua a transferência considerar que os direitos, liberdades e garantias fundamentais do titular dos dados em causa não prevalecem sobre as finalidades que exigem a transferência no caso em apreço;

c) A autoridade competente que efetua a transferência considerar que a transferência para uma autoridade competente para os efeitos referidos no artigo 1º, no país terceiro, se revela ineficaz ou desadequada, nomeadamente por não ser possível efetuá-la em tempo útil;

d) A autoridade competente para os efeitos referidos no artigo 1º, no país terceiro, ser informada sem demora injustificada, a menos que tal se revele ineficaz ou inadequado; e

e) A autoridade competente que efetua a transferência informar o destinatário da finalidade ou das finalidades específicas para as quais deve tratar os dados pessoais, desde que o tratamento seja necessário.

2 – Para os efeitos previstos no número anterior, por acordo internacional entende-se um acordo internacional bilateral ou multilateral em vigor entre os Estados-Membros e países terceiros no domínio da cooperação judiciária em matéria penal e da cooperação policial.

3 – A autoridade competente que efetuar a transferência informa a autoridade de controlo sobre as transferências abrangidas pelo presente artigo.

4 – As transferências efetuadas nos termos do presente artigo devem ser documentadas pelo responsável pelo tratamento.

Artigo 42º – Cooperação internacional no domínio da proteção de dados pessoais

Em relação a países terceiros e a organizações internacionais, os responsáveis pelo tratamento adotam as medidas necessárias destinadas a:

a) Estabelecer procedimentos internacionais de cooperação que visem facilitar a aplicação efetiva da legislação em matéria de proteção de dados pessoais;

b) Prestar assistência mútua no domínio da aplicação da legislação de proteção de dados pessoais, nomeadamente através da notificação, da transmissão de queixas, da assistência na investigação e do intercâmbio de informações, sob reserva das garantias adequadas para a proteção dos dados pessoais e dos outros direitos e liberdades fundamentais;

c) Associar as partes interessadas aos debates e às atividades que visem promover a cooperação internacional no âmbito da aplicação da legislação relativa à proteção de dados pessoais;

d) Promover o intercâmbio e a documentação da legislação e das práticas em matéria de proteção de dados pessoais, inclusivamente sobre conflitos jurisdicionais com países terceiros.

CAPÍTULO VI – Autoridade de controlo

Artigo 43º – Autoridade de controlo

1 – Incumbe à CNPD a garantia e fiscalização do cumprimento da presente lei.

2 – O disposto do número anterior não se aplica ao tratamento de dados pessoais efetuado pelos tribunais e pelo Ministério Público no exercício das suas competências processuais.

3 – Para efeitos do nº 1, a CNPD integra um magistrado judicial, designado pelo Conselho Superior da Magistratura, e um magistrado do Ministério Público, designado pelo Conselho Superior do Ministério Público.

4 – Cabe exclusivamente aos magistrados a que se refere o número anterior, sem prejuízo das competências do presidente da CNPD, o exercício das atribuições da CNPD que impliquem o acesso a dados objeto de tratamento ou aos registos cronológicos das operações de tratamento.

5 – A designação dos membros da CNPD a que se refere o nº 3 é efetuada em comissão de serviço.

Artigo 44º – Atribuições

1 – No exercício das funções a que se refere o nº 1 do artigo anterior, compete à CNPD:

a) Fiscalizar o cumprimento e fazer aplicar o disposto na presente lei;

b) Promover a sensibilização e a compreensão do público relativamente aos riscos, às regras, às garantias e aos direitos associados ao tratamento de dados pessoais;

c) Propor e emitir parecer sobre medidas legislativas e administrativas relacionadas com a proteção dos direitos e liberdades das pessoas em matéria de tratamento de dados pessoais;

d) Promover a sensibilização dos responsáveis pelo tratamento e dos subcontratantes para as obrigações que lhes incumbem nos termos da presente lei;

e) Prestar informações aos titulares de dados, se tal lhe for solicitado, sobre o exercício dos seus direitos nos termos da presente lei;

f) Tratar e decidir as queixas apresentadas pelos titulares dos dados ou por um organismo, organização ou associação sem fins lucrativos, nos termos dos artigos 47º e 50º, e investigar, na medida do necessário, o conteúdo da queixa, informando o seu autor do andamento e do resultado da investigação num prazo razoável, especialmente se forem necessárias operações de investigação ou de coordenação complementares com outra autoridade de controlo;

g) Verificar a licitude do tratamento e, num prazo razoável, informar o titular dos dados do resultado da verificação, nos termos do disposto no artigo 18º, ou dos motivos que impediram a sua realização;

h) Cooperar, nomeadamente partilhando informações, e prestar assistência mútua a outras autoridades de controlo, tendo em vista assegurar a coerência da aplicação e da execução da presente lei;

i) Conduzir investigações sobre a aplicação da presente lei, nomeadamente com base em informações recebidas de outra autoridade de controlo ou de outra autoridade pública;

j) Acompanhar os desenvolvimentos relevantes, em particular ao nível da evolução das tecnologias da informação e comunicação, na medida em que tenham incidência na proteção de dados pessoais;

k) Prestar aconselhamento sobre as operações de tratamento referidas no artigo 30º;

l) Contribuir para as atividades do Comité criado pelo Regulamento (UE) 2016/679 do Parlamento Europeu e do Conselho, de 27 de abril de 2016, no âmbito das atribuições a que se refere o artigo 51º da Diretiva (UE) 2016/680 do Parlamento Europeu e do Conselho, de 27 de abril de 2016.

2 – A CNPD facilita a apresentação de queixas previstas na alínea f) do nº 1, nomeadamente disponibilizando formulários para preenchimento e apresentação eletrónica, sem excluir outros meios de comunicação.

3 – O exercício das atribuições da CNPD é gratuito para o titular de dados e para o encarregado da proteção de dados.

4 – Nos casos em que o pedido do titular dos dados seja manifestamente infundado ou excessivo, designadamente devido ao seu caráter repetitivo, o responsável pelo tratamento, mediante decisão fundamentada, pode:

a) Exigir o pagamento de uma taxa de montante a fixar por portaria do membro do Governo responsável pela área da justiça, tendo em conta os custos administrativos associados; ou

b) Recusar dar seguimento ao pedido.

5 – Nos casos previstos no número anterior, a decisão da CNPD deve ser devidamente fundamentada e demonstrar o caráter manifestamente infundado ou excessivo do pedido.

Artigo 45º – Poderes

1 – No exercício das suas atribuições, a CNPD detém poderes de investigação e de correção.

2 – Os poderes de investigação a que se refere o número anterior incluem o poder de obter do responsável pelo tratamento de dados e do subcontratante autorização de acesso a todos os dados pessoais objeto de tratamento e a todas as informações necessárias ao exercício das suas atribuições.

3 – No exercício dos poderes de correção, a CNPD pode:

a) Advertir o responsável pelo tratamento de dados ou o subcontratante de que as operações de tratamento previstas são suscetíveis de violar o disposto na presente lei;

b) Ordenar ao responsável pelo tratamento de dados ou ao subcontratante que conforme as operações de tratamento às disposições da presente lei, se necessário de determinada forma e num prazo determinado, e, em especial, ordenar a retificação ou o apagamento dos dados pessoais ou a limitação de tratamento nos termos do artigo 17º;

c) Impor uma limitação temporária ou definitiva ao tratamento.

4 – O exercício dos poderes conferidos à autoridade de controlo nos termos dos números anteriores está sujeito a garantias processuais adequadas nos termos da lei, incluindo o direito à ação judicial e a um processo justo e equitativo.

5 – A CNPD comunica as violações das disposições da presente lei às autoridades judiciárias e aos órgãos com competência disciplinar e, se adequado, pode intentar ações judiciais ou intervir em processos judiciais, nos termos da lei.

6 – As comunicações de violações da presente lei ou com elas relacionadas estão sujeitas a sigilo.

Artigo 46º – Relatório de atividades

1 – A CNPD elabora um relatório anual de atividades sobre a fiscalização da aplicação e do cumprimento da presente lei, o qual pode incluir uma lista dos tipos de violações notificadas e dos tipos de sanções aplicadas, devendo nas matérias respeitantes aos tribunais e ao Ministério Público ser acautelada a necessária reserva.

2 – O relatório é apresentado à Assembleia da República e enviado ao membro do Governo responsável pela área da justiça, ao Conselho Superior da Magistratura, à Procuradoria-Geral da República e aos demais organismos e entidades responsáveis pela gestão de dados, nos termos da Lei nº 34/2009, de 14 de julho, na sua redação atual.

3 – O relatório é disponibilizado ao público, à Comissão Europeia e ao Comité a que se refere a alínea l) do nº 1 do artigo 44º

CAPÍTULO VII – Meios de tutela e responsabilidade

Artigo 47º – Direito de apresentar queixa à autoridade de controlo

1 – Sem prejuízo de outros meios de tutela legalmente previstos, o titular dos dados tem o direito de apresentar queixa à autoridade de controlo,

com o fundamento de que o tratamento dos seus dados pessoais viola disposições da presente lei.

2 – Se a queixa não for apresentada à autoridade de controlo competente nos termos do nº 1 do artigo 43º, a autoridade de controlo a que é apresentada transmite-a, sem demora injustificada, à autoridade de controlo competente, informando o titular dos dados dessa transmissão e prestando-lhe, caso este o solicite, assistência complementar.

3 – O titular dos dados é informado pela autoridade de controlo do andamento e do resultado da queixa, nomeadamente da possibilidade de intentar ação judicial nos termos do artigo seguinte.

Artigo 48º – Direito de intentar ação judicial contra a autoridade de controlo

1 – Sem prejuízo de outros meios de tutela legalmente previstos, qualquer pessoa singular ou coletiva tem o direito de intentar uma ação judicial contra qualquer decisão juridicamente vinculativa que lhe diga respeito tomada pela autoridade de controlo.

2 – Os titulares dos dados têm o direito de intentar ação judicial nos casos em que a autoridade de controlo não apreciar a queixa apresentada ou não informar o titular dos dados, no prazo de três meses, do andamento ou do resultado da queixa apresentada.

Artigo 49º – Direito de intentar ação judicial contra um responsável pelo tratamento ou um subcontratante

Sem prejuízo de outros meios de tutela legalmente previstos, nomeadamente do direito de apresentar queixa à autoridade de controlo, os titulares dos dados têm o direito de intentar ação judicial contra o responsável pelo tratamento ou contra o subcontratante com fundamento em violação dos direitos conferidos pela presente lei.

Artigo 50º – Representação dos titulares dos dados

O titular dos dados tem o direito de mandatar um organismo, organização ou associação sem fins lucrativos, devidamente constituído nos termos da lei, cujos objetivos estatutários sejam de interesse público e cuja atividade abranja a proteção dos direitos e liberdades dos titulares de dados no que respeita à proteção dos seus dados pessoais, para apresentar queixa ou intentar ação judicial em seu nome, ao abrigo dos artigos anteriores, sem prejuízo da obrigatoriedade de representação por advogado, nos termos da legislação aplicável.

Artigo 51º – Direito de indemnização

Qualquer pessoa que tenha sofrido danos, patrimoniais ou não patrimoniais, causados por uma violação das disposições da presente lei tem direito a receber do responsável pelo tratamento ou de qualquer outra autoridade competente uma indemnização pelos danos sofridos, nos termos do regime da responsabilidade civil extracontratual do Estado e demais entidades públicas.

CAPÍTULO VIII – Sanções

SECÇÃO I – Contraordenações

Artigo 52º – Contraordenações

1 – Sem prejuízo do regime sancionatório estabelecido na Lei nº 58/2019, de 8 de agosto, aplicável por incumprimento das obrigações previstas no Regulamento (UE) 2016/679 do Parlamento Europeu e do Conselho, de 27 de abril de 2016, no âmbito de aplicação da presente lei constituem contraordenações muito graves as seguintes condutas:

a) O recurso a outro subcontratante sem autorização prévia do responsável pelo tratamento de dados pessoais, em violação do nº 2 do artigo 23º;

b) O recurso a outro subcontratante em oposição à vontade manifestada pelo responsável pelo tratamento de dados, ainda que exista a autorização geral a que se refere o nº 3 do artigo 23º;

c) O processamento dos dados pessoais em violação ou para além das instruções do responsável pelo tratamento de dados, em incumprimento da obrigação prevista na alínea a) do nº 5 do artigo 23º;

d) O incumprimento da obrigação de eliminação de forma definitiva ou de devolução dos dados pessoais ao responsável, consoante a escolha deste, após a conclusão dos serviços de processamento dos dados, prevista na alínea d) do nº 5 do artigo 23º;

e) O incumprimento da obrigação de conservação dos registos cronológicos previstos no nº 1 do artigo 27º;

f) A conservação de registos cronológicos que não abranjam a totalidade das operações de tratamento previstas no nº 1 do artigo 27º ou que não cumpram os requisitos previstos nos nºs 2 e 6 do mesmo artigo;

g) A utilização dos registos cronológicos para efeitos não previstos no nº 3 do artigo 27º;

h) O incumprimento da obrigação de adoção de medidas técnicas e organizativas adequadas à proteção dos dados pessoais, em violação das exigências previstas nos nºs 2 e 3 do artigo 31º

2 – Sem prejuízo do regime sancionatório estabelecido pela Lei nº 58/2019, de 8 de agosto, aplicável por incumprimento das obrigações previstas no Regulamento (UE) 2016/679 do Parlamento Europeu e do Conselho, de 27 de abril de 2016, no âmbito de aplicação da presente lei constituem contraordenações graves as seguintes condutas:

a) O incumprimento da obrigação de informar previamente o responsável pelo tratamento de dados das alterações à contratação de outros subcontratantes, prevista no nº 3 do artigo 23º;

b) O incumprimento da obrigação de notificar o responsável pelo tratamento, sem demora justificada, em caso de violação de dados pessoais, prevista no nº 7 do artigo 32º;

c) O incumprimento da obrigação de conservar um registo de atividades ou a conservação de um registo de atividades que não cumpra a totalidade das exigências previstas nos nºs 3 e 4 do artigo 26º

3 – A prática das contraordenações previstas no nº 1 é punida com coima:

a) De 5000€ a 20 000 000€ ou 4/prct. do volume de negócios anual, a nível mundial, conforme o que for mais elevado, tratando-se de grande empresa;

b) De 2000€ a 2 000 000€ ou 4/prct. do volume de negócios anual, a nível mundial, conforme o que for mais elevado, tratando-se de pequena e média empresa;

c) De 1000€ a 500 000€, tratando-se de pessoa singular.

4 – A prática das contraordenações previstas no nº 2 é punida com coima:

a) De 2500€ a 10 000 000€ ou 2/prct. do volume de negócios anual, a nível mundial, conforme o que for mais elevado, tratando-se de grande empresa;

b) De 1000€ a 1 000 000€ ou 2/prct. do volume de negócios anual, a nível mundial, conforme o que for mais elevado, tratando-se de pequena e média empresa;

c) De 500€ a 250 000€, tratando-se de pessoa singular.

5 – O disposto nos números anteriores aplica-se de igual modo às entidades públicas e privadas, sem prejuízo de as entidades públicas, mediante pedido devidamente fundamentado, poderem solicitar à CNPD a dispensa da aplicação de coimas durante o prazo de três anos a contar da entrada em vigor da presente lei.

SECÇÃO II – Crimes

Artigo 53º – Acesso indevido aos dados

1 – Quem, sem a devida autorização ou justificação, aceder, por qualquer modo, a dados pessoais tratados ao abrigo da presente lei, é punido com pena de prisão até um ano ou com pena de multa até 120 dias.

2 – A pena é agravada para o dobro nos seus limites quando o acesso:

a) For conseguido através de violação de regras técnicas de segurança;

b) Tiver proporcionado ao agente ou a terceiros benefício ou vantagem patrimonial; ou

c) Tiver prejudicado inquéritos, investigações, processos judiciais ou a execução de sanções penais.

Artigo 54º – Desvio de dados

1 – Quem copiar, subtrair, ceder ou transferir, a título oneroso ou gratuito, dados pessoais tratados ao abrigo da presente lei, sem previsão legal ou consentimento, é punido com pena de prisão até 2 anos ou com pena de multa até 240 dias.

2 – A pena é agravada para o dobro nos seus limites quando a conduta:

a) For conseguida através de violação de regras técnicas de segurança;

b) Tiver proporcionado ao agente ou a terceiros benefício ou vantagem patrimonial; ou

c) Tiver prejudicado inquéritos, investigações, processos judiciais ou a execução de sanções penais.

Artigo 55º – Utilização de dados de forma incompatível com a finalidade da recolha

Quem utilizar dados pessoais tratados ao abrigo da presente lei de forma incompatível com a finalidade determinante da respetiva recolha é punido com pena de prisão até 2 anos ou com pena de multa até 240 dias.

Artigo 56º – Interconexão ilegal de dados

Quem, intencionalmente, promover ou efetuar uma interconexão ilegal de dados pessoais tratados ao abrigo da presente lei, é punido com pena de prisão até 2 anos ou com pena de multa até 240 dias.

Artigo 57º – Viciação ou destruição de dados

1 – Quem, sem a devida autorização ou justificação, apagar, destruir, danificar, ocultar, suprimir ou modificar dados pessoais tratados ao abrigo da presente lei, tornando-os inutilizáveis ou afetando o seu potencial de utilização, é punido com pena de prisão até 2 anos ou com pena de multa até 240 dias.

2 – A pena é agravada para o dobro nos seus limites se o dano produzido for particularmente grave.

3 – Nas situações previstas nos números anteriores, se o agente atuar com negligência, é punido:

a) Com pena de prisão até 1 ano ou com pena de multa até 120 dias, no caso previsto no nº 1;

b) Com pena de prisão até 2 anos ou multa até 240 dias, no caso previsto no nº 2.

Artigo 58º – Violação do dever de sigilo

1 – Quem, obrigado a sigilo profissional nos termos da lei, sem justa causa e sem o devido consentimento, revelar ou divulgar, no todo ou em parte, dados pessoais tratados ao abrigo da presente lei, é punido com pena de prisão até 2 anos ou com pena de multa até 240 dias.

2 – A pena é agravada para o dobro nos seus limites se o agente:

a) For funcionário ou equiparado, nos termos da lei penal, advogado ou solicitador;

b) For encarregado de proteção de dados;

c) For determinado pela intenção de obter qualquer vantagem patrimonial ou outro benefício ilegítimo;

d) Puser em perigo a reputação, a honra ou a intimidade da vida privada de terceiros; ou

e) Tiver prejudicado inquéritos, investigações, processos judiciais ou a execução de sanções penais.

3 – A negligência é punível com pena de prisão até 6 meses ou com pena de multa até 120 dias.

Artigo 59º – Desobediência qualificada

1 – Quem não cumprir as obrigações previstas na presente lei, depois de ultrapassado o prazo que tiver sido fixado pela autoridade de controlo para o respetivo cumprimento é punido com a pena correspondente ao crime de desobediência qualificada.

2 – Incorre na mesma pena do número anterior quem, depois de notificado:

a) Não disponibilizar os registos cronológicos à CNPD, nos termos do nº 4 do artigo 27º;

b) Recusar, sem justa causa, a colaboração que concretamente lhe for exigida nos termos do artigo 28º;

c) Recusar o acesso previsto no nº 2 do artigo 45º;

d) Não cumprir ordem dada nos termos da alínea b) do nº 3 do artigo 45º, em especial não proceder ao apagamento ou retificação de dados pessoais;

e) Não respeitar a imposição de limitação temporária ou definitiva ao tratamento de dados pessoais, nos termos da alínea c) do nº 3 do artigo 45º

Artigo 60º – Inserção de dados falsos

1 – Quem inserir ou facilitar a inserção de dados pessoais falsos, com a intenção de obter vantagem indevida para si ou para terceiro, ou para causar prejuízo, é punido com pena de prisão até 2 anos ou com pena de multa até 240 dias.

2 – A pena é agravada para o dobro nos seus limites se da inserção referida no número anterior resultar um prejuízo efetivo.

Artigo 61º – Punibilidade da tentativa

Nos crimes previstos no presente capítulo, a tentativa é sempre punível.

Artigo 62º – Responsabilidade das pessoas coletivas

As pessoas coletivas e entidades equiparadas, com exceção do Estado, de pessoas coletivas no exercício de prerrogativas de poder público e de organizações de direito internacional público, são responsáveis pelos crimes previstos na presente secção, nos termos do artigo 11º do Código Penal.

SECÇÃO III – Disposições comuns

Artigo 63º – Concurso de infrações

1 – Se o mesmo facto constituir simultaneamente crime e contraordenação, o agente é sempre punido a título de crime.

2 – Quando se verifique concurso de crime e contraordenação, ou quando, pelo mesmo facto, uma pessoa deva responder a título de crime e outra a título de contraordenação, o processamento da contraordenação cabe às autoridades competentes para o processo criminal, nos termos do regime geral do ilícito de mera ordenação social.

Artigo 64º – Pena acessória

Conjuntamente com as penas previstas no presente capítulo, podem ser aplicadas as sanções acessórias previstas no artigo 56º da Lei nº 58/2019, de 8 de agosto.

Artigo 65º – Aplicabilidade de outros regimes sancionatórios

1 – O disposto no presente capítulo não prejudica a aplicação dos artigos 37º a 56º da Lei nº 58/2019, de 8 de agosto, ou das disposições do Código Penal, se de tal aplicação resultar, em concreto, uma sanção mais grave.

2 – O disposto no presente capítulo não prejudica a aplicação da Lei nº 109/2009, de 15 de setembro.

Artigo 66º – Responsabilidade civil e disciplinar

O disposto no presente capítulo não prejudica a efetivação da responsabilidade civil nem da responsabilidade disciplinar.

CAPÍTULO IX – Disposições finais e transitórias

Artigo 67º – Relação com outros atos jurídicos da União Europeia e acordos internacionais em vigor

1 – As disposições específicas de proteção de dados pessoais previstas em atos jurídicos da União Europeia adotados antes de 6 de maio de 2016 no domínio da cooperação judiciária em matéria penal e da cooperação policial, que regulem o tratamento entre os Estados-Membros e o acesso

das autoridades designadas dos Estados-Membros aos sistemas de informação criados por força dos Tratados, mantêm-se inalteradas.

2 – Os acordos internacionais que impliquem a transferência de dados pessoais para países terceiros ou para organizações internacionais, celebrados pelo Estado Português antes de 6 de maio de 2016, e que sejam conformes com o direito da União Europeia aplicável antes dessa data, continuam a vigorar até serem alterados, substituídos ou revogados.

3 – Todas as referências feitas à Lei da Proteção de Dados Pessoais, aprovada pela Lei nº 67/98, de 26 de outubro, consideram-se feitas para o regime da presente lei, quando disserem respeito à proteção das pessoas singulares relativamente ao tratamento de dados pessoais pelas autoridades competentes para efeitos de prevenção, deteção, investigação ou repressão de infrações penais ou de execução de sanções penais, incluindo a salvaguarda e a prevenção de ameaças à segurança pública.

Artigo 68º – Dados referentes ao sistema judiciário

1 – O tratamento de dados constante de processo penal, de decisão judicial ou do registo criminal é regulado nos termos da lei processual penal.

2 – Ao tratamento de dados referentes ao sistema judicial é aplicável o regime jurídico próprio, constante da Lei nº 34/2009, de 14 de julho.

Artigo 69º – Sistema integrado de informação criminal

O disposto na presente lei não implica qualquer restrição ou limitação na partilha e intercâmbio de dados entre os órgãos de polícia criminal e destes com as autoridades judiciárias, no âmbito do dever de cooperação estabelecido na lei de organização da investigação criminal, designadamente do sistema integrado de informação criminal instituído nos termos da Lei nº 73/2009, de 12 de agosto, alterada pela Lei nº 38/2015, de 11 de maio.

Artigo 70º – Regime transitório

1 – A conformação dos sistemas de tratamento automatizado criados antes de 6 de maio de 2016 com os requisitos previstos no artigo 27º deve ser assegurada pelos responsáveis pelo tratamento logo que possível, até 6 de maio de 2023, ou, quando o cumprimento deste prazo cause graves dificuldades ao funcionamento de um sistema de tratamento automatizado, até 6 de maio de 2026.

2 – Sem prejuízo do disposto no número anterior, o responsável pelo tratamento de dados deve dispor de métodos eficazes para, até ao final do prazo de conformação, poder demonstrar a licitude do tratamento de dados, permitir o autocontrolo e garantir a integridade e segurança dos dados, tais como registos cronológicos ou outros.

Artigo 71º – Entrada em vigor

A presente lei entra em vigor no dia seguinte ao da sua publicação.

Aprovada em 14 de junho de 2019.

O Presidente da Assembleia da República, *Eduardo Ferro Rodrigues.*

Promulgada em 26 de julho de 2019.

Publique-se.

O Presidente da República, MARCELO REBELO DE SOUSA.

Referendada em 30 de julho de 2019.

Pelo Primeiro-Ministro, *Augusto Ernesto Santos Silva*, Ministro dos Negócios Estrangeiros.

Lei nº 41/2004, de 18 de agosto, relativa ao tratamento de dados pessoais e à proteção da privacidade no setor das comunicações eletrónicas

Lei nº 41/2004, de 18 de agosto[1]

Sumário: transpõe para a ordem jurídica nacional a Diretiva nº 2002/58/CE, do Parlamento Europeu e do Conselho, de 12 de julho, relativa ao tratamento de dados pessoais e à proteção da privacidade no setor das comunicações eletrónicas.

CAPÍTULO I – Objeto e âmbito

Artigo 1º – Objeto e âmbito de aplicação

1 – A presente lei transpõe para a ordem jurídica nacional a Diretiva nº 2002/58/CE, do Parlamento Europeu e do Conselho, de 12 de julho, relativa ao tratamento de dados pessoais e à proteção da privacidade no setor das comunicações eletrónicas, com as alterações determinadas pelo artigo 2º da Diretiva nº 2009/136/CE, do Parlamento Europeu e do Conselho, de 25 de novembro.

2 – A presente lei aplica-se ao tratamento de dados pessoais no contexto da prestação de serviços de comunicações eletrónicas acessíveis ao público em redes de comunicações públicas, nomeadamente nas redes públicas de comunicações que sirvam de suporte a dispositivos de recolha de dados e de identificação, especificando e complementando as disposições da Lei nº 67/98, de 26 de outubro (Lei da Proteção de Dados Pessoais).

[1] Contém as alterações introduzidas pela Lei nº 46/2012, de 29 de agosto e pela Lei nº 16/2022, de 16 de agosto.

3 – As disposições da presente lei asseguram a proteção dos interesses legítimos dos assinantes que sejam pessoas coletivas na medida em que tal proteção seja compatível com a sua natureza.

4 – As exceções à aplicação da presente lei que se mostrem estritamente necessárias para a proteção de atividades relacionadas com a segurança pública, a defesa, a segurança do Estado e a prevenção, investigação e repressão de infrações penais são definidas em legislação especial.

5 – Nas situações previstas no número anterior, as empresas que oferecem serviços de comunicações eletrónicas acessíveis ao público devem estabelecer procedimentos internos que permitam responder aos pedidos de acesso a dados pessoais dos utilizadores apresentados pelas autoridades judiciárias competentes, em conformidade com a referida legislação especial.

Artigo 2º – Definições

1 – Para efeitos da presente lei, entende-se por:

a) «Comunicação» qualquer informação trocada ou enviada entre um número finito de partes mediante a utilização de um serviço de comunicações eletrónicas acessível ao público;

b) «Correio eletrónico» qualquer mensagem textual, vocal, sonora ou gráfica enviada através de uma rede pública de comunicações que possa ser armazenada na rede ou no equipamento terminal do destinatário até que este a recolha;

c) «Utilizador» qualquer pessoa singular que utilize um serviço de comunicações eletrónicas acessível ao público para fins privados ou comerciais, não sendo necessariamente assinante desse serviço;

d) «Dados de tráfego» quaisquer dados tratados para efeitos do envio de uma comunicação através de uma rede de comunicações eletrónicas ou para efeitos da faturação da mesma;

e) «Dados de localização» quaisquer dados tratados numa rede de comunicações eletrónicas ou no âmbito de um serviço de comunicações eletrónicas que indiquem a posição geográfica do equipamento terminal de um utilizador de um serviço de comunicações eletrónicas acessível ao público;

f) «Serviços de valor acrescentado» todos aqueles que requeiram o tratamento de dados de tráfego ou de dados de localização que não sejam dados de tráfego, para além do necessário à transmissão de uma comunicação ou à faturação da mesma;

g) «Violação de dados pessoais» uma violação da segurança que provoque, de modo acidental ou ilícito, a destruição, a perda, a alteração, a divulgação ou o acesso não autorizado a dados pessoais transmitidos, armazenados ou de outro modo tratados no contexto da prestação de serviços de comunicações eletrónicas acessíveis ao público.

2 – É excluída da alínea a) do número anterior toda a informação difundida ao público em geral, através de uma rede de comunicações eletrónicas, que não possa ser relacionada com o assinante de um serviço de comunicações eletrónicas ou com qualquer utilizador identificável que receba a informação.

3 – Salvo definição específica da presente lei, são aplicáveis as definições constantes da Lei de Proteção de Dados Pessoais e da Lei nº 5/2004, de 10 de fevereiro, na redação que lhe foi dada pela Lei nº 51/2011, de 13 de setembro (Lei das Comunicações Eletrónicas).

CAPÍTULO II – Segurança e confidencialidade

Artigo 3º – Segurança do processamento

1 – As empresas que oferecem serviços de comunicações eletrónicas acessíveis ao público devem adotar as medidas técnicas e organizacionais adequadas para garantir a segurança dos seus serviços, se necessário, no que respeita à segurança de rede, em conjunto com o fornecedor da rede pública de comunicações.

2 – O fornecedor de rede pública de comunicações que sirva de suporte a serviços de comunicações eletrónicas acessíveis ao público, prestados por outra empresa deve satisfazer os pedidos que esta lhe apresente e que sejam necessários para o cumprimento do regime fixado na presente lei.

3 – As medidas referidas no nº 1 devem ser adequadas à prevenção dos riscos existentes, tendo em conta a proporcionalidade dos custos da sua aplicação e o estado da evolução tecnológica.

4 – O ICP – Autoridade Nacional de Comunicações (ICP-ANACOM) deve emitir recomendações sobre as melhores práticas relativas ao nível de segurança que essas medidas devem alcançar.

5 – O ICP-ANACOM deve, diretamente ou através de entidade independente, auditar as medidas adotadas nos termos dos números anteriores.

6 – O ICP-ANACOM deve estabelecer o plano dessas auditorias, de modo a abranger, nomeadamente, a determinação dos procedimentos e normas de referência a aplicar-lhes e os requisitos exigíveis aos auditores.

7 – Pode ainda o ICP-ANACOM, ou uma entidade independente por si designada, realizar auditorias de segurança extraordinárias.

8 – Para efeitos da aplicação dos nºs 4 a 7 do presente artigo, caso estejam em causa medidas que possam envolver matérias de proteção de dados pessoais, deve o ICP-ANACOM solicitar parecer à Comissão Nacional de Proteção de Dados (CNPD).

9 – Sem prejuízo do disposto na Lei da Proteção de Dados Pessoais, as medidas referidas nos nºs 1 a 3 devem, no mínimo, incluir:

a) Medidas que assegurem que somente o pessoal autorizado possa ter acesso aos dados pessoais, e apenas para fins legalmente autorizados;

b) A proteção dos dados pessoais transmitidos, armazenados ou de outro modo tratados, contra a destruição, a perda, a alteração, a divulgação ou o acesso não autorizados ou acidentais;

c) Medidas que assegurem a aplicação de uma política de segurança no tratamento dos dados pessoais.

10 – Em caso de risco especial de violação da segurança da rede, as empresas que oferecem serviços de comunicações eletrónicas acessíveis ao público devem informar gratuitamente os assinantes desses serviços da existência do risco e, sempre que o risco se situe fora do âmbito das medidas a tomar pelo prestador do serviço, das soluções possíveis para evitá-lo e dos custos prováveis daí decorrentes.

Artigo 3º-A – Notificação de violação de dados pessoais

1 – As empresas que oferecem serviços de comunicações eletrónicas acessíveis ao público devem, sem demora injustificada, notificar a CNPD da ocorrência de violação de dados pessoais.

2 – Quando a violação de dados pessoais referida no número anterior possa afetar negativamente os dados pessoais do assinante ou utilizador, as empresas que oferecem serviços de comunicações eletrónicas acessíveis ao público devem ainda, sem demora injustificada, notificar a violação ao assinante ou ao utilizador, para que estes possam tomar as precauções necessárias.

3 – Uma violação de dados pessoais afeta negativamente os dados ou a privacidade do assinante ou utilizador sempre que possa resultar, designa-

damente, em usurpação ou fraude de identidade, danos físicos, humilhação significativa ou danos para a reputação, quando associados à prestação e utilização de serviços de comunicações eletrónicas acessíveis ao público.

4 – O regime previsto no nº 2 não se aplica nos casos em que as empresas que oferecem serviços de comunicações eletrónicas acessíveis ao público comprovem perante a CNPD, e esta reconheça, que adotaram as medidas tecnológicas de proteção adequadas e que essas medidas foram aplicadas aos dados a que a violação diz respeito.

5 – As medidas a que se refere o número anterior devem tornar os dados incompreensíveis para todas as pessoas não autorizadas a aceder-lhes.

6 – Sem prejuízo da obrigação de notificação a que se refere o nº 2, quando a empresa que oferece serviços de comunicações eletrónicas acessíveis ao público não tiver ainda notificado a violação de dados pessoais ao assinante ou ao utilizador, a CNPD pode exigir a realização da mesma notificação, tendo em conta a probabilidade de efeitos adversos decorrentes da violação.

7 – Constituem elementos mínimos da notificação a que se refere o nº 2 a identificação da natureza da violação dos dados pessoais e dos pontos de contato onde possam ser obtidas informações complementares, bem como a recomendação de medidas destinadas a limitar eventuais efeitos adversos da referida violação.

8 – Na notificação à CNPD prevista no nº 1, a empresa que oferece serviços de comunicações eletrónicas acessíveis ao público deve, além dos elementos constantes do número anterior, indicar as consequências da violação de dados pessoais e as medidas por si propostas ou tomadas para fazer face à violação.

9 – A CNPD pode, em conformidade com as decisões da Comissão Europeia, emitir orientações ou instruções sobre as circunstâncias em que as empresas que oferecem serviços de comunicações eletrónicas acessíveis ao público estão obrigadas a notificar a violação de dados pessoais, bem como sobre a forma e o procedimento aplicáveis a essas notificações.

10 – Para a verificação, pela CNPD, do cumprimento das obrigações estabelecidas no presente artigo, as empresas que oferecem serviços de comunicações eletrónicas acessíveis ao público devem constituir e manter um registo das situações de violação de dados pessoais, com indicação dos factos que lhes dizem respeito, dos seus efeitos e das medidas adotadas, incluindo as notificações efetuadas e as medidas de reparação tomadas.

Artigo 4º – Inviolabilidade das comunicações eletrónicas

1 – As empresas que oferecem redes e ou serviços de comunicações eletrónicas devem garantir a inviolabilidade das comunicações e respetivos dados de tráfego realizadas através de redes públicas de comunicações e de serviços de comunicações eletrónicas acessíveis ao público.

2 – É proibida a escuta, a instalação de dispositivos de escuta, o armazenamento ou outros meios de interceção ou vigilância de comunicações e dos respetivos dados de tráfego por terceiros sem o consentimento prévio e expresso dos utilizadores, com exceção dos casos previstos na lei.

3 – O disposto no presente artigo não impede as gravações legalmente autorizadas de comunicações e dos respetivos dados de tráfego, quando realizadas no âmbito de práticas comerciais lícitas, para o efeito de prova de uma transação comercial nem de qualquer outra comunicação feita no âmbito de uma relação contratual, desde que o titular dos dados tenha sido disso informado e dado o seu consentimento.

4 – São autorizadas as gravações de comunicações de e para serviços públicos destinados a prover situações de emergência de qualquer natureza.

Artigo 5º – Armazenamento e acesso à informação

1 – O armazenamento de informações e a possibilidade de acesso à informação armazenada no equipamento terminal de um assinante ou utilizador apenas são permitidos se estes tiverem dado o seu consentimento prévio, com base em informações claras e completas nos termos da Lei de Proteção de Dados Pessoais, nomeadamente quanto aos objetivos do processamento.

2 – O disposto no presente artigo e no artigo anterior não impede o armazenamento técnico ou o acesso:

a) Que tenha como única finalidade transmitir uma comunicação através de uma rede de comunicações eletrónicas;

b) Estritamente necessário ao fornecedor para fornecer um serviço da sociedade de informação solicitado expressamente pelo assinante ou utilizador.

Artigo 6º – Dados de tráfego

1 – Sem prejuízo do disposto nos números seguintes, os dados de tráfego relativos aos assinantes e utilizadores tratados e armazenados pelas

empresas que oferecem redes e ou serviços de comunicações eletrónicas devem ser eliminados ou tornados anónimos quando deixem de ser necessários para efeitos da transmissão da comunicação.

2 – É permitido o tratamento de dados de tráfego necessários à faturação dos assinantes e ao pagamento de interligações, designadamente:

a) Número ou identificação, endereço e tipo de posto do assinante;

b) Número total de unidades a cobrar para o período de contagem, bem como o tipo, hora de início e duração das chamadas efetuadas ou o volume de dados transmitidos;

c) Data da chamada ou serviço e número chamado;

d) Outras informações relativas a pagamentos, tais como pagamentos adiantados, pagamentos a prestações, cortes de ligação e avisos.

3 – O tratamento referido no número anterior apenas é lícito até final do período durante o qual a fatura pode ser legalmente contestada ou o pagamento reclamado.

4 – As empresas que oferecem serviços de comunicações eletrónicas só podem tratar os dados referidos no nº 1 se o assinante ou utilizador a quem os dados digam respeito tiver dado o seu consentimento prévio e expresso, que pode ser retirado a qualquer momento, e apenas na medida do necessário e pelo tempo necessário à comercialização de serviços de comunicações eletrónicas ou à prestação de serviços de valor acrescentado.

5 – Nos casos previstos no nº 2 e, antes de ser obtido o consentimento dos assinantes ou utilizadores, nos casos previstos no nº 4, as empresas que oferecem serviços de comunicações eletrónicas devem fornecer-lhes informações exatas e completas sobre o tipo de dados que são tratados, os fins e a duração desse tratamento, bem como sobre a sua eventual disponibilização a terceiros para efeitos da prestação de serviços de valor acrescentado.

6 – O tratamento dos dados de tráfego deve ser limitado aos trabalhadores e colaboradores das empresas que oferecem redes e ou serviços de comunicações eletrónicas acessíveis ao público encarregados da faturação ou da gestão do tráfego, das informações a clientes, da deteção de fraudes, da comercialização dos serviços de comunicações eletrónicas acessíveis ao público, ou da prestação de serviços de valor acrescentado, restringindo-se ao necessário para efeitos das referidas atividades.

7 – O disposto nos números anteriores não prejudica o direito de os tribunais e as demais autoridades competentes obterem informações relativas

aos dados de tráfego, nos termos da legislação aplicável, com vista à resolução de litígios, em especial daqueles relativos a interligações ou à faturação.

Artigo 7º – Dados de localização

1 – Nos casos em que sejam processados dados de localização, para além dos dados de tráfego, relativos a assinantes ou utilizadores das redes públicas de comunicações ou de serviços de comunicações eletrónicas acessíveis ao público, o tratamento destes dados é permitido apenas se os mesmos forem tornados anónimos.

2 – É permitido o registo, tratamento e transmissão de dados de localização às organizações com competência legal para receber chamadas de emergência para efeitos de resposta a essas chamadas.

3 – Do mesmo modo, o tratamento de dados de localização é permitido na medida e pelo tempo necessários para a prestação de serviços de valor acrescentado, desde que seja obtido consentimento prévio e expresso dos assinantes ou utilizadores.

4 – As empresas que oferecem serviços de comunicações eletrónicas acessíveis ao público devem, designadamente, informar os utilizadores ou assinantes, antes de obterem o seu consentimento, sobre o tipo de dados de localização que serão tratados, a duração e os fins do tratamento e a eventual transmissão dos dados a terceiros para efeitos de fornecimento de serviços de valor acrescentado.

5 – As empresas que oferecem serviços de comunicações eletrónicas acessíveis ao público devem garantir aos assinantes e utilizadores a possibilidade de, através de um meio simples e gratuito:

a) Retirar a qualquer momento o consentimento anteriormente concedido para o tratamento dos dados de localização referidos nos números anteriores;

b) Recusar temporariamente o tratamento desses dados para cada ligação à rede ou para cada transmissão de uma comunicação.

6 – O tratamento dos dados de localização deve ser limitado aos trabalhadores e colaboradores das empresas que oferecem redes e ou serviços de comunicações eletrónicas acessíveis ao público ou de terceiros que forneçam o serviço de valor acrescentado, devendo restringir-se ao necessário para efeitos da referida atividade.

Artigo 8º – Faturação detalhada

1 – Os assinantes têm o direito de receber faturas não detalhadas.

2 – As empresas que oferecem redes e ou serviços de comunicações eletrónicas acessíveis ao público devem conciliar os direitos dos assinantes que recebem faturas detalhadas com o direito à privacidade dos utilizadores autores das chamadas e dos assinantes chamados, nomeadamente submetendo à aprovação da CNPD propostas quanto a meios que permitam aos assinantes um acesso anónimo ou estritamente privado a serviços de comunicações eletrónicas acessíveis ao público.

3 – A aprovação pela CNPD, referida no número anterior, está sujeita a parecer prévio obrigatório do ICP-ANACOM.

4 – As chamadas facultadas ao assinante a título gratuito, incluindo chamadas para serviços de emergência ou de assistência, não devem constar da faturação detalhada.

Artigo 9º – Identificação da linha chamadora e da linha conectada

1 – Quando for oferecida a apresentação da identificação da linha chamadora, as empresas que oferecem serviços de comunicações eletrónicas acessíveis ao público devem garantir, linha a linha, aos assinantes que efetuam as chamadas e, em cada chamada, aos demais utilizadores a possibilidade de, através de um meio simples e gratuito, impedir a apresentação da identificação da linha chamadora.

2 – Quando for oferecida a apresentação da identificação da linha chamadora, as empresas que oferecem serviços de comunicações eletrónicas devem garantir ao assinante chamado a possibilidade de impedir, através de um meio simples e gratuito, no caso de uma utilização razoável desta função, a apresentação da identificação da linha chamadora nas chamadas de entrada.

3 – Nos casos em que seja oferecida a identificação da linha chamadora antes de a chamada ser atendida, as empresas que oferecem serviços de comunicações eletrónicas devem garantir ao assinante chamado a possibilidade de rejeitar, através de um meio simples, chamadas de entrada não identificadas.

4 – Quando for oferecida a apresentação da identificação da linha conectada, as empresas que oferecem serviços de comunicações eletrónicas devem garantir ao assinante chamado a possibilidade de impedir, através de um meio simples e gratuito, a apresentação da identificação da linha conectada ao utilizador que efetua a chamada.

5 – O disposto no nº 1 do presente artigo é igualmente aplicável às chamadas para países que não pertençam à União Europeia originadas em território nacional.

6 – O disposto nos nºs 2, 3 e 4 é igualmente aplicável a chamadas de entrada originadas em países que não pertençam à União Europeia.

7 – As empresas que oferecem redes e ou serviços de comunicações eletrónicas acessíveis ao público são obrigadas a disponibilizar ao público, e em especial aos assinantes, informações transparentes e atualizadas sobre as possibilidades referidas nos números anteriores.

Artigo 10º – Exceções

1 – As empresas que oferecem redes e ou serviços de comunicações eletrónicas acessíveis ao público devem, quando tal for compatível com os princípios da necessidade, da adequação e da proporcionalidade, anular por um período de tempo não superior a 30 dias a eliminação da apresentação da linha chamadora, a pedido, feito por escrito e devidamente fundamentado, de um assinante que pretenda determinar a origem de chamadas não identificadas perturbadoras da paz familiar ou da intimidade da vida privada, caso em que o número de telefone dos assinantes chamadores que tenham eliminado a identificação da linha é registado e comunicado ao assinante chamado.

2 – Nos casos previstos no número anterior, a anulação da eliminação da apresentação da linha chamadora deve ser precedida de parecer obrigatório por parte da CNPD.

3 – As empresas referidas no nº 1 devem igualmente anular, numa base linha a linha, a eliminação da apresentação da linha chamadora bem como registar e disponibilizar os dados de localização de um assinante ou utilizador, no caso previsto no nº 2 do artigo 7º, por forma a disponibilizar esses dados às organizações com competência legal para receber chamadas de emergência para efeitos de resposta a essas chamadas.

4 – Nos casos dos números anteriores, deve ser obrigatoriamente transmitida informação prévia ao titular dos referidos dados, sobre a transmissão dos mesmos, ao assinante que os requereu nos termos do nº 1 ou aos serviços de emergência nos termos do nº 3.

5 – O dever de informação aos titulares dos dados deve ser exercido pelos seguintes meios:

a) Nos casos do nº 1, mediante a emissão de uma gravação automática antes do estabelecimento da chamada, que informe os titulares dos dados que, a partir daquele momento e pelo prazo previsto, o seu número de telefone deixa de ser confidencial nas chamadas efetuadas para o assinante que pediu a identificação do número;

b) Nos casos do nº 3, mediante a inserção de cláusulas contratuais gerais nos contratos a celebrar entre os assinantes e as empresas que fornecem redes e ou serviços de comunicações eletrónicas, ou mediante comunicação expressa aos assinantes nos contratos já celebrados, que possibilitem a transmissão daquelas informações aos serviços de emergência.

6 – A existência do registo e da comunicação a que se referem os nºs 1 e 3 devem ser objeto de informação ao público e a sua utilização deve ser restringida ao fim para que foi concedida.

Artigo 11º – Reencaminhamento automático de chamadas

As empresas que oferecem redes e ou serviços de comunicações eletrónicas acessíveis ao público devem assegurar aos assinantes a possibilidade de, através de um meio simples e gratuito, interromper o reencaminhamento automático de chamadas efetuado por terceiros para o seu equipamento terminal.

Artigo 12º – Centrais digitais e analógicas

(*Revogado.*)

Artigo 13º – Listas de assinantes

1 – Os assinantes devem ser informados, gratuitamente e antes da inclusão dos respetivos dados em listas, impressas ou eletrónicas, acessíveis ao público ou que possam ser obtidas através de serviços de informação de listas, sobre:

a) Os fins a que as listas se destinam;

b) Quaisquer outras possibilidades de utilização baseadas em funções de procura incorporadas em versões eletrónicas das listas.

2 – Os assinantes têm o direito de decidir da inclusão dos seus dados pessoais numa lista pública e, em caso afirmativo, decidir quais os dados a incluir, na medida em que esses dados sejam pertinentes para os fins a que se destinam as listas, tal como estipulado pelo fornecedor.

3 – Deve ser garantida aos assinantes a possibilidade de, sem custos adicionais, verificar, corrigir, alterar ou retirar os dados incluídos nas referidas listas.

4 – Deve ser obtido o consentimento adicional expresso dos assinantes para qualquer utilização de uma lista pública que não consista na busca de coordenadas das pessoas com base no nome e, se necessário, num mínimo de outros elementos de identificação.

Artigo 13º-A – Comunicações não solicitadas

1 – Está sujeito a consentimento prévio e expresso do assinante que seja pessoa singular, ou do utilizador, o envio de comunicações não solicitadas para fins de marketing direto, designadamente através da utilização de sistemas automatizados de chamada e comunicação que não dependam da intervenção humana (aparelhos de chamada automática), de aparelhos de telecópia ou de correio eletrónico, incluindo SMS (serviços de mensagens curtas), EMS (serviços de mensagens melhoradas) MMS (serviços de mensagem multimédia) e outros tipos de aplicações similares.

2 – O disposto no número anterior não se aplica aos assinantes que sejam pessoas coletivas, sendo permitidas as comunicações não solicitadas para fins de marketing direto até que os assinantes recusem futuras comunicações e se inscrevam na lista prevista no nº 2 do artigo 13º-B.

3 – O disposto nos números anteriores não impede que o fornecedor de determinado produto ou serviço que tenha obtido dos seus clientes, nos termos da Lei de Proteção de Dados Pessoais, no contexto da venda de um produto ou serviço, as respetivas coordenadas eletrónicas de contacto, possa utilizá-las para fins de marketing direto dos seus próprios produtos ou serviços análogos aos transacionados, desde que garanta aos clientes em causa, clara e explicitamente, a possibilidade de recusarem, de forma gratuita e fácil, a utilização de tais coordenadas:

a) No momento da respetiva recolha; e

b) Por ocasião de cada mensagem, quando o cliente não tenha recusado inicialmente essa utilização.

4 – É proibido o envio de correio eletrónico para fins de marketing direto, ocultando ou dissimulando a identidade da pessoa em nome de quem é efetuada a comunicação, em violação do artigo 21º do Decreto-Lei nº 7/2004, de 7 de janeiro, sem a indicação de um meio de contacto válido para o qual o destinatário possa enviar um pedido para pôr termo a essas comunicações, ou que incentive os destinatários a visitar sítios na Internet que violem o disposto no referido artigo.

5 – Para tutela dos interesses dos seus clientes, como parte dos respetivos interesses comerciais, os prestadores de serviços de comunicações ele-

trónicas acessíveis ao público têm legitimidade para propor ações judiciais contra o autor do incumprimento de qualquer das disposições constantes do presente artigo, bem como do artigo 13º-B.

Artigo 13º-B – Listas para efeitos de comunicações não solicitadas

1 – Às entidades que promovam o envio de comunicações para fins de marketing direto, designadamente através da utilização de sistemas automatizados de chamada e comunicação que não dependam da intervenção humana (aparelhos de chamada automática), de aparelhos de telecópia ou de correio eletrónico, incluindo SMS (serviços de mensagens curtas), EMS (serviços de mensagens melhoradas) MMS (serviços de mensagem multimédia) e outros tipos de aplicações similares, cabe manter, por si ou por organismos que as representem, uma lista atualizada de pessoas que manifestaram expressamente e de forma gratuita o consentimento para a receção deste tipo de comunicações, bem como dos clientes que não se opuseram à sua receção ao abrigo do nº 3 do artigo 13º-A.

2 – Compete à Direção-Geral do Consumidor (DGC) manter atualizada uma lista de âmbito nacional de pessoas coletivas que manifestem expressamente opor-se à receção de comunicações não solicitadas para fins de marketing direto.

3 – Pela inclusão nas listas referidas nos números anteriores não pode ser cobrada qualquer quantia.

4 – A inserção na lista referida no nº 2 depende do preenchimento de formulário eletrónico disponibilizado através da página eletrónica da DGC.

5 – As entidades que promovam o envio de comunicações para fins de marketing direto são obrigadas a consultar a lista, atualizada mensalmente pela DGC, que a disponibiliza a seu pedido.

Artigo 13º-C – Cooperação transfronteiriça

1 – Sem prejuízo das competências atribuídas a outras entidades, a CNPD e o ICP-ANACOM podem, nas respetivas áreas de competência, aprovar medidas para assegurar uma cooperação transfronteiriça eficaz na execução da presente lei.

2 – Sempre que pretendam proceder nos termos previstos no número anterior, a CNPD e o ICP-ANACOM apresentam à Comissão Europeia, em tempo útil e antes da aprovação das medidas em causa, um resumo dos motivos para a ação, os requisitos previstos e as ações propostas.

Artigo 13º-D – Competências da CNPD e do ICP-ANACOM

No âmbito das competências que lhes são atribuídas pela presente lei, a CNPD e o ICP-ANACOM podem, nas respetivas áreas de competência:

a) Elaborar regulamentos relativamente às práticas a adotar para cumprimento da presente lei;

b) Dar ordens e formular recomendações;

c) Publicitar, nos respetivos sítios na Internet, os códigos de conduta de que tenha conhecimento;

d) Publicitar, nos respetivos sítios na Internet, outras informações que considerem relevantes.

Artigo 13º-E – Prestação de informações

1 – As entidades sujeitas a obrigações nos termos da presente lei devem, quando solicitadas, prestar ao ICP-ANACOM, na sua respetiva área de competência, todas as informações relacionadas com a sua atividade, para que estas autoridades possam exercer todas as competências naquela previstas.

2 – Os pedidos de informação a que se refere o número anterior devem obedecer a princípios de adequação ao fim a que se destinam e de proporcionalidade e devem ser devidamente fundamentados.

3 – As informações solicitadas devem ser prestadas dentro dos prazos, na forma e com o grau de pormenor exigidos pelo ICP-ANACOM, que pode também estabelecer as circunstâncias e a periodicidade do seu envio.

4 – Para efeitos do nº 1, as entidades devem identificar, de forma fundamentada, as informações que consideram confidenciais e devem juntar, caso se justifique, uma cópia não confidencial dos documentos em que se contenham tais informações.

CAPÍTULO III – Regime sancionatório

Artigo 13º-F – Incumprimento

1 – Sem prejuízo de outros mecanismos sancionatórios aplicáveis, sempre que a CNPD ou o ICP-ANACOM, nas respetivas áreas de competência, verificarem a infração de qualquer obrigação decorrente da presente lei, devem notificar o infrator desse facto e dar-lhe a possibilidade de num

prazo não inferior a 10 dias se pronunciar e, se for caso disso, pôr fim ao incumprimento.

2 – Após ter procedido à audiência, nos termos do número anterior, a CNPD ou o ICP-ANACOM, nas respetivas áreas de competência, podem exigir ao infrator que cesse o incumprimento imediatamente ou no prazo razoável fixado para o efeito.

3 – Se o infrator não puser fim ao incumprimento no prazo referido nos números anteriores, compete à CNPD ou ao ICP-ANACOM, nas respetivas áreas de competência, tomar as medidas adequadas e proporcionais para garantir a observância das obrigações referidas no nº 1 do presente artigo, nomeadamente a aplicação de sanções pecuniárias compulsórias nos termos previstos na presente lei.

Artigo 13º-G – Fiscalização

Compete à CNPD e ao ICP-ANACOM, nas respetivas áreas de competência estabelecidas nos termos do disposto no artigo 15º, a fiscalização do cumprimento da presente lei, através, respetivamente, dos vogais e técnicos devidamente mandatados pela CNPD, nos termos da Lei de Proteção de Dados Pessoais e dos agentes de fiscalização ou de mandatários devidamente credenciados pelo ICP-ANACOM, nos termos do artigo 112º da Lei das Comunicações Eletrónicas.

Artigo 14º – Contraordenação

1 – Constitui contraordenação punível com a coima mínima de € 1500 e máxima de € 25 000, quando praticada por pessoas singulares, e com coima mínima de € 5000 e máxima de € 5 000 000, quando praticada por pessoas coletivas:

a) A inobservância das regras de segurança das redes impostas pelos nºs 1, 2, 3 e 10 do artigo 3º;

b) A inobservância das regras de segurança no tratamento de dados pessoais impostas pelo nº 9 do artigo 3º;

c) A violação das obrigações estabelecidas nos nºs 1, 2, 3, 4, 5 e 10 do artigo 3º-A ou determinadas nos termos previstos nos respetivos nºs 6 e 9;

d) A violação da obrigação estabelecida no nº 1 do artigo 4º, da proibição estabelecida no nº 2 do artigo 4º e a realização de gravações em desrespeito do nº 3 do artigo 4º;

e) A inobservância das condições de armazenamento e acesso à informação previstas no artigo 5º;

f) O envio de comunicações para fins de marketing direto em violação dos nºs 1 e 2 do artigo 13º-A;

g) A violação das obrigações impostas no nº 3 do artigo 13º-A;

h) O envio de correio eletrónico em violação do nº 4 do artigo 13º-A;

i) A violação da obrigação estabelecida no nº 1 do artigo 13º-B;

j) A violação do disposto no nº 3 do artigo 13º-B pelas entidades previstas no respetivo nº 1;

k) A violação da obrigação de prestação de informações estabelecida no artigo 13º-E;

l) O incumprimento de ordens ou deliberações da CNPD, emitidas nos termos do artigo 13º-D e regularmente comunicadas aos seus destinatários;

m) O incumprimento de ordens ou deliberações do ICP-ANACOM, emitidas nos termos do artigo 13º-D e regularmente comunicadas aos seus destinatários.

2 – Constitui contraordenação punível com a coima mínima de € 500 e máxima de € 20 000, quando praticada por pessoas singulares, e com coima mínima de € 2500 e máxima de € 2 500 000, quando praticada por pessoas coletivas:

a) A violação dos requisitos de notificação previstos nos nºs 7, 8 e 10 do artigo 3º-A ou determinados nos termos previstos no respetivo nº 9;

b) A inobservância das condições de tratamento e armazenamento de dados de tráfego e de dados de localização previstas nos artigos 6º e 7º;

c) A violação das obrigações previstas nos nºs 1, 2 e 4 do artigo 8º e nos artigos 9º e 11º;

d) A violação das obrigações previstas no artigo 10º;

e) A violação do disposto no artigo 13º

3 – Quer a contraordenação consista no incumprimento de um dever legal quer no incumprimento de uma ordem ou deliberação emanada da CNPD ou do ICP-ANACOM, nas respetivas áreas de competência, a aplicação e o cumprimento das sanções não dispensam o infrator do cumprimento, se este ainda for possível.

4 – A CNPD ou o ICP-ANACOM, nas respetivas áreas de competência, podem ordenar ao infrator que cumpra o dever ou ordem em causa, sob pena de sanção pecuniária compulsória nos termos do artigo 15º-C.

5 – A negligência e a tentativa são puníveis, sendo os limites mínimos e máximos da coima reduzidos a metade.

Artigo 15º – Processamento e aplicação de coimas

1 – Compete à CNPD a instauração, instrução e arquivamento de processos de contraordenação, bem como a aplicação de admoestações, coimas e sanções acessórias, por violação do disposto no nº 9 do artigo 3º, no artigo 3º-A, no nº 3 do artigo 4º, nos artigos 5º, 6º e 7º, nos nºs 1, 2 e 4 do artigo 8º, no artigo 10º, no artigo 13º, nos nºs 1 a 4 do artigo 13º-A, nos nºs 1 e 3 do artigo 13º-B e na alínea l) do nº 1 do artigo 14º

2 – Compete ao ICP-ANACOM a instauração, instrução e arquivamento de processos de contraordenação, bem como a aplicação de admoestações, coimas e sanções acessórias, por violação do disposto nos nºs 1, 2, 3 e 10 do artigo 3º, nos nºs 1 e 2 do artigo 4º, no artigo 9º, no artigo 11º, no artigo 13º-E e na alínea m) do nº 1 do artigo 14º

3 – A instauração de processos de contraordenação e a respetiva aplicação de coimas relativos aos ilícitos previstos no número anterior são da competência do conselho de administração do ICP-ANACOM, cabendo a instrução aos respetivos serviços.

4 – As competências previstas no número anterior podem ser delegadas.

5 – O montante das coimas reverte para o Estado em 60% e para a CNPD ou para o ICP-ANACOM, consoante os casos, em 40%.

Artigo 15º-A – Sanções acessórias

1 – No âmbito das contraordenações previstas no nº 2 do artigo 15º, sempre que a gravidade da infração e a culpa do agente o justifique, o ICP-ANACOM pode aplicar uma sanção acessória de perda a favor do Estado de objetos, equipamentos e dispositivos ilícitos, incluindo o produto do benefício obtido pelo infrator através da prática da contraordenação.

2 – Quem desrespeitar uma sanção acessória que lhe tenha sido aplicada, incorre em crime de desobediência qualificada.

Artigo 15º-B – Perda a favor do Estado

1 – Sem prejuízo do disposto no nº 1 do artigo anterior, consideram-se perdidos a favor do Estado os objetos, equipamentos e dispositivos ilícitos que tenham sido cautelar ou provisoriamente apreendidos pelo ICP-ANACOM e que, após notificação aos interessados para que os recolham, não tenham sido reclamados no prazo de 60 dias.

2 – Os objetos, equipamentos e dispositivos ilícitos perdidos a favor do Estado revertem para o ICP-ANACOM, que lhes dará o destino que julgar adequado.

Artigo 15º-C – Sanções pecuniárias compulsórias

1 – Sem prejuízo de outras sanções aplicáveis, em caso de incumprimento de decisões da CNPD ou do ICP-ANACOM que imponham sanções administrativas ou ordenem, no exercício dos poderes que legalmente lhes assistem, a adoção de comportamentos ou de medidas determinadas aos destinatários da presente lei, podem aquelas autoridades, fundamentadamente, impor uma sanção pecuniária compulsória, nos casos referidos nos nºs 1, 3, 4 e 5 do artigo 10º, nos nºs 1, 3, e 4 do artigo 13º e nas alíneas a) a i), j) e l) a m) do nº 1 e a), b), c), d) e e) do nº 2 do artigo 14º

2 – A sanção pecuniária compulsória consiste na imposição ao seu destinatário do pagamento de uma quantia pecuniária por cada dia de atraso no cumprimento para além do prazo nela fixado.

3 – A sanção compulsória é fixada segundo critérios de razoabilidade e proporcionalidade, atendendo à situação económica do infrator, designadamente ao seu volume de negócios no ano civil anterior, e ao impacto negativo do incumprimento no mercado e nos utilizadores, podendo o montante diário situar-se entre € 500 e € 100 000.

4 – Os montantes fixados nos termos do número anterior podem ser variáveis para cada dia de incumprimento, num sentido crescente, não podendo ultrapassar o montante máximo de € 3 000 000 nem a duração máxima de 30 dias.

5 – O montante da sanção aplicada reverte para o Estado em 60% e para a CNPD ou para o ICP-ANACOM em 40%.

6 – Dos atos da CNPD e do ICP-ANACOM, praticados ao abrigo do presente artigo cabe recurso, consoante sejam praticados no âmbito de um processo de contraordenação ou administrativo, nos termos da legislação aplicável a cada tipo de processo em causa.

Artigo 16º – Legislação subsidiária

Em tudo o que não esteja previsto na presente lei, são aplicáveis as disposições sancionatórias que constam dos artigos 33º a 39º da Lei da Proteção de Dados Pessoais.

CAPÍTULO IV – Disposições finais e transitórias

Artigo 17º – Características técnicas e normalização

1 – O cumprimento do disposto na presente lei não deve determinar a imposição de requisitos técnicos específicos dos equipamentos terminais ou de outros equipamentos de comunicações eletrónicas que possam impedir a colocação no mercado e a circulação desses equipamentos nos países da União Europeia.

2 – Excetua-se do disposto no número anterior a elaboração e emissão de características técnicas específicas necessárias à execução da presente lei, as quais devem ser comunicadas à Comissão Europeia nos termos dos procedimentos previstos no Decreto-Lei nº 58/2000, de 18 de abril.

Artigo 18º – Disposições transitórias

1 – O disposto no artigo 13º não é aplicável às edições de listas já elaboradas ou colocadas no mercado, em formato impresso ou eletrónico fora de linha, antes da entrada em vigor da presente lei.

2 – No caso de os dados pessoais dos assinantes de serviços telefónicos acessíveis ao público fixos ou móveis terem sido incluídos numa lista pública de assinantes, em conformidade com a legislação anterior e antes da entrada em vigor da presente lei, os dados pessoais desses assinantes podem manter-se nessa lista pública nas suas versões impressa ou eletrónica.

3 – No caso previsto no número anterior, os assinantes têm o direito de decidir pela retirada dos seus dados pessoais da lista pública em causa, devendo receber previamente informação completa sobre as finalidades e opções da mesma em conformidade com o artigo 13º

4 – A informação referida no número anterior deve ser enviada aos assinantes no prazo máximo de seis meses a contar da data de entrada em vigor da presente lei.

Artigo 19º – Revogação

É revogada a Lei nº 69/98, de 28 de outubro.

Artigo 20º – Entrada em vigor

A presente lei entra em vigor no dia seguinte ao da sua publicação.

Aprovada em 1 de julho de 2004.

O Presidente da Assembleia da República, *João Bosco Mota Amaral*.

Promulgada em 2 de agosto de 2004.

Publique-se.

O Presidente da República, JORGE SAMPAIO.

Referendada em 5 de agosto de 2004.

O Primeiro-Ministro, *Pedro Miguel de Santana Lopes*.

Lei nº 43/2004, de 18 de agosto, de organização e funcionamento da Comissão Nacional de Proteção de Dados

Lei nº 43/2004, de 18 de agosto[1]

Sumário: Lei de organização e funcionamento da Comissão Nacional de Proteção de Dados.

CAPÍTULO I – Disposições gerais

Artigo 1º – Âmbito

A presente lei regula a organização e o funcionamento da Comissão Nacional de Proteção de Dados (CNPD), bem como o estatuto pessoal dos seus membros.

Artigo 2º – Natureza, atribuições e competências

1 – A CNPD é uma entidade administrativa independente, com personalidade jurídica de direito público e poderes de autoridade, dotada de autonomia administrativa e financeira, que funciona junto da Assembleia da República.

2 – A CNPD é a autoridade de controlo nacional para efeitos do Regulamento Geral de Proteção de Dados (RGPD), aprovado pelo Regulamento (UE) 2016/679, do Parlamento Europeu e do Conselho, de 27 de abril de 2016, e da lei que assegura a sua execução na ordem jurídica interna.

[1] Contém as alterações introduzidas pela Lei nº 55-A/2010, de 31 de dezembro e pela Lei nº 58/2019, de 8 de agosto.

3 – A CNPD controla e fiscaliza o cumprimento do RGPD e da presente lei, bem como das demais disposições legais e regulamentares em matéria de proteção de dados pessoais, a fim de defender os direitos, liberdades e garantias das pessoas singulares no âmbito dos tratamentos de dados pessoais.

4 – A CNPD age com independência na prossecução das suas atribuições e no exercício dos poderes que lhe são atribuídos pela presente lei.

CAPÍTULO II – Membros da CNPD

Artigo 3º – Composição, designação e mandato dos membros

1 – A CNPD é composta por sete membros de integridade e mérito reconhecidos:

a) Um Presidente, eleito pela Assembleia da República;

b) Duas personalidades eleitas pela Assembleia da República segundo o método da média mais alta de Hondt;

c) Dois magistrados, sendo um magistrado judicial, designado pelo Conselho Superior da Magistratura, e um magistrado do Ministério Público, designado pelo Conselho Superior do Ministério Público;

d) Duas personalidades designadas pelo Governo;

2 – O mandato dos membros da CNPD é de cinco anos, renovável duas vezes, e cessa com a posse dos novos membros.

3 – A designação dos membros da CNPD consta de lista publicada na 1ª série do Diário da República.

4 – Os membros da CNPD tomam posse perante o Presidente da Assembleia da República nos 10 dias seguintes à publicação da lista referida no número anterior.

Artigo 4º – Incapacidades e incompatibilidades

1 – Só podem ser membros da CNPD os cidadãos que se encontrem no pleno gozo dos seus direitos civis e políticos.

2 – Os membros da CNPD ficam sujeitos ao regime de incompatibilidades estabelecido para os titulares de altos cargos públicos.

Artigo 5º – Inamovibilidade

1 – Os membros da CNPD são inamovíveis, não podendo as suas funções cessar antes do termo do mandato, salvo nos seguintes casos:

a) Morte ou impossibilidade física permanente ou com uma duração que se preveja ultrapassar a data do termo do mandato;

b) Renúncia ao mandato;

c) Perda do mandato.

2 – No caso de vacatura por um dos motivos previstos no número anterior, a vaga deve ser preenchida no prazo de 30 dias após a sua verificação, através da designação de novo membro pela entidade competente.

3 – O membro designado nos termos do número anterior completa o mandato do membro que substitui.

Artigo 6º – Renúncia

1 – Os membros da CNPD podem renunciar ao mandato através de declaração escrita apresentada à Comissão.

2 – A renúncia torna-se efetiva com o seu anúncio e é publicada na 2ª série do Diário da República.

Artigo 7º – Perda do mandato

1 – Perdem o mandato os membros da CNPD que:

a) Sejam abrangidos por qualquer das incapacidades ou incompatibilidades previstas na lei;

b) Faltem, no mesmo ano civil, a três reuniões consecutivas ou a seis interpoladas, salvo motivo justificado;

c) Cometam violação do disposto na alínea c) do artigo 8º, desde que judicialmente declarada.

2 – A perda do mandato é objeto, conforme os casos, de deliberação ou declaração a publicar na 2.ª série do Diário da República.

Artigo 8º – Deveres

Constituem deveres dos membros da CNPD:

a) Exercer o respetivo cargo com isenção, rigor e independência;

b) Participar ativa e assiduamente nos trabalhos do órgão que integram;

c) Guardar sigilo sobre as questões ou processos que estejam a ser objeto de apreciação, nos termos previstos no Regulamento (UE) 2016/679 do Parlamento Europeu e do Conselho, de 27 de abril de 2016, e na Diretiva (UE) 2016/680 do Parlamento Europeu e do Conselho, de 27 de abril de 2016.

Artigo 9º – Estatuto remuneratório

1 – O presidente da CNPD é remunerado de acordo com a tabela indiciária e o regime fixados para o cargo de diretor-geral, cabendo aos restantes membros uma remuneração igual a 85/prct. daquela, sem prejuízo da faculdade de opção pelas remunerações correspondentes ao lugar de origem.

2 – O presidente da CNPD tem direito a um abono mensal para despesas de representação de montante igual ao atribuído aos diretores-gerais.

3 – Os restantes membros da CNPD têm direito a um abono mensal para despesas de representação de montante igual ao atribuído aos subdiretores-gerais.

4 – Os membros da CNPD beneficiam do regime geral de segurança social, se não estiverem abrangidos por outro mais favorável.

Artigo 10º – Garantias

Os membros da CNPD beneficiam das seguintes garantias:

a) Não podem ser prejudicados na estabilidade do seu emprego, na sua carreira profissional e no regime de segurança social de que beneficiem;

b) O período correspondente ao exercício do mandato considera-se, para todos os efeitos legais, como prestado no lugar de origem;

c) O período de duração do mandato suspende, a requerimento do interessado, a contagem dos prazos para a apresentação de relatórios curriculares ou prestação de provas para a carreira de docente de ensino superior ou para a de investigação científica, bem como a contagem dos prazos dos contratos de professores convidados, assistentes, assistentes estagiários ou convidados;

d) Têm direito a ser dispensados das suas atividades públicas ou privadas, quando se encontrem em funções de representação nacional ou internacional da Comissão.

Artigo 11º – Impedimentos e suspeições

1 – Aos impedimentos e suspeições são aplicáveis, com as devidas adaptações, as disposições do Código do Procedimento Administrativo.

2 – Os impedimentos e suspeições são apreciados pela CNPD.

Artigo 12º – Cartão de identificação

1 – Os membros da CNPD possuem cartão de identificação, dele constando o cargo, as regalias e os direitos inerentes à sua função.

2 – O cartão de identificação é simultaneamente de livre trânsito e de acesso a todos os locais em que sejam tratados dados pessoais sujeitos ao controlo da CNPD.

CAPÍTULO III – Funcionamento da CNPD

Artigo 13º – Reuniões

1 – A CNPD funciona com carácter permanente.

2 – A CNPD tem reuniões ordinárias e extraordinárias.

3 – As reuniões extraordinárias têm lugar:

a) Por iniciativa do presidente;

b) A pedido de três dos seus membros.

4 – As reuniões da CNPD não são públicas e realizam-se nas suas instalações ou, por sua deliberação, em qualquer outro local do território nacional, sendo a periodicidade estabelecida nos termos adequados ao desempenho das suas funções.

5 – O presidente, quando o entender conveniente, pode, com o acordo da Comissão, convidar a participar nas reuniões, salvo na fase decisória, qualquer pessoa cuja presença seja considerada útil.

6 – Das reuniões é lavrada ata, que, depois de aprovada pela CNPD, é assinada pelo presidente e pelo secretário.

Artigo 14º – Ordem de trabalhos

1 – A ordem de trabalhos para cada reunião ordinária é fixada pelo presidente, devendo ser comunicada aos vogais com a antecedência mínima de dois dias úteis relativamente à data prevista para a sua realização.

2 – A ordem de trabalhos deve incluir os assuntos que para esse fim lhe forem indicados por qualquer vogal, desde que sejam da competência do órgão e o pedido seja apresentado por escrito com uma antecedência mínima de cinco dias sobre a data da reunião.

Artigo 15º – Deliberações

1 – A CNPD só pode reunir e deliberar com a presença de pelo menos quatro membros.

2 – As deliberações da CNPD são tomadas por maioria dos membros presentes, tendo o presidente voto de qualidade.

3 – (*Revogado.*)

Artigo 16º – Publicidade

1 – São publicados no sítio da Internet da CNPD as deliberações relativas a:

a) Acreditação e certificação;

b) Revogação e anulação de acreditação e de certificação;

c) Códigos de conduta;

d) Autorizações;

e) Regras vinculativas.

2 – São ainda publicados naquele sítio os regulamentos e os pareceres sobre disposições legais e regulamentares e instrumentos jurídicos em preparação em instituições da União Europeia e internacionais, bem como as orientações e recomendações genéricas.

3 – São publicados na 2.ª série do Diário da República os regulamentos administrativos, incluindo os relativos à fixação de taxas e os emitidos ao abrigo do disposto no nº 3 do artigo 22º.

Artigo 17º – Denúncias e participações

1 – As denúncias e participações são apresentadas por escrito, em local específico para o efeito no sítio da CNPD, sem prejuízo de, excecionalmente, desde que devidamente fundamentado, se admitir a sua apresentação por correio eletrónico ou correio postal, podendo ser exigida a confirmação da identidade dos seus autores.

2 – (*Revogado.*)

3 – Quando a questão suscitada não for da competência da CNPD, deve a mesma ser encaminhada para a entidade competente, com informação ao exponente.

4 – As reclamações, queixas e petições manifestamente infundadas podem ser arquivadas pelo membro da Comissão a quem o respetivo processo tenha sido distribuído.

Artigo 18º – Formalidades

1 – Os documentos dirigidos à CNPD e o processado subsequente não estão sujeitos a formalidades especiais.

2 – A CNPD pode aprovar modelos ou formulários, em suporte eletrónico, com vista a permitir melhor instrução dos processos.

3 – (*Revogado.*)

4 – Os pedidos de parecer sobre disposições legais e regulamentares em preparação devem ser remetidos à CNPD pelo titular do órgão com poder legiferante ou regulamentar, instruídos com o respetivo estudo de impacto sobre a proteção de dados pessoais.

5 – Os pedidos de parecer sobre quaisquer outros instrumentos jurídicos da União Europeia ou internacionais em preparação, relativos ao tratamento de dados pessoais, devem ser remetidos à CNPD pela entidade que representa o Estado português no processo de elaboração da iniciativa, devidamente instruídos.

Artigo 19º – Competências e substituição do presidente

1 – Compete ao presidente:

a) Representar a Comissão;

b) Superintender nos serviços de apoio;

c) Convocar as sessões e fixar a ordem de trabalhos;

d) Ouvida a Comissão, nomear o pessoal do mapa e autorizar transferências, requisições e destacamentos;

e) Ouvida a Comissão, autorizar a contratação do pessoal referido no nº 5 do artigo 30º;

f) Outorgar contratos em nome da Comissão e obrigá-la nos demais negócios jurídicos;

g) Autorizar a realização de despesas dentro dos limites legalmente compreendidos na competência dos ministros;

h) Aplicar coimas e homologar deliberações, nos termos previstos na lei;

i) Ouvida a Comissão, fixar as regras de distribuição dos processos;

j) Submeter à aprovação da Comissão o plano de atividades;

l) Em geral, assegurar o cumprimento das leis e a regularidade das deliberações.

2 – O presidente é substituído, nas suas faltas e impedimentos, pelo vogal que a Comissão designar.

Artigo 19º-A – Fiscal único

1 – O fiscal único é o órgão responsável pelo controlo da legalidade, da regularidade e da boa gestão financeira e patrimonial da CNPD, e de consulta por esta nesse domínio.

2 – O fiscal único é um revisor oficial de contas, designado pela Assembleia da República, por resolução, e que toma posse perante o Presidente da Assembleia da República.

3 – O mandato do fiscal único tem a duração de cinco anos, não renovável, permanecendo em exercício de funções até à efetiva substituição.

4 – O fiscal único é remunerado por valor correspondente a 25/prct. da remuneração base auferida pelos membros da CNPD.

5 – Compete, designadamente, ao fiscal único:

a) Acompanhar e controlar a gestão financeira e patrimonial da CNPD;

b) Examinar periodicamente a situação financeira e económica da CNPD e verificar o cumprimento das normas reguladoras da sua atividade;

c) Emitir parecer prévio no prazo máximo de 10 dias sobre a aquisição, oneração, arrendamento e alienação de bens móveis;

d) Emitir parecer sobre qualquer assunto que lhe seja submetido pela CNPD;

e) Participar às entidades competentes as irregularidades que detete.

CAPÍTULO IV – Regime financeiro

Artigo 20º – Regime de receitas e despesas

1 – As receitas e despesas da CNPD, que goza de autonomia administrativa e financeira, constam de orçamento anual.

2 – Além das dotações que lhe forem atribuídas no orçamento da Assembleia da República, nos termos da Lei nº 59/90, de 21 de novembro, constituem receitas da CNPD:

a) O produto das taxas cobradas;

b) O produto da venda de publicações;

c) O produto dos encargos da passagem de certidões e acesso a documentos;

d) O montante das coimas cobradas que, nos termos previstos na lei, revertam a seu favor;

e) O saldo de gerência do ano anterior;

f) Os subsídios, subvenções, comparticipações, doações e legados, concedidos por entidades, públicas e privadas, nacionais, estrangeiras, da União Europeia ou internacionais;

g) Quaisquer outras receitas que lhe sejam atribuídas por lei ou contrato.

3 – Constituem despesas da CNPD as que resultem dos encargos e responsabilidades decorrentes do seu funcionamento, bem como quaisquer outras relativas à prossecução das suas atribuições.

4 – O orçamento anual, as respetivas alterações bem como as contas são aprovados pela CNPD.

5 – As contas da CNPD ficam sujeitas, nos termos gerais, ao controlo do Tribunal de Contas.

6 – A gestão do orçamento da CNPD, incluindo as dotações não integradas no orçamento da Assembleia da República, fica sujeita ao regime deste último, sendo igualmente aplicável o regime previsto no nº 10 do artigo 60º da Lei nº 71/2018, de 31 de dezembro.

Artigo 21º – Taxas

1 – A CNPD pode cobrar taxas:

a) Pela acreditação e certificação;

b) Pela consulta prévia;

c) Pela emissão de autorizações;

d) Pela apreciação de códigos de conduta;

e) Nos demais casos previstos por lei.

2 – O montante das taxas, que deve ser proporcional à complexidade do pedido e ao serviço prestado, é fixado em regulamento pela CNPD.

3 – Em caso de comprovada insuficiência económica, o interessado poderá ficar isento, total ou parcialmente, do pagamento das taxas referidas no nº 1, mediante deliberação da CNPD.

CAPÍTULO V – Serviços de apoio

Artigo 22º – Organização dos serviços de apoio

1 – A CNPD dispõe de serviços de apoio próprios que compreendem unidades e núcleos.

2 – Os serviços de apoio são constituídos pelas seguintes unidades:

a) Unidade de Direitos e Sanções;

b) Unidade de Inspeção;

c) Unidade de Relações Públicas e Internacionais;

d) Unidade de Informática;

e) Unidade de Apoio Administrativo e Financeiro.

3 – Compete à CNPD aprovar o regulamento de organização e funcionamento dos serviços de apoio, bem como o regulamento de avaliação dos trabalhadores.

4 – Os serviços de apoio são dirigidos por um secretário, o qual tem direito à remuneração mais elevada de consultor-coordenador, bem como a um abono mensal para despesas de representação no valor de 8/prct. da remuneração base.

5 – O secretário é nomeado por despacho do presidente, obtido parecer favorável da Comissão, com observância dos requisitos legais adequados ao desempenho das respetivas funções, escolhido preferencialmente de entre funcionários já pertencentes ao mapa da CNPD, habilitados com licenciatura e de reconhecida competência para o desempenho do lugar.

6 – A nomeação do secretário é feita em regime de comissão de serviço, por períodos de três anos.

Artigo 23º – Competências do secretário

1 – Compete ao secretário:

a) Secretariar a Comissão;

b) Dar execução às decisões da Comissão, de acordo com as orientações do presidente;

c) Assegurar a boa organização e funcionamento dos serviços de apoio, nomeadamente no tocante à gestão financeira, do pessoal e das instalações e equipamento, de acordo com as orientações do presidente;

d) Elaborar o projeto de orçamento, bem como as respetivas alterações, e assegurar a sua execução;

e) Elaborar o projeto de relatório anual.

2 – O secretário é substituído, nas suas faltas e impedimentos, pelo técnico superior ou consultor designado pelo presidente, obtido parecer favorável da Comissão.

Artigo 24º – Unidade de Direitos e Sanções

Compete à Unidade de Direitos e Sanções assegurar o apoio técnico-jurídico, designadamente:

a) Instruir os processos de contraordenação, bem como outros processos abertos com base em participações ou denúncias;

b) Preparar as peças processuais e representar a CNPD em processos judiciais, quando mandatados para o efeito;

c) Preparar pareceres sobre projetos legislativos e regulamentares e sobre instrumentos jurídicos em preparação em instituições da União Europeia e internacionais;

d) Analisar e preparar orientações sobre estudos de avaliação do impacto sobre a proteção de dados;

e) Instruir e propor decisões sobre processos de autorização prévia nos casos previstos em lei;

f) Instruir e propor decisões sobre processos de acreditação e de revisão de acreditação e certificações;

g) Analisar e preparar decisões em processos de notificação de violações de dados pessoais;

h) Analisar e preparar decisões sobre códigos de conduta;

i) Interagir com encarregados de proteção de dados;

j) Colaborar na organização de colóquios, seminários e outras iniciativas de difusão de matérias de proteção de dados pessoais;

k) Instruir e propor decisões relativas ao exercício de direitos pelos titulares dos dados pessoais;

l) Desempenhar quaisquer outras tarefas de âmbito técnico-jurídico.

Artigo 24º-A – Unidade de Inspeção

Compete à Unidade de Inspeção realizar inspeções e auditorias no âmbito dos processos em curso, com mandato do presidente da CNPD, em especial:

a) Fiscalizar a conformidade do tratamento de dados pessoais, podendo para tal aceder às instalações do responsável e do subcontratante, aos equipamentos, aos meios de tratamento de dados, bem como a toda a documentação que se revele necessária;

b) Investigar, no âmbito da assistência mútua e das operações conjuntas previstas nos artigos 61º e 62º do Regulamento (UE) 2016/679 do Parlamento e do Conselho, de 27 de abril de 2016, os tratamentos de dados pessoais, nas condições previstas na alínea anterior;

c) Realizar as auditorias da parte nacional dos sistemas de informação europeus, nos termos da legislação da União Europeia.

Artigo 25º – Unidade de Relações Públicas e Internacionais

Compete à Unidade de Relações Públicas e Internacionais assegurar o apoio em matéria de informação, documentação e relações públicas e na interação com autoridades europeias e internacionais, designadamente:

a) Gerir os conteúdos do sítio da Internet e da intranet da CNPD;

b) Organizar e manter atualizado um centro de documentação com a função de recolher bibliografia, documentação, textos, diplomas legais, atos normativos e administrativos e demais elementos de informação científica e técnica relacionada com a proteção de dados pessoais;

c) Promover a divulgação e o esclarecimento de direitos e obrigações relativos à proteção de dados pessoais;

d) Assegurar os contactos com os órgãos de comunicação social;

e) Organizar, assessorar e dinamizar a realização de colóquios, seminários e outros eventos;

f) Colaborar na conceção e edição de publicações, bem como no relatório anual de atividades;

g) Desempenhar quaisquer outras tarefas, no âmbito da informação e comunicação;

h) Gerir as relações institucionais com organizações da União Europeia ou internacionais em matéria de proteção de dados pessoais;

i) Assegurar as relações com as autoridades de controlo congéneres, em especial no âmbito das competências do Comité Europeu para a Proteção de Dados;

j) Instruir e preparar decisões nos procedimentos de cooperação e coerência;

k) Instruir e preparar decisões quanto a transferências internacionais de dados pessoais.

Artigo 26º – Unidade de Informática

1 – Compete à Unidade de Informática garantir o normal funcionamento das infraestruturas de informação e comunicação da CNPD e o apoio técnico necessário na área das tecnologias de informação, nomeadamente:

a) Assegurar a gestão integrada e a manutenção do parque informático da CNPD e do respetivo sistema de comunicações;

b) Assegurar o correto funcionamento da rede informática e dos sistemas de informação da CNPD;

c) Proceder aos estudos técnicos necessários à aquisição de material informático e de comunicação;

d) Assegurar o apoio aos utilizadores dos sistemas de informação e comunicação, bem como fomentar junto dos mesmos boas práticas para uma utilização segura e adequada desses sistemas;

e) Assegurar a aplicação de normas de segurança que garantam a fiabilidade, confidencialidade e durabilidade dos sistemas de informação;

f) Conceber a arquitetura global do sistema de informação da CNPD;

g) Desenhar, desenvolver e operacionalizar as aplicações e as interfaces necessárias ao exercício da atividade da CNPD;

h) Desenhar, desenvolver e operacionalizar o sítio da Internet da CNPD;

i) Efetuar estudos sobre novas tecnologias com impacto no tratamento de dados pessoais.

Artigo 27º – Unidade de Apoio Administrativo e Financeiro

Compete à Unidade de Apoio Administrativo e Financeiro apoiar a CNPD na gestão dos processos e dos recursos humanos, financeiros e materiais, designadamente:

a) Preparar as propostas de orçamento e acompanhar a sua execução;

b) Assegurar o processamento e a contabilização das receitas e das despesas;

c) Elaborar a conta de gerência e o respetivo relatório;

d) Promover as aquisições de bens e serviços;

e) Administrar os bens de consumo, bem como gerir as instalações, viaturas e demais equipamentos ao serviço da CNPD;

f) Elaborar e manter atualizado o inventário geral;

g) Promover o recrutamento, promoção e a contratação de trabalhadores, bem como a aplicação dos instrumentos de mobilidade;

h) Processar os vencimentos dos trabalhadores, dos membros da CNPD e do fiscal único;

i) Organizar e manter atualizada a informação relativa aos trabalhadores, aos membros da CNPD e ao fiscal único;

j) Promover a formação dos trabalhadores;

k) Promover a execução da avaliação dos trabalhadores;

l) Instruir e propor decisão em processos disciplinares;

m) Secretariar o presidente e o secretário;

n) Assegurar o registo e encaminhamento da correspondência, bem como a organização e arquivo de documentos;

o) Assegurar o atendimento externo e o apoio a reuniões;

p) Assegurar a condução de viaturas e a sua manutenção e receber e entregar expediente e encomendas;

q) Desempenhar quaisquer outras tarefas que, no contexto da sua área funcional, sejam determinadas pelo presidente ou pelo secretário.

Artigo 28º – Regime de pessoal

1 – Aos trabalhadores da CNPD aplica-se o regime geral do trabalho em funções públicas.

2 – O pessoal da CNPD está isento de horário de trabalho, não sendo por isso devida qualquer remuneração a título de horas extraordinárias, sem prejuízo do disposto no artigo 33º.

Artigo 29º – Cartão de identificação

Os trabalhadores da CNPD possuem cartão de identificação, dele constando o cargo desempenhado e os poderes inerentes à sua função.

CAPÍTULO VI – Disposições finais e transitórias

Artigo 30º – Quadro de pessoal

1 – O quadro de pessoal, bem como o conteúdo funcional das respetivas carreiras, é fixado em resolução da Assembleia da República.

2 – Os lugares de consultor da CNPD serão providos em regime de comissão de serviço, por tempo indeterminado, requisição ou destacamento, no caso da nomeação recair em funcionário público, ou em regime de contrato individual de trabalho, quando não vinculados à Administração Pública.

3 – São condições indispensáveis ao recrutamento de consultor a elevada competência profissional e experiência válida para o exercício da função, a avaliar com base nos respetivos curricula.

4 – O prazo previsto no nº 1 do artigo 97º da Lei Geral do Trabalho em Funções Públicas, aprovada em anexo à Lei nº 35/2014, de 20 de junho, não é aplicável ao regime de mobilidade para os serviços de apoio à CNPD, podendo, porém, a mobilidade ser dada por finda por decisão do presidente, ouvida a Comissão, ou a pedido do interessado.

5 – Quando a complexidade e ou especificidade dos assuntos o exigir pode o presidente autorizar a contratação de pessoal em regime de contrato de prestação de serviços.

6 – Para o desempenho de funções nos serviços de apoio da CNPD no âmbito dos mecanismos de mobilidade, e sempre que se opere por iniciativa do trabalhador, é dispensado o acordo do serviço de origem.

Artigo 31º – Trabalhadores em funções públicas

A nomeação em comissão de serviço de trabalhadores em funções públicas para o cargo de consultor não determina a abertura de vaga no mapa de origem, ficando salvaguardados todos os direitos inerentes aos seus anteriores cargos ou funções, designadamente para efeitos de promoção ou progressão.

Artigo 32º – Remuneração base, recrutamento, promoção e progressão dos consultores

1 – A remuneração base mensal dos consultores da CNPD consta do mapa I anexo a esta lei, de que faz parte integrante.

2 – A promoção e progressão nas categorias de consultor-coordenador e consultor rege-se pelos princípios aplicáveis à carreira técnica superior.

3 – Pode haver lugar a recrutamento direto para a categoria de consultor-coordenador, desde que os candidatos possuam adequada qualificação e experiência profissional para o efeito.

4 – Podem ser recrutados como consultores-adjuntos indivíduos licenciados com qualificações para o exercício da função, sempre que não se justifique o recrutamento na categoria de consultor.

Artigo 33º – Disponibilidade permanente

1 – O pessoal da CNPD tem direito a um suplemento remuneratório, a título de disponibilidade permanente, de montante mensal correspondente a 12,5/prct. da remuneração base.

2 – O suplemento é abonado em 12 mensalidades e releva para efeitos de aposentação, sendo considerado no cálculo da pensão pela fórmula prevista na alínca b) do nº 1 do artigo 47º do Estatuto da Aposentação.

3 – Ao pessoal da CNPD abrangido pelos nºs 1, 2, 7 e 9 do artigo 34º não é atribuído o suplemento referido nos números anteriores.

Artigo 34º – Pessoal atualmente ao serviço da CNPD

1 – Os funcionários e agentes que prestam atualmente serviço na CNPD e que beneficiam do regime do nº 3 do artigo 26º da Lei nº 67/98, de 26 de outubro, transitam para o novo quadro de acordo com as regras dos números seguintes, mantendo o seu atual estatuto remuneratório, que passa a ter a natureza de remuneração pessoal.

2 – Ao pessoal da CNPD, não vinculado à Administração Pública, que se encontre na situação do número anterior aplica-se idêntico regime remuneratório, sendo porém a sua relação jurídica de emprego a do contrato individual de trabalho, ao abrigo da lei geral aplicável à Administração Pública.

3 – Os lugares da carreira técnica superior e especialista de informática previstos no quadro de pessoal, para garantir a transição prevista nos nºs 1 e 2, são lugares a extinguir quando vagarem.

4 – Os funcionários vinculados à Administração Pública a prestar serviço na CNPD à data da entrada em vigor da presente lei transitam para o novo quadro, mediante deliberação daquela, para a carreira e categoria que integre as funções que o funcionário efetivamente desempenhe, sem prejuízo das habilitações e qualificações legalmente exigidas, em escalão a que corresponda o mesmo índice remuneratório, ou, quando não houver coincidência de índice, em escalão a que corresponda o índice superior mais aproximado na estrutura da carreira para que se processe a transição.

5 – A correspondência referida no número anterior fixa-se entre os índices remuneratórios definidos para o escalão 1 da categoria em que o funcionário se encontra e o escalão 1 da categoria da nova carreira.

6 – Aos funcionários que, nos termos do nº 1, transitem para categoria diversa será contado, nesta última, para todos os efeitos legais, o tempo de serviço prestado na anterior, desde que no exercício de funções idênticas ou semelhantes às da nova carreira.

7 – O disposto no nº 1 aplica-se igualmente ao atual secretário, com as necessárias adaptações decorrentes do regime de exercício de funções.

8 – A transição para os lugares do quadro da CNPD faz-se por despacho do presidente, independentemente de quaisquer outras formalidades, sem prejuízo do disposto no nº 1.

9 – A CNPD pode deliberar manter as comissões, requisições ou destacamentos do pessoal ao seu serviço à data da entrada em vigor da presente lei, mantendo os funcionários que beneficiem do nº 3 do artigo 26º da Lei

nº 67/98 o seu atual estatuto remuneratório, que passa a ter natureza de remuneração pessoal.

Artigo 35º – Norma transitória

1 – A suspensão da comissão de serviço do presidente da CNPD mantém-se até ao termo do seu mandato.

2 – A aplicação da presente lei no corrente ano faz-se no quadro orçamental aprovado para a CNPD em 2004.

Artigo 36º – Norma revogatória

São revogados:

a) O Decreto-Lei nº 121/93, de 16 de abril;

b) A Resolução da Assembleia da República nº 53/94, de 19 de agosto.

Aprovada em 8 de julho de 2004.

O Presidente da Assembleia da República, *João Bosco Mota Amaral.*

Promulgada em 2 de agosto de 2004.

Publique-se.

O Presidente da República, JORGE SAMPAIO.

Referendada em 5 de agosto de 2004.

O Primeiro-Ministro, Pedro *Miguel de Santana Lopes.*

ANEXO

Mapa I
(a que se refere o nº 1 do artigo 32º)

	1	2	3
Consultor-coordenador	770	830	900
Consultor	690	730	770
Consultor-adjunto	500		

Constituição da República Portuguesa (Excertos)

Constituição da República Portuguesa[1] (Excertos)

PARTE I – DIREITOS E DEVERES FUNDAMENTAIS

TÍTULO I – Princípios gerais

Artigo 18º – Força jurídica

1. Os preceitos constitucionais respeitantes aos direitos, liberdades e garantias são diretamente aplicáveis e vinculam as entidades públicas e privadas.

2. A lei só pode restringir os direitos, liberdades e garantias nos casos expressamente previstos na Constituição, devendo as restrições limitar-se ao necessário para salvaguardar outros direitos ou interesses constitucionalmente protegidos.

3. As leis restritivas de direitos, liberdades e garantias têm de revestir carácter geral e abstrato e não podem ter efeito retroativo nem diminuir a extensão e o alcance do conteúdo essencial dos preceitos constitucionais.

TÍTULO II – Direitos, liberdades e garantias

CAPÍTULO I – Direitos, liberdades e garantias pessoais

Artigo 26º – Outros direitos pessoais

1. A todos são reconhecidos os direitos à identidade pessoal, ao desenvolvimento da personalidade, à capacidade civil, à cidadania, ao bom nome

[1] Aprovada pelo Decreto de 10 de abril de 1976, na sua redação atual, conferida pela Lei Constitucional nº 1/2005, de 12 de agosto.

e reputação, à imagem, à palavra, à reserva da intimidade da vida privada e familiar e à proteção legal contra quaisquer formas de discriminação.

2. A lei estabelecerá garantias efetivas contra a obtenção e utilização abusivas, ou contrárias à dignidade humana, de informações relativas às pessoas e famílias.

3. A lei garantirá a dignidade pessoal e a identidade genética do ser humano, nomeadamente na criação, desenvolvimento e utilização das tecnologias e na experimentação científica.

4. A privação da cidadania e as restrições à capacidade civil só podem efetuar-se nos casos e termos previstos na lei, não podendo ter como fundamento motivos políticos.

Artigo 35º – Utilização da informática

1. Todos os cidadãos têm o direito de acesso aos dados informatizados que lhes digam respeito, podendo exigir a sua retificação e atualização, e o direito de conhecer a finalidade a que se destinam, nos termos da lei.

2. A lei define o conceito de dados pessoais, bem como as condições aplicáveis ao seu tratamento automatizado, conexão, transmissão e utilização, e garante a sua proteção, designadamente através de entidade administrativa independente.

3. A informática não pode ser utilizada para tratamento de dados referentes a convicções filosóficas ou políticas, filiação partidária ou sindical, fé religiosa, vida privada e origem étnica, salvo mediante consentimento expresso do titular, autorização prevista por lei com garantias de não discriminação ou para processamento de dados estatísticos não individualmente identificáveis.

4. É proibido o acesso a dados pessoais de terceiros, salvo em casos excecionais previstos na lei.

5. É proibida a atribuição de um número nacional único aos cidadãos.

6. A todos é garantido livre acesso às redes informáticas de uso público, definindo a lei o regime aplicável aos fluxos de dados transfronteiras e as formas adequadas de proteção de dados pessoais e de outros cuja salvaguarda se justifique por razões de interesse nacional.

7. Os dados pessoais constantes de ficheiros manuais gozam de proteção idêntica à prevista nos números anteriores, nos termos da lei.

Código Civil (Excertos)

Código Civil[1]
(Excertos)

LIVRO I – PARTE GERAL

TÍTULO II – Das relações jurídicas

SUBTÍTULO I – Das pessoas

CAPÍTULO I – Pessoas singulares

SECÇÃO II - Direitos de personalidade

Artigo 79º – Direito à imagem

1. O retrato de uma pessoa não pode ser exposto, reproduzido ou lançado no comércio sem o consentimento dela; depois da morte da pessoa retratada, a autorização compete às pessoas designadas no nº 2 do artigo 71º, segundo a ordem nele indicada.

2. Não é necessário o consentimento da pessoa retratada quando assim o justifiquem a sua notoriedade, o cargo que desempenhe, exigências de polícia ou de justiça, finalidades científicas, didáticas ou culturais, ou quando a reprodução da imagem vier enquadrada na de lugares públicos, ou na de factos de interesse público ou que hajam decorrido publicamente.

3. O retrato não pode, porém, ser reproduzido, exposto ou lançado no comércio, se do facto resultar prejuízo para a honra, reputação ou simples decoro da pessoa retratada.

[1] Aprovado pelo Decreto-Lei nº 47 344/66, de 25 de novembro, na sua redação atual, conferida pela Lei nº 3/2023, de 16 de janeiro.

Código do Trabalho (Excertos)

Código do Trabalho[1]
(Excertos)

LIVRO I – PARTE GERAL

TÍTULO II – Contrato de trabalho

CAPÍTULO I – Disposições Gerais

SECÇÃO II – Sujeitos

SUBSEÇÃO I – Capacidade

Artigo 16º – Reserva da intimidade da vida privada

1 – O empregador e o trabalhador devem respeitar os direitos de personalidade da contraparte, cabendo-lhes, designadamente, guardar reserva quanto à intimidade da vida privada.

2 – O direito à reserva da intimidade da vida privada abrange quer o acesso, quer a divulgação de aspetos atinentes à esfera íntima e pessoal das partes, nomeadamente relacionados com a vida familiar, afetiva e sexual, com o estado de saúde e com as convicções políticas e religiosas.

Artigo 17º – Proteção de dados pessoais

1 – O empregador não pode exigir a candidato a emprego ou a trabalhador que preste informações relativas:

[1] Aprovado pela Lei nº 7/2009, de 12 de fevereiro, na sua redação atual, conferida pela Lei nº 13/2023, de 3 de abril.

a) À sua vida privada, salvo quando estas sejam estritamente necessárias e relevantes para avaliar da respetiva aptidão no que respeita à execução do contrato de trabalho e seja fornecida por escrito a respetiva fundamentação;

b) À sua saúde ou estado de gravidez, salvo quando particulares exigências inerentes à natureza da atividade profissional o justifiquem e seja fornecida por escrito a respetiva fundamentação.

2 – As informações previstas na alínea b) do número anterior são prestadas a médico, que só pode comunicar ao empregador se o trabalhador está ou não apto a desempenhar a atividade.

3 – O candidato a emprego ou o trabalhador que haja fornecido informações de índole pessoal goza do direito ao controlo dos respetivos dados pessoais, podendo tomar conhecimento do seu teor e dos fins a que se destinam, bem como exigir a sua retificação e atualização.

4 – Os ficheiros e acessos informáticos utilizados pelo empregador para tratamento de dados pessoais do candidato a emprego ou trabalhador ficam sujeitos à legislação em vigor relativa à proteção de dados pessoais.

5 – Constitui contraordenação muito grave a violação do disposto nos nºs 1 ou 2.

Artigo 18º – Dados biométricos

1 – O empregador só pode tratar dados biométricos do trabalhador após notificação à Comissão Nacional de Proteção de Dados.

2 – O tratamento de dados biométricos só é permitido se os dados a utilizar forem necessários, adequados e proporcionais aos objetivos a atingir.

3 – Os dados biométricos são conservados durante o período necessário para a prossecução das finalidades do tratamento a que se destinam, devendo ser destruídos no momento da transferência do trabalhador para outro local de trabalho ou da cessação do contrato de trabalho.

4 – A notificação a que se refere o nº 1 deve ser acompanhada de parecer da comissão de trabalhadores ou, não estando este disponível 10 dias após a consulta, de comprovativo do pedido de parecer.

5 – Constitui contraordenação grave a violação do disposto no nº 3.

Artigo 19º – Testes e exames médicos

1 – Para além das situações previstas em legislação relativa a segurança e saúde no trabalho, o empregador não pode, para efeitos de admissão ou permanência no emprego, exigir a candidato a emprego ou a trabalhador a realização ou apresentação de testes ou exames médicos, de qualquer natu-

reza, para comprovação das condições físicas ou psíquicas, salvo quando estes tenham por finalidade a proteção e segurança do trabalhador ou de terceiros, ou quando particulares exigências inerentes à atividade o justifiquem, devendo em qualquer caso ser fornecida por escrito ao candidato a emprego ou trabalhador a respetiva fundamentação.

2 – O empregador não pode, em circunstância alguma, exigir a candidata a emprego ou a trabalhadora a realização ou apresentação de testes ou exames de gravidez.

3 – O médico responsável pelos testes e exames médicos só pode comunicar ao empregador se o trabalhador está ou não apto para desempenhar a atividade.

4 – Constitui contraordenação muito grave a violação do disposto nos nºs 1 ou 2.

Artigo 20º – Meios de vigilância a distância

1 – O empregador não pode utilizar meios de vigilância a distância no local de trabalho, mediante o emprego de equipamento tecnológico, com a finalidade de controlar o desempenho profissional do trabalhador.

2 – A utilização de equipamento referido no número anterior é lícita sempre que tenha por finalidade a proteção e segurança de pessoas e bens ou quando particulares exigências inerentes à natureza da atividade o justifiquem.

3 – Nos casos previstos no número anterior, o empregador informa o trabalhador sobre a existência e finalidade dos meios de vigilância utilizados, devendo nomeadamente afixar nos locais sujeitos os seguintes dizeres, consoante os casos: «Este local encontra-se sob vigilância de um circuito fechado de televisão» ou «Este local encontra-se sob vigilância de um circuito fechado de televisão, procedendo-se à gravação de imagem e som», seguido de símbolo identificativo.

4 – Constitui contraordenação muito grave a violação do disposto no nº 1 e constitui contraordenação leve a violação do disposto no nº 3.

Artigo 21º – Utilização de meios de vigilância a distância

1 – A utilização de meios de vigilância a distância no local de trabalho está sujeita a autorização da Comissão Nacional de Proteção de Dados.

2 – A autorização só pode ser concedida se a utilização dos meios for necessária, adequada e proporcional aos objetivos a atingir.

3 – Os dados pessoais recolhidos através dos meios de vigilância a distância são conservados durante o período necessário para a prossecução das finalidades da utilização a que se destinam, devendo ser destruídos no momento da transferência do trabalhador para outro local de trabalho ou da cessação do contrato de trabalho.

4 – O pedido de autorização a que se refere o nº 1 deve ser acompanhado de parecer da comissão de trabalhadores ou, não estando este disponível 10 dias após a consulta, de comprovativo do pedido de parecer.

5 – Constitui contraordenação grave a violação do disposto no nº 3.

Artigo 22º – Confidencialidade de mensagens e de acesso a informação

1 – O trabalhador goza do direito de reserva e confidencialidade relativamente ao conteúdo das mensagens de natureza pessoal e acesso a informação de carácter não profissional que envie, receba ou consulte, nomeadamente através do correio eletrónico.

2 – O disposto no número anterior não prejudica o poder de o empregador estabelecer regras de utilização dos meios de comunicação na empresa, nomeadamente do correio eletrónico.

Lei nº 34/2013, de 16 de maio, que estabelece o regime do exercício da atividade de segurança privada (Excertos)

Lei nº 34/2013, de 16 de maio[1] (Excertos)

Sumário: Estabelece o regime do exercício da atividade de segurança privada e procede à primeira alteração à Lei nº 49/2008, de 27 de agosto (Lei de Organização da Investigação Criminal)

CAPÍTULO IV – Pessoal e meios de segurança privada

SECÇÃO II – Meios de segurança privada

Artigo 31º – Sistemas de videovigilância

1 – As entidades titulares de alvará ou de licença para o exercício dos serviços previstos nas alíneas a), c) e d) do nº 1 do artigo 3º podem utilizar sistemas de vigilância por câmaras de vídeo para captação e gravação de imagem com o objetivo de proteger pessoas e bens, desde que sejam ressalvados os direitos e interesses constitucionalmente protegidos, sendo obrigatório o seu registo na Direção Nacional da PSP, nos termos definidos por portaria do membro do Governo responsável pela área da administração interna.

2 – As gravações de imagem obtidas pelos sistemas videovigilância são conservadas, em registo codificado, pelo prazo de 30 dias contados desde a respetiva captação, findo o qual são destruídas, no prazo máximo de 48 horas.

3 – Todas as pessoas que tenham acesso às gravações realizadas nos termos da presente lei, em razão das suas funções, devem sobre as mesmas guardar sigilo, sob pena de procedimento criminal.

[1] Na sua redação atual, conferida pela Lei nº 46/2019, de 8 de julho.

4 – É proibida a cessão ou cópia das gravações obtidas de acordo com a presente lei, só podendo ser utilizadas nos termos da legislação processual penal.

5 – Nos locais objeto de vigilância com recurso a câmaras de vídeo é obrigatória a afixação, em local bem visível, de informação sobre as seguintes matérias:

a) (*Revogada.*)

b) A menção «Para sua proteção, este local é objeto de videovigilância»;

c) A entidade de segurança privada autorizada a operar o sistema, pela menção do nome e alvará ou licença;

d) O responsável pelo tratamento dos dados recolhidos perante quem os direitos de acesso e retificação podem ser exercidos.

6 – Os avisos a que se refere o número anterior são acompanhados de simbologia adequada, nos termos definidos por portaria do membro do Governo responsável pela área da administração interna.

7 – Os sistemas de videovigilância devem ter as seguintes caraterísticas:

a) Capacidade de acesso direto às imagens em tempo real pelas forças e serviços de segurança, para efeitos de ações de prevenção ou de investigação criminal, lavrando auto fundamentado da ocorrência;

b) Sistema de alarmística que permita alertar as forças e serviços de segurança territorialmente competentes em caso de iminente perturbação, risco ou ameaça à segurança de pessoas e bens que justifique a sua intervenção;

c) Registo dos acessos incluindo identificação de quem a eles acede e garantia de inviolabilidade dos dados relativos à data e hora da recolha.

8 – Para efeitos do número anterior, os requisitos técnicos para os sistemas de videovigilância são fixados em portaria do membro do Governo responsável pela área da administração interna.

9 – É proibida a gravação de som pelos sistemas referidos no presente artigo, salvo se previamente autorizada pela Comissão Nacional de Proteção de Dados, nos termos legalmente aplicáveis.

10 – Os sistemas de videovigilância, apenas utilizáveis em conformidade com os princípios da adequação e da proporcionalidade, devem cumprir as demais normas legais relativas à recolha e tratamento de dados pessoais, designadamente em matéria de direito de acesso, informação, oposição de titulares e regime sancionatório.

Lei nº 7/2007, de 5 de fevereiro, que cria o cartão de cidadão e rege a sua emissão e utilização (Excertos)

Lei nº 7/2007, de 5 de fevereiro[1]
(Excertos)

CAPÍTULO I – Cartão de cidadão

SECÇÃO I – Disposições gerais

Artigo 5º – Proibição de retenção

1 – A conferência de identidade que se mostre necessária a qualquer entidade pública ou privada não permite a retenção ou conservação do cartão de cidadão, salvo nos casos expressamente previstos na lei ou mediante decisão de autoridade judiciária.

2 – É igualmente interdita a reprodução do cartão de cidadão em fotocópia ou qualquer outro meio sem consentimento do titular, salvo nos casos expressamente previstos na lei ou mediante decisão de autoridade judiciária.

3 – A pessoa que encontrar o cartão de cidadão que não lhe pertença ou a entidade a quem o cartão for entregue deve remetê-lo imediatamente a qualquer dos serviços referidos no nº 2 do artigo 20º ou a autoridade policial.

4 – Qualquer entidade pública perante a qual seja apresentado cartão de cidadão cancelado nos termos previstos no nº 5 do artigo 33º, deve retê-lo e remetê-lo ao Instituto dos Registos e do Notariado, I. P. (IRN, I. P.).

[1] Na sua redação atual, conferida pela Lei nº 61/2021, de 19 de agosto.

CAPÍTULO III – Proteção de dados pessoais

Artigo 35º – Finalidades

O tratamento de ficheiros com dados pessoais a realizar por força da presente lei tem por fim estabelecer a integridade, veracidade e funcionamento seguro do cartão de cidadão, enquanto documento autêntico de identificação do titular, com as características e funções fixadas nos artigos 2º, 4º e 6º

Artigo 36º – Tratamento de dados

1 – São objeto de recolha e tratamento os elementos de identificação do titular referidos nos artigos 7º, 8º e 29º

2 – O tratamento de elementos de identificação do titular ocorre associado às seguintes operações do cartão de cidadão:

a) Receção, instrução e execução dos pedidos de emissão, atualização e renovação;

b) Receção e execução dos pedidos de cancelamento;

c) Personalização do cartão de cidadão;

d) Geração e envio dos códigos de ativação e de utilização do cartão de cidadão ao respetivo titular, bem como dos códigos relativos aos certificados digitais;

e) Entrega do cartão de cidadão ao respetivo titular ou a quem o representa;

f) Credenciação e autenticação da identidade do cidadão para efeitos de comunicação eletrónica;

g) Execução dos pedidos de ativação e de revogação dos certificados digitais;

h) Comunicação às autoridades policiais competentes do número de documento do cartão de cidadão cancelado por perda, furto ou roubo.

3 – A recolha e o tratamento dos dados necessários às operações referidas no número anterior, com exceção da prevista na alínea c), só podem ser efetuados por entidades ou serviços do Estado e da Administração Pública e respetivo pessoal qualificado.

Artigo 37º – Comunicação de dados

1 – A execução dos pedidos referidos na alínea a) do nº 2 do artigo anterior envolve sucessivas ligações, em separado, com cada uma das bases de dados que permitem a confirmação ou a geração do número de identificação civil, do número de identificação fiscal, do número de utente dos servi-

ços de saúde e do número de identificação da segurança social, para incluir, subsequentemente, esses números na personalização do cartão de cidadão.

2 – No decurso das ligações referidas no número anterior, a cada base de dados são enviados unicamente os elementos de identificação cujo tratamento está autorizado à entidade responsável por essa mesma base, nos termos da Lei nº 67/98, de 26 de outubro, alterada pela Lei nº 103/2015, de 28 de abril.

3 – As ligações referidas no nº 1 não devem incluir, em caso algum, a indicação do número de documento do cartão de cidadão.

4 – Para além do seu tratamento nas operações de personalização do cartão de cidadão, os ficheiros com a imagem facial, assinatura, altura e impressões digitais são comunicados apenas à base de dados de identificação civil.

5 – Os ficheiros com os dados referidos no artigo 29º são comunicados apenas às bases de dados de identificação perante os serviços de saúde.

Artigo 38º – Entidade responsável

1 – O IRN, I. P., é a entidade responsável, nos termos e para os efeitos previstos na Lei nº 67/98, de 26 de outubro, alterada pela Lei nº 103/2015, de 28 de abril, pelo tratamento e proteção dos dados pessoais nas operações referidas nos artigos 36º e 37º

2 – Compete ao IRN, I. P., pôr em prática as medidas técnicas e organizativas adequadas à satisfação das exigências estabelecidas nos artigos 10º, 11º, 14º e 15º da Lei nº 67/98, de 26 de outubro, alterada pela Lei nº 103/2015, de 28 de abril.

3 – Atua por conta da entidade responsável a pessoa singular ou coletiva, serviço ou organismo a quem sejam confiadas, nos termos previstos na Lei nº 67/98, de 26 de outubro, operações relacionadas com o cartão de cidadão, nomeadamente a emissão de certificados qualificados e a personalização do cartão de cidadão, cumprindo-se os requisitos legais e regulamentares exigíveis pelo Sistema de Certificação Eletrónica do Estado, previsto no Decreto-Lei nº 116-A/2006, de 16 de junho.

4 – A Comissão Nacional de Proteção de Dados deve ser informada da identidade das pessoas singulares que se encontrem nas condições referidas no número anterior.

Artigo 39º – Direitos de informação, de acesso e de retificação

1 – O titular do cartão de cidadão tem o direito de, a todo o tempo, verificar os dados pessoais nele inscritos e conhecer o conteúdo da informação

relativa aos dados pessoais que constem da zona de leitura ótica ou do circuito integrado, bem como dos ficheiros produzidos durante as operações referidas nos artigos 36º e 37º que ainda não tenham sido destruídos.

2 – O titular do cartão de cidadão tem, desde o momento de apresentação do pedido, o direito de exigir a correção de eventuais inexatidões, a supressão de dados indevidamente recolhidos ou indevidamente comunicados e a integração das omissões, nos termos previstos no artigo 11º da Lei nº 67/98, de 26 de outubro, alterada pela Lei nº 103/2015, de 28 de abril.

Artigo 40º – Sigilo

1 – A comunicação ou a revelação dos dados pessoais tratados nos sistemas do cartão de cidadão só pode ser efetuada nos termos previstos na presente lei.

2 – Ficam obrigadas a sigilo profissional, nos termos do artigo 17º da Lei nº 67/98, de 26 de outubro, as pessoas que tenham conhecimento, no exercício das suas funções, de dados pessoais constantes de ficheiros dos sistemas do cartão de cidadão.

Artigo 41º – Conservação e destruição

1 – Os ficheiros produzidos durante as operações referidas nos artigos 36º e 37º e que contenham dados pessoais só podem ser conservados pelo período de tempo necessário à personalização do cartão de cidadão, sendo destruídos imediatamente após a confirmação da sua entrega ao respetivo titular.

2 – Nas operações de personalização do cartão de cidadão é produzido um ficheiro com o número de documento do cartão de cidadão e o nome do respetivo titular, que é destruído após o decurso do prazo de validade do cartão de cidadão.

3 – Nas operações de personalização do cartão de cidadão é produzido um ficheiro com o código pessoal para desbloqueio (PUK), que é conservado, de forma segura, enquanto o cartão de cidadão se mantiver válido.

4 – As regras relativas à conservação do ficheiro previsto no número anterior são definidas por portaria dos membros do Governo responsáveis pelas áreas da modernização administrativa e da justiça.

Artigo 42º – Garantias de segurança

1 – Devem ser postas em prática as garantias de segurança necessárias para impedir a consulta, a modificação, a supressão, o aditamento, a

destruição ou a comunicação de dados por forma não consentida na presente lei.

2 – É garantido o controlo tendo em vista a segurança da informação:

a) Dos suportes de dados e respetivo transporte, a fim de impedir que possam ser lidos, copiados, alterados ou eliminados por qualquer pessoa ou por forma não autorizada;

b) Da inserção dos dados, a fim de impedir a introdução, bem como qualquer tomada de conhecimento, alteração ou eliminação não autorizada, de dados pessoais;

c) Dos sistemas de tratamento automatizado dos dados, para impedir que possam ser utilizados por pessoas não autorizadas, através de instalações de transmissão de dados;

d) Do acesso aos dados, para que as pessoas autorizadas só possam ter acesso aos dados que interessam ao exercício das suas atribuições legais;

e) Da transmissão dos dados, para garantir que a sua utilização seja limitada às entidades autorizadas;

f) Da introdução de dados pessoais nos sistemas de tratamento automatizado, de forma a verificar-se que dados foram introduzidos, quando e por quem.

Lei nº 93/2021, de 20 de dezembro, que estabelece o regime geral de proteção de denunciantes de infrações, transpondo a Diretiva (UE) 2019/1937 do Parlamento Europeu e do Conselho, de 23 de outubro de 2019, relativa à proteção das pessoas que denunciam violações do direito da União
(Excertos)

Lei nº 93/2021, de 20 de dezembro (Excertos)

CAPÍTULO II – Meios de denúncia e divulgação pública

SECÇÃO IV – Disposições aplicáveis a denúncias internas e externas

Artigo 18º – Confidencialidade

1 – A identidade do denunciante, bem como as informações que, direta ou indiretamente, permitam deduzir a sua identidade, têm natureza confidencial e são de acesso restrito às pessoas responsáveis por receber ou dar seguimento a denúncias.

2 – A obrigação de confidencialidade referida no número anterior estende -se a quem tiver recebido informações sobre denúncias, ainda que não responsável ou incompetente para a sua receção e tratamento.

3 – A identidade do denunciante só é divulgada em decorrência de obrigação legal ou de decisão judicial.

4 – Sem prejuízo do disposto em outras disposições legais, a divulgação da informação é precedida de comunicação escrita ao denunciante indicando os motivos da divulgação dos dados confidenciais em causa, exceto se a prestação dessa informação comprometer as investigações ou processos judiciais relacionados.

5 – As denúncias recebidas pelas autoridades competentes que contenham informações sujeitas a segredo comercial são tratadas apenas para efeito de dar seguimento à denúncia, ficando quem dela tenha conhecimento obrigado a sigilo.

Artigo 19º – Tratamento de dados pessoais

1 – O tratamento de dados pessoais ao abrigo da presente lei, incluindo o intercâmbio ou a transmissão de dados pessoais pelas autoridades com-

petentes, observa o disposto no Regulamento Geral sobre a Proteção de Dados, aprovado pelo Regulamento (UE) 2016/679 do Parlamento Europeu e do Conselho, de 27 de abril de 2016, na Lei nº 58/2019, de 8 de agosto, que assegura a execução, na ordem jurídica nacional, do Regulamento (UE) 2016/679, e na Lei nº 59/2019, de 8 de agosto, que aprova as regras relativas ao tratamento de dados pessoais para efeitos de prevenção, deteção, investigação ou repressão de infrações penais ou de execução de sanções penais.

2 – Os dados pessoais que manifestamente não forem relevantes para o tratamento da denúncia não são conservados, devendo ser imediatamente apagados.

3 – O disposto no número anterior não prejudica o dever de conservação de denúncias apresentadas verbalmente, quando essa conservação se faça mediante gravação da comunicação em suporte duradouro e recuperável.

Artigo 20º – Conservação de denúncias

1 – As entidades obrigadas e as autoridades competentes responsáveis por receber e tratar denúncias ao abrigo da presente lei devem manter um registo das denúncias recebidas e conservá-las, pelo menos, durante o período de cinco anos e, independentemente desse prazo, durante a pendência de processos judiciais ou administrativos referentes à denúncia.

2 – O disposto no número anterior não prejudica as regras de conservação arquivística dos tribunais judiciais e dos tribunais administrativos e fiscais.

3 – As denúncias apresentadas verbalmente, através de linha telefónica com gravação ou outro sistema de mensagem de voz gravada, são registadas, obtido o consentimento do denunciante, mediante:

a) Gravação da comunicação em suporte duradouro e recuperável; ou

b) Transcrição completa e exata da comunicação.

4 – Caso o canal de denúncia verbal usado não permita a sua gravação, as entidades obrigadas e as autoridades competentes lavram uma ata fidedigna da comunicação.

5 – Caso a denúncia seja apresentada em reunião presencial, as entidades obrigadas e as autoridades competentes asseguram, obtido o consentimento do denunciante, o registo da reunião mediante: a) Gravação da comunicação em suporte duradouro e recuperável; ou b) Ata fidedigna.

6 – Nos casos referidos nos nºs 3 a 5, as entidades obrigadas e as autoridades competentes permitem ao denunciante ver, retificar e aprovar a transcrição ou ata da comunicação ou da reunião, assinando-a.

Tabela de correspondência entre artigos e considerandos do RGPD

Artigo	Considerandos relevantes
CAPÍTULO I - Disposições Gerais	
1. Objeto e objetivos	(1)(13)
2. Âmbito de aplicação material	(14)(15)(16)(17)(18)(19)(21)
3. Âmbito de aplicação territorial	(22)(23)(24)(25)
4. Definições	(26)(27)(28)(29)(30)(32)(33)(34)(35)(36)(37)(42)(43)(47)(51)(61)(63)(80)(86)(87)(101)(107)(108)(156)
CAPÍTULO II - Princípios	
5. Princípios relativos ao tratamento de dados pessoais	(2)(4)(39)
6. Licitude do tratamento	(10)(19)(40)(41)(43)(44)(45)(46)(47)(48)(49)(50)
7. Condições aplicáveis ao consentimento	(42)(43)
8. Condições aplicáveis ao consentimento de crianças em relação aos serviços da sociedade da informação	(38)
9. Tratamento de categorias especiais de dados pessoais	(10)(51)(52)(53)(54)(55)(56)
10. Tratamento de dados pessoais relacionados com condenações penais e infrações	(19)
11. Tratamento que não exige identificação	(26)(57)

Artigo	Considerandos relevantes
CAPÍTULO III – Direitos do titular dos dados	
Secção 1 – Transparência e regras para o exercício dos direitos dos titulares dos dados	
12. Transparência das informações, das comunicações e das regras para exercício dos direitos dos titulares dos dados	(58)(59)(60)(63)
Secção 2 – Informação e acesso aos dados pessoais	
13. Informações a facultar quando os dados pessoais são recolhidos junto do titular	(60)(61)(62)
14. Informações a facultar quando os dados pessoais não são recolhidos junto do titular	(60)(61)(62)
15. Direito de acesso do titular dos dados	(58)(59)(63)(64)
Secção 3 – Retificação e apagamento	
16. Direito de retificação	(39)(65)
17. Direito ao apagamento dos dados («direito a ser esquecido»)	(65)(66)
18. Direito à limitação do tratamento	(67)
19. Obrigação de notificação da retificação ou apagamento dos dados pessoais ou limitação do tratamento	(66)
20. Direito de portabilidade dos dados	(68)(73)(156)
Secção 4 – Direito de oposição e decisões individuais automatizadas	
21. Direito de oposição	(69)(70)
22. Decisões individuais automatizadas, incluindo definição de perfis	(24)(38)(60)(63)(71)(72)(73)(91)
Secção 5 – Limitações	
23. Limitações	(73)
CAPÍTULO IV – Responsável pelo tratamento e subcontratante	
Secção 1 – Obrigações gerais	
24. Responsabilidade do responsável pelo tratamento	(74)(75)(76)(77)

Artigo	Considerandos relevantes
25. Proteção de dados desde a conceção e por defeito	(78)
26. Responsáveis conjuntos pelo tratamento	(79)
27. Representantes dos responsáveis pelo tratamento ou dos subcontratantes não estabelecidos na União	(80)
28. Subcontratante	(81)
29. Tratamento sob a autoridade do responsável pelo tratamento ou do subcontratante	(81)
30. Registos das atividades de tratamento	(82)
31. Cooperação com a autoridade de con trolo	(82)
Secção 2 – Segurança dos dados pessoais	
32. Segurança do tratamento	(28)(29)(77)(78)(83)(84)
33. Notificação de uma violação de dados pessoais à autoridade de controlo	(75)(76)(85)(87)(88)
34. Comunicação de uma violação de dados pessoais ao titular dos dados	(75)(76)(85)(86)(87)(88)
Secção 3 – Avaliação de impacto sobre a proteção de dados e consulta prévia	
35. Avaliação de impacto sobre a proteção de dados	(84)(89)(90)(91)(92)(93)(95)
36. Consulta prévia	(84)(94)(95)(96)
Secção 4 – Encarregado da proteção de dados	
37. Designação do encarregado da proteção de dados	(97)
38. Posição do encarregado da proteção de dados	(97)
39. Funções do encarregado da proteção de dados	(77)(97)

Artigo	Considerandos relevantes
Secção 5 – Códigos de conduta e certificação	
40. Códigos de conduta	(98)(99)
41. Supervisão dos códigos de conduta aprovados	-
42. Certificação	(100)
43. Organismos de certificação	(100)
CAPÍTULO V – Transferências de dados pessoais para países terceiros ou organizações internacionais	
44. Princípio geral das transferências	(6)(101)(102)
45. Transferências com base numa decisão de adequação	(103)(104)(105)(106)(107)
46. Transferências sujeitas a garantias adequadas	(108)(109)(114)
47. Regras vinculativas aplicáveis às empresas	(110)
48. Transferências ou divulgações não autorizadas pelo direito da União	(102)(115)
49. Derrogações para situações específicas	(111)(112)(113)(114)(115)
50. Cooperação internacional no domínio da proteção de dados pessoais	(116)
CAPÍTULO VI – Autoridades de controlo independentes	
Secção 1 – Estatuto independente	
51. Autoridade de controlo	(117)(119)
52. Independência	(118)(120)
53. Condições gerais aplicáveis aos membros da autoridade de controlo	(121)
54. Regras aplicáveis à constituição da autoridade de controlo	(117)(121)
Secção 2 – Competência, atribuições e poderes	
55. Competência	(20)(122)(128)
56. Competência da autoridade de controlo principal	(124)(125)(126)127)(128)

Artigo	Considerandos relevantes
57. Atribuições	(123)(132)(133)
58. Poderes	(129)
59. Relatórios de atividades	-
CAPÍTULO VII - Cooperação e coerência	
Secção 1 - Cooperação	
60. Cooperação entre a autoridade de controlo principal e as outras autoridades de controlo interessadas	(124)(125)(126)(127)(130)(131)
61. Assistência mútua	(123)(133)(138)
62. Operações conjuntas das autoridades de controlo	(116)(134)(138)
Secção 2 - Coerência	
63. Procedimento de controlo da coerência	(135)
64. Parecer do Comité	(136)
65. Resolução de litígios pelo Comité	(136)(143)
66. Procedimento de urgência	(137)(138)
67. Troca de informações	(168)
Secção 3 - Comité europeu para a proteção de dados	
68. Comité Europeu para a Proteção de Dados	(139)
69. Independência	(139)
70. Atribuições do Comité	(124)
71. Relatórios	-
72. Procedimento	-
73. Presidente	-
74. Funções do presidente	-
75. Secretariado	(140)
76. Confidencialidade	-

Artigo	Considerandos relevantes
CAPÍTULO VIII – Vias de recurso, responsabilidade e sanções	
77. Direito de apresentar reclamação a uma autoridade de controlo	(141)
78. Direito à ação judicial contra uma autoridade de controlo	(141)(143)
79. Direito à ação judicial contra um responsável pelo tratamento ou um subcontratante	(145)(147)
80. Representação dos titulares dos dados	(142)
81. Suspensão do processo	(144)
82. Direito de indemnização e responsabilidade	(146)(147)
83. Condições gerais para a aplicação de coimas	(148)(150)(151)
84. Sanções	(148)(149)(150)(152)
CAPÍTULO IX – Disposições relativas a situações específicas de tratamento	
85. Tratamento e liberdade de expressão e de informação	(4)(153)
86. Tratamento e acesso do público aos documentos oficiais	(154)
87. Tratamento do número de identificação nacional	-
88. Tratamento no contexto laboral	(155)
89. Garantias e derrogações relativas ao tratamento para fins de arquivo de interesse público ou para fins de investigação científica ou histórica ou para fins estatísticos	(156)(157)(158)(159)(160)(161)(162)
90. Obrigações de sigilo	(163)(164)
91. Normas vigentes em matéria de proteção dos dados das igrejas e associações religiosas	(165)

Artigo	Considerandos relevantes
CAPÍTULO X - Atos delegados e atos de execução	
92. Exercício da delegação	(166)(167)(169)
93. Procedimento de comité	(167)(168)(169)
CAPÍTULO XI - Disposições finais	
94. Revogação da Diretiva 95/46/CE	(3)(171)
95. Relação com a Diretiva 2002/58/CE	(173)
96. Relação com acordos celebrados anteriormente	-
97. Relatórios da Comissão	-
98. Revisão de outros jurídicos da União em matéria de proteção de dados	(17)(173)
99. Entrada em vigor e aplicação	-

Decisão de Execução (UE) 2021/914 da Comissão, de 4 de junho de 2021

relativa às cláusulas contratuais-tipo aplicáveis à transferência de dados pessoais para países terceiros nos termos do Regulamento (UE) 2016/679 do Parlamento Europeu e do Conselho

(Texto relevante para efeitos do EEE)

A COMISSÃO EUROPEIA,

Tendo em conta o Tratado sobre o Funcionamento da União Europeia,

Tendo em conta o Regulamento (UE) 2016/679 do Parlamento Europeu e do Conselho, de 27 de abril de 2016, relativo à proteção das pessoas singulares no que diz respeito ao tratamento de dados pessoais e à livre circulação desses dados e que revoga a Diretiva 95/46/CE (Regulamento Geral sobre a Proteção de Dados)[1], nomeadamente o artigo 28º, nº 7, e o artigo 46º, nº 2, alínea c),

Considerando o seguinte:

(1) A evolução tecnológica está a facilitar os fluxos de dados transfronteiriços necessários para a expansão da cooperação internacional e do comércio internacional. Simultaneamente, é necessário assegurar que o nível de proteção das pessoas singulares garantido pelo Regulamento (UE) 2016/679 não seja comprometido quando os dados pessoais são transferidos para países terceiros, inclusivamente em caso de transferências ulterio-

[1] JO L 119 de 4.5.2016, p. 1.

res[2]. As disposições em matéria de transferências de dados do capítulo V do Regulamento (UE) 2016/679 visam assegurar a continuidade desse elevado nível de proteção em caso de transferência de dados pessoais para um país terceiro[3].

(2) De acordo com o artigo 46º, nº 1, do Regulamento (UE) 2016/679, não tendo sido tomada qualquer decisão de adequação pela Comissão nos termos do artigo 45º, nº 3, os responsáveis pelo tratamento ou subcontratantes só podem transferir dados pessoais para um país terceiro se tiverem apresentado garantias adequadas, e na condição de os titulares dos dados gozarem de direitos oponíveis e de medidas jurídicas corretivas eficazes. Tais garantias podem ser previstas por meio de cláusulas-tipo de proteção de dados adotadas pela Comissão nos termos do artigo 46º, nº 2, alínea c).

(3) O papel das cláusulas contratuais-tipo limita-se a assegurar garantias adequadas em matéria de proteção de dados para transferências internacionais de dados. Por conseguinte, o responsável pelo tratamento ou subcontratante que transfere os dados pessoais para um país terceiro («exportador de dados») e o responsável pelo tratamento ou subcontratante que recebe os dados pessoais («importador de dados») têm a liberdade de incluir essas cláusulas contratuais-tipo num contrato mais abrangente e de acrescentar outras cláusulas ou garantias adicionais, desde que não colidam, direta ou indiretamente, com as cláusulas contratuais-tipo, e sem prejuízo dos direitos ou das liberdades fundamentais dos titulares dos dados. Os responsáveis pelo tratamento e os subcontratantes são encorajados a apresentar garantias suplementares através de compromissos contratuais que complementem as cláusulas contratuais-tipo[4](4). O recurso às cláusulas contratuais-tipo em nada prejudica quaisquer obrigações contratuais do exportador e/ou do importador de dados destinadas a assegurar o respeito pelos privilégios e imunidades aplicáveis.

(4) Além de recorrer a cláusulas contratuais-tipo para proporcionar garantias adequadas às transferências nos termos do artigo 46º, nº 1, do Regulamento (UE) 2016/679, o exportador de dados tem de cumprir as responsabilidades gerais que lhe incumbem enquanto responsável pelo tra-

[2] Artigo 44º do Regulamento (UE) 2016/679.

[3] Ver também o Acórdão do Tribunal de Justiça de 16 de julho de 2020 no processo C-311/18, *Data Protection Commissioner/Facebook Ireland Ltd e Maximillian Schrems («Schrems II»)*, ECLI:EU:C:2020:559, nº 93.

[4] Considerando 109 do Regulamento (UE) 2016/679.

tamento ou subcontratante nos termos do Regulamento (UE) 2016/679. Essas responsabilidades incluem a obrigação de o responsável pelo tratamento facultar aos titulares dos dados informações sobre o facto de tencionar transferir os seus dados pessoais para um país terceiro nos termos do artigo 13º, nº 1, alínea f), e do artigo 14º, nº 1, alínea f), do Regulamento (UE) 2016/679. No caso das transferências realizadas nos termos do artigo 46º do Regulamento (UE) 2016/679, essa responsabilidade deve incluir uma referência às garantias adequadas e aos meios de obter cópia das mesmas, ou onde foram disponibilizadas.

(5) As Decisões 2001/497/CE[5] e 2010/87/UE da Comissão[6] contêm cláusulas contratuais-tipo para facilitar a transferência de dados pessoais de um responsável pelo tratamento de dados estabelecido na União para um responsável pelo tratamento ou subcontratante estabelecido num país terceiro que não assegure um nível de proteção adequado. Essas decisões basearam-se na Diretiva 95/46/CE do Parlamento Europeu e do Conselho[7].

(6) Nos termos do artigo 46º, nº 5, do Regulamento (UE) 2016/679, a Decisão 2001/497/CE e a Decisão 2010/87/UE permanecem em vigor até que sejam alteradas, substituídas ou revogadas, caso seja necessário, por uma decisão da Comissão adotada nos termos do artigo 46º, nº 2, do referido regulamento. Foi necessário atualizar as cláusulas contratuais-tipo constantes das decisões em função dos novos requisitos do Regulamento (UE) 2016/679. Além disso, desde a adoção das decisões, registaram-se progressos significativos na economia digital, com a utilização generalizada de operações de tratamento novas e mais complexas, que envolvem frequentemente múltiplos importadores e exportadores de dados, cadeias de tratamento longas e complexas e relações comerciais em evolução. Esta

[5] Decisão 2001/497/CE da Comissão, de 15 de junho de 2001, relativa às cláusulas contratuais-tipo aplicáveis à transferência de dados pessoais para países terceiros, nos termos da Diretiva 95/46/CE (JO L 181 de 4.7.2001, p. 19).

[6] Decisão 2010/87/UE da Comissão, de 5 de fevereiro de 2010, relativa a cláusulas contratuais-tipo aplicáveis à transferência de dados pessoais para subcontratantes estabelecidos em países terceiros nos termos da Diretiva 95/46/CE do Parlamento Europeu e do Conselho (JO L 39 de 12.2.2010, p. 5).

[7] Diretiva 95/46/CE do Parlamento Europeu e do Conselho, de 24 de outubro de 1995, relativa à proteção das pessoas singulares no que diz respeito ao tratamento de dados pessoais e à livre circulação desses dados (JO L 281 de 23.11.1995, p. 31).

situação exige uma modernização das cláusulas contratuais-tipo para refletir melhor essas realidades, abrangendo situações adicionais de tratamento e de transferência, e permitir uma abordagem mais flexível, por exemplo, no que diz respeito ao número de partes que podem aderir ao contrato.

(7) Um responsável pelo tratamento ou subcontratante pode utilizar as cláusulas contratuais-tipo constantes do anexo da presente decisão para apresentar garantias adequadas, na aceção do artigo 46º, nº 1, do Regulamento (UE) 2016/679, para a transferência de dados pessoais para um subcontratante ou responsável pelo tratamento estabelecido num país terceiro, sem prejuízo da interpretação do conceito de transferência internacional constante do Regulamento (UE) 2016/679. As cláusulas contratuais-tipo só podem ser utilizadas para essas transferências na medida em que o tratamento pelo importador não seja abrangido pelo âmbito de aplicação do Regulamento (UE) 2016/679. Tal inclui igualmente a transferência de dados pessoais por um responsável pelo tratamento ou subcontratante não estabelecido na União, na medida em que o tratamento esteja sujeito ao Regulamento (UE) 2016/679 (nos termos do artigo 3º, nº 2), por estar relacionado com a oferta de bens ou serviços aos titulares dos dados na União ou com o controlo do seu comportamento, desde que o mesmo tenha lugar na União.

(8) Dado o alinhamento geral do Regulamento (UE) 2016/679 e do Regulamento (UE) 2018/1725 do Parlamento Europeu e do Conselho[8], deve ser possível utilizar as cláusulas contratuais-tipo também no contexto de um contrato, conforme referido no artigo 29º, nº 4, do Regulamento (UE) 2018/1725, para a transferência de dados pessoais para um subcontratante ulterior num país terceiro por um subcontratante que não seja uma instituição ou um órgão da União, mas que esteja sujeito ao Regulamento (UE) 2016/679 e que trate dados pessoais por conta de uma instituição ou de um órgão da União, nos termos do artigo 29º do Regulamento (UE) 2018/1725. Desde que o contrato reflita as mesmas obrigações em matéria de proteção de dados que as estabelecidas no contrato ou noutro ato normativo entre o responsável pelo tratamento e o subcontratante nos termos

[8] Regulamento (UE) 2018/1725 do Parlamento Europeu e do Conselho, de 23 de outubro de 2018, relativo à proteção das pessoas singulares no que diz respeito ao tratamento de dados pessoais pelas instituições e pelos órgãos e organismos da União e à livre circulação desses dados, e que revoga o Regulamento (CE) nº 45/2001 e a Decisão nº 1247/2002/CE (JO L 295 de 21.11.2018, p. 39); ver considerando 5.

do artigo 29º, nº 3, do Regulamento (UE) 2018/1725, proporcionando, em particular, garantias suficientes de execução de medidas técnicas e organizativas para assegurar que o tratamento satisfaz os requisitos do referido regulamento, tal garantirá o cumprimento do artigo 29º, nº 4, do Regulamento (UE) 2018/1725. Será esse o caso, em especial, se o responsável pelo tratamento dos dados pessoais e o subcontratante recorrerem às cláusulas contratuais-tipo incluídas na Decisão de Execução da Comissão relativa às cláusulas contratuais-tipo entre os responsáveis pelo tratamento de dados pessoais e os subcontratantes nos termos do artigo 28º, nº 7, do Regulamento (UE) 2016/679 do Parlamento Europeu e do Conselho e do artigo 29º, nº 7, do Regulamento (UE) 2018/1725 do Parlamento Europeu e do Conselho[9].

(9) Quando o tratamento implicar transferências de dados de responsáveis pelo tratamento sujeitos ao Regulamento (UE) 2016/679 para subcontratantes fora do respetivo âmbito de aplicação territorial ou de subcontratantes sujeitos ao Regulamento (UE) 2016/679 para subcontratantes ulteriores fora do respetivo âmbito de aplicação territorial, as cláusulas contratuais-tipo estabelecidas no anexo da presente decisão devem igualmente permitir cumprir os requisitos do artigo 28º, nºs 3 e 4, do Regulamento (UE) 2016/679.

(10) As cláusulas contratuais-tipo estabelecidas no anexo da presente decisão combinam cláusulas gerais com uma abordagem modular para atender a vários cenários de transferência e à complexidade das cadeias de tratamento modernas. Para além das cláusulas gerais, os responsáveis pelo tratamento e subcontratantes devem selecionar o módulo aplicável à sua situação, de modo a adaptar as obrigações que lhes incumbem por força das cláusulas contratuais-tipo ao seu papel e responsabilidades em relação ao tratamento de dados em questão. Deve ser possível que mais de duas partes subscrevam as cláusulas contratuais-tipo. Além disso, responsáveis pelo tratamento e subcontratantes adicionais devem ser autorizados a subscrever as cláusulas contratuais-tipo enquanto exportadores ou importadores de dados ao longo da vigência do contrato do qual fazem parte.

(11) A fim de proporcionar garantias adequadas, as cláusulas contratuais-tipo devem assegurar que os dados pessoais transferidos com base nas mesmas beneficiam de um nível de proteção substancialmente equi-

[9] C(2021) 3701.

valente ao garantido na União[10]. Com vista a assegurar a transparência do tratamento, os titulares dos dados devem receber uma cópia das cláusulas contratuais-tipo e ser informados, nomeadamente, das categorias de dados pessoais tratados, do direito de obter uma cópia das cláusulas contratuais-tipo e de qualquer transferência ulterior. As transferências ulteriores por parte do importador de dados para um terceiro situado noutro país terceiro só devem ser permitidas se o terceiro subscrever as cláusulas contratuais-tipo, se a continuidade da proteção for assegurada de outra forma ou em situações específicas, por exemplo, com base no consentimento explícito e informado do titular dos dados.

(12) Com algumas exceções, em particular no que se refere a determinadas obrigações que dizem exclusivamente respeito à relação entre o exportador de dados e o importador de dados, os titulares dos dados devem poder invocar e, quando necessário, fazer cumprir as cláusulas contratuais-tipo enquanto terceiros beneficiários. Por conseguinte, embora as partes devam poder escolher a legislação de um dos Estados-Membros que rege as cláusulas contratuais--tipo, essa legislação tem de permitir o exercício dos direitos de terceiros beneficiários. A fim de facilitar a reparação individual, as cláusulas contratuais-tipo devem exigir que o importador de dados informe os titulares dos dados de um ponto de contacto e dê rapidamente resposta a quaisquer reclamações ou pedidos. Em caso de litígio entre o importador de dados e um titular dos dados que invoque os seus direitos enquanto terceiro beneficiário, o titular dos dados deve poder apresentar uma reclamação à autoridade de controlo competente ou submeter o litígio à apreciação dos tribunais competentes na UE.

(13) A fim de assegurar uma aplicação efetiva, o importador de dados deve ser obrigado a submeter-se à competência dessa autoridade e desses tribunais e a comprometer-se a cumprir qualquer decisão vinculativa nos termos do direito aplicável do Estado-Membro. Em particular, o importador de dados deve concordar em responder a pedidos de informação, submeter-se a auditorias e cumprir as medidas adotadas pela autoridade de controlo, incluindo medidas corretivas e compensatórias. Além disso, o importador de dados deve poder proporcionar aos titulares dos dados a oportunidade de procurar obter reparação junto de um organismo

[10] *Schrems II*, nºs 96 e 103. Ver também os considerandos 108 e 114 do Regulamento (UE) 2016/679.

independente de resolução de litígios, sem custos. Em consonância com o artigo 80º, nº 1, do Regulamento (UE) 2016/679, os titulares dos dados devem poder ser representados por associações ou outros organismos em litígios contra o importador de dados, se assim o desejarem.

(14) As cláusulas contratuais-tipo devem prever regras em matéria de responsabilidade entre as partes e em relação aos titulares dos dados, e regras em matéria de indemnização entre as partes. Se o titular dos dados sofrer danos materiais ou imateriais em consequência de qualquer violação dos direitos de terceiro beneficiário nos termos das cláusulas contratuais-tipo, deve ter direito a indemnização. Tal não deve prejudicar qualquer responsabilidade nos termos do Regulamento (UE) 2016/679.

(15) No caso de uma transferência para um importador de dados que atue como subcontratante ou subcontratante ulterior, devem aplicar-se requisitos específicos nos termos do artigo 28º, nº 3, do Regulamento (UE) 2016/679. As cláusulas contratuais-tipo devem exigir que o importador de dados disponibilize todas as informações necessárias para demonstrar o cumprimento das obrigações nelas previstas e facilite e contribua para as auditorias das suas operações de tratamento por parte do exportador de dados. No que diz respeito à contratação de qualquer subcontratante ulterior pelo importador de dados, em consonância com o artigo 28º, nºs 2 e 4, do Regulamento (UE) 2016/679, as cláusulas contratuais-tipo devem, em particular, estabelecer o procedimento para a obtenção de uma autorização geral ou específica do exportador de dados e a exigência de celebrar um contrato escrito com o subcontratante ulterior que assegure o mesmo nível de proteção previsto nas cláusulas.

(16) Afigura-se adequado prever diferentes garantias nas cláusulas contratuais-tipo que abranjam a situação específica de uma transferência de dados pessoais por um subcontratante na União para o seu responsável pelo tratamento num país terceiro e reflitam as obrigações autónomas limitadas dos subcontratantes nos termos do Regulamento (UE) 2016/679. Em particular, as cláusulas contratuais-tipo devem exigir que o subcontratante informe o responsável pelo tratamento se não puder seguir as suas instruções, nomeadamente se essas instruções violarem o direito da União em matéria de proteção de dados, e que o responsável pelo tratamento se abstenha de quaisquer atos que impeçam o subcontratante de cumprir as obrigações que lhe incumbem nos termos do Regulamento (UE) 2016/679. Devem igualmente exigir que as partes se prestem assistência mútua na

resposta a perguntas e pedidos apresentados pelos titulares dos dados ao abrigo da legislação local aplicável ao importador de dados ou, no que se refere ao tratamento de dados na União, ao abrigo do Regulamento (UE) 2016/679. Devem aplicar-se requisitos adicionais para fazer face a quaisquer efeitos da legislação do país terceiro de destino no cumprimento das cláusulas por parte do responsável pelo tratamento, em especial, para tratar os pedidos vinculativos recebidos das autoridades públicas do país terceiro para a divulgação dos dados pessoais transferidos, nos casos em que o subcontratante da União combine os dados pessoais recebidos do responsável pelo tratamento no país terceiro com os dados pessoais recolhidos pelo subcontratante na União. Inversamente, tais requisitos não se justificam quando a contratação externa envolve apenas o tratamento e a transferência de dados pessoais recebidos dos responsáveis pelo tratamento que, em todo o caso, estiveram e continuarão a estar sujeitos à jurisdição do país terceiro em questão.

(17) As partes devem poder demonstrar o cumprimento das cláusulas contratuais-tipo. Em particular, o importador de dados deve ser obrigado a conservar documentação adequada relativa às atividades de tratamento sob a sua responsabilidade e a informar imediatamente o exportador de dados se, por qualquer motivo, não puder cumprir as cláusulas. Por sua vez, o exportador de dados deve suspender a transferência e, em casos particularmente graves, ter o direito de rescindir o contrato, na medida em que este diga respeito ao tratamento de dados pessoais ao abrigo das cláusulas contratuais-tipo, caso o importador de dados viole ou não possa cumprir as cláusulas. Devem aplicar-se regras específicas caso a legislação local afete o cumprimento das cláusulas. Os dados pessoais que tenham sido transferidos antes da rescisão do contrato e quaisquer cópias dos mesmos devem, consoante a escolha do exportador de dados, ser devolvidos ao exportador de dados ou destruídos na sua totalidade.

(18) As cláusulas contratuais-tipo devem prever garantias específicas, em particular à luz da jurisprudência do Tribunal de Justiça[11] para fazer face a quaisquer efeitos da legislação do país terceiro de destino no cumprimento das cláusulas por parte do importador de dados, em especial, formas de tratar os pedidos vinculativos recebidos das autoridades públicas desse país para a divulgação dos dados pessoais transferidos.

[11] *Schrems II.*

(19) A transferência e o tratamento de dados pessoais ao abrigo das cláusulas contratuais-tipo não devem ter lugar se a legislação e as práticas do país terceiro de destino impedirem o importador de dados de cumprir as cláusulas. Neste contexto, as legislações e as práticas que respeitem a essência dos direitos e das liberdades fundamentais e não excedam o necessário e proporcional numa sociedade democrática para salvaguardar um dos objetivos enumerados no artigo 23º, nº 1, do Regulamento (UE) 2016/679 não devem ser consideradas contrárias ao disposto nas cláusulas contratuais-tipo. As partes devem garantir que, aquando da subscrição das cláusulas contratuais-tipo, não têm motivos para crer que as legislações e as práticas aplicáveis ao importador de dados não estão em consonância com estes requisitos.

(20) As partes devem ter em conta, em especial, as circunstâncias específicas da transferência (como o conteúdo e a duração do contrato, a natureza dos dados a transferir, o tipo de destinatário, a finalidade do tratamento), as legislações e as práticas do país terceiro de destino pertinentes à luz das circunstâncias da transferência e quaisquer garantias aplicadas para complementar as garantias previstas nas cláusulas contratuais-tipo (incluindo as medidas contratuais, técnicas e organizativas pertinentes aplicáveis à transmissão dos dados pessoais e ao seu tratamento no país de destino). Quanto ao impacto de tais legislações e práticas no cumprimento das cláusulas contratuais-tipo, podem ser tidos em consideração diferentes elementos no âmbito de uma avaliação global, incluindo informações fiáveis sobre a aplicação da legislação na prática (como a jurisprudência e relatórios de organismos de supervisão independentes), a existência ou ausência de pedidos dentro do mesmo setor e, em condições estritas, a experiência prática documentada do exportador de dados e/ou do importador de dados.

(21) O importador de dados deve notificar o exportador de dados se, depois de ter subscrito as cláusulas contratuais-tipo, tiver motivos para crer que nao é capaz de as cumprir. Se o exportador de dados receber tal notificação ou tomar conhecimento, de qualquer outra forma, de que o importador de dados deixou de ter capacidade para cumprir as cláusulas contratuais-tipo, deve identificar as medidas adequadas para resolver a situação, se necessário em consulta com a autoridade de controlo competente. Tais medidas podem incluir medidas suplementares adotadas pelo exportador e/ou importador de dados, como medidas técnicas ou organizativas desti-

nadas a garantir a segurança e a confidencialidade. O exportador de dados deve ser obrigado a suspender a transferência se considerar que não podem ser asseguradas garantias adequadas ou se receber instruções da autoridade de controlo competente nesse sentido.

(22) Sempre que possível, o importador de dados deve notificar o exportador de dados e o titular dos dados se receber um pedido juridicamente vinculativo de uma autoridade pública (incluindo judiciária) ao abrigo da legislação do país de destino para a divulgação dos dados pessoais transferidos nos termos das cláusulas contratuais-tipo. Do mesmo modo, deve notificá-los se tomar conhecimento de qualquer acesso direto das autoridades públicas a tais dados pessoais, em conformidade com a legislação do país terceiro de destino. Se, não obstante todos os seus esforços, o importador de dados não estiver em condições de notificar o exportador de dados e/ou o titular dos dados de pedidos específicos de divulgação, deve fornecer ao exportador de dados o máximo possível de informações pertinentes sobre os pedidos. Além disso, o importador de dados deve fornecer periodicamente ao exportador de dados informações agregadas. O importador de dados deve igualmente ser obrigado a documentar qualquer pedido de divulgação recebido e a resposta fornecida, e a disponibilizar essa informação ao exportador de dados ou à autoridade de controlo competente, ou a ambos, mediante pedido. Se, na sequência de uma fiscalização da legalidade de tal pedido ao abrigo da legislação do país de destino, o importador de dados concluir que existem motivos razoáveis para considerar que o pedido é ilegal nos termos da legislação do país terceiro de destino, deve contestá-lo, nomeadamente, quando adequado, esgotando as possibilidades de recurso disponíveis. Em todo o caso, se o importador de dados deixar de ter capacidade para cumprir as cláusulas contratuais-tipo, deve informar o exportador de dados em conformidade, inclusivamente quando tal for consequência de um pedido de divulgação.

(23) Uma vez que as necessidades das partes interessadas, a tecnologia e as operações de tratamento podem sofrer alterações, a Comissão deve avaliar o funcionamento das cláusulas contratuais-tipo à luz da experiência, no âmbito da avaliação periódica do Regulamento (UE) 2016/679, referida no artigo 97º do mesmo regulamento.

(24) A Decisão 2001/497/CE e a Decisão 2010/87/UE devem ser revogadas três meses após a entrada em vigor da presente decisão. Durante esse período, os exportadores e importadores de dados devem, para efeitos do

artigo 46º, nº 1, do Regulamento (UE) 2016/679, continuar a poder utilizar as cláusulas contratuais-tipo estabelecidas nas Decisões 2001/497/CE e 2010/87/UE. Durante um período adicional de 15 meses, os exportadores e importadores de dados devem, para efeitos do artigo 46º, nº 1, do Regulamento (UE) 2016/679, continuar a poder recorrer às cláusulas contratuais-tipo estabelecidas nas Decisões 2001/497/CE e 2010/87/UE para a execução de contratos celebrados entre os mesmos antes da data de revogação dessas decisões, desde que as operações de tratamento objeto do contrato permaneçam inalteradas e que o recurso às cláusulas garanta que a transferência de dados pessoais está sujeita a garantias adequadas na aceção do artigo 46º, nº 1, do Regulamento (UE) 2016/679. Caso o contrato seja objeto de alterações significativas, o exportador de dados deve ser obrigado a invocar um novo fundamento para as transferências de dados ao abrigo do contrato, em particular substituindo as cláusulas contratuais-tipo existentes pelas cláusulas contratuais-tipo estabelecidas no anexo da presente decisão. O mesmo deve ser aplicável a qualquer subcontratação, a um subcontratante (ulterior), das operações de tratamento abrangidas pelo contrato.

(25) A Autoridade Europeia para a Proteção de Dados e o Comité Europeu para a Proteção de Dados foram consultados nos termos do artigo 42º, nºs 1 e 2, do Regulamento (UE) 2018/1725 e emitiram um parecer comum em 14 de janeiro de 2021[12], que foi tido em consideração na preparação da presente decisão.

(26) As medidas previstas na presente decisão estão em conformidade com o parecer do Comité instituído pelo artigo 93º do Regulamento (UE) 2016/679,

ADOTOU A PRESENTE DECISÃO:

Artigo 1º

1. Considera-se que as cláusulas contratuais-tipo estabelecidas no anexo proporcionam garantias adequadas na aceção do artigo 46º, nº 1, e nº 2, alínea

[12] «*EDPB-EDPS Joint Opinion 2/2021 on the European Commission's Implementing Decision on standard contractual clauses for the transfer of personal data to third countries for the matters referred to in Article 46(2)(c) of Regulation (EU) 2016/679*» [Parecer conjunto 2/2021 do CEPD e da AEPD sobre a Decisão de Execução da Comissão Europeia relativa às cláusulas contratuais-tipo aplicáveis à transferência de dados pessoais para países terceiros para as matérias referidas no artigo 46º, nº 2, alínea c), do Regulamento (UE) 2016/679].

c), do Regulamento (UE) 2016/679 para a transferência, por um responsável pelo tratamento ou por um subcontratante, de dados pessoais tratados nos termos desse regulamento (exportador de dados) para um responsável pelo tratamento ou para um subcontratante (ulterior) cujo tratamento dos dados não esteja sujeito a esse regulamento (importador de dados).

2. As cláusulas contratuais-tipo estabelecem igualmente os direitos e as obrigações dos responsáveis pelo tratamento e dos subcontratantes no que diz respeito às matérias referidas no artigo 28º, nºs 3 e 4, do Regulamento (UE) 2016/679 no que se refere à transferência de dados pessoais de um responsável pelo tratamento para um subcontratante, ou de um subcontratante para um subcontratante ulterior.

Artigo 2º

Sempre que as autoridades competentes dos Estados-Membros exerçam poderes de correção nos termos do artigo 58º do Regulamento (UE) 2016/679 em resposta ao facto de o importador de dados estar ou vir a estar sujeito a legislações ou práticas no país terceiro de destino que o impeçam de cumprir as cláusulas contratuais-tipo constantes do anexo, conduzindo à suspensão ou à proibição das transferências de dados para países terceiros, o Estado-Membro em causa deve informar, sem demora, a Comissão, que transmite a informação aos outros Estados-Membros.

Artigo 3º

A Comissão deve avaliar a aplicação prática das cláusulas contratuais-tipo constantes do anexo com base em todas as informações disponíveis, no âmbito da avaliação periódica exigida pelo artigo 97º do Regulamento (UE) 2016/679.

Artigo 4º

1. A presente decisão entra em vigor no vigésimo dia seguinte ao da sua publicação no *Jornal Oficial da União Europeia*.

2. A Decisão 2001/497/CE é revogada com efeitos a partir de 27 de setembro de 2021.

3. A Decisão 2010/87/UE é revogada com efeitos a partir de 27 de setembro de 2021.

4. Considera-se que os contratos celebrados antes de 27 de setembro de 2021com base na Decisão 2001/497/CE ou na Decisão 2010/87/UE pro-

porcionam garantias adequadas na aceção do artigo 46º, nº 1, do Regulamento (UE) 2016/679 até 27 de dezembro de 2022, desde que as operações de tratamento objeto do contrato permaneçam inalteradas e que o recurso a essas cláusulas garanta que a transferência de dados pessoais está sujeita a garantias adequadas.

Feito em Bruxelas, em 4 de junho de 2021.

Pela Comissão
A Presidente
Ursula Von Der Leyen

ANEXO
Cláusulas Contratuais-Tipo

SECÇÃO I

Cláusula 1
Finalidade e âmbito de aplicação

a) As presentes cláusulas contratuais-tipo visam assegurar o cumprimento dos requisitos do Regulamento (UE) 2016/679 do Parlamento Europeu e do Conselho, de 27 de abril de 2016, relativo à proteção das pessoas singulares no que diz respeito ao tratamento de dados pessoais e à livre circulação desses dados (Regulamento Geral sobre a Proteção de Dados)[1] aplicáveis às transferências de dados pessoais para países terceiros.

b) As Partes:

i) a(s) pessoa(s) singular(es) ou coletiva(s), a(s) autoridade(s) pública(s), a(s) agência(s) ou outro(s) organismo(s) (adiante designado(s) por «entidade(s)») que transfere(m) os dados pessoais, tal como enumerados no anexo I.A. (a seguir designado(s) individualmente por «exportador de dados»), e

ii) a(s) entidade(s) de um país terceiro que recebe(m) os dados pessoais do exportador de dados, direta ou indiretamente através de outra entidade também Parte nas presentes cláusulas, tal como enumeradas no anexo I.A. (a seguir designada(s) individualmente por «importador de dados»)

[1] Se o exportador de dados for um subcontratante sujeito ao Regulamento (UE) 2016/679 agindo em nome de uma instituição ou de um órgão da União na qualidade de responsável pelo tratamento, o recurso às presentes cláusulas aquando da contratação de outro subcontratante (subcontratação) não sujeito ao Regulamento (UE) 2016/679 garante igualmente o cumprimento do artigo 29º, nº 4, do Regulamento (UE) 2018/1725 do Parlamento Europeu e do Conselho, de 23 de outubro de 2018, relativo à proteção das pessoas singulares no que diz respeito ao tratamento de dados pessoais pelas instituições e pelos órgãos e organismos da União e à livre circulação desses dados, e que revoga o Regulamento (CE) nº 45/2001 e a Decisão nº 1247/2002/CE (JO L 295 de 21.11.2018, p. 39), na medida em que as presentes cláusulas e as obrigações em matéria de proteção de dados estabelecidas no contrato ou noutro ato normativo entre o responsável pelo tratamento e o subcontratante nos termos do artigo 29º, nº 3, do Regulamento (UE) 2018/1725 estejam alinhadas. Será este o caso, em especial, se o responsável pelo tratamento e o subcontratante recorrerem às cláusulas contratuais-tipo incluídas na decisão 2021/915.

acordaram nas presentes cláusulas contratuais-tipo (a seguir designadas por «cláusulas»).

c) As presentes cláusulas são aplicáveis no que diz respeito à transferência de dados pessoais, conforme especificado no anexo I.B.

d) O apêndice das presentes cláusulas, que contém os anexos nelas referidos, é parte integrante das presentes cláusulas.

Cláusula 2
Efeito e invariabilidade das cláusulas

a) As presentes cláusulas estabelecem garantias adequadas, incluindo direitos oponíveis dos titulares dos dados e medidas jurídicas corretivas eficazes, nos termos do artigo 46º, nº 1, e do artigo 46º, nº 2, alínea c), do Regulamento (UE) 2016/679 e, no que diz respeito às transferências de dados de responsáveis pelo tratamento para subcontratantes e/ou entre subcontratantes, nos termos do artigo 28º, nº 7, do Regulamento (UE) 2016/679, desde que não sejam alteradas, exceto para selecionar o(s) módulo(s) adequado(s) ou para acrescentar ou atualizar informações no apêndice. Tal não impede as Partes de incluir as cláusulas contratuais-tipo estabelecidas nas presentes cláusulas num contrato mais abrangente e/ou de acrescentar outras cláusulas ou garantias adicionais, desde que não colidam, direta ou indiretamente, com as presentes cláusulas, e sem prejuízo dos direitos ou das liberdades fundamentais dos titulares dos dados.

b) As presentes cláusulas não prejudicam as obrigações a que o exportador de dados está sujeito por força do Regulamento (UE) 2016/679.

Cláusula 3
Cláusula do terceiro beneficiário

a) Os titulares dos dados podem invocar e fazer aplicar as presentes cláusulas, enquanto terceiros beneficiários, contra o exportador e/ou importador de dados, com as seguintes exceções:

i) cláusulas 1, 2, 3, 6, 7,

ii) cláusula 8 – módulo um: cláusula 8.5, alínea e), e cláusula 8.9, alínea b); módulo dois: cláusula 8.1, alínea b), cláusula 8.9, alíneas a), c), d) e e); módulo três: cláusula 8.1, alíneas a), c) e d), e cláusula 8.9, alíneas a), c), d), e), f) e g); módulo quatro: cláusula 8.1, alínea b), e cláusula 8.3, alínea b),

iii) cláusula 9 – módulo dois: cláusula 9, alíneas a), c), d) e e); módulo três: cláusula 9, alíneas a), c), d) e e),

iv) cláusula 12 – módulo um: cláusula 12, alíneas a) e d), módulos dois e três: cláusula 12, alíneas a), d) e f),
v) cláusula 13,
vi) cláusula 15.1, alíneas c), d) e e),
vii) cláusula 16, alínea e),
viii) cláusula 18 – módulos um, dois e três: cláusula 18, alíneas a) e b); módulo quatro: cláusula 18.

b) A alínea a) não prejudica os direitos dos titulares dos dados ao abrigo do Regulamento (UE) 2016/679.

Cláusula 4
Interpretação

a) Caso as presentes cláusulas utilizem termos que se encontram definidos no Regulamento (UE) 2016/679, esses termos têm o mesmo significado que lhes é atribuído nesse regulamento.

b) As presentes cláusulas devem ser lidas e interpretadas à luz das disposições do Regulamento (UE) 2016/679.

c) As presentes cláusulas não devem ser interpretadas de forma contrária aos direitos e obrigações previstos no Regulamento (UE) 2016/679.

Cláusula 5
Hierarquia

Em caso de contradição entre as presentes cláusulas e as disposições de acordos conexos celebrados entre as Partes que se encontrem em vigor no momento em que as presentes cláusulas sejam acordadas ou que sejam celebrados posteriormente, prevalecem as presentes cláusulas.

Cláusula 6
Descrição da(s) transferência(s)

Os pormenores da(s) transferência(s) e, em particular, as categorias de dados pessoais que são transferidos e a(s) finalidade(s) para a(s) qual(is) são transferidos, são especificados no anexo I.B.

Cláusula 7 – Facultativa
Cláusula de adesão

a) Uma entidade que não seja Parte nas presentes cláusulas pode, com o acordo das Partes, aderir, em qualquer momento, às presentes cláusulas, quer como exportador de dados quer como importador de dados, preenchendo o apêndice e assinando o anexo I.A.

b) Uma vez preenchido o apêndice e assinado o anexo I.A, a entidade aderente passa a ser Parte nas presentes cláusulas e tem os direitos e as obrigações de um exportador ou importador de dados, em conformidade com a sua designação no anexo I.A.

c) A entidade aderente não tem quaisquer direitos ou obrigações decorrentes das presentes cláusulas em relação ao período antes de se ter tornado Parte.

SECÇÃO II – Obrigações das Partes

Cláusula 8
Garantias em matéria de proteção de dados

O exportador de dados garante que envidou esforços razoáveis para determinar que o importador de dados tem capacidade, através da aplicação de medidas técnicas e organizativas adequadas, para cumprir as obrigações que lhe incumbem por força das presentes cláusulas.

MÓDULO UM: Transferência entre responsáveis pelo tratamento

8.1. Limitação das finalidades

O importador de dados deve proceder ao tratamento dos dados pessoais apenas para a(s) finalidade(s) específica(s) da transferência, conforme estabelecido no anexo I.B. Só pode tratar os dados pessoais para outra finalidade:

i) se tiver obtido o consentimento prévio do titular dos dados,
ii) se o tratamento for necessário à declaração, ao exercício ou à defesa de um direito num processo judicial no contexto de processos administrativos, regulamentares ou judiciais específicos, ou
iii) se o tratamento for necessário para a defesa de interesses vitais do titular dos dados ou de outra pessoa singular.

8.2. Transparência

a) A fim de permitir que os titulares dos dados exerçam efetivamente os seus direitos nos termos da cláusula 10, o importador de dados deve informá-los, quer diretamente quer através do exportador de dados:

i) da sua identidade e dos seus contactos,

ii) das categorias de dados pessoais tratados,
iii) do direito de obter uma cópia das presentes cláusulas,
iv) caso tencione transferir ulteriormente os dados pessoais para terceiros, do destinatário ou das categorias de destinatários (conforme o caso, com vista a fornecer informações significativas), da finalidade dessa transferência ulterior e do respetivo fundamento nos termos da cláusula 8.7.

b) A alínea a) não é aplicável caso o titular dos dados já tenha conhecimento das informações, incluindo quando essas informações já tenham sido facultadas pelo exportador de dados, ou quando a disponibilização das informações se revele impossível ou implique um esforço desproporcionado para o importador de dados. Neste último caso, o importador de dados deve, na medida do possível, colocar as informações à disposição do público.

c) Mediante pedido, as Partes devem disponibilizar gratuitamente ao titular dos dados uma cópia das presentes cláusulas, incluindo o apêndice, tal como preenchido pelas mesmas. Na medida do necessário para proteger segredos comerciais ou outras informações confidenciais, incluindo dados pessoais, as Partes podem editar parte do texto do apêndice antes de partilhar uma cópia do mesmo, mas devem disponibilizar um resumo significativo do apêndice se, de outro modo, o titular dos dados não for capaz de compreender o seu conteúdo ou exercer os seus direitos. Mediante pedido, as Partes devem comunicar ao titular dos dados os motivos das ocultações, na medida do possível sem revelar as informações ocultadas.

d) As alíneas a) a c) em nada prejudicam as obrigações do exportador de dados nos termos dos artigos 13º e 14º do Regulamento (UE) 2016/679.

8.3. Exatidão e minimização dos dados

a) Cada Parte deve assegurar que os dados pessoais sejam exatos e, se necessário, atualizados. O importador de dados deve adotar todas as medidas adequadas para que os dados inexatos, tendo em conta a(s) finalidade(s) do tratamento, sejam apagados ou retificados sem demora.

b) Se uma das Partes tomar conhecimento de que os dados pessoais que transferiu ou recebeu são inexatos ou estão desatualizados, deve informar a outra Parte sem demora injustificada.

c) O importador de dados deve assegurar que os dados pessoais sejam adequados, pertinentes e limitados ao que é necessário relativamente à(s) finalidade(s) do tratamento.

8.4. Limitação da conservação

O importador de dados deve conservar os dados pessoais apenas durante o tempo necessário para a(s) finalidade(s) para a(s) qual(is) são tratados. Deve adotar medidas técnicas ou organizativas adequadas para assegurar o cumprimento desta obrigação, incluindo o apagamento ou a anonimização[2] dos dados e de todas as cópias de segurança no final do período de conservação.

8.5. Segurança do tratamento

a) O importador de dados e, durante a transmissão, também o exportador de dados devem aplicar medidas técnicas e organizativas adequadas para garantir a segurança dos dados pessoais, incluindo a proteção contra uma violação da segurança que provoque, de modo acidental ou ilícito, a destruição, a perda, a alteração, a divulgação ou o acesso não autorizados (a seguir designada por «violação de dados pessoais»). Ao avaliar o nível de segurança adequado, devem ter em devida conta as técnicas mais avançadas, os custos de aplicação, a natureza, o âmbito, o contexto e a(s) finalidade(s) do tratamento e os riscos inerentes ao tratamento para os titulares dos dados. As Partes devem, em particular, ponderar o recurso à cifragem ou à pseudonimização, nomeadamente durante a transmissão, sempre que a finalidade do tratamento possa ser cumprida dessa forma.

b) As Partes acordaram nas medidas técnicas e organizativas estabelecidas no anexo II. O importador de dados deve realizar controlos regulares para garantir que estas medidas continuam a proporcionar um nível de segurança adequado.

c) O importador de dados deve assegurar que as pessoas autorizadas a tratar os dados pessoais assumiram um compromisso de confidencialidade ou estão sujeitas às obrigações legais de confidencialidade adequadas.

d) Em caso de violação de dados pessoais relativa a dados pessoais tratados pelo importador de dados ao abrigo das presentes cláusulas, o importador de dados deve tomar as medidas adequadas para reparar a violação de dados pessoais, incluindo medidas para atenuar os seus eventuais efeitos negativos.

[2] O que exige que os dados sejam tornados de tal modo anónimos que o seu titular já não possa ser identificado, em consonância com o considerando 26 do Regulamento (UE) 2016/679, e que este processo seja irreversível.

e) Em caso de violação de dados pessoais suscetível de constituir um risco para os direitos e as liberdades das pessoas singulares, o importador de dados deve notificar, sem demora, o exportador de dados e a autoridade de controlo competente, nos termos da cláusula 13. Essa notificação deve conter i) uma descrição da natureza da violação (incluindo, se possível, as categorias e o número aproximado de titulares de dados e de registos de dados pessoais em causa), ii) as suas consequências prováveis, iii) as medidas adotadas ou propostas para reparar a violação e iv) os dados de um ponto de contacto junto do qual possam ser obtidas mais informações. Na medida em que não seja possível ao importador de dados fornecer todas as informações ao mesmo tempo, poderá fazê-lo por fases, sem demora injustificada.

f) Em caso de violação de dados pessoais suscetível de constituir um risco elevado para os direitos e as liberdades das pessoas singulares, o importador de dados deve notificar igualmente os titulares dos dados afetados, sem demora injustificada, da violação de dados pessoais e da sua natureza, se necessário em cooperação com o exportador de dados, juntamente com as informações referidas na alínea e), subalíneas ii) a iv), a menos que o importador de dados tenha aplicado medidas para reduzir significativamente o risco para os direitos ou as liberdades das pessoas singulares ou que a notificação implique esforços desproporcionados. Neste último caso, o importador de dados deve, em alternativa, emitir uma comunicação pública ou tomar uma medida semelhante para informar o público da violação de dados pessoais.

g) O importador de dados deve documentar todos os factos pertinentes relacionados com a violação de dados pessoais, incluindo os respetivos efeitos e quaisquer medidas corretivas adotadas, e conservar um registo dos mesmos.

8.6. Dados sensíveis

Sempre que a transferência envolva dados pessoais que revelem a origem racial ou étnica, as opiniões políticas, as convicções religiosas ou filosóficas ou a filiação sindical, dados genéticos ou biométricos destinados a identificar uma pessoa singular de forma inequívoca, dados relativos à saúde, à vida sexual ou à orientação sexual de uma pessoa ou dados relacionados com condenações penais ou com infrações (a seguir designados por «dados sensíveis»), o importador de dados deve aplicar limitações específicas e/ou garantias adicionais adaptadas à natureza específica dos dados e aos riscos envolvidos. Tal pode incluir a limitação do pessoal autorizado a aceder aos dados pessoais, medidas de segurança adicionais (como a pseudonimização) e/ou limitações adicionais no que diz respeito à divulgação posterior.

8.7. Transferências ulteriores

O importador de dados não pode divulgar os dados pessoais a terceiros localizados fora da União Europeia[3] (no mesmo país que o importador de dados ou noutro país terceiro, a seguir designada «transferência ulterior»), a menos que o terceiro esteja ou aceite estar vinculado pelas presentes cláusulas, ao abrigo do módulo adequado. Caso contrário, uma transferência ulterior por parte do importador de dados só pode ser realizada se:

i) o seu destino for um país que beneficie de uma decisão de adequação nos termos do artigo 45º do Regulamento (UE) 2016/679 que abranja a transferência ulterior,

ii) o terceiro assegurar, de qualquer outra forma, as garantias adequadas nos termos dos artigos 46º ou 47º do Regulamento (UE) 2016/679 no que diz respeito ao tratamento em questão,

iii) o terceiro celebrar um instrumento vinculativo com o importador de dados que assegure o mesmo nível de proteção de dados previsto nas presentes cláusulas e o importador de dados facultar uma cópia destas garantias ao exportador de dados,

iv) for necessária à declaração, ao exercício ou à defesa de um direito num processo judicial no contexto de processos administrativos, regulamentares ou judiciais específicos,

v) for necessária para a defesa de interesses vitais do titular dos dados ou de outra pessoa singular; ou

vi) se nenhuma das outras condições for aplicável, o importador de dados tiver obtido o consentimento explícito do titular dos dados para uma transferência ulterior numa situação específica, depois de o ter informado da(s) sua(s) finalidade(s), da identidade do destinatário e dos possíveis riscos dessa transferência para o titular dos dados devido à inexistência de garantias adequadas em matéria de

[3] O Acordo sobre o Espaço Económico Europeu («Acordo EEE») prevê a extensão do mercado interno da União Europeia aos três Estados do EEE: Islândia, Listenstaine e Noruega. A legislação da União em matéria de proteção de dados, nomeadamente o Regulamento (UE) 2016/679, é abrangida pelo Acordo EEE e foi integrada no respetivo anexo XI. Por conseguinte, qualquer divulgação pelo importador de dados a um terceiro situado no EEE não é considerada uma transferência ulterior para efeitos das presentes cláusulas.

proteção de dados. neste caso, o importador de dados deve informar o exportador de dados e, a pedido deste último, transmitir-lhe uma cópia das informações facultadas ao titular dos dados.

Qualquer transferência ulterior está sujeita ao cumprimento, pelo importador de dados, de todas as outras garantias previstas nas presentes cláusulas, em particular a limitação da finalidade.

8.8. Tratamento sob a autoridade do importador de dados

O importador de dados deve assegurar que qualquer pessoa que atue sob a sua autoridade, incluindo um subcontratante, só procede ao tratamento dos dados mediante as suas instruções.

8.9. Documentação e cumprimento

a) Cada Parte deve poder demonstrar o cumprimento das obrigações que lhe incumbem por força das presentes cláusulas. Em particular, o importador de dados deve conservar documentação adequada relativa às atividades de tratamento realizadas sob a sua responsabilidade.

b) O importador de dados deve disponibilizar essa documentação à autoridade de controlo competente, mediante pedido.

MÓDULO DOIS: Transferência de responsável pelo tratamento para subcontratante

8.1. Instruções

a) O importador de dados deve proceder ao tratamento dos dados pessoais apenas mediante instruções documentadas do exportador de dados. O exportador de dados pode dar essas instruções ao longo do período de vigência do contrato.

b) O importador de dados deve informar imediatamente o exportador de dados se não puder seguir essas instruções.

8.2. Limitação das finalidades

O importador de dados deve proceder ao tratamento dos dados pessoais apenas para a(s) finalidade(s) específica(s) da transferência, conforme estabelecido no anexo I.B, salvo se receber instruções adicionais do exportador de dados.

8.3. Transparência

Mediante pedido, o exportador de dados deve disponibilizar gratuitamente ao titular dos dados uma cópia das presentes cláusulas, incluindo o apêndice, conforme preenchido pelas Partes. Na medida do necessário para proteger segredos comerciais ou outras informações confidenciais, incluindo as medidas descritas no anexo II e dados pessoais, o exportador de dados pode editar parte do texto do apêndice das presentes cláusulas antes de partilhar uma cópia do mesmo, mas deve disponibilizar um resumo significativo do apêndice se, de outro modo, o titular dos dados não for capaz de compreender o seu conteúdo ou exercer os seus direitos. Mediante pedido, as Partes devem comunicar ao titular dos dados os motivos das ocultações, na medida do possível sem revelar as informações ocultadas. Esta cláusula não prejudica as obrigações do exportador de dados nos termos dos artigos 13º e 14.° do Regulamento (UE) 2016/679.

8.4. Exatidão

Se o importador de dados tomar conhecimento de que os dados pessoais que recebeu são inexatos ou estão desatualizados, deve informar o exportador de dados sem demora injustificada. Neste caso, o importador de dados deve cooperar com o exportador de dados para apagar ou retificar os dados.

8.5. Duração do tratamento e apagamento ou devolução dos dados

O tratamento pelo importador de dados só pode ocorrer durante o período especificado no anexo I.B. Depois de concluída a prestação dos serviços de tratamento, o importador de dados deve, consoante a escolha do exportador de dados, apagar todos os dados pessoais tratados por conta deste último e certificar ao exportador de dados que o fez ou devolver ao exportador de dados todos os dados pessoais tratados por sua conta e apagar as cópias existentes. Até que os dados sejam apagados ou devolvidos, o importador de dados deve continuar a assegurar o cumprimento das presentes cláusulas. Caso a legislação local aplicável ao importador de dados proíba a devolução ou o apagamento dos dados pessoais, o importador de dados garante continuar a assegurar o cumprimento das presentes cláusulas e só proceder ao tratamento dos dados pessoais em causa na medida em que e enquanto for necessário nos termos dessa legislação local. Tal não prejudica a cláusula 14, em particular a exigência de o importador de dados, nos termos da cláusula 14, alínea e), notificar o exportador de dados ao longo do período de vigência do contrato se tiver motivos para crer que está ou ficou sujeito a legislações ou práticas não conformes com os requisitos da cláusula 14, alínea a).

8.6. Segurança do tratamento

a) O importador de dados e, durante a transmissão, também o exportador de dados devem aplicar medidas técnicas e organizativas adequadas para garantir a segurança dos dados, incluindo a proteção contra uma violação da segurança que provoque, de modo acidental ou ilícito, a destruição, a perda, a alteração, a divulgação ou o acesso não autorizados a esses dados (a seguir designada por «violação de dados pessoais»). Ao avaliar o nível de segurança adequado, as Partes devem ter em devida conta as técnicas mais avançadas, os custos de aplicação, a natureza, o âmbito, o contexto e a(s) finalidade(s) do tratamento e os riscos inerentes ao tratamento para os titulares dos dados. As Partes devem, em particular, ponderar o recurso à cifragem ou à pseudonimização, nomeadamente durante a transmissão, sempre que a finalidade do tratamento possa ser cumprida dessa forma. Em caso de pseudonimização, as informações adicionais para a atribuição dos dados pessoais a um titular de dados específico devem permanecer, sempre que possível, sob o controlo exclusivo do exportador de dados. No cumprimento das obrigações que lhe incumbem por força do presente número, o importador de dados deve, pelo menos, aplicar as medidas técnicas e organizativas especificadas no anexo II. O importador de dados deve realizar controlos regulares para garantir que estas medidas continuam a proporcionar um nível de segurança adequado.

b) O importador de dados só deve conceder acesso aos dados pessoais aos membros do seu pessoal na medida estritamente necessária para a execução, a gestão e o acompanhamento do contrato. Deve assegurar que as pessoas autorizadas a tratar os dados pessoais assumiram um compromisso de confidencialidade ou estão sujeitas às obrigações legais de confidencialidade adequadas.

c) Em caso de violação de dados pessoais relativa a dados pessoais tratados pelo importador de dados ao abrigo das presentes cláusulas, o importador de dados deve tomar as medidas adequadas para reparar a violação, incluindo medidas para atenuar os seus efeitos negativos. O importador de dados deve notificar igualmente o exportador de dados, sem demora injustificada, após ter tomado conhecimento da violação. Essa notificação deve conter os dados de um ponto de contacto onde possam ser obtidas mais informações, uma descrição da natureza da violação (incluindo, se possível, as categorias e o número aproximado de titulares de dados e de registos de dados pessoais em causa), as suas consequências prováveis e as medidas adotadas ou propostas para reparar a violação, incluindo, se for caso disso, medidas para atenuar os seus eventuais efeitos negativos. Caso, e na medida em que, não seja possível comunicar todas as informações ao mesmo tempo, a notificação inicial deve conter as informações então disponíveis, devendo outras informações, à medida que fiquem disponíveis, ser fornecidas posteriormente sem demora injustificada.

d) O importador de dados deve cooperar com o exportador de dados e prestar-lhe assistência para que este cumpra as obrigações que lhe incumbem nos termos do Regulamento (UE) 2016/679, em particular a obrigação de notificar a autoridade de controlo competente e os titulares de dados afetados, tendo em conta a natureza do tratamento e as informações ao dispor do importador de dados.

8.7. Dados sensíveis

Sempre que a transferência envolva dados pessoais que revelem a origem racial ou étnica, as opiniões políticas, as convicções religiosas ou filosóficas ou a filiação sindical, dados genéticos ou biométricos destinados a identificar uma pessoa singular de forma inequívoca, dados relativos à saúde, à vida sexual ou à orientação sexual de uma pessoa ou dados relacionados com condenações penais e com infrações (a seguir designados por «dados sensíveis»), o importador de dados deve aplicar as limitações específicas e/ou garantias adicionais descritas no anexo I.B.

8.8. Transferências ulteriores

O importador de dados só deve divulgar os dados pessoais a terceiros mediante instruções documentadas do exportador de dados. Além disso, os dados só podem ser divulgados a terceiros localizados fora da União Europeia[4] (no mesmo país que o importador de dados ou noutro país terceiro, a seguir designada «transferência ulterior») se o terceiro estiver ou aceitar

[4] O Acordo sobre o Espaço Económico Europeu («Acordo EEE») prevê a extensão do mercado interno da União Europeia aos três Estados do EEE: Islândia, Listenstaine e Noruega. A legislação da União em matéria de proteção de dados, nomeadamente o Regulamento (UE) 2016/679, é abrangida pelo Acordo EEE e foi integrada no respetivo anexo XI. Por

estar vinculado pelas presentes cláusulas, ao abrigo do módulo adequado, ou se:

i) o destino da transferência ulterior for um país que beneficie de uma decisão de adequação nos termos do artigo 45º do Regulamento (UE) 2016/679 que abranja a transferência ulterior,

ii) o terceiro assegurar, de qualquer outra forma, as garantias adequadas nos termos dos artigos 46º ou 47.º do Regulamento (UE) 2016/679 no que diz respeito ao tratamento em questão,

iii) a transferência ulterior for necessária à declaração, ao exercício ou à defesa de um direito num processo judicial no contexto de processos administrativos, regulamentares ou judiciais específicos, ou

iv) a transferência ulterior for necessária para a defesa de interesses vitais do titular dos dados ou de outra pessoa singular.

Qualquer transferência ulterior está sujeita ao cumprimento, pelo importador de dados, de todas as outras garantias previstas nas presentes cláusulas, em particular a limitação da finalidade.

8.9. Documentação e cumprimento

a) O importador de dados deve responder, rápida e adequadamente, aos pedidos de informação do exportador de dados relacionados com o tratamento ao abrigo das presentes cláusulas.

b) As Partes devem poder demonstrar o cumprimento das presentes cláusulas. Em particular, o importador de dados deve conservar documentação adequada sobre as atividades de tratamento realizadas por conta do exportador de dados.

c) O importador de dados deve disponibilizar ao exportador de dados todas as informações necessárias para demonstrar o cumprimento das obrigações previstas nas presentes cláusulas e, a pedido deste último, facilitar e contribuir para as auditorias das operações de tratamento abrangidas pelas presentes cláusulas, a intervalos razoáveis ou se houver indícios de incumprimento. Ao decidir sobre uma revisão ou auditoria, o exportador de dados pode ter em conta as certificações pertinentes detidas pelo importador de dados.

conseguinte, qualquer divulgação pelo importador de dados a um terceiro situado no EEE não é considerada uma transferência ulterior para efeitos das presentes cláusulas.

d) O exportador de dados pode optar por realizar, ele próprio, a auditoria ou mandatar um auditor independente. As auditorias podem incluir inspeções nos edifícios ou nas instalações físicas do importador de dados, devendo, se for caso disso, ser realizadas com uma antecedência razoável.

e) As Partes devem disponibilizar as informações referidas nas alíneas b) e c), incluindo os resultados de quaisquer auditorias, à autoridade de controlo competente, mediante pedido.

MÓDULO TRÊS: Transferência entre subcontratantes

8.1. Instruções

a) O exportador de dados informou o importador de dados de que atua como subcontratante sob as instruções do(s) seu(s) responsável(eis) pelo tratamento, que o exportador de dados vai disponibilizar ao importador de dados antes do tratamento.

b) O importador de dados só deve proceder ao tratamento dos dados pessoais mediante instruções documentadas do responsável pelo tratamento, conforme comunicadas ao importador de dados pelo exportador de dados, e quaisquer instruções adicionais documentadas do exportador de dados. Essas instruções adicionais não podem ser contrárias às instruções do responsável pelo tratamento. O responsável pelo tratamento ou exportador de dados pode dar instruções documentadas adicionais a respeito do tratamento de dados ao longo do período de vigência do contrato.

c) O importador de dados deve informar imediatamente o exportador de dados se não puder seguir essas instruções. Se o importador de dados não puder seguir as instruções do responsável pelo tratamento, o exportador de dados deve notificar imediatamente o responsável pelo tratamento.

d) O exportador de dados garante que impôs ao importador de dados as mesmas obrigações em matéria de proteção de dados que as estabelecidas no contrato ou noutro ato normativo ao abrigo do direito da União ou dos Estados-Membros entre o responsável pelo tratamento e o exportador de dados[5].

[5] Ver o artigo 28º, nº 4, do Regulamento (UE) 2016/679 e, se o responsável pelo tratamento for uma instituição ou um órgão da UE, o artigo 29º, nº 4, do Regulamento (UE) 2018/1725.

8.2. Limitação das finalidades

O importador de dados deve proceder ao tratamento dos dados pessoais apenas para a(s) finalidade(s) específica(s) da transferência, conforme estabelecido no anexo I.B, salvo se receber instruções adicionais do responsável pelo tratamento, conforme comunicadas ao importador de dados pelo exportador de dados, ou do exportador de dados.

8.3. Transparência

Mediante pedido, o exportador de dados deve disponibilizar gratuitamente ao titular dos dados uma cópia das presentes cláusulas, incluindo o apêndice, conforme preenchido pelas Partes. Na medida do necessário para proteger segredos comerciais ou outras informações confidenciais, incluindo dados pessoais, o exportador de dados pode editar parte do texto do apêndice antes de partilhar uma cópia do mesmo, mas deve disponibilizar um resumo significativo do apêndice se, de outro modo, o titular dos dados não for capaz de compreender o seu conteúdo ou exercer os seus direitos. Mediante pedido, as Partes devem comunicar ao titular dos dados os motivos das ocultações, na medida do possível sem revelar as informações ocultadas.

8.4. Exatidão

Se o importador de dados tomar conhecimento de que os dados pessoais que recebeu são inexatos ou estão desatualizados, deve informar o exportador de dados sem demora injustificada. Neste caso, o importador de dados deve cooperar com o exportador de dados para retificar ou apagar os dados.

8.5. Duração do tratamento e apagamento ou devolução dos dados

O tratamento pelo importador de dados só pode ocorrer durante o período especificado no anexo I.B. Depois de concluída a prestação dos serviços de tratamento, o importador de dados deve, consoante a escolha do exportador de dados, apagar todos os dados pessoais tratados por conta do responsável pelo tratamento e certificar ao exportador de dados que o fez ou devolver ao exportador de dados todos os dados pessoais tratados por sua conta e apagar as cópias existentes. Até que os dados sejam apagados ou devolvidos, o importador de dados deve continuar a assegurar o cumprimento das presentes cláusulas. Caso a legislação local aplicável ao importador de dados proíba a devolução ou o apagamento dos dados pessoais, o importador de dados garante continuar a assegurar o cumprimento das presentes cláusulas e só proceder ao tratamento dos dados pessoais em causa na medida em que e enquanto for necessário nos termos dessa legislação local. Tal não prejudica a cláusula 14, em particular a exigência de o importador de dados, nos termos da cláusula 14, alínea e), notificar o exportador de dados ao longo do período de vigência do contrato se tiver motivos para crer que está ou ficou sujeito a legislações ou práticas não conformes com os requisitos da cláusula 14, alínea a).

8.6. Segurança do tratamento

a) O importador de dados e, durante a transmissão, também o exportador de dados devem aplicar medidas técnicas e organizativas adequadas para garantir a segurança dos dados, incluindo a proteção contra uma violação da segurança que provoque, de modo acidental ou ilícito, a destruição, a perda, a alteração, a divulgação ou o acesso não autorizados a esses dados (a seguir designada por «violação de dados pessoais»). Ao avaliar o nível de segurança adequado, devem ter em devida conta as técnicas mais avançadas, os custos de aplicação, a natureza, o âmbito, o contexto e a(s) finalidade(s) do tratamento e os riscos inerentes ao tratamento para os titulares dos dados. As Partes devem, em particular, ponderar o recurso à cifragem ou à pseudonimização, nomeadamente durante a transmissão, sempre que a finalidade do tratamento possa ser cumprida dessa forma. Em caso de pseudonimização, as informações adicionais para a atribuição dos dados pessoais a um titular de dados específico devem permanecer, sempre que possível, sob o controlo exclusivo do exportador de dados ou responsável pelo tratamento. No cumprimento das obrigações que lhe incumbem por força do presente número, o importador de dados deve, pelo menos, aplicar as medidas técnicas e organizativas especificadas no anexo II. O importador de dados deve realizar controlos regulares para garantir que estas medidas continuam a proporcionar um nível de segurança adequado.

b) O importador de dados só deve conceder acesso aos dados aos membros do seu pessoal na medida estritamente necessária para a execução, a gestão e o acompanhamento do contrato. Deve assegurar que as pessoas autorizadas a tratar os dados pessoais assumiram um compromisso de confidencialidade ou estão sujeitas às obrigações legais de confidencialidade adequadas.

c) Em caso de violação de dados pessoais relativa a dados pessoais tratados pelo importador de dados ao abrigo das presentes cláusulas, o importador de dados deve tomar as medidas adequadas para reparar a violação, incluindo medidas para atenuar os seus efeitos negativos. O importador de dados deve notificar igualmente, sem demora injustificada, o exportador de dados e, sempre que adequado e viável, o responsável pelo tratamento após ter tomado conhecimento da violação. Essa notificação deve conter os dados de um ponto de contacto onde possam ser obtidas mais informações, uma descrição da natureza da violação (incluindo, se possível, as categorias e o número aproximado de titulares de dados e de registos de dados pessoais em causa), as suas consequências prováveis e as medidas adotadas ou propostas para reparar a violação de dados, incluindo medidas para atenuar os seus eventuais efeitos negativos. Caso, e na medida em que, não seja possível comunicar todas as informações ao mesmo tempo, a notificação inicial deve conter as informações então disponíveis, devendo outras informações, à medida que fiquem disponíveis, ser fornecidas posteriormente sem demora injustificada.

d) O importador de dados deve cooperar com o exportador de dados e prestar-lhe assistência para que este cumpra as obrigações que lhe incumbem nos termos do Regulamento (UE) 2016/679, em particular a obrigação de notificar o respetivo responsável pelo tratamento para que este possa, por sua vez, notificar a autoridade de controlo competente e os titulares de dados afetados, tendo em conta a natureza do tratamento e as informações ao dispor do importador de dados.

8.7. Dados sensíveis

Sempre que a transferência envolva dados pessoais que revelem a origem racial ou étnica, as opiniões políticas, as convicções religiosas ou filosóficas ou a filiação sindical, dados genéticos ou biométricos destinados a identificar uma pessoa singular de forma inequívoca, dados relativos à saúde, à vida sexual ou à orientação sexual de uma pessoa ou dados relacionados com condenações penais e com infrações (a seguir designados por «dados sensíveis»), o importador de dados deve aplicar as limitações específicas e/ou garantias adicionais estabelecidas no anexo I.B.

8.8. Transferências ulteriores

O importador de dados só deve divulgar os dados pessoais a terceiros mediante instruções documentadas do responsável pelo tratamento, conforme comunicadas ao importador de dados pelo exportador de dados. Além disso, os dados só podem ser divulgados a terceiros localizados fora da União Europeia[6] (no mesmo país que o importador de dados ou noutro país terceiro, a seguir designada «transferência ulterior») se o terceiro estiver ou aceitar estar vinculado pelas presentes cláusulas, ao abrigo do módulo adequado, ou se:

i) o destino da transferência ulterior for um país que beneficie de uma decisão de adequação nos termos do artigo 45º do Regulamento (UE) 2016/679 que abranja a transferência ulterior,
ii) o terceiro assegurar, de qualquer outra forma, as garantias adequadas nos termos dos artigos 46º ou 47º do Regulamento (UE) 2016/679,
iii) a transferência ulterior for necessária à declaração, ao exercício ou à defesa de um direito num processo judicial no contexto de processos administrativos, regulamentares ou judiciais específicos, ou
iv) a transferência ulterior for necessária para a defesa de interesses vitais do titular dos dados ou de outra pessoa singular.

Qualquer transferência ulterior está sujeita ao cumprimento, pelo importador de dados, de todas as outras garantias previstas nas presentes cláusulas, em particular a limitação da finalidade.

8.9. Documentação e cumprimento

a) O importador de dados deve responder, rápida e adequadamente, aos pedidos de informação do exportador de dados ou do responsável pelo tratamento relacionados com o tratamento ao abrigo das presentes cláusulas.

b) As Partes devem poder demonstrar o cumprimento das presentes cláusulas. Em particular, o importador de dados deve conservar documentação adequada sobre as atividades de tratamento realizadas por conta do responsável pelo tratamento.

c) O importador de dados deve disponibilizar ao exportador de dados todas as informações necessárias para demonstrar o cumprimento das

[6] O Acordo sobre o Espaço Económico Europeu («Acordo EEE») prevê a extensão do mercado interno da União Europeia aos três Estados do EEE: Islândia, Listenstaine e Noruega. A legislação da União em matéria de proteção de dados, nomeadamente o Regulamento (UE) 2016/679, é abrangida pelo Acordo EEE e foi integrada no respetivo anexo XI. Por conseguinte, qualquer divulgação pelo importador de dados a um terceiro situado no EEE não é considerada uma transferência ulterior para efeitos das presentes cláusulas.

obrigações previstas nas presentes cláusulas, que as deve facultar ao responsável pelo tratamento.

d) O importador de dados deve facilitar e contribuir para as auditorias, realizadas pelo exportador de dados, das operações de tratamento abrangidas pelas presentes cláusulas, a intervalos razoáveis ou se houver indícios de incumprimento. O mesmo se aplica se o exportador de dados solicitar uma auditoria mediante instruções do responsável pelo tratamento. Ao decidir sobre uma auditoria, o exportador de dados pode ter em conta as certificações pertinentes detidas pelo importador de dados.

e) Se a auditoria for realizada mediante instruções do responsável pelo tratamento, o exportador de dados deve disponibilizar os resultados ao responsável pelo tratamento.

f) O exportador de dados pode optar por realizar, ele próprio, a auditoria ou mandatar um auditor independente. As auditorias podem incluir inspeções nos edifícios ou nas instalações físicas do importador de dados, devendo, se for caso disso, ser realizadas com uma antecedência razoável.

g) As Partes devem disponibilizar as informações referidas nas alíneas b) e c), incluindo os resultados de quaisquer auditorias, à autoridade de controlo competente, mediante pedido.

MÓDULO QUATRO: Transferência de subcontratante para responsável pelo tratamento

8.1. Instruções

a) O exportador de dados deve proceder ao tratamento dos dados pessoais apenas mediante instruções documentadas do importador de dados que atue como seu responsável pelo tratamento.

b) O exportador de dados deve informar imediatamente o importador de dados se não puder seguir essas instruções, nomeadamente se tais instruções violarem o Regulamento (UE) 2016/679 ou o direito da União ou dos Estados-Membros em matéria de proteção de dados.

c) O importador de dados deve abster-se de quaisquer atos que impeçam o exportador de dados de cumprir as obrigações que lhe incumbem nos termos do Regulamento (UE) 2016/679, inclusivamente no contexto da subcontratação ou no que respeita à cooperação com as autoridades de controlo competentes.

d) Depois de concluída a prestação dos serviços de tratamento, o exportador de dados deve, consoante a escolha do importador de dados, apagar todos os dados pessoais tratados por conta deste último e certificar ao importador de dados que o fez ou devolver ao importador de dados todos os dados pessoais tratados por sua conta e apagar as cópias existentes.

8.2. Segurança do tratamento

a) As Partes devem aplicar medidas técnicas e organizativas adequadas para garantir a segurança dos dados, nomeadamente durante a transmissão, e a proteção contra uma violação da segurança que provoque, de modo acidental ou ilícito, a destruição, a perda, a alteração, a divulgação ou o acesso não autorizados (a seguir designada por «violação de dados pessoais»). Ao avaliar o nível de segurança adequado, devem ter em devida conta as técnicas mais avançadas, os custos de aplicação, a natureza dos dados pessoais[7], a natureza, o âmbito, o contexto e a(s) finalidade(s) do tratamento e os riscos para os titulares dos dados e, em particular, ponderar o recurso à cifragem ou à pseudonimização, nomeadamente durante a transmissão, sempre que a finalidade do tratamento possa ser cumprida dessa forma.

b) O exportador de dados deve prestar assistência ao importador de dados para garantir a segurança adequada dos dados, em conformidade com o disposto na alínea a). Em caso de violação de dados pessoais relativa aos dados pessoais tratados pelo exportador de dados ao abrigo das presentes cláusulas, o exportador de dados deve notificar o importador de dados, sem demora injustificada, após ter tomado conhecimento da mesma e prestar assistência ao importador de dados para reparar a violação.

c) O exportador de dados deve assegurar que as pessoas autorizadas a tratar os dados pessoais assumiram um compromisso de confidencialidade ou estão sujeitas às obrigações legais de confidencialidade adequadas.

8.3. Documentação e cumprimento

a) As Partes devem poder demonstrar o cumprimento das presentes cláusulas.

[7] Tal inclui a questão de saber se o tratamento envolve dados pessoais que revelam a origem racial ou étnica, as opiniões políticas, as convicções religiosas ou filosóficas ou a filiação sindical, dados genéticos ou biométricos destinados a identificar uma pessoa singular de forma inequívoca, dados relativos à saúde, à vida sexual ou à orientação sexual de uma pessoa ou dados relacionados com condenações penais ou com infrações.

b) O exportador de dados deve disponibilizar ao importador de dados todas as informações necessárias para demonstrar o cumprimento das obrigações que lhe incumbem por força das presentes cláusulas e facilitar e contribuir para as auditorias.

Cláusula 9
Recurso a subcontratantes ulteriores
MÓDULO DOIS: Transferência de responsável pelo tratamento para subcontratante

a) OPÇÃO 1: AUTORIZAÇÃO PRÉVIA ESPECÍFICA O importador de dados não pode subcontratar nenhuma das suas atividades de tratamento realizadas por conta do exportador de dados ao abrigo das presentes cláusulas a um subcontratante ulterior sem a autorização escrita prévia específica do exportador de dados. O importador de dados deve apresentar o pedido de autorização específica pelo menos [*especificar período*] antes da contratação do subcontratante ulterior, juntamente com as informações necessárias para permitir ao exportador de dados tomar uma decisão sobre a autorização. A lista de subcontratantes ulteriores já autorizados pelo exportador de dados pode ser consultada no anexo III. As Partes devem manter o anexo III atualizado.

OPÇÃO 2: AUTORIZAÇÃO ESCRITA GERAL O importador de dados tem a autorização geral do exportador de dados para a contratação de (um) subcontratante(s) ulterior(es) a partir de uma lista acordada. O importador de dados deve informar especificamente o exportador de dados, por escrito, das alterações pretendidas a efetuar a essa lista quanto ao aumento do número ou à substituição de subcontratantes ulteriores com uma antecedência mínima de [*especificar período*], dando assim ao exportador de dados tempo suficiente para se opor a essas alterações antes da contratação do(s) subcontratante(s) ulterior(es). O importador de dados deve fornecer ao exportador de dados as informações necessárias para que este último possa exercer o seu direito de oposição.

b) Se o importador de dados contratar um subcontratante ulterior para realizar operações específicas de tratamento (por conta do exportador de dados), deve fazê-lo através de um contrato escrito que preveja, do ponto de vista material, as mesmas obrigações em matéria de proteção de dados que as que incumbem ao importador de dados por força das presentes cláusulas, incluindo em termos de direitos de terceiro beneficiário para os titulares dos dados[8]. As Partes concordam que, ao cumprir esta cláusula, o importador de dados cumpre as obrigações que lhe incumbem por força da cláusula 8.8. O importador de dados deve garantir que o subcontratante ulterior cumpre as obrigações a que o importador de dados está sujeito nos termos das presentes cláusulas.

c) O importador de dados deve facultar ao exportador de dados, a pedido do mesmo, uma cópia do referido acordo de subcontratação e de quaisquer alterações subsequentes. Na medida do necessário para proteger segredos comerciais ou outras informações confidenciais, incluindo dados pessoais, o importador de dados pode editar o texto do acordo antes de partilhar uma cópia.

d) O importador de dados continua a ser inteiramente responsável, perante o exportador de dados, pelo cumprimento das obrigações que incumbem ao subcontratante ulterior por força do seu contrato com o importador de dados. O importador de dados deve notificar o exportador de dados de qualquer incumprimento, pelo subcontratante ulterior, das obrigações que lhe incumbem por força desse contrato.

e) O importador de dados deve acordar com o subcontratante ulterior uma cláusula do terceiro beneficiário nos termos da qual – em caso de desaparecimento de facto, de extinção legal ou de insolvência do importador de dados – o exportador de dados tem o direito de rescindir o contrato do subcontratante ulterior e de dar instruções ao subcontratante ulterior para apagar ou devolver os dados pessoais.

MÓDULO TRÊS: Transferência entre subcontratantes

a) OPÇÃO 1: AUTORIZAÇÃO PRÉVIA ESPECÍFICA O importador de dados não pode subcontratar nenhuma das suas atividades de tratamento realizadas por conta do exportador de dados ao abrigo das presentes cláusulas a um subcontratante ulterior sem a autorização escrita prévia específica do responsável pelo tratamento. O importador de dados deve apresentar o pedido de autorização específica pelo menos [*especificar período*] antes da contratação do subcontratante ulterior, juntamente com as informações necessárias para permitir ao responsável pelo tratamento tomar uma decisão sobre a autorização. Deve informar o exportador de

[8] Este requisito pode ser satisfeito através da subscrição, pelo subcontratante ulterior, das presentes cláusulas no módulo adequado, em conformidade com a cláusula 7.

dados dessa contratação. A lista de subcontratantes ulteriores já autorizados pelo responsável pelo tratamento pode ser consultada no anexo III. As Partes devem manter o anexo III atualizado.

OPÇÃO 2: AUTORIZAÇÃO ESCRITA GERAL O importador de dados tem a autorização geral do responsável pelo tratamento para a contratação de (um) subcontratante(s) ulterior(es) a partir de uma lista acordada. O importador de dados deve informar especificamente o responsável pelo tratamento, por escrito, das alterações pretendidas a efetuar a essa lista quanto ao aumento do número ou à substituição de subcontratantes ulteriores com uma antecedência mínima de [*especificar período*], dando assim ao responsável pelo tratamento tempo suficiente para se opor a essas alterações antes da contratação do(s) subcontratante(s) ulterior(es). O importador de dados deve fornecer ao responsável pelo tratamento as informações necessárias para que este último possa exercer o seu direito de oposição. O importador de dados deve informar o exportador de dados da contratação do(s) subcontratante(s) ulterior(es).

b) Se o importador de dados contratar um subcontratante ulterior para realizar operações específicas de tratamento (por conta do responsável pelo tratamento), deve fazê-lo através de um contrato escrito que preveja, do ponto de vista material, as mesmas obrigações em matéria de proteção de dados que as que incumbem ao importador de dados por força das presentes cláusulas, incluindo em termos de direitos de terceiro beneficiário para os titulares dos dados[9]. As Partes concordam que, ao cumprir esta cláusula, o importador de dados cumpre as obrigações que lhe incumbem por força da cláusula 8.8. O importador de dados deve garantir que o subcontratante ulterior cumpre as obrigações a que o importador de dados está sujeito nos termos das presentes cláusulas.

c) O importador de dados deve facultar ao exportador de dados ou ao responsável pelo tratamento, a pedido do mesmo, uma cópia do referido acordo de subcontratação e de quaisquer alterações subsequentes. Na medida do necessário para proteger segredos comerciais ou outras informações confidenciais, incluindo dados pessoais, o importador de dados pode editar o texto do acordo antes de partilhar uma cópia.

[9] Este requisito pode ser satisfeito através da subscrição, pelo subcontratante ulterior, das presentes cláusulas no módulo adequado, em conformidade com a cláusula 7.

d) O importador de dados continua a ser inteiramente responsável, perante o exportador de dados, pelo cumprimento das obrigações que incumbem ao subcontratante ulterior por força do seu contrato com o importador de dados. O importador de dados deve notificar o exportador de dados de qualquer incumprimento, pelo subcontratante ulterior, das obrigações que lhe incumbem por força desse contrato.

e) O importador de dados deve acordar com o subcontratante ulterior uma cláusula do terceiro beneficiário nos termos da qual – em caso de desaparecimento de facto, de extinção legal ou de insolvência do importador de dados – o exportador de dados tem o direito de rescindir o contrato do subcontratante ulterior e de dar instruções ao subcontratante ulterior para apagar ou devolver os dados pessoais.

Cláusula 10
Direitos dos titulares dos dados

MÓDULO UM: Transferência entre responsáveis pelo tratamento

a) O importador de dados, se necessário com a assistência do exportador de dados, deve responder a quaisquer perguntas e pedidos que receba de um titular de dados relacionados com o tratamento dos seus dados pessoais e com o exercício dos seus direitos ao abrigo das presentes cláusulas sem demora injustificada e, o mais tardar, no prazo de um mês a contar da data de receção da pergunta ou do pedido[10]. O importador de dados deve tomar as medidas adequadas para facilitar essas perguntas, pedidos e o exercício dos direitos do titular dos dados. Quaisquer informações facultadas ao titular dos dados devem ser apresentadas de forma inteligível e de fácil acesso, utilizando uma linguagem clara e simples.

b) Em particular, a pedido do titular dos dados, o importador de dados deve, gratuitamente:

i) confirmar ao titular dos dados se os dados pessoais que lhe dizem respeito estão a ser objeto de tratamento e, se for esse o caso, fornecer-lhe uma cópia dos mesmos e das informações constantes do anexo I, se os dados pessoais tiverem sido ou venham a ser transferidos ulteriormente, facultar-lhe informações sobre: os destinatá-

[10] Esse prazo pode ser prorrogado, no máximo, até dois meses, na medida do necessário tendo em conta a complexidade e o número de pedidos. O importador de dados deve informar, devidamente e sem demora, o titular dos dados de qualquer prorrogação.

rios ou as categorias de destinatários (conforme o caso, com vista a fornecer informações úteis) para os quais os dados pessoais foram ou serão transferidos ulteriormente, a finalidade dessas transferências ulteriores e o respetivo fundamento, nos termos da cláusula 8.7, bem como sobre o direito de apresentar uma reclamação a uma autoridade de controlo, em conformidade com a cláusula 12, alínea c), subalínea i),

ii) retificar dados inexatos ou incompletos relativos ao titular dos dados,

iii) apagar dados pessoais relativos ao titular dos dados, se esses dados estiverem a ser ou tiverem sido objeto de tratamento em violação de qualquer uma das presentes cláusulas, garantindo os direitos de terceiro beneficiário, ou se o titular dos dados retirar o consentimento em que se baseia o tratamento.

c) Se o importador de dados proceder ao tratamento dos dados pessoais para efeitos de comercialização direta, deve cessar o tratamento para esses fins se o titular dos dados se lhe opuser.

d) O importador de dados não deve tomar uma decisão exclusivamente com base no tratamento automatizado dos dados pessoais transferidos (a seguir designada por «decisão automatizada») que produza efeitos jurídicos relativamente ao titular dos dados ou que o afete significativamente de forma similar, a não ser com o consentimento explícito do titular dos dados ou se estiver autorizado a fazê-lo ao abrigo da legislação do país de destino, desde que essa legislação preveja medidas adequadas para salvaguardar os seus direitos e legítimos interesses. Neste caso, o importador de dados deve, se necessário em cooperação com o exportador de dados:

i) informar o titular dos dados sobre a decisão automatizada prevista, as consequências previstas e a lógica subjacente, e

ii) aplicar garantias adequadas, pelo menos permitindo ao titular dos dados contestar a decisão, manifestar o seu ponto de vista e obter intervenção humana.

e) Quando os pedidos de um titular de dados forem excessivos, particularmente devido ao seu caráter recorrente, o importador de dados pode exigir o pagamento de uma taxa razoável tendo em conta os custos administrativos do deferimento do pedido ou pode indeferi-los.

f) O importador de dados pode recusar o pedido de um titular de dados se essa recusa for permitida pela legislação do país de destino e for necessária e proporcional numa sociedade democrática para proteger um dos objetivos enumerados no artigo 23º, nº 1, do Regulamento (UE) 2016/679.

g) Se o importador de dados tencionar recusar um pedido de um titular de dados, deve informá-lo dos motivos da recusa e da possibilidade de apresentar uma reclamação à autoridade de controlo competente e/ou de interpor recurso judicial.

MÓDULO DOIS: Transferência de responsável pelo tratamento para subcontratante

a) O importador de dados deve notificar imediatamente o exportador de dados de qualquer pedido que tenha recebido de um titular de dados. Não pode responder ele próprio a esse pedido, salvo se tiver sido autorizado pelo exportador de dados.

b) O importador de dados deve prestar assistência ao exportador de dados no cumprimento das suas obrigações de resposta aos pedidos dos titulares dos dados respeitantes ao exercício dos seus direitos ao abrigo do Regulamento (UE) 2016/679. Neste contexto, as Partes devem estabelecer, no anexo II, as medidas técnicas e organizativas adequadas, tendo em conta a natureza do tratamento, através das quais a assistência deve ser prestada, bem como o âmbito e a amplitude da assistência necessária.

c) No cumprimento das obrigações que lhe incumbem por força das alíneas a) e b), o importador de dados deve cumprir as instruções do exportador de dados.

MÓDULO TRÊS: Transferência entre subcontratantes

a) O importador de dados deve notificar imediatamente o exportador de dados e, se for caso disso, o responsável pelo tratamento, de qualquer pedido que tenha recebido de um titular de dados, não devendo responder a esse pedido, a menos que tenha sido autorizado a fazê-lo pelo responsável pelo tratamento.

b) O importador de dados deve prestar assistência ao responsável pelo tratamento, se necessário em cooperação com o exportador de dados, no cumprimento das suas obrigações de resposta aos pedidos dos titulares dos dados respeitantes ao exercício dos seus direitos ao abrigo do Regulamento (UE) 2016/679 ou do Regulamento (UE) 2018/1725, consoante o caso. Neste contexto, as Partes devem estabelecer, no anexo II, as medidas técnicas e organizativas adequadas, tendo em conta a natureza do tratamento, através das quais a assistência deve ser prestada, bem como o âmbito e a amplitude da assistência necessária.

c) No cumprimento das obrigações que lhe incumbem por força das alíneas a) e b), o importador de dados deve cumprir as instruções do responsável pelo tratamento, conforme comunicadas pelo exportador de dados.

MÓDULO QUATRO: Transferência de subcontratante para responsável pelo tratamento

As Partes devem prestar-se assistência mútua na resposta a perguntas e pedidos apresentados pelos titulares dos dados ao abrigo da legislação local aplicável ao importador de dados ou, no que se refere ao tratamento de dados pelo exportador de dados na União, ao abrigo do Regulamento (UE) 2016/679.

Cláusula 11
Recurso

a) O importador de dados deve informar os titulares dos dados, de forma transparente e de fácil acesso, através de uma notificação individual ou no seu sítio Web, de um ponto de contacto autorizado a tratar as reclamações. Deve tratar imediatamente quaisquer reclamações que receba de um titular de dados.

[OPÇÃO: O importador de dados concorda que os titulares dos dados podem igualmente apresentar uma reclamação a um organismo independente de resolução de litígios[11], sem que tenham de suportar quaisquer custos. Deve informar os titulares dos dados, da forma prevista na alínea a), desse mecanismo de recurso e de que não são obrigados a utilizá-lo, ou a seguir uma determinada sequência na interposição de recurso.]

MÓDULO UM: Transferência entre responsáveis pelo tratamento
MÓDULO DOIS: Transferência de responsável pelo tratamento para subcontratante

[11] O importador de dados só pode disponibilizar uma resolução de litígios independente através de umainstância de arbitragem se estiver estabelecido num país que tenha ratificado a Convenção de Nova Iorque sobre o Reconhecimento e a Execução de Sentenças Arbitrais Estrangeiras.

MÓDULO TRÊS: Transferência entre subcontratantes

b) Em caso de litígio entre um titular dos dados e uma das Partes quanto ao cumprimento das presentes cláusulas, essa Parte deve envidar todos os esforços para resolver a questão de forma amigável e atempada. As Partes devem manter-se mutuamente informadas sobre esses litígios e, quando adequado, cooperar na sua resolução.

c) Se o titular dos dados invocar um direito de terceiro beneficiário nos termos da cláusula 3, o importador de dados deve aceitar a decisão do titular dos dados de:

i) apresentar uma reclamação à autoridade de controlo no Estado-Membro da sua residência habitual ou do seu local de trabalho ou à autoridade de controlo competente, nos termos da cláusula 13,

ii) submeter o litígio à apreciação dos tribunais competentes na aceção da cláusula 18.

d) As Partes aceitam que o titular dos dados possa ser representado por um organismo, organização ou associação sem fins lucrativos, nas condições estabelecidas no artigo 80º, nº 1, do Regulamento (UE) 2016/679.

e) O importador de dados deve acatar uma decisão vinculativa nos termos do direito da UE ou dos Estados-Membros aplicável.

f) O importador de dados acorda que a opção do titular dos dados não prejudica os direitos materiais e processuais do mesmo de obter reparação em conformidade com a legislação aplicável.

Cláusula 12
Responsabilidade

MÓDULO UM: Transferência entre responsáveis pelo tratamento
MÓDULO QUATRO: Transferência de subcontratante para responsável pelo tratamento

a) Cada Parte é responsável perante a(s) outra(s) Parte(s) por quaisquer danos que lhe(s) cause decorrentes de qualquer violação das presentes cláusulas.

b) Cada Parte é responsável perante o titular dos dados, tendo o titular dos dados o direito de receber uma indemnização, por quaisquer danos materiais ou imateriais que a Parte cause ao titular dos dados em consequência da violação dos direitos de terceiro beneficiário ao abrigo das presentes cláusulas. Tal não prejudica a responsabilidade do exportador de dados nos termos do Regulamento (UE) 2016/679.

c) Quando mais de uma Parte for responsável por quaisquer danos causados ao titular dos dados devido a uma violação das presentes cláusulas, todas as Partes responsáveis são solidariamente responsáveis e o titular dos dados tem o direito de intentar uma ação em tribunal contra qualquer uma destas Partes.

d) As Partes acordam que, se uma Parte for considerada responsável nos termos da alínea c), tem o direito de reclamar à(s) outra(s) Parte(s) a parte da indemnização correspondente à sua responsabilidade pelos danos.

e) O importador de dados não pode invocar o comportamento de um subcontratante ou subcontratante ulterior para se eximir à sua própria responsabilidade.

MÓDULO DOIS: Transferência de responsável pelo tratamento para subcontratante
MÓDULO TRÊS: Transferência entre subcontratantes

a) Cada Parte é responsável perante a(s) outra(s) Parte(s) por quaisquer danos que lhe(s) cause decorrentes de qualquer violação das presentes cláusulas.

b) O importador de dados é responsável perante o titular dos dados, tendo o titular dos dados o direito de receber uma indemnização, por quaisquer danos materiais ou imateriais que o importador de dados ou o seu subcontratante ulterior cause ao titular dos dados em consequência da violação dos direitos de terceiro beneficiário ao abrigo das presentes cláusulas.

c) Não obstante o disposto na alínea b), o exportador de dados é responsável perante o titular dos dados, tendo o titular dos dados o direito de receber uma indemnização, por quaisquer danos materiais ou imateriais que o exportador ou o importador de dados (ou o seu subcontratante ulterior) cause ao titular dos dados em consequência da violação dos direitos de terceiro beneficiário ao abrigo das presentes cláusulas. Tal não prejudica a responsabilidade do exportador de dados e, se este for um subcontratante que atue por conta de um responsável pelo tratamento, a responsabilidade do responsável pelo tratamento nos termos do Regulamento (UE) 2016/679 ou do Regulamento (UE) 2018/1725, consoante o caso.

d) As Partes acordam que, se o exportador de dados for considerado responsável, nos termos da alínea c), por danos causados pelo importador de dados (ou pelo seu subcontratante), tem o direito de reclamar ao importador de dados a parte da indemnização correspondente à responsabilidade do importador de dados pelos danos.

e) Quando mais de uma Parte for responsável por quaisquer danos causados ao titular dos dados devido a uma violação das presentes cláusulas, todas as Partes responsáveis são solidariamente responsáveis e o titular dos dados tem o direito de intentar uma ação em tribunal contra qualquer uma destas Partes.

f) As Partes acordam que, se uma Parte for considerada responsável nos termos da alínea e), tem o direito de reclamar à(s) outra(s) Parte(s) a parte da indemnização correspondente à sua responsabilidade pelos danos.

g) O importador de dados não pode invocar o comportamento de um subcontratante ulterior para se isentar da sua própria responsabilidade.

Cláusula 13
Controlo

MÓDULO UM: Transferência entre responsáveis pelo tratamento
MÓDULO DOIS: Transferência de responsável pelo tratamento para subcontratante
MÓDULO TRÊS: Transferência entre subcontratantes

a) [Quando o exportador de dados estiver estabelecido num Estado-Membro da UE:] A autoridade de controlo com a responsabilidade de assegurar o cumprimento, pelo exportador de dados, do Regulamento (UE) 2016/679 no que diz respeito à transferência de dados, conforme indicado no anexo I.C, deve agir como autoridade de controlo competente.

[Quando o exportador de dados não estiver estabelecido num Estado-Membro da UE, mas for abrangido pelo âmbito de aplicação territorial do Regulamento (UE) 2016/679, em conformidade com o seu artigo 3º, nº 2, e tiver nomeado um representante nos termos do artigo 27º, nº 1, do Regulamento (UE) 2016/679:] A autoridade de controlo do Estado-Membro em que o representante, na aceção do artigo 27º, nº 1, do Regulamento (UE) 2016/679, está estabelecido, conforme indicado no anexo I.C, deve agir como autoridade de controlo competente.

[Quando o exportador de dados não estiver estabelecido num Estado-Membro da UE, mas for abrangido pelo âmbito de aplicação territorial do Regulamento (UE) 2016/679, em conformidade com o seu artigo 3º, nº 2, sem, contudo, ter de nomear um representante nos termos do artigo 27º, nº 2, do Regulamento (UE) 2016/679:] A autoridade de controlo de um dos

Estados-Membros onde se encontram os titulares dos dados cujos dados pessoais são transferidos ao abrigo das presentes cláusulas no contexto da oferta que lhes é feita de bens ou serviços ou cujo comportamento é controlado, conforme indicado no anexo I.C, deve agir como autoridade de controlo competente.

b) O importador de dados aceita submeter-se à jurisdição da autoridade de controlo competente e cooperar com a mesma em quaisquer procedimentos destinados a assegurar o cumprimento das presentes cláusulas. Em particular, o importador de dados concorda em responder a pedidos de informação, submeter-se a auditorias e cumprir as medidas adotadas pela autoridade de controlo, incluindo medidas corretivas e compensatórias. Deve fornecer à autoridade de controlo uma confirmação escrita de que foram tomadas as medidas necessárias.

SECÇÃO III – Legislação local e obrigações em caso de acesso por parte de autoridades públicas

Cláusula 14
Legislação e práticas locais que afetam o cumprimento das cláusulas

MÓDULO UM: Transferência entre responsáveis pelo tratamento
MÓDULO DOIS: Transferência de responsável pelo tratamento para subcontratante
MÓDULO TRÊS: Transferência entre subcontratantes
MÓDULO QUATRO: Transferência de subcontratante para responsável pelo tratamento *(quando o subcontratante da UE combina os dados pessoais recebidos do responsável pelo tratamento no país terceiro com os dados pessoais recolhidos pelo subcontratante na UE)*

a) As Partes garantem que não têm motivos para crer que a legislação e as práticas do país terceiro de destino aplicáveis ao tratamento dos dados pessoais pelo importador de dados, incluindo quaisquer requisitos de divulgação de dados pessoais ou medidas destinadas a autorizar o acesso de autoridades públicas, impedem o importador de dados de cumprir as obrigações que lhe incumbem por força das presentes cláusulas. Tal baseia-se no entendimento de que a legislação e as práticas que respeitem a essência dos direitos e das liberdades fundamentais e não excedam o necessário e proporcional numa sociedade democrática para salvaguardar um dos objetivos enumerados no artigo 23º, nº 1, do Regulamento (UE) 2016/679 não são contrárias ao disposto nas presentes cláusulas.

b) As Partes declaram que, ao apresentar a garantia referida na alínea a), tiveram em devida conta, em especial, os seguintes elementos:

i) as circunstâncias específicas da transferência, incluindo a extensão da cadeia de tratamento, o número de intervenientes envolvidos e os canais de transmissão utilizados; transferências ulteriores previstas; o tipo de destinatário; a finalidade do tratamento; as categorias e o formato dos dados pessoais transferidos; o setor económico em que a transferência ocorre; o local de conservação dos dados transferidos,

ii) a legislação e as práticas do país terceiro de destino – nomeadamente as que exigem a divulgação de dados às autoridades públicas ou autorizam o acesso por parte dessas autoridades – pertinentes à luz das circunstâncias específicas da transferência e as limitações e garantias aplicáveis[12],

iii) quaisquer garantias contratuais, técnicas ou organizativas pertinentes aplicadas para complementar as garantias previstas nas pre-

[12] No que diz respeito ao impacto das legislações e práticas em questão no cumprimento das presentes cláusulas, podem ser tidos em consideração diferentes elementos no âmbito de uma avaliação global. Esses elementos podem incluir a experiência prática pertinente e documentada com casos anteriores de pedidos de divulgação por parte de autoridades públicas, ou a ausência de tais pedidos, abrangendo um intervalo de tempo suficientemente representativo. Tal refere-se, em particular, a registos internos ou outra documentação, elaborados numa base contínua de acordo com a diligência devida e certificados a nível dos quadros superiores, desde que esta informação possa ser legalmente partilhada com terceiros. Sempre que esta experiência prática seja utilizada para concluir que o importador de dados não será impedido de cumprir as presentes cláusulas, é necessário que seja apoiada por outros elementos pertinentes e objetivos, e cabe às Partes ponderar cuidadosamente se estes elementos, em conjunto, têm peso suficiente, em termos da sua fiabilidade e representatividade, para apoiar esta conclusão. Em particular, as Partes têm de ter em conta se a sua experiência prática é corroborada e não contrariada por informações fiáveis, acessíveis ao público ou, de outro modo, acessíveis, sobre a existência ou a ausência de pedidos no mesmo setor e/ou a aplicação da legislação na prática, como a jurisprudência e relatórios de organismos de supervisão independentes.

sentes cláusulas, incluindo as medidas aplicadas durante a transmissão e ao tratamento dos dados pessoais no país de destino.

c) O importador de dados garante que, ao efetuar a avaliação nos termos da alínea b), envidou todos os esforços para fornecer ao exportador de dados informações pertinentes e acorda que continuará a cooperar com o exportador de dados no sentido de assegurar o cumprimento das presentes cláusulas.

d) As Partes acordam em documentar a avaliação prevista na alínea b) e disponibilizá-la à autoridade de controlo competente, mediante pedido.

e) O importador de dados acorda em notificar imediatamente o exportador de dados se, depois de ter subscrito as presentes cláusulas e durante a vigência do contrato, tiver motivos para crer que está ou ficou sujeito a legislações ou práticas não conformes com os requisitos da alínea a), nomeadamente na sequência de uma alteração da legislação do país terceiro ou de uma medida (como um pedido de divulgação) que indique uma aplicação dessa legislação na prática que não esteja em consonância com os requisitos da alínea a). [Para o módulo três: O exportador de dados deve transmitir a notificação ao responsável pelo tratamento.]

f) Na sequência de uma notificação nos termos da alínea e), ou se o exportador de dados tiver motivos para crer que o importador de dados já não é capaz de cumprir as obrigações que lhe incumbem por força das presentes cláusulas, o exportador de dados deve identificar imediatamente as medidas adequadas (por exemplo, medidas técnicas ou organizativas para garantir a segurança e a confidencialidade) a adotar pelo exportador e/ou importador de dados para resolver a situação [para o módulo três: se for caso disso, em consulta com o responsável pelo tratamento]. O exportador de dados deve suspender a transferência de dados se considerar que não podem ser asseguradas garantias adequadas para essa transferência ou se receber instruções [para o módulo três: do responsável pelo tratamento ou] da autoridade de controlo competente nesse sentido. Neste caso, o exportador de dados tem o direito de rescindir o contrato, na medida em que este diga respeito ao tratamento de dados pessoais ao abrigo das presentes cláusulas. Se o contrato envolver mais de duas Partes, o exportador de dados só pode exercer este direito de rescisão em relação à Parte pertinente, salvo decisão das Partes em contrário. Se o contrato for rescindido nos termos da presente cláusula, aplica-se a cláusula 16, alíneas d) e e).

Cláusula 15
Obrigações do importador de dados em caso de acesso por parte de autoridades públicas

MÓDULO UM: Transferência entre responsáveis pelo tratamento
MÓDULO DOIS: Transferência de responsável pelo tratamento para subcontratante
MÓDULO TRÊS: Transferência entre subcontratantes
MÓDULO QUATRO: Transferência de subcontratante para responsável pelo tratamento *(quando o subcontratante da UE combina os dados pessoais recebidos do responsável pelo tratamento no país terceiro com os dados pessoais recolhidos pelo subcontratante na UE)*

15.1. Notificação

a) O importador de dados acorda em notificar imediatamente o exportador de dados e, se possível, o titular dos dados (se necessário, com a ajuda do exportador de dados) se:

i) receber um pedido juridicamente vinculativo de uma autoridade pública, incluindo autoridades judiciárias, ao abrigo da legislação do país de destino para a divulgação dos dados pessoais transferidos nos termos das presentes cláusulas; esta notificação deve incluir informações sobre os dados pessoais solicitados, a autoridade requerente, o fundamento jurídico do pedido e a resposta fornecida, ou

ii) tomar conhecimento de qualquer acesso direto das autoridades públicas aos dados pessoais transferidos nos termos das presentes cláusulas, em conformidade com a legislação do país terceiro de destino; esta notificação deve incluir todas as informações de que o importador disponha.

[Para o módulo três: O exportador de dados deve transmitir a notificação ao responsável pelo tratamento.]

b) Se o importador de dados estiver proibido de notificar o exportador de dados e/ou o titular dos dados por força da legislação do país de destino, o importador de dados acorda em envidar todos os esforços para obter uma derrogação da proibição com vista a comunicar, o mais rapidamente possível, o maior número possível de informações. O importador de dados aceita documentar todos os seus esforços a fim de poder comprová-los a pedido do exportador de dados.

c) Quando tal for permitido pela legislação do país de destino, o importador de dados aceita fornecer periodicamente ao exportador de dados, durante a vigência do contrato, o maior número possível de informações pertinentes sobre os pedidos recebidos (em particular, o número de pedidos, o tipo de dados solicitados, a(s) autoridade(s)/entidade(s) requerente(s), se os pedidos foram contestados e o resultado dessas contestações, etc.). [Para o módulo três: O exportador de dados deve transmitir as informações ao responsável pelo tratamento.]

d) O importador de dados aceita conservar as informações nos termos das alíneas a) a c) durante a vigência do contrato e em disponibilizá-las à autoridade de controlo competente, mediante pedido.

e) As alíneas a) a c) não prejudicam a obrigação que incumbe ao importador de dados, nos termos da cláusula 14, alínea e), e da cláusula 16, de informar imediatamente o exportador de dados se não puder cumprir as presentes cláusulas.

15.2. Controlo da legalidade e minimização dos dados

a) O importador de dados aceita controlar a legalidade do pedido de divulgação, em particular a questão de saber se este se mantém nos limites dos poderes concedidos à autoridade pública requerente, e em contestar o pedido se, após uma avaliação minuciosa, concluir que existem fundamentos razoáveis para considerar que o pedido é ilegal nos termos da legislação do país de destino, das obrigações aplicáveis ao abrigo do direito internacional e dos princípios de cortesia internacional. O importador de dados deve, nas mesmas condições, explorar as possibilidades de recurso. Ao contestar um pedido, o importador de dados deve procurar medidas provisórias com vista a suspender os efeitos do pedido até que a autoridade judiciária competente tenha decidido sobre o seu mérito. O importador de dados não pode divulgar os dados pessoais solicitados até que seja obrigado a fazê-lo ao abrigo das regras processuais aplicáveis. Estes requisitos não prejudicam as obrigações que incumbem ao importador de dados nos termos da cláusula 14, alínea e).

b) O importador de dados aceita documentar a sua avaliação jurídica e qualquer contestação do pedido de divulgação e, na medida do permitido pela legislação do país de destino, disponibilizar a documentação ao exportador de dados. Deve igualmente disponibilizá-la à autoridade de controlo competente, mediante pedido. [Para o módulo três: O exportador de dados deve disponibilizar a avaliação ao responsável pelo tratamento.]

c) O importador de dados aceita fornecer a quantidade mínima de informação admissível ao responder a um pedido de divulgação, com base numa interpretação razoável do pedido.

SECÇÃO IV – Disposições finais

Cláusula 16
Incumprimento das cláusulas e rescisão

a) O importador de dados deve informar imediatamente o exportador de dados se, por qualquer motivo, não puder cumprir as presentes cláusulas.

b) Se o importador de dados violar ou não puder cumprir as presentes cláusulas, o exportador de dados deve suspender a transferência de dados pessoais para o importador de dados até que o cumprimento seja novamente assegurado ou o contrato seja rescindido. Esta disposição não prejudica o disposto na cláusula 14, alínea f).

c) O exportador de dados tem o direito de rescindir o contrato, na medida em que este diga respeito ao tratamento de dados pessoais ao abrigo das presentes cláusulas, caso:

i) o exportador de dados tenha suspendido a transferência de dados pessoais para o importador de dados nos termos da alínea b) e o cumprimento das presentes cláusulas não for restabelecido num prazo razoável e, em todo o caso, no prazo de um mês a contar da suspensão,

ii) o importador de dados viole, de forma substancial ou persistente, as presentes cláusulas, ou

iii) o importador de dados não cumpra uma decisão vinculativa de um tribunal ou autoridade de controlo competente relativamente às obrigações que lhe incumbem por força das presentes cláusulas.

Nestes casos, deve informar a autoridade de controlo competente [para o módulo três: e o responsável pelo tratamento] desse incumprimento. Se o contrato envolver mais de duas Partes, o exportador de dados só pode exercer este direito de rescisão em relação à Parte pertinente, salvo decisão das Partes em contrário.

d) [Para os módulos um, dois e três: Os dados pessoais que tenham sido transferidos antes da rescisão do contrato nos termos da alínea c) devem, consoante a escolha do exportador de dados, ser imediatamente devolvidos ao exportador de dados ou apagados na sua totalidade. O mesmo se aplica a quaisquer cópias dos dados.] [Para o módulo quatro: Os dados pessoais recolhidos pelo exportador de dados na UE que tenham sido transferidos antes da rescisão do contrato nos termos da alínea c) devem ser imediatamente apagados na sua totalidade, incluindo quaisquer cópias dos mesmos.] O importador de dados deve certificar o apagamento dos dados ao exportador de dados. Até que os dados sejam apagados ou devolvidos, o importador de dados deve continuar a assegurar o cumprimento das presentes cláusulas. Caso a legislação local aplicável ao importador de dados proíba a devolução ou o apagamento dos dados pessoais transferidos, o importador de dados garante continuar a assegurar o cumprimento das presentes cláusulas e só proceder ao tratamento dos dados na medida em que e enquanto for necessário nos termos dessa legislação local.

e) Qualquer das Partes pode revogar o seu consentimento em ficar vinculada pelas presentes cláusulas se i) a Comissão Europeia adotar uma decisão nos termos do artigo 45º, nº 3, do Regulamento (UE) 2016/679 que abranja a transferência de dados pessoais a que se aplicam as presentes cláusulas; ou ii) o Regulamento (UE) 2016/679 se tornar parte do quadro jurídico do país para o qual os dados pessoais são transferidos. Tal não prejudica outras obrigações aplicáveis ao tratamento em questão nos termos do Regulamento (UE) 2016/679.

Cláusula 17
Direito aplicável

MÓDULO UM: Transferência entre responsáveis pelo tratamento
MÓDULO DOIS: Transferência de responsável pelo tratamento para subcontratante
MÓDULO TRÊS: Transferência entre subcontratantes

[OPÇÃO 1: As presentes cláusulas são regidas pelo direito de um dos Estados-Membros da UE, desde que tal direito permita o exercício dos direitos de terceiros beneficiários. As Partes acordam que é aplicável o direito _______ (*especificar a preposição e o Estado-Membro*).]

[OPÇÃO 2 (para os módulos dois e três): As presentes cláusulas são regidas pelo direito do Estado-Membro onde o exportador de dados está estabelecido. Sempre que tal direito não permita o exercício dos direitos de terceiros beneficiários, as cláusulas são regidas pelo direito de outro Estado-Membro da UE que permita o exercício desses direitos. As Partes acordam que é aplicável o direito _______ (*especificar a preposição e o Estado-Membro*).]

MÓDULO QUATRO: Transferência de subcontratante para responsável pelo tratamento

As presentes cláusulas são regidas pelo direito de um país que permita o exercício dos direitos de terceiros beneficiários. As Partes acordam que é aplicável o direito _______ (*especificar a preposição e o Estado-Membro*).]

Cláusula 18
Eleição do foro e jurisdição

MÓDULO UM: Transferência entre responsáveis pelo tratamento
MÓDULO DOIS: Transferência de responsável pelo tratamento para subcontratante
MÓDULO TRÊS: Transferência entre subcontratantes

a) Qualquer litígio decorrente das presentes cláusulas deve ser dirimido pelos tribunais de um Estado-Membro da UE.

b) As Partes acordam que estes são os tribunais _______ (*especificar a preposição e o Estado-Membro*).

c) Um titular de dados pode igualmente intentar uma ação judicial contra o exportador e/ou importador de dados nos tribunais do Estado-Membro em que tem a sua residência habitual.

d) As Partes aceitam submeter-se à jurisdição dos referidos tribunais.

MÓDULO QUATRO: Transferência de subcontratante para responsável pelo tratamento

Qualquer litígio decorrente das presentes cláusulas deve ser dirimido pelos tribunais _______ (*especificar a preposição e o país*).

APÊNDICE
NOTA EXPLICATIVA:

Tem de ser possível distinguir claramente as informações aplicáveis a cada transferência ou categoria de transferências e, neste contexto, determinar o(s) respetivo(s) papel(éis) das Partes enquanto exportador(es) e/ou importador(es) de dados. Tal não exige necessariamente o preenchimento e a assinatura de apêndices distintos para cada transferência/categoria de transferências e/ou relação contratual se esta transparência puder ser alcançada através de um apêndice. No entanto, sempre que necessário para assegurar clareza suficiente, devem ser utilizados apêndices distintos.

ANEXO I

A. LISTA DAS PARTES

MÓDULO UM: Transferência entre responsáveis pelo tratamento
MÓDULO DOIS: Transferência de responsável pelo tratamento para subcontratante
MÓDULO TRÊS: Transferência entre subcontratantes
MÓDULO QUATRO: Transferência de subcontratante para responsável pelo tratamento

Exportador(es) de dados: [*Identidade e contactos do(s) exportador(es) de dados e, se for caso disso, do(s) seu(s) encarregado(s) da proteção de dados e/ou representante(s) na União Europeia*]

1. Nome: ....

Endereço: ....

Nome, cargo e contactos da pessoa de contacto: ....

Atividades pertinentes para os dados transferidos ao abrigo das presentes cláusulas: ....

Assinatura e data: ....

Papel (responsável pelo tratamento/subcontratante): ....

2. ....

Importador(es) de dados: [*Identidade e contactos do(s) importador(es) de dados, incluindo qualquer pessoa de contacto responsável pela proteção de dados*]

1. Nome: ....

Endereço: ....

Nome, cargo e contactos da pessoa de contacto: ....

Atividades pertinentes para os dados transferidos ao abrigo das presentes cláusulas: ....

Assinatura e data: ....

Papel (responsável pelo tratamento/subcontratante): ....

2. ....

B. DESCRIÇÃO DA TRANSFERÊNCIA

MÓDULO UM: Transferência entre responsáveis pelo tratamento
MÓDULO DOIS: Transferência de responsável pelo tratamento para subcontratante

MÓDULO TRÊS: Transferência entre subcontratantes
MÓDULO QUATRO: Transferência de subcontratante para responsável pelo tratamento

Categorias de titulares de dados cujos dados pessoais são transferidos

....

Categorias de dados pessoais transferidos

....

Dados sensíveis transferidos (se aplicável) e limitações aplicadas ou garantias que tenham plenamente em consideração a natureza dos dados e os riscos inerentes, como, por exemplo, a limitação rigorosa da finalidade, limitações de acesso (incluindo o acesso apenas do pessoal que tenha recebido uma formação especializada), a manutenção de um registo de acesso aos dados, limitações aplicáveis a transferências ulteriores ou medidas de segurança adicionais.

....

A frequência da transferência (por exemplo, se os dados são transferidos de forma pontual ou contínua).

....

Natureza do tratamento

....

Finalidade(s) da transferência e do tratamento posterior dos dados

....

Prazo de conservação dos dados pessoais ou, se não for possível, os critérios usados para definir esse prazo

....

Para as transferências para subcontratantes (ulteriores), especificar também o objeto, a natureza e a duração do tratamento

....

C. AUTORIDADE DE CONTROLO COMPETENTE

MÓDULO UM: Transferência entre responsáveis pelo tratamento
MÓDULO DOIS: Transferência de responsável pelo tratamento para subcontratante
MÓDULO TRÊS: Transferência entre subcontratantes

Identificar a(s) autoridade(s) de controlo competente(s) em conformidade com a cláusula 13

....

ANEXO II

MEDIDAS TÉCNICAS E ORGANIZATIVAS, INCLUINDO MEDIDAS TÉCNICAS E ORGANIZATIVAS DESTINADAS A GARANTIR A SEGURANÇA DOS DADOS

MÓDULO UM: Transferência entre responsáveis pelo tratamento
MÓDULO DOIS: Transferência de responsável pelo tratamento para subcontratante
MÓDULO TRÊS: Transferência entre subcontratantes

NOTA EXPLICATIVA:

As medidas técnicas e organizativas têm de ser descritas em termos específicos (e não genéricos). Ver também o comentário geral na primeira página do apêndice, em particular sobre a necessidade de indicar claramente as medidas aplicáveis a cada transferência/grupo de transferências.

Descrição das medidas técnicas e organizativas aplicadas pelo(s) importador(es) de dados (incluindo quaisquer certificações pertinentes) para garantir um nível de segurança adequado, tendo em conta a natureza, o âmbito, o contexto e a finalidade do tratamento, e os riscos para os direitos e as liberdades das pessoas singulares.

[Exemplos de eventuais medidas:

Medidas de pseudonimização e de cifragem dos dados pessoais

Medidas destinadas a assegurar a confidencialidade, a integridade, a disponibilidade e a resiliência permanentes dos sistemas e dos serviços de tratamento

Medidas destinadas a restabelecer atempadamente a disponibilidade e o acesso aos dados pessoais em caso de incidente físico ou técnico

Processos para testar, apreciar e avaliar periodicamente a eficácia das medidas técnicas e organizativas a fim de garantir a segurança do tratamento

Medidas de identificação e de autorização do utilizador

Medidas de proteção de dados durante a transmissão

Medidas de proteção de dados durante a conservação

Medidas destinadas a garantir a segurança física dos locais onde os dados pessoais são tratados

Medidas destinadas a assegurar o registo cronológico de acontecimentos

Medidas destinadas a assegurar a configuração do sistema, incluindo a configuração por defeito

Medidas de governação e de gestão interna do serviço informático e do serviço de segurança informática

Medidas de certificação/garantia dos processos e dos produtos

Medidas destinadas a assegurar a minimização dos dados

Medidas destinadas a assegurar a qualidade dos dados

Medidas destinadas a assegurar uma limitação da conservação dos dados

Medidas destinadas a assegurar a responsabilidade

Medidas destinadas a permitir a portabilidade dos dados e a garantir o seu apagamento]

Para transferências para subcontratantes (ulteriores), descrever também as medidas técnicas e organizativas específicas a tomar pelo subcontratante (ulterior) para poder prestar assistência ao responsável pelo tratamento e, no caso das transferências de um subcontratante para um subcontratante ulterior, ao exportador de dados

ANEXO III

LISTA DE SUBCONTRATANTES ULTERIORES
MÓDULO DOIS: Transferência de responsável pelo tratamento para subcontratante
MÓDULO TRÊS: Transferência entre subcontratantes

NOTA EXPLICATIVA:

Este anexo tem de ser preenchido para os módulos dois e três, caso seja concedida uma autorização específica a subcontratantes ulteriores (cláusula 9, alínea a), opção 1).

O responsável pelo tratamento autorizou o recurso aos seguintes subcontratantes ulteriores:

1. Nome: ....

Endereço: ....

Nome, cargo e contactos da pessoa de contacto: ....

Descrição do tratamento (incluindo uma delimitação clara de responsabilidades caso sejam autorizados vários subcontratantes ulteriores): ....

2. ....

Decisão de Execução (UE) 2021/915 da Comissão, de 4 de junho de 2021

relativa às cláusulas contratuais-tipo entre os responsáveis pelo tratamento de dados pessoais e os subcontratantes nos termos do artigo 28º, nº 7, do Regulamento (UE) 2016/679 do Parlamento Europeu e do Conselho e do artigo 29º, nº 7, do Regulamento (UE) 2018/1725 do Parlamento Europeu e do Conselho

(Texto relevante para efeitos do EEE)

A COMISSÃO EUROPEIA,

Tendo em conta o Tratado sobre o Funcionamento da União Europeia,

Tendo em conta o Regulamento (UE) 2016/679 do Parlamento Europeu e do Conselho, de 27 de abril de 2016, relativo à proteção das pessoas singulares no que diz respeito ao tratamento de dados pessoais e à livre circulação desses dados e que revoga a Diretiva 95/46/CE (RGPD)[1], nomeadamente o artigo 28º, nº 7,

Tendo em conta o Regulamento (UE) 2018/1725 do Parlamento Europeu e do Conselho, de 23 de outubro de 2018, relativo à proteção das pessoas singulares no que diz respeito ao tratamento de dados pessoais pelas instituições e pelos órgãos e organismos da União e à livre circulação desses dados, e que revoga o Regulamento (CE) nº 45/2001 e a Decisão nº 1247/2002/CE (RPDUE)[2], nomeadamente o artigo 29º, nº 7,

[1] JO L 119 de 4.5.2016, p. 1.
[2] JO L 295 de 21.11.2018, p. 39.

Considerando o seguinte:

(1) Os conceitos de responsável pelo tratamento e subcontratante desempenham um papel crucial na aplicação do Regulamento (UE) 2016/679 e do Regulamento (UE) 2018/1725. O responsável pelo tratamento é a pessoa singular ou coletiva, a autoridade pública, a agência ou outro organismo que, individualmente ou em conjunto com outras, determina as finalidades e os meios de tratamento de dados pessoais. Para efeitos do Regulamento (UE) 2018/1725, o responsável pelo tratamento é a instituição ou o órgão da União, ou a direção-geral ou qualquer outra entidade organizativa que, individualmente ou em conjunto com outras entidades, determina as finalidades e os meios de tratamento dos dados pessoais. Caso as finalidades e os meios desse tratamento sejam determinados por um ato específico da União, o responsável pelo tratamento ou os critérios específicos aplicáveis à sua nomeação podem ser previstos pela União. Um subcontratante é uma pessoa singular ou coletiva, a autoridade pública, agência ou outro organismo que trate os dados pessoais por conta do responsável pelo tratamento destes.

(2) O mesmo conjunto de cláusulas contratuais-tipo deve aplicar-se no que diz respeito à relação entre responsáveis pelo tratamento de dados e subcontratantes sujeitos ao Regulamento (UE) 2016/679, e também quando estão sujeitos ao Regulamento (UE) 2018/1725. Isto porque, a fim de se dispor de uma abordagem coerente da proteção de dados pessoais em toda a União e da livre circulação de dados pessoais na União, as regras de proteção de dados constantes do Regulamento (UE) 2016/679 aplicáveis ao setor público nos Estados-Membros e as regras de proteção de dados constantes do Regulamento (UE) 2018/1725 aplicáveis às instituições e aos órgãos e organismos da União foram, na medida do possível, alinhadas entre si.

(3) Para assegurar o cumprimento dos Regulamentos (UE) 2016/679 e (UE) 2018/1725, o responsável pelo tratamento, quando confiar atividades de tratamento a um subcontratante, deverá recorrer exclusivamente a subcontratantes que ofereçam garantias suficientes, especialmente em termos de conhecimentos especializados, fiabilidade e recursos, quanto à execução de medidas técnicas e organizativas que cumpram os requisitos do Regulamento (UE) 2016/679 e do Regulamento (UE) 2018/1725, incluindo no que se refere à segurança do tratamento.

(4) O tratamento por um subcontratante deve ser regulado por um contrato ou por outro ato normativo ao abrigo do direito da União ou dos Esta-

dos-Membros que vincule o subcontratante ao responsável pelo tratamento e que estabeleça os elementos enumerados no artigo 28º, nºs 3 e 4, do Regulamento (UE) 2016/679 ou no artigo 29º, nºs 3 e 4, do Regulamento (UE) 2018/1725. Esse contrato ou ato deve ser feito por escrito, incluindo em formato eletrónico.

(5) Nos termos do artigo 28º, nº 6, do Regulamento (UE) 2016/679 e do artigo 29º, nº 6, do Regulamento (UE) 2018/1725, o responsável pelo tratamento e o subcontratante podem optar por negociar um contrato individual que contenha os elementos obrigatórios estabelecidos no artigo 28º, nºs 3 e 4, do Regulamento (UE) 2016/679 ou no artigo 29º, nºs 3 e 4, do Regulamento (UE) 2018/1725, respetivamente, ou utilizar, total ou parcialmente, cláusulas contratuais-tipo adotadas pela Comissão nos termos do artigo 28º, nº 7, do Regulamento (UE) 2016/679 e do artigo 29º, nº 7, do Regulamento (UE) 2018/1725.

(6) O responsável pelo tratamento e o subcontratante devem ter a liberdade de incluir as cláusulas contratuais-tipo constantes da presente decisão num contrato mais abrangente e de acrescentar outras cláusulas ou garantias adicionais, desde que não colidam, direta ou indiretamente, com as cláusulas contratuais-tipo, e sem prejuízo dos direitos ou das liberdades fundamentais dos titulares dos dados. A utilização das cláusulas contratuais-tipo em nada prejudica quaisquer obrigações contratuais do responsável pelo tratamento e/ou do subcontratante destinadas a assegurar o respeito pelos privilégios e imunidades aplicáveis.

(7) As cláusulas contratuais-tipo devem incluir regras materiais e processuais. Em consonância com o artigo 28º, nº 3, do Regulamento (UE) 2016/679 e com o artigo 29º, nº 3, do Regulamento (UE) 2018/1725, as cláusulas contratuais-tipo devem exigir igualmente que o responsável pelo tratamento e o subcontratante estabeleçam o objeto e a duração do tratamento, a sua natureza e a sua finalidade, o tipo de dados pessoais, as categorias dos titulares dos dados e as obrigações e os direitos do responsável pelo tratamento.

(8) Nos termos do artigo 28º, nº 3, do Regulamento (UE) 2016/679 e do artigo 29º, nº 3, do Regulamento (UE) 2018/1725, o subcontratante tem de informar imediatamente o responsável pelo tratamento se, no seu entender, alguma instrução do responsável pelo tratamento violar o Regulamento (UE) 2016/679 ou o Regulamento (UE) 2018/1725, ou outras disposições do direito da União ou do direito dos Estados-Membros em matéria de proteção de dados.

(9) Se um subcontratante recorrer a outro subcontratante para realizar operações específicas de tratamento, deverão aplicar-se os requisitos específicos referidos no artigo 28º, nºs 2 e 4, do Regulamento (UE) 2016/679 ou no artigo 29º, nºs 2 e 4, do Regulamento (UE) 2018/1725. Em particular, é necessária uma autorização escrita prévia, específica ou geral. Quer a autorização prévia concedida seja específica ou geral, o primeiro subcontratante deve manter atualizada uma lista de outros subcontratantes.

(10) Para cumprir os requisitos do artigo 46º, nº 1, do Regulamento (UE) 2016/679, a Comissão adotou cláusulas contratuais-tipo nos termos do artigo 46º, nº 2, alínea c), do Regulamento (UE) 2016/679. Essas cláusulas cumprem igualmente os requisitos do artigo 28º, nºs 3 e 4, do Regulamento (UE) 2016/679 aplicáveis às transferências de dados de responsáveis pelo tratamento sujeitos ao Regulamento (UE) 2016/679 para subcontratantes fora do âmbito de aplicação territorial desse regulamento ou de subcontratantes sujeitos ao Regulamento (UE) 2016/679 para subcontratantes ulteriores fora do âmbito de aplicação territorial desse regulamento. Estas cláusulas contratuais-tipo não podem ser utilizadas como cláusulas contratuais-tipo para efeitos do capítulo V do Regulamento (UE) 2016/679.

(11) Terceiros devem poder tornar-se parte nas cláusulas contratuais-tipo ao longo da vigência do contrato.

(12) O funcionamento das cláusulas contratuais-tipo deve ser avaliado enquanto subparte da avaliação periódica do Regulamento (UE) 2016/679 referida no artigo 97º desse regulamento.

(13) A Autoridade Europeia para a Proteção de Dados e o Comité Europeu para a Proteção de Dados foram consultados nos termos do artigo 42º, nºs 1 e 2, do Regulamento (UE) 2018/1725 e emitiram um parecer comum em 14 de janeiro de 2021[3], que foi tido em consideração na preparação da presente decisão.

[3] (3) «EDPB – EDPS Joint Opinion 1/2021 on the European Commission's Implementing Decision on standard contractual clauses between controllers and processors for the matters referred to in Article 28 (7) of Regulation (EU) 2016/679 and Article 29 (7) of Regulation (EU) 2018/1725» [Parecer conjunto 1/2021 do CEPD e da AEPD sobre a Decisão de Execução da Comissão Europeia relativa às cláusulas contratuais-tipo entre os responsáveis pelo tratamento de dados pessoais e os subcontratantes para as matérias referidas no artigo 28º, nº 7, do Regulamento (UE) 2016/679 e no artigo 29º, nº 7, do Regulamento (UE) 2018/1725].

(14) As medidas previstas na presente decisão são conformes ao parecer do Comité instituído pelo artigo 93º do Regulamento (UE) 2016/679 e pelo artigo 96º, nº 2, do Regulamento (UE) 2018/1725,

ADOTOU A PRESENTE DECISÃO:

Artigo 1º

As cláusulas contratuais-tipo constantes do anexo cumprem os requisitos aplicáveis aos contratos celebrados entre responsáveis pelo tratamento e subcontratantes referidos no artigo 28º, nºs 3 e 4, do Regulamento (UE) 2016/679 e no artigo 29º, nºs 3 e 4, do Regulamento (UE) 2018/1725.

Artigo 2º

As cláusulas contratuais-tipo constantes do anexo podem ser utilizadas em contratos celebrados entre um responsável pelo tratamento e um subcontratante que trate dados pessoais por conta do responsável pelo tratamento.

Artigo 3º

A Comissão deve avaliar a aplicação prática das cláusulas contratuais-tipo constantes do anexo com base em todas as informações disponíveis, no âmbito da avaliação periódica prevista no artigo 97º do Regulamento (UE) 2016/679.

Artigo 4º

A presente decisão entra em vigor no vigésimo dia seguinte ao da sua publicação no Jornal Oficial da União Europeia.

Feito em Bruxelas, em 4 de junho de 2021.

Pela Comissão
A Presidente
Ursula Von Der Leyen

ANEXO
Cláusulas contratuais-tipo

SECÇÃO I

Cláusula 1
Finalidade e âmbito de aplicação

a) As presentes cláusulas contratuais-tipo (cláusulas) visam assegurar a conformidade com [escolher a opção relevante: OPÇÃO 1: o artigo 28º, nºs 3 e 4, do Regulamento (UE) 2016/679 do Parlamento Europeu e do Conselho, de 27 de abril de 2016, relativo à proteção das pessoas singulares no que diz respeito ao tratamento de dados pessoais e à livre circulação desses dados e que revoga a Diretiva 95/46/CE (Regulamento Geral sobre a Proteção de Dados)]/[OPÇÃO 2: o artigo 29º, nºs 3 e 4, do Regulamento (UE) 2018/1725 do Parlamento Europeu e do Conselho, de 23 de outubro de 2018, relativo à proteção das pessoas singulares no que diz respeito ao tratamento de dados pessoais pelas instituições e pelos órgãos e organismos da União e à livre circulação desses dados e que revoga o Regulamento (CE) nº 45/2001 e a Decisão nº 1247/2002/CE].

b) Os responsáveis pelo tratamento e os subcontratantes enumerados no anexo I acordaram nas presentes cláusulas a fim de assegurar o cumprimento do disposto no artigo 28º, nºs 3 e 4, do Regulamento (UE) 2016/679 e/ou no artigo 29º, nºs 3 e 4, do Regulamento (UE) 2018/1725.

c) As presentes cláusulas são aplicáveis ao tratamento de dados pessoais, conforme especificado no anexo II.

d) Os anexos I a IV são parte integrante das cláusulas.

e) As presentes cláusulas não prejudicam as obrigações a que o responsável pelo tratamento está sujeito por força do Regulamento (UE) 2016/679 e/ou do Regulamento (UE) 2018/1725.

f) As presentes cláusulas não garantem, por si só, o cumprimento das obrigações relacionadas com as transferências internacionais em conformidade com o capítulo V do Regulamento (UE) 2016/679 e/ou do Regulamento (UE) 2018/1725.

Cláusula 2
Invariabilidade das cláusulas

a) As Partes comprometem-se a não alterar as cláusulas, exceto para acrescentar informações nos anexos ou atualizar as informações neles contidas.

b) Tal não impede as Partes de incluírem as cláusulas contratuais-tipo estabelecidas nas presentes cláusulas num contrato mais abrangente ou de acrescentarem outras cláusulas ou garantias adicionais, desde que não colidam, direta ou indiretamente, com as cláusulas, e sem prejuízo dos direitos ou das liberdades fundamentais dos titulares dos dados.

Cláusula 3
Interpretação

a) Caso as presentes cláusulas utilizem os termos definidos no Regulamento (UE) 2016/679 ou no Regulamento (UE) 2018/1725, respetivamente, esses termos terão o mesmo significado que lhes é atribuído no regulamento em causa.

b) As presentes cláusulas devem ser lidas e interpretadas à luz das disposições do Regulamento (UE) 2016/679 ou do Regulamento (UE) 2018/1725, respetivamente.

c) As presentes cláusulas não devem ser interpretadas de forma contrária aos direitos e obrigações previstos no Regulamento (UE) 2016/679/ Regulamento (UE) 2018/1725, sem prejuízo dos direitos e das liberdades fundamentais dos titulares dos dados.

Cláusula 4
Hierarquia

Em caso de contradição entre as presentes cláusulas e as disposições de acordos conexos celebrados entre as Partes que se encontrem em vigor no momento em que as presentes cláusulas sejam acordadas ou que sejam celebrados posteriormente, prevalecem as presentes cláusulas.

Cláusula 5 – Facultativa
Cláusula de adesão

a) Qualquer entidade que não seja Parte nas presentes cláusulas pode, com o acordo de todas as Partes, aderir, em qualquer momento, às presentes cláusulas, como responsável pelo tratamento ou como subcontratante, preenchendo os anexos e assinando o anexo I.

b) Uma vez preenchidos e assinados os anexos referidos na alínea a), a entidade aderente é tratada como Parte nas presentes cláusulas e tem os direitos e as obrigações de um responsável pelo tratamento ou subcontratante, em conformidade com a sua designação no anexo I.

c) A entidade aderente não tem quaisquer direitos ou obrigações decorrentes das presentes cláusulas em relação ao período antes de se ter tornado Parte.

SECÇÃO II – Obrigações das Partes

Cláusula 6
Descrição do(s) tratamento(s)

Os pormenores das operações de tratamento, em particular as categorias de dados pessoais e as finalidades do tratamento para as quais os dados pessoais são tratados por conta do responsável pelo tratamento, são especificados no anexo II.

Cláusula 7
Obrigações das Partes

7.1. Instruções

a) O subcontratante deve proceder ao tratamento de dados pessoais apenas mediante instruções documentadas do responsável pelo tratamento, salvo se for obrigado a fazê-lo pelo direito da União ou pelo direito do Estado-Membro a que esteja sujeito. Neste caso, o subcontratante deve informar o responsável pelo tratamento desse requisito jurídico antes do tratamento, salvo se a lei o proibir por motivos importantes de interesse público. O responsável pelo tratamento pode dar instruções subsequentes ao longo de toda a duração do tratamento de dados pessoais. Estas instruções devem ser sempre documentadas.

b) O subcontratante deve informar imediatamente o responsável pelo tratamento se, no seu entender, as instruções dadas pelo responsável pelo tratamento violarem o Regulamento (UE) 2016/679/Regulamento (UE) 2018/1725 ou as disposições aplicáveis do direito da União ou do direito dos Estados-Membros em matéria de proteção de dados.

7.2. Limitação das finalidades

O subcontratante deve proceder ao tratamento dos dados pessoais apenas para a(s) finalidade(s) específica(s) do tratamento, conforme estabelecido no anexo II, salvo se receber instruções adicionais do responsável pelo tratamento.

7.3. Duração do tratamento de dados pessoais

O tratamento pelo subcontratante só pode ocorrer durante o período especificado no anexo II.

7.4. Segurança do tratamento

a) O subcontratante deve, pelo menos, aplicar as medidas técnicas e organizativas especificadas no anexo III para garantir a segurança dos dados pessoais. Tal inclui a proteção dos dados contra uma violação da segurança que provoque, de modo acidental ou ilícito, a destruição, a perda, a alteração, a divulgação ou o acesso não autorizados aos dados (violação de dados pessoais). Ao avaliar o nível de segurança adequado, as Partes devem ter em devida conta as técnicas mais avançadas, os custos de aplicação, a natureza, o âmbito, o contexto e as finalidades do tratamento e os riscos para os titulares dos dados.

b) O subcontratante só deve conceder acesso aos dados pessoais objeto de tratamento aos membros do seu pessoal na medida estritamente necessária para a execução, a gestão e o acompanhamento do contrato. O subcontratante deve assegurar que as pessoas autorizadas a tratar os dados pessoais assumiram um compromisso de confidencialidade ou estão sujeitas às obrigações legais de confidencialidade adequadas.

7.5. Dados sensíveis

Se o tratamento envolver dados pessoais que revelem a origem racial ou étnica, as opiniões políticas, as convicções religiosas ou filosóficas ou a filiação sindical, dados genéticos ou biométricos destinados a identificar uma pessoa singular de forma inequívoca, dados relativos à saúde, à vida sexual ou à orientação sexual de uma pessoa ou dados relacionados com condenações penais e com infrações («dados sensíveis»), o subcontratante deve aplicar limitações específicas e/ou garantias adicionais.

7.6. Documentação e cumprimento

a) As Partes devem poder demonstrar o cumprimento das presentes cláusulas.

b) O subcontratante deve responder, rápida e adequadamente, aos pedidos de informação do responsável pelo tratamento sobre o tratamento de dados, em conformidade com as presentes cláusulas.

c) O subcontratante deve disponibilizar ao responsável pelo tratamento todas as informações necessárias para demonstrar o cumprimento das obrigações previstas nas presentes cláusulas decorrentes diretamente do Regulamento (UE) 2016/679 e/ou do Regulamento (UE) 2018/1725. A pedido do responsável pelo tratamento, o subcontratante deve igualmente facilitar e contribuir para as auditorias das operações de tratamento abrangidas pelas presentes cláusulas, a intervalos razoáveis ou se houver indícios de incumprimento. Ao decidir sobre uma revisão ou uma auditoria, o responsável pelo tratamento pode ter em conta as certificações pertinentes detidas pelo subcontratante.

d) O responsável pelo tratamento pode optar por realizar, ele próprio, a auditoria ou mandatar um auditor independente. As auditorias podem igualmente incluir inspeções nos edifícios ou nas instalações físicas do subcontratante, devendo, se for caso disso, ser realizadas com uma antecedência razoável.

e) As Partes devem disponibilizar as informações referidas na presente cláusula, incluindo os resultados de quaisquer auditorias, à(s) autoridade de controlo competente(s), mediante pedido.

7.7. Recurso a subcontratantes ulteriores

a) OPÇÃO 1: AUTORIZAÇÃO PRÉVIA ESPECÍFICA: O subcontratante não pode subcontratar nenhuma das suas operações de tratamento efetuadas por conta do responsável pelo tratamento em conformidade com as presentes cláusulas a um subcontratante ulterior sem a autorização escrita prévia específica do responsável pelo tratamento. O subcontratante deve apresentar o pedido de autorização específica pelo menos [ESPECIFICAR PERÍODO] antes da contratação do subcontratante ulterior em causa, juntamente com as informações necessárias para permitir ao responsável pelo tratamento tomar uma decisão sobre a autorização. A lista de subcontratantes ulteriores autorizados pelo responsável pelo tratamento pode ser consultada no anexo IV. As Partes devem manter o anexo IV atualizado.

OPÇÃO 2: AUTORIZAÇÃO ESCRITA GERAL: O subcontratante tem a autorização geral do responsável pelo tratamento para a contratação de subcontratantes ulteriores a partir de uma lista acordada. O subcontratante deve informar especificamente o responsável pelo tratamento, por escrito, das alterações pretendidas a efetuar a essa lista quanto ao aumento do número ou à substituição de subcontratantes ulteriores com uma antecedência mínima de [ESPECIFICAR PERÍODO], dando assim ao responsável pelo tratamento tempo suficiente para se opor a essas alterações antes da contratação do(s) subcontratante(s) ulterior(es) em causa. O subcontratante deve fornecer ao responsável pelo tratamento as informações necessárias para que este último possa exercer o direito de oposição.

b) Caso o subcontratante contrate um subcontratante ulterior para realizar operações específicas de tratamento (por conta do responsável pelo tratamento), deve fazê-o através de um contrato que imponha ao subcontratante ulterior, do ponto de vista material, as mesmas obrigações em matéria de proteção de dados que as impostas ao subcontratante em conformidade com as presentes cláusulas. O subcontratante deve assegurar o cumprimento, pelo subcontratante ulterior, das obrigações a que o subcontratante está sujeito nos termos das presentes cláusulas e do Regulamento (UE) 2016/679 e/ou do Regulamento (UE) 2018/1725.

c) O subcontratante deve facultar ao responsável pelo tratamento, a pedido do mesmo, uma cópia do referido acordo de subcontratação e de quaisquer alterações subsequentes. Na medida do necessário para proteger segredos comerciais ou outras informações confidenciais, incluindo dados pessoais, o subcontratante pode editar o texto do acordo antes de partilhar a cópia.

d) O subcontratante continua a ser inteiramente responsável, perante o responsável pelo tratamento, pelo cumprimento das obrigações que incumbem ao subcontratante ulterior em conformidade com o seu contrato com o subcontratante. O subcontratante deve notificar o responsável pelo tratamento de qualquer incumprimento, pelo subcontratante ulterior, das obrigações contratuais que lhe incumbem.

e) O subcontratante deve acordar com o subcontratante ulterior uma cláusula do terceiro beneficiário nos termos da qual - em caso de desaparecimento de facto, de extinção legal ou de insolvência do subcontratante - o responsável pelo tratamento tem o direito de rescindir o contrato do subcontratante ulterior e de dar instruções ao subcontratante ulterior para apagar ou devolver os dados pessoais.

7.8. Transferências internacionais

a) Qualquer transferência de dados para um país terceiro ou para uma organização internacional pelo subcontratante só pode ser efetuada com base em instruções documentadas do responsável pelo tratamento ou a fim de cumprir um requisito específico ao abrigo do direito da União ou do direito do Estado-Membro a que o subcontratante esteja sujeito e deve ter lugar em conformidade com o capítulo V do Regulamento (UE) 2016/679 ou do Regulamento (UE) 2018/1725.

b) O responsável pelo tratamento concorda que, caso o subcontratante contrate um subcontratante ulterior, em conformidade com a cláusula 7.7, para realizar operações específicas de tratamento (por conta do responsável pelo tratamento) e essas operações de tratamento envolvam uma transferência de dados pessoais na aceção do capítulo V do Regulamento (UE) 2016/679, o subcontratante e o subcontratante ulterior podem assegurar o cumprimento do capítulo V do Regulamento (UE) 2016/679 recorrendo às cláusulas contratuais-tipo adotadas pela Comissão em conformidade com o artigo 46º, nº 2, do Regulamento (UE) 2016/679, desde que as condições para o recurso a essas cláusulas contratuais-tipo sejam cumpridas.

Cláusula 8
Assistência ao responsável pelo tratamento

a) O subcontratante deve notificar imediatamente o responsável pelo tratamento de qualquer pedido que tenha recebido do titular dos dados. Não pode responder ele próprio a esse pedido, salvo se autorizado a fazê-lo pelo responsável pelo tratamento.

b) O subcontratante deve prestar assistência ao responsável pelo tratamento no cumprimento das suas obrigações de resposta aos pedidos de exercício de direitos apresentados pelos titulares dos dados, tendo em conta a natureza do tratamento. No cumprimento das obrigações que lhe incumbem por força das alíneas a) e b), o subcontratante deve cumprir as instruções do responsável pelo tratamento.

c) Para além da obrigação que incumbe ao subcontratante de prestar assistência ao responsável pelo tratamento nos termos da cláusula 8, alínea b), o subcontratante deve ainda prestar assistência ao responsável pelo tratamento para assegurar o cumprimento das obrigações a seguir indicadas, tendo em conta a natureza do tratamento de dados e as informações ao seu dispor:

1) a obrigação de proceder a uma avaliação do impacto das operações de tratamento previstas na proteção de dados pessoais (uma «avalia-

ção de impacto relativa à proteção de dados») caso um tipo de tratamento seja suscetível de constituir um elevado risco para os direitos e as liberdades das pessoas singulares;

2) a obrigação de consultar a(s) autoridade de controlo competente(s) antes de proceder ao tratamento quando a avaliação de impacto relativa à proteção de dados indicar que o tratamento resultaria num elevado risco na ausência das medidas tomadas pelo responsável pelo tratamento para atenuar o risco;

3) a obrigação de assegurar que os dados pessoais sejam exatos e atualizados, informando sem demora o responsável pelo tratamento se o subcontratante tomar conhecimento de que os dados pessoais que está a tratar são inexatos ou estão desatualizados;

4) as obrigações previstas [OPÇÃO 1] no artigo 32º do Regulamento (UE) 2016/679/[OPÇÃO 2] nos artigos 33º e 36º a 38º do Regulamento (UE) 2018/1725.

d) As Partes devem estabelecer, no anexo III, as medidas técnicas e organizativas adequadas através das quais o subcontratante é obrigado a prestar assistência ao responsável pelo tratamento na aplicação da presente cláusula, bem como o âmbito e a amplitude da assistência necessária.

Cláusula 9
Notificação de violação de dados pessoais

Em caso de violação de dados pessoais, o subcontratante deve cooperar com o responsável pelo tratamento e prestar-lhe assistência para que este cumpra as obrigações que lhe incumbem por força dos artigos 33º e 34º do Regulamento (UE) 2016/679 ou dos artigos 34º e 35º do Regulamento (UE) 2018/1725, se aplicável, tendo em conta a natureza do tratamento e as informações ao seu dispor.

9.1. Violação de dados relativa a dados tratados pelo responsável pelo tratamento

Em caso de violação de dados pessoais relativa a dados tratados pelo responsável pelo tratamento, o subcontratante deve prestar assistência ao responsável pelo tratamento:

a) Na notificação da violação de dados pessoais à(s) autoridade de controlo competente(s), sem demora injustificada, após o responsável pelo tratamento ter tomado conhecimento da violação, quando pertinente/(salvo se essa violação não for suscetível de constituir um risco para os direitos e para as liberdades das pessoas singulares);

b) Na obtenção das informações a seguir enumeradas que, nos termos do [OPÇÃO 1] artigo 33º, nº 3, do Regulamento (UE) 2016/679/[OPÇÃO 2] artigo 34º, nº 3, do Regulamento (UE) 2018/1725, devem ser indicadas na notificação do responsável pelo tratamento e têm de incluir, pelo menos:

1) A natureza dos dados pessoais, incluindo, se possível, as categorias e o número aproximado de titulares de dados afetados, e as categorias e o número aproximado de registos de dados pessoais em causa,
2) As consequências prováveis da violação de dados pessoais,
3) As medidas adotadas ou propostas pelo responsável pelo tratamento para reparar a violação de dados pessoais, incluindo, se for caso disso, medidas para atenuar os seus eventuais efeitos negativos.

   Caso, e na medida em que, não seja possível comunicar todas estas informações ao mesmo tempo, a notificação inicial deve conter as informações então disponíveis, devendo outras informações, à medida que fiquem disponíveis, ser fornecidas posteriormente sem demora injustificada.

c) No cumprimento, nos termos do [OPÇÃO 1] artigo 34º do Regulamento (UE) 2016/679/[OPÇÃO 2] artigo 35º do Regulamento (UE) 2018/1725, da obrigação de comunicar, sem demora injustificada, a violação de dados pessoais ao titular dos dados, caso a violação de dados pessoais seja suscetível de constituir um elevado risco para os direitos e as liberdades das pessoas singulares.

9.2. Violação de dados relativa a dados tratados pelo subcontratante

Em caso de violação de dados pessoais relativa a dados tratados pelo subcontratante, o subcontratante deve notificar o responsável pelo tratamento, sem demora injustificada, após ter tomado conhecimento da violação. Esta notificação deve conter, pelo menos, os seguintes elementos:

a) Uma descrição da natureza da violação (incluindo, se possível, as categorias e o número aproximado de titulares de dados afetados e de registos de dados em causa);

b) Os dados de um ponto de contacto onde possam ser obtidas mais informações relativas à violação de dados pessoais;

c) As consequências prováveis da violação e as medidas adotadas ou propostas para a reparar, incluindo para atenuar os seus eventuais efeitos negativos.

Caso, e na medida em que, não seja possível comunicar todas estas informações ao mesmo tempo, a notificação inicial deve conter as informações então disponíveis, devendo outras informações, à medida que fiquem disponíveis, ser fornecidas posteriormente sem demora injustificada.

As Partes devem estabelecer, no anexo III, todos os outros elementos a fornecer pelo subcontratante aquando da prestação de assistência ao responsável pelo tratamento no cumprimento das obrigações que lhe incumbem por força dos [OPÇÃO 1] artigos 33º e 34º do Regulamento (UE) 2016/679/[OPÇÃO 2] artigos 34º e 35º do Regulamento (UE) 2018/ /1725.

SECÇÃO III – Disposições Finais

Cláusula 10
Incumprimento das cláusulas e rescisão

a) Sem prejuízo de quaisquer disposições do Regulamento (UE) 2016/679 e/ou do Regulamento (UE) 2018/1725, caso o subcontratante viole as obrigações que lhe incumbem por força das presentes cláusulas, o responsável pelo tratamento pode dar instruções ao subcontratante para suspender o tratamento de dados pessoais até que este último cumpra as presentes cláusulas ou até que o contrato seja rescindido. O subcontratante deve informar imediatamente o responsável pelo tratamento caso, por qualquer motivo, não possa cumprir as presentes cláusulas.

b) O responsável pelo tratamento tem o direito de rescindir o contrato, na medida em que este diga respeito ao tratamento de dados pessoais em conformidade com as presentes cláusulas, se:

1) o tratamento de dados pessoais pelo subcontratante tiver sido suspenso pelo responsável pelo tratamento nos termos da alínea a) e o cumprimento das presentes cláusulas não for restabelecido num prazo razoável e, em todo o caso, no prazo de um mês após a suspensão;

2) o subcontratante violar, de forma substancial ou persistente, as presentes cláusulas ou as obrigações que lhe incumbem por força do Regulamento (UE) 2016/679 e/ou do Regulamento (UE) 2018/ /1725;

3) o subcontratante não cumprir uma decisão vinculativa de um tribunal competente ou da(s) autoridade de controlo competente(s) relativamente às obrigações que lhe incumbem nos termos das presentes cláusulas ou do Regulamento (UE) 2016/679 e/ou do Regulamento (UE) 2018/1725.

c) O subcontratante tem o direito de rescindir o contrato, na medida em que este diga respeito ao tratamento de dados pessoais ao abrigo das presentes cláusulas, caso, após ter informado o responsável pelo tratamento de que as suas instruções violam os requisitos legais aplicáveis nos termos da cláusula 7.1, alínea b), o responsável pelo tratamento insista no cumprimento das instruções.

d) Na sequência da rescisão do contrato, o subcontratante deve, consoante a escolha do responsável pelo tratamento, apagar todos os dados pessoais tratados por conta deste último e certificar ao responsável pelo tratamento que o fez ou devolver todos os dados pessoais ao responsável pelo tratamento e apagar as cópias existentes, salvo se a conservação dos dados pessoais for exigida ao abrigo do direito da União ou do direito dos Estados-Membros. Até que os dados sejam apagados ou devolvidos, o subcontratante deve continuar a assegurar o cumprimento das presentes cláusulas.

ANEXO I
Lista das partes

Responsável(eis) pelo tratamento: [*Identidade e contactos do(s) responsável(eis) pelo tratamento e, se for caso disso, do encarregado da proteção de dados do responsável pelo tratamento*]

1. Nome: ....
Endereço: ....
Nome, cargo e contactos da pessoa de contacto: ....
Assinatura e data de adesão: ....
2. ....
....

Subcontratante(s): [*Identidade e contactos do(s) subcontratante(s) e, se for caso disso, do encarregado da proteção de dados do subcontratante*]

1. Nome: ....
Endereço: ....
Nome, cargo e contactos da pessoa de contacto: ....
Assinatura e data de adesão: ....
2. ....
....

ANEXO II
Descrição do tratamento

Categorias de titulares de dados cujos dados pessoais são tratados.............
....

Categorias de dados pessoais tratados...................................
....

Dados sensíveis tratados (se aplicável) e limitações aplicadas ou garantias que tenham plenamente em consideração a natureza dos dados e os riscos inerentes, como, por exemplo, a limitação rigorosa da finalidade, limitações de acesso (incluindo o acesso apenas do pessoal que tenha recebido uma formação especializada), a manutenção de um registo de acesso aos dados, limitações aplicáveis a transferências ulteriores ou medidas de segurança adicionais.. . . .
....
....

Natureza do tratamento...
....

Finalidade(s) para a(s) qual(ais) os dados pessoais são tratados por conta do responsável pelo tratamento.......................................
....

Duração do tratamento..
....
....

Para o tratamento por subcontratantes (ulteriores), especificar também o objeto, a natureza e a duração do tratamento

ANEXO III
Medidas técnicas e organizativas, incluindo medidas técnicas e organizativas destinadas a garantir a segurança dos dados

NOTA EXPLICATIVA:

As medidas técnicas e organizativas têm de ser descritas de forma concreta e não de forma genérica.

Descrição das medidas técnicas e organizativas no domínio da segurança aplicadas pelo(s) subcontratante(s) (incluindo quaisquer certificações pertinentes) para garantir um nível de segurança adequado, tendo em conta a natureza, o âmbito, o contexto e a finalidade do tratamento, bem como os riscos para os direitos e as liberdades das pessoas singulares. Exemplos de eventuais medidas:

medidas de pseudonimização e de cifragem dos dados pessoais

medidas destinadas a assegurar a confidencialidade, a integridade, a disponibilidade e a resiliência permanentes dos sistemas e dos serviços de tratamento

medidas destinadas a restabelecer atempadamente a disponibilidade e o acesso aos dados pessoais em caso de incidente físico ou técnico

processos para testar, apreciar e avaliar periodicamente a eficácia das medidas técnicas e organizativas a fim de garantir a segurança do tratamento

medidas de identificação e de autorização do utilizador

medidas de proteção de dados durante a transmissão

medidas de proteção de dados durante a conservação

medidas destinadas a garantir a segurança física dos locais onde os dados pessoais são tratados

medidas destinadas a garantir o registo cronológico de acontecimentos

medidas destinadas a garantir a configuração do sistema, incluindo a configuração por defeito

medidas de governação e de gestão interna do serviço informático e do serviço de segurança informática

medidas de certificação/garantia dos processos e dos produtos

medidas destinadas a garantir a minimização dos dados

medidas destinadas a garantir a qualidade dos dados

medidas destinadas a garantir uma limitação da conservação dos dados

medidas destinadas a garantir a responsabilidade

medidas destinadas a permitir a portabilidade dos dados e a garantir o seu apagamento]

Para transferências para subcontratantes (ulteriores), descrever também as medidas técnicas e organizativas específicas a tomar pelo subcontratante (ulterior) para poder prestar assistência ao responsável pelo tratamento

Descrição das medidas técnicas e organizativas específicas a tomar pelo subcontratante para poder prestar assistência ao responsável pelo tratamento.

ANEXO IV
Lista de subcontratantes ulteriores

NOTA EXPLICATIVA:

Este anexo tem de ser preenchido caso seja concedida uma autorização específica a subcontratantes [cláusula 7.7, alínea a), opção 1].

O responsável pelo tratamento autorizou o recurso aos seguintes subcontratantes:

1. Nome: ....

Endereço: ....

Nome, cargo e contactos da pessoa de contacto: ....

....

Descrição do tratamento (incluindo uma delimitação clara de responsabilidades caso sejam autorizados vários subcontratantes): ....

....

2. ....

ÍNDICE

LEGISLAÇÃO COMPLETA

EXCERTOS

ELEMENTOS DE APOIO